鵬之徙於南冥也
水擊三千里
摶扶搖而上者九萬里
去以六月息者也

當代人物

蔡鼎新敬署

倪摶九 著

三民書局

國家圖書館出版品預行編目資料

當代人物／倪摶九著.－－初版一刷.－－臺北市：三民，2005
面；　公分
ISBN 957-14-4208-9　(精裝)

1. 中國－傳記

782.18　　93021028

網路書店位址　http://www.sanmin.com.tw

著作人　倪摶九
發行人　劉振強
發行所　三民書局股份有限公司
地址／臺北市復興北路386號
電話／(02)25006600
郵撥／0009998-5
印刷所　三民書局股份有限公司
門市部　復北店／臺北市復興北路386號
重南店／臺北市重慶南路一段61號
初版一刷　2005年9月
編　號　S 811281
基本定價　拾肆元
行政院新聞局登記證局版臺業字第〇二〇〇號

ISBN　957-14-4208-9　(精裝)

山左耆英，紹孔孟規繩，顯揚統緒。以詩文聯字淑世匡時。帶經隆旗望，
有內史漢儀，雲林隱逸。樞府數歷見風標，敬恭執範，協洽察案。樓據巨
帙吟州，簪花筆細，擘窠姿雄，更指墨動藝壇，旋座驚飛，壽端鶴舞，莊曰大
椿八千歲，喜添籌，樽開泰岱，書函滿堂歌萬慶。
保九如篇，同祝嘏，星輝南極，岡陵比壽越期頤。
令穠玉，頡頏幼安，軒輊子野。好皮黃娛老境，氣貫斗牛，穀震窗櫺。軌云天
並廉泉佳話，冰鏡清名，北亭獻替展猷為，旌賢藻翰，褒美微音。渝州小
當今資政，是邦家柱石，表率彝倫。掌國典朝章，振綱正紀，直道樹官常

倪公資政搏九先生九秩榮壽

民國九十四年乙酉八月初七日

台北文藝界同人敬祝　蔡鼎新敬撰書

水調歌頭

九十初度感懷并謝蔡縣新先生

自笑浮生，無端已是，九秩韶華。喜雙眉未鎖，華髮不落，腰足尚健，筆走龍蛇。人道此翁老耶未？似青眼能瞻霧裏花。情相向，總如此，老更鬢尚如鴉。

頻年閒館如家，喜北亭煮字烹鵝。好點檢青衫，不失子羽，旋囑紅袖，慎避館娃。更看閒話引館中客，來閣內煮啡并烹茶。最難忘、那晚學齋生，為我簪花。

山左傀儡九九十自壽吟於介壽北亭

李總統登輝先生序

登輝初任副總統時，即識倪摶九先生，是時渠任職第一屆國民大會憲政研討委員會副秘書長，某次因公約見，相談至快，遂漸知其為人。摶九勤勉自持，有文名，喜與藝壇人士遊，十餘年來，渠曾為介紹當前全能藝術家徐人眾石上先生及龐均、楊恩生諸君，使余得睹其特技，觀摩領悟而悠然神往。尤為難得者，本省耆老書法家曹容秋圃先生亦贈以「為政以德」法書，作為余就任中華民國第八任總統之賀禮。今日回憶前情，余與摶九交往可謂有緣，然均未涉及政治也。

余之聘摶九為本府國策顧問者，時在就職二年之後，摶九正結束其憲研會幕僚生涯，而本府亦值需才孔急之際，遂借重其國學才識，予以襄贊密勿之任。

摶九任職國策顧問迄今已歷十年，文字之役，惟慎惟勤，每日準時到公，雖病亦在家中看稿，其守法守份、不辭勞瘁之精神，殊堪嘉許。公餘更從事吟詠、文學、墨翰，領導甲辰詩書畫會，為中華文化之宏揚而努力。十年來，除以小楷書寫《棲樓吟草》一書出版外，近更蒐集昔日文章書翰及歷年新著文字，輯為《當代人物》一書。本年五月九日，余頒授二等景星勳章一座，以表彰其業績時，摶九以此書初稿一部為謝。余略讀後，即感該書百篇詞章，不僅文字雅麗，且其中若干篇章頗有歷史價值。雖編次稍有先後微疵，但鉤引補縫，頗有難以處理之苦，可以諒之。余讀此稿，深感服文字役者之苦，而出版成書，作者更感心餘力絀；乃思助其一臂力，使摶九能遂其願。於是毅然囑為付梓，以酬其默默為學之功，非僅以供典藏，亦可激勵後學，在此科學快速發展之新世紀，決不可忘中華固有文化之源流，同心同力，助搏九成其國學振衰起敝之功，此不僅登輝個人之意願也，搏九其勉之！

中華民國八十九年五月十九日於介壽館

丁秘書長懋時先生序

中國文字是一種人類腦部功能成長的符號，乃新加坡人類學者和其他國際文字學者共同的新發現；中國文學更是人類社會最美麗、最具有相對性的典麗辭章。研究中國文字的書法家和從事於中國文學的中外人士，都稱許中國文字和文學具有推動人類文化復古與創新的雙重功能，值得我們——尤其是新世紀中國人和地球村中的國際文化人士重視。

在我所認識的朋友中，有不少上述兩類文化界人士值得我們欽佩。不過由於歲月快速的過渡，若干人士忽焉隨時代而奄化，若干人士由於情緒的轉變而更易其往昔所愛好的工作。尤以自新科學、新思想大活躍、大奔放的現時代，中國文字和中國文學逐漸未受到應有的重視，使人茫然若有所失。

然而，畢竟人類社會具有一種基本的自我存活的潛力；每一時代的大變革中，總有一些不為時代所淘汰的種籽存在，愈年長愈能顯示他逆勢求生的奮鬥力量。我所認識的朋友們中，倪摶九先生就是在文化大災難當前，以八十五歲高齡，更能奮其餘年，為維護中國文字和文學，付出他龍馬般的精力，向現時代的大衝擊展開挑戰。

他以蠅頭小楷，寫成了一部千餘首傳統詩詞《棲樓吟草》影印問世，一時洛陽紙貴。又在本年四月底到五月初，他所領導的甲辰詩書畫會在國父紀念館聯展中，開始用大筆寫四尺見方的大字，為我國大字墨筆書法開創了先河。而且雙手並用，正反左右，橫向揮毫，瀟灑自在，使人嘆為觀止。

本年五月九日，李總統登輝先生，以摶九先生任職總統府國策顧問十年，辛勤奉公，成就卓越，特頒授二等景星勳章一座，以彰懋績。授勳典禮畢，摶九先生即席致謝，並呈獻近年所輯其古、今體文章百篇為一集，命名為《當代人物》初稿一巨冊。總統閱後，即命代為付印，以助摶九先生成就他的願望。總統先生愛才、助人的德意，不僅為著者所銘感，亦為旁觀者共同羨慕和景佩。

本書付印之前，摶九先生請序與余，謹以此小文，作為引介，期盼國內外人士，為摶九先生援救中國文化鍥而不捨的努力而鼓舞，共同祝他的新著快速問世。

中華民國八十九年五月十九日於臺北

陳錫蕃先生序

民國八十五年至八十六年期間，余奉調總統府服務，與國策顧問滕縣倪摶九先生時共晨夕，蒙其指導協助，獲益甚多。先生才高學富，運籌建策，悉合機宜，深為層峰倚重。府中重要文電多出　先生手筆或經其過目，「文膽」之譽，殊非倖致。余來美後，仍隨時與　先生聯繫。頃承函示，近經整理歷年在臺所著文字，彙編成集，凡百篇，署曰《當代人物》，囑余作序。良以　先生之鴻文雅製，余經拜讀者頗多，莫不文情並茂，思深識遠，感時撫事，語重心長。洵經世必傳之作，為余素所敬佩。猶憶前在樞府與　先生常相過從。每遇文字上之疑難問題，輒相與反覆商討，充分交換意見，必期獲得正確答案而後已。　先生嘗言，文章之道在文質並重，體用兼備，孔子所謂文質彬彬，然後君子，是為後世楷模，余亦深具同感。古人以立德、立功、立言為三不朽，　先生德行純粹，事功彪炳，著作等身，三者兼而有之。來日新著問世，一紙風行，可為預卜。謹申賀忱，並祝福躬康泰。是為序。

中華民國八十九年五月十五日於華府

自序

歲月不居，九十之年倏焉而至。使我這毫無建樹的老書生，雖因一時的際遇，偶博虛名；然而實實在在的自我檢討。七十多年的奔波騰躍，在大時代的洪流與兵火中，雖然徼倖逃脫死神的召喚，然而戎馬兵燹之餘，使我由青年到壯歲之間數十年，身心都遭受極大的創傷，留下了多種深而且鉅的烙印。

回憶孩提時，最疼愛我的五外祖父黃荊叔先生曾經告訴我：「摶九！你現在的表現，人品很清純，文章很清順，又肯用心讀書，我替你判斷一下未來。料想一定可以做到一個政府最高階的秘書，然而不一定能做到一位有實權的官員。」這位老人家的預測，現在慢慢的進入時光隧道，竟然完全測中了。然而，測中了也好，因為我沒有做大官的意願。只想為國家做份內的事，不負平生所學。現在九十之年居然到了，自己檢討起來，無論在哪一個位置上，我都沒有一點的過份的企圖心，只願在本位的工作上盡到本份，也就心甘理得了。

九十年來，我的生活大略可分五個階段：第一、幼年起到青年，為家鄉軍閥兵燹所蹂躪。第二、隨即投身抗戰期間敵後方的游擊戰鬥。第三、山東省政府保送我到重慶中央政治學校讀書而獲得學位後復員南京，進入仕途。第四、參加大陸戡亂之役而撤來臺灣。第五、五十多年的公務生活，使我進入當代政治家如孫科、劉健群、張道藩、倪文亞、黃國書、谷正綱諸位先生的幕府，勤勤懇懇的埋首案牘，並遠赴多國考察。先後數十年，最後才進入了國家政治權力中心的總統府，由國策顧問而晉至資政，但是我仍然全力承擔我五外祖所預測的最高秘書的工作，把所學完全貢獻給國家。

在以上七十餘年的工作過程中，我在人事上的接觸非常廣闊。因此，使我有緣吸收多位長者的學問與風範，有國人尤其是青年朋友們的效法和借鑑的地方。因此，在我九十壽辰的前夕，蒐集了若干先賢長者們的懿行與嘉言，作為青少年朋友們的進修和自勉的楷模，我想《當代人物》這本小冊子的出版，應該是我九十壽辰對社會大眾和青年朋友們的一點貢獻。

中華民國九十四年國曆九月十日農曆八月初七日搏九誌於介壽北亭，時年九十

當代人物

【目次】

附錄

憶母記（附英譯文）

先慈黃太夫人，閨諱樹楨，字麗冬，山東省滕縣人，增玖公女也。黃氏為邑之望族，清末國事日非，子弟絕意仕進，從事懋遷。外伯祖增瑞公，南遊蘇滬，佐張季直先生興辦實業於南通，開物成務，富甲一郡。外叔祖增璞公字荊叔，經商京滬，採礦棗莊，兼任滕縣商會會長多年，排難解紛，博施濟眾，允孚人望。外祖父增玖公，於行為次，年未而立，於商戰中即展長才，不幸與外祖母先後早逝，遺吾母及舅父樹梅、樹模、樹棻，均賴外曾祖母劉太夫人躬親撫養，至於成立。

吾母幼承劉太夫人懿訓，幽嫻貞靜，除習女紅家事諸務外，間就家塾讀，以穎悟好學，通曉歷史掌故，尤喜民間小說及鄉土俚曲，居嘗手執一卷，琅琅誦唱，悉中律呂，族中長者鄉人咸重其才慧。年二十一，來歸吾父宗道貫一公，侍翁姑，睦親族，井臼操作之勞，莫不躬與其事。時吾父方卒業於山東省立第二甲種農業學校，吾母出私蓄助父入南京金陵大學農學院，獲農學士學位，返里先後任滕縣勸業所所長、實業局局長，致力農業經濟建設；以新理論新技術從事農業革新，尤對植樹、造林、蠶桑、紡織、種植美國棉花、用葡萄釀造水果酒諸務，辛勤規畫，三年間均具規模，邑內農民獲利綦豐。吾母全力躬親協助，植桑育蠶，採棉紡紗，莫不晨昏于役，倡導成風，鄉人咸德之。

倪氏世居滕縣鮑叔鄉，齊鮑叔牙之故里也。詩書繼世，務農習醫，先大父永年公字鶴齡，為全縣儒醫冠，妙手回春，全活極眾，晚歲遷居邑之東門外龍泉街，求診者踵相接。公對貧苦者輒施藥餌，不計其值，德望甲於鄉里。吾父昆弟三人，二叔宗儒，從先大父習醫。三叔宗緒，習法律，任軍法官多年。姑母二，長早逝，次蘭亭，適殷惠軒先生。吾母來歸後，和洽妯娌，襄理家務，極獲翁姑愛重。

民國六年農曆八月初七日，搏九生。鶴齡公以長孫早出，甚喜慰，四歲，吾母授《三字經》及《千家詩》。六歲，鶴齡公授《論》、《孟》，舅氏樹模公授《古文觀止》及《戰國策》，搏九入小學則自三年級始。

民十六，國民革命軍興師北伐，是時鶴齡公已捐館，吾父以服膺三民主義，在實業局長任內，推動中國國民黨滕縣地下黨務活動，北伐軍前鋒克滕縣，與同志等出而組織縣黨部，旋因寧漢分裂，北伐軍撤守長江南岸，吾父襆被南下，走京滬，奉軍縣長捲土重來，下令籍沒吾家，吾母聞警，中夜奉姑攜子，踰垣出避，居顏家樓親戚家，隱姓名者六閱月，搏九本名鵬，至是乃以字行；至寧漢合作北伐軍再克滕縣，始返故居，而四壁蕭然矣。吾母上慰老親，下撫弱子，重整門庭，而未稍眷懷故物，蓋浩然之氣使之無罣無礙也。

此後數年，吾父南遊安慶，任安徽省立農業試驗場場長。吾母理家務，謀於戰亂之餘振衰起敝，無如應門僅五尺童，姑又年邁，雖心勞而力絀焉。民二十，夏四月，噩音驚傳，吾父以罹時疫逝世於安慶任所。三叔宗緒公間關入皖，迎櫬歸葬，吾母憂傷悲悽，幾不欲生，然以兒尚幼，賴母撫育，於是奮其羸弱，母代父職，力阻家人析產之議，以田畝交三叔供養祖母，吾母則攜搏九歸舅氏家，借舅氏昆仲三宅輪居，而以私蓄母子自活。遣搏九出就外塾，從師習經史，三年後考入滕縣縣立師範講習所，嗣轉鄉村師範就讀，然吾母終以兒無從升學為憾；會鄉前輩楊士元文卿先生創辦滕文中學，聘鄉村建設學派宗師梁漱溟先生為校長。搏九奉母命應試，獲錄取，吾母欣然喜。越三載，參與山東省初級中學首居會考，獲省府保送山東省立濟南高級中學，母之心願於焉完成。在余記憶中，吾母義方教子，每於中夜，歷數一日是非，分別獎斥，除力諭勤學外，尤對寄居舅氏家之一言一行，責望至切，有時聲淚俱下，此情此景，至今不敢或忘。

濟南高級中學，前身為省立優級師範，師長多當代名家，搏九承母意，苦讀三年間，未敢至大明湖一遊。

民國二十六年，摶九方讀三年級，七七盧溝橋變作，抗戰爆發，學校停課，匆忙返里，會縣境報紙來源斷絕，奉母命，每夜與二三同學收聽中央廣播電臺廣播，寫成新聞大字報，晨間於縣城四門張貼，鼓吹抗戰；旋以韓復榘部撤守黃河，日軍南犯滕縣，川軍孫震部一二二師王銘章將軍奉命拒敵於滕，摶九於縣城攻防戰時，奉母隨外叔祖荊叔公，避兵火於東鄉山村；嗣奉母命入國軍第六十九軍，隨軍北上冀察戰區，民國二十七年農曆除夕，為日軍快速部隊包圍於山東莘縣官目集，激戰一晝夜，全團僅餘一百零八人，突圍輾轉返滕，摶九應山東省第一區行政督察專員周同之邀，任職專署秘書，送吾母返縣城，居荊叔公家，公餘迎母至駐地小聚，稍盡孝思。

吾母以熟諳歷史故事，忠勇義烈精神不亞鬚眉。日軍侵華期間，時以摶九不學無成為念，堅命抗戰報國，孤寡弱息之憾未嘗稍顧。摶九轉徙戰地間，吾母嘗告之曰：「汝在東鄉，我聞日軍裝甲車隊停車東向，則夜不能成眠，反之亦如是。」其實，車向未必即為出擊方向，吾母之憂，實母子之愛與國家民族之愛相互煎熬所致。雖然，吾母自抗戰之初，乃至終戰，從未呼兒脫離戰地，母子之愛與國家之愛並重也若此，偉哉母親！

民國三十一年夏，摶九奉山東省府電召，赴省幹部學校受訓，適中央政治學校委託省府保送學生入該校大學部及專修科各二名。省府舉辦考試，摶九應試，倖獲錄取，是年十一月別母赴渝報到，入大學部第十二期法政系，得與今副總統李肇東先生同几硯，朝夕研摩，獲教良多。三十五年夏畢業，返都實習，倩人輾轉迎母至南京，時摶九方供職蒙藏委員會，母子重逢，悲然後喜。民國三十八年大陸板蕩，南京瀕危，送母赴杭州，暫居荊叔公長子桴庭舅父家。摶九則隨立法院南遷廣州，母子又復暌離，距重逢時尚未及二年也。

民國三十八年冬，摶九隨立法院赴渝轉蓉，再經海南島輾轉抵臺，未幾杭州易手。又八月，得悉桴庭舅擬離杭，乃拜懇舅父，設法送母於四十年五月由杭州赴澳門，經香港來臺，母子再度聚首，恍如隔世。居嘗憶亂世離合如此之頻，轉徙流離如此之勞，雖壯夫亦將不堪，母以病弱之軀，犯兵燹，冒風霜，間關八千里，含辛茹苦，終能渡海來臺與兒相聚，若非母愛之淵淵肫肫，精誠堅毅，曷克臻此？今日思之，淚潸潸下矣。

母夙患胃疾，以服中藥有效，故未求諸刀圭。抗戰時，曾在岱雲表姐家病作，承岱雲表姐悉心照顧，延中醫服竹瀝治愈。來臺後十八年，目睹子孫輩成立，心情愉快，身體康健，其間舊疾雖偶發，亦無大礙。然不幸於民國五十八年十一月，胃部出血，經送郵政醫院急救，終以失血過多，痛於十一月四日農曆九月廿五日棄養，易簀時猶呼兒乳名，囑善自珍重。嗚呼！吾母之逝，使兒肝腸摧裂，自是益乏名利之想。回憶摶九初入政校專攻法律，吾母聞知，託友轉告，囑勿任職司法或執業律師，蓋恐誤失傷人也，摶九謹遵母命，終生不渝，差慰母懷。

先慈生於清光緒二十一年乙未農曆九月初六日，享壽七十有四，卜葬於臺灣臺北市陽明山第一公墓之陽，惟冀河清，奉靈骨歸葬故土。摶九今年近八十，憶母書此文，實未能罄所懷，敬乞肇東先生椽筆書之，以貽子孫，感且不朽矣。中華民國八十三年十月十日，吾母農曆九秩晉九生辰，不孝男摶九含淚恭紀。

附英譯文於下：

Recollections of Mother

My mother, Ms. Huang Shu-chen（黃樹楨）, also known as Li-tung（麗冬）, was the daughter of Mr. Huang Tseng-chiu（黃增玖）. The Huangs are a renowned family in Teng County（滕縣）, Shantung Province（山東省）. Since China was in turmoil during the later years of the Ching dynasty (1644–1911), the younger generation of the

Huangs chose to be engaged in business rather than become government officials. During his stay in Kiangsu and Shanghai（上海）, my eldest maternal granduncle, Huang Tseng-jui（黃增瑞）, assisted Mr. Chang Chien（張謇）, also known as Chang Chi-chih（張季直）, a then business tycoon, in doing business at Nantung County（南通縣）in Kiangsu Province（江蘇省）. They created business opportunities, set up enterprises, and made a lot of money, and Granduncle Tseng-jui therefore became the richest person in the local community. My younger maternal granduncle, Huang Tseng-pu（黃增璞）, also known as Ching-shu（荊叔）, conducted business in Nanking（南京）and Shanghai and owned a coal mine at Tsaochuang（棗莊）in Shantung. During his tenure as president of the Chamber of Commerce of Teng County, he often resolved disputes among the local people and helped the needy, thus winning county-wide respect. My maternal grandfather, Huang Tseng-chiu, was the second son of the family and displayed unusual business acumen in his twenties.

Unfortunately, both my maternal grandparents passed away early, leaving behind my mother and three uncles—Shu-mei（樹梅）, Shu-mo（樹模）and Shu-fen（樹棻）—who were brought up by my maternal great-grandmother. Under her strict tutelage, Mother always behaved properly and manifested remarkable virtues. Apart from learning needlework and housekeeping, she was sometimes tutored at home. With her excellent comprehension and keen quest for knowledge, Mother was proficient in many historical stories. Folklore and rustic songs were particularly her favorites. Furthermore, she perused Chinese classics avidly and was familiar with literary melodies. Her knowledge and talents in this respect were widely acclaimed.

Mother married Father, Ni Tsung-tao（倪宗道）—also known as Kuan-yi（貫一）—at the age of 21 and not only attended on her parents-in-law wholeheartedly, but also got along with the relatives very well and did housework arduously. After Father graduated from the Shantung Provincial Second A-class Agricultural School, Mother, with her own savings, financed him to attend the College of Agriculture at Kin Ling University (金陵大學) where he obtained his bachelor's degree. After graduation, Father began his career as director of the Institute of Industrial Development of Teng County and then became director of the Industry Bureau of the county government. In an effort to promote agro-economic development, he made the best of new theories and techniques to pursue innovations. In particular, due to his devotion to work and under his careful planning, such projects as tree-planting, afforestation, silk-cultivating, spinning and weaving, American cotton-growing, French grape-planting, and fruit-wine-brewing had achieved great success in three years, immensely benefiting the local farmers. Day and night, Mother had also assisted in some of the work—such as mulberry tree-planting, silkworm-raising, cotton-picking, and cotton-spinning—thus contributing to the success and popularity of these projects. Her dedication earned the acclaim of the town folks.

For centuries, the Nis have lived at Paoshu Township（鮑叔鄉）of Teng County, which was the hometown of Pao Shu-ya（鮑叔牙）, a famous statesman in the Spring and Autumn Period（722–481 B.C., 春秋時代）noted for his true friendship with Kuan Chung（管仲）, prime minister of the State of Chi（齊國）. The Nis have been known for generations as a literary family whose members also engaged in farming and studying medicine. My grandfather, Ni Yung-nien (倪永年), also known as Ho-ling (鶴齡), the best doctor in Teng County, had saved numerous lives. In his later years, he moved to Lungchuan Street（龍泉街）outside the county's east gate, and his clinic always swarmed with patients. To the poor, he always rendered free medical services and gave medicine gratis. No wonder

Grandfather was highly respected by the local people.

My father had two younger brothers. My second uncle, Ni Tsung-ju（倪宗儒）, studied medicine with Grandfather; my third uncle, Ni Tsung-hsu（倪宗緒）studied law and served as judge advocate for years. Father also had two sisters: the elder one died young, and the younger, Ni Lan-ting（倪蘭亭）, married Mr. Yin Hui-hsuan（殷惠軒）. After becoming a member of the Nis in 1916, Mother had been getting along well with all these relatives and doing housework splendidly, thus winning the hearts of my grandparents.

I was born on August 7th—of the Chinese lunar calendar—in 1917. My grandfather was immensely delighted at getting a grandson so soon. Mother began to teach me Chinese classics such as *Three Character Primer*（《三字經》）and *The Collection of One Thousand Poems*（《千家詩》）when I was only four. When I reached six, Grandfather taught me *The Analects of Confucius*（《論語》）and *The Works of Mencius*（《孟子》）, whereas Uncle Shu-mo taught me *Gems from Chinese Culture*（《古文觀止》）and *Strategies in the Warring States*（《戰國策》）. I entered elementary school at the age of nine and began from the third grade.

In 1927, the National Revolutionary Army led by the late President Chiang Kai-shek launched the Northward Expedition, aiming to unify China by getting rid of the warlords. By that time, Grandfather had passed away. A follower of Dr. Sun Yat-sen's Three Principles of the People, Father joined the underground activities of the Nationalist Party (Kuomintang) in Teng County while he was director of the Industry Bureau. But Shantung had been under the control of Warlord Chang Tso-lin（張作霖）, head of the so-called Feng Army（奉軍）based in northeastern China. When the vanguard troops of the Northward Expeditionary Army recovered Teng, Fahter set up the county's Kuomintang committee. But soon, with the split of the central government, the Northward Expeditionary Army retreated to the south of the Yangtze River, and Father went with it to Nanking and Shanghai. The escaped magistrate of Teng County, who had been appointed by the Feng Army, came back and sought revenge, ordering that our properties be confiscated. Upon hearing this news, Mother immediately brought us out at midnight to take refuge in a relative's house at Yienchialou (顏家樓) for six months. Returning to Teng after the central government was put together, we only found an empty house. Mother not only had to console the elder relatives while taking care of me, but also did her best to rehabilitate the home and land, simply putting the good old days behind. It was this indomitable spirit that had made her go forward without looking back.

After the success of the Northward Expedition, Father went south to Anking (安慶) and assumed the position of Head of Anhui Provincial Experimental Farm. Being a good housewife, Mother was eager to put everything in order. Then, I was still a child while my grandmother was advanced in age; Mother alone was unable to do everything. What is worse, Father suddenly passed on of an epidemic disease at his office in April 1931. My youngest uncle Tsung-hsu went to Anhui to bring Father's remains back for burial. Mother was so heartbroken that she almost did not want to live. However, seeing that I was still too young, she could not but manage to overcome the sorrow in spite of the fact that she was not in good health. Afterwards, there was a proposal to divide the family property; Mother opposed it and gave her share of the farmland to Uncle Tsung-hsu, asking him to support my grandmother. Then she brought me to my maternal uncle's homes. We stayed with my three uncles by turns, living simply on Mother's savings. Even so, Mother let me study Chinese classics and history in an old-style private school, then at the Teng County Normal Institute and then the Normal School. But, she deeply worried that I couldn't pursue studies any further.

At that time, Mr. Yang Shih-yuan（楊士元）founded the Teng-Wen Middle School and invited Dr. Liang Shu-ming（梁漱溟）, a well-known philosopher and head of an institute which promoted rural development, to be the principal. Mother asked me to take the entrance examination and, to her great delight, I passed. After three years' studies, I passed a joint examination of Shantung's middle schools, and was hence admitted into the Shantung Provincial Tsinan Senior High School without an entrance examination, thus fulfilling Mother's wish. In my memory, Mother always taught me to have integrity and every night she would tell me what were the right and wrong I had done on that day and gave me reward and reproach accordingly. Also, she pushed me to study diligently and paid special attention to my behavior during our stay in my uncles' homes. Even now, I can never forget the scene from long ago, in which she scolded me with tears streaming down her face.

Formerly named Shantung Provincial Normal Junior College, Tsinan High School at that time had many learned teachers. Bearing Mother's expectations in mind, I studied so hard during the following three years that I never toured Lake Taming（大明湖）, a famous scenic spot. In 1937 when I was in the third year of high school, the war against Japan broke out. The school closed and I could not but return home. In our county, everyone was very much concerned about the war, however, we could not get newspapers anywhere. Under Mother's instructions, several classmates and I listened to the radio broadcast every night, wrote the news down in posters and pasted them up on the four gates of the county wall in the early morning, aiming to encourage the town folks to fight against the Japanese. Later on, as the troops of Gen. Han Fu-chu（韓復榘）withdrew from their positions beside the Yellow River, the Japanese came down to attack Teng County. Gen. Wang Ming-chang's（王銘章）troops, which belonged to the 122nd Division of the Szechwan Army（川軍), were ordered to defend Teng. Mother and I followed her Uncle Tseng-pu to a mountainous village in the east for refuge. And then, at Mother's behest, I joined the army and enlisted in the Second Teaching Regiment of the 69th Corps. We advanced to the Hopei-Chahar Theater. On the eve of Chinese Lunar New Year in 1938, we were surrounded by the enemy at Kuanmuchi（官目集), Hsin County（莘縣）of Shantung. After fierce fighting for one day and one night, only 108 officers and men of my regiment, led by Commander Ma Kuang-han（馬光漢), managed to break through enemy encirclement. I returned home after some detours and, at the invitation of Mr. Chou Tung（周同）, Administrative Supervisory Specialist of the First District of Shantung Province, served as chief secretary of his office. Soon I escorted Mother back to Teng County to stay with her uncle. Whenever possible, she would come to my place so that I could do my filial duty.

Having read many historical stories, Mother had a strong sense of loyalty, righteousness and courage. During the war, thinking that my schooling could no longer continue, she insisted that I join the army to fight for our country. Mother even wrote me "Knowing you are in the east, and hence alone without my attendance, whenever I heard that the Japanese armored troops stopped somewhere with vehicles facing east, I could not sleep well. This was also the case when you were in the west and I learned the Japanese armored troops stopped with vehicles facing west." Though one could never tell what the enemy was really aiming at simply by the direction of the vehicles, Mother's concern over me came out of love for her son. Nonetheless, throughout the war, never once had Mother asked me to keep away from the battle zones. She loved our country and our people much deeper than her son. Mother was indeed a great woman.

In the summer of 1942, I received a telegram from the Shantung provincial government, instructing me to receive training at a provincial cadre academy. At the time, the Central Political Institute in Chungking (重慶) entrusted the provincial government to recommend two persons each to attend the Institute's college and junior college courses. The provincial government held a special examination for this purpose. Luckily, I was selected for the college. In November of the same year, I left for Chungking and entered the 12th Class of the Institute's Law and Politics Department. I was fortunate enough to be classmates with His Excellency Dr. Li Yuan-zu (李元簇), now Vice President of the Republic of China. We studied together from time to time, and I learned a lot from him during that period. After graduation in the summer of 1946, I returned to Nanking and worked at the Commission of Mongolian and Tibetan Affairs. Soon after, I asked my friend to fetch Mother. When Mother and I reunited, we first wept and then rejoiced. But, the reunion did not last long. In 1949 the Chinese communists rebelled to usurp the mainland, and Nanking was in great danger. I arranged for Mother to go to Hangchow (杭州) in Chekiang (浙江) Province to stay with her uncle's eldest son, Huang Fu-ting (黃桴庭). Meanwhile, I myself went with the Legislative Yuan to Canton (廣州). Alas, after having enjoyed a family reunion for less than two years, Mother and I lived apart from each other again.

In the winter of 1949, I went along with the Legislative Yuan to Chungking, Chengtu (成都), Hainan Island (海南島) and eventually Taiwan. Not long after, Hangchow fell into communist hands. Eight months later, upon learning that my mother's cousin planned to leave Hangchow, I managed to send a message to him, pleading him by all means to bring my mother along and help her leave the mainland. In May 1951, Mother reached Macao and eventually came to Taipei through Hong Kong. I was overjoyed when we finally got together again. During the years that followed, it often occurred to me that reunion and separation of such frequency and travel of such long distances in the difficult times that we lived would exhaust even a strong man both spiritually and physically. But Mother, a frail woman, had been able to withstand so much suffering in order to eventually come to Taiwan. Were it not for the love of a mother for her son and her exceptional perseverance, how could she have survived the difficulties? Even at this very moment as I think of this, my eyes are brimming with tears.

Mother had long been plagued by a stomach ailment. Since Chinese herb medicines were effective, she never had to undergo surgery. At the beginning of the war against the Japanese invasion in the late 1930s, the Chinese people were in shortage of everything, including medicine. When Mother took refuge at the home of my cousin, Mrs. Tang Huang Tai-yun（党黃岱雲）, Uncle Shu-mei's eldest daughter, she carefully looked after Mother and even sent for a Chinese doctor who prescribed bamboo juice to cure her stomach ailment. Later on, during the 18 years in Taiwan, Mother lived rather happily and healthily with me and her grandchildren. Though she occasionally suffered a relapse, it had never been serious. Unfortunately, however, in early November of 1969, she had gastrorrhagia and was immediately hospitalized. To my great grief, she passed on from an excessive loss of blood on November 4th. Before she left, she still called me by my pet name and asked me to take good care of myself. Alas, the passing of Mother broke my heart. Ever since then, I have become even more indifferent toward fame and wealth. In retrospect, when I entered the Central Political Institute and majored in law, Mother asked me never to work in the judiciary or the practice of law after graduation lest I should deprive people of their rights or life by misjudgment. To my relief, I have been able to follow Mother's instructions without fail.

Mother was born on the sixth day of the ninth month of the lunar calender in 1895. She died at the age of 74 and was buried at the Yangmingshan First Public Cemetery in suburban Taipei. It is my wisth to bring the collected bones of hers back to our hometown some day after China's unification. An old man of nearly eighty, I still felt a sadness while writing this article and knew that what I wrote can not adequately describe my feelings for my mother. I asked His Excellency Vice President Li Yuan-zu to kindly write the title of this article in calligraphy so that I can leave it to my offspring. I will always bear his kindness in mind, and this article will hence be an heirloom of the Nis.

Ni Tuan-chiu
On October 10, 1994
(My Mother's 99th birthday anniversary)

吳興陳立夫先生期頤上壽榮慶之序

蓋聞禮門義路，聿修厥德；仁山智水，長發其祥。聖哲鼎故革新，順天時以膺景命；真儒中和位育，傳至道而闡人生。是以立身則居仁由義，為學則明辨慎思，撥亂則揆文奮武，從政則執兩用中。正誼明道，進退攸宜，期頤大隱，德業齊輝。此孟子所謂：「仁者無敵於天下。」孔子曰：「仁者壽。」又曰：「惟善人為邦百年，可以勝殘去殺」者也。中華民國開國前後，百餘年間，賢豪輩出，各具豐功；然如吳興陳立夫先生，學精礦冶，獻身革命，輔弼元首，屢膺重寄，經緯萬端，而成不世之勳；期頤遐齡，猶能致力於中華文化復興大業者，揆之史乘，實為第一人焉。

今歲九月六日，欣逢　先生百齡榮慶，謹述其殊勳懿行之犖犖大者。為元良耆宿壽。　先生生而岐嶷，幼承庭訓，及長，飽讀經史，慷慨有奇節。赴美習礦冶，民十三，獲匹茨堡大學碩士。民十四，返國，翌年，應黃埔軍校校長　蔣公召，赴粵任機要秘書。時粵省方統一，而　國父逝世於北京；俄共陰結汪精衛，謀奪軍權，圖執政柄；　蔣公以勢孤，擬允汪命赴俄考察。　先生兩度力諫，　蔣公從之，乃決留粵與共黨作生死鬥。　先生力輔之，乃於三月廿一日敉平中山艦之叛，迫走汪精衛，遣返鮑羅廷，北伐大軍，各路並進，卒成開濟之功。　先生新硎初試，今日猶為國人津津樂道。

其間東征、清黨、北伐各役，內亂外患，紛至沓來；戰爭之勝負，端賴情報資訊，制敵機先。　先生延攬人才，研求新知，製造短波無線電臺，並發明密碼製作及破譯新法，乃能決勝千里，先後敗吳佩孚於汀泗橋，破孫傳芳於龍潭，於革命戰爭貢獻之鉅，　蔣公曾讚為「勝過十萬大軍」。嗣復奉命任組織部調查科長，摘奸發伏，績效卓著，中央倚畀良殷。民國統一後，中國國民黨三屆一中全會，乃選任　先生為中央執行委員會秘書長。青年幹材，入掌密勿，協調聯絡，勞怨弗辭，元老耆宿，莫不嘉許。　先生更以全力規畫經略，促進黨內合作，強化工作效率，贏得各級黨部之讚佩；與果夫先生組織部工作，相得益彰。嗣以調查對象，軍政並重，乃有中統、軍統之分工合作，均由　先生策畫指導，粉碎共黨陰謀，促成寧漢合作，阻遏割據之萌，敉平中原之變，和克之力偉矣。

民十九，出任中央政治會議秘書長。翌年，遷任組織部長。廿七年，再遷社會部長。其時日寇挑釁，中共披猖，　先生首倡攘外必先安內之議，為　蔣公嘉納。　先生益厲忠純，洞察密微，對內則化嫌補隙，調和鼎鼐，迅速偵破汪精衛被刺案，平息黨內同志之疑雲。協助化解西安事變，營救　蔣委員長之脫險。對外則廣交與國，造成時勢，爭取抗日準備時間。更創辦報紙雜誌及電影廣播機構，以擴大文化宣傳。改訂銀行制度及金融政策，使其合乎民生主義以救濟農村為目的。完成全國土地調查，以推行土地政策。主持軍事工程團，修建防止日軍西進之工事。創立國父實業計畫研究會，以籌謀國家經濟建設。凡所研求，咸為對日抗戰之規畫。

廿四年冬，　先生奉命與蘇聯大使鮑可莫洛夫議簽中蘇互不侵犯條約，一語中的，而收立竿見影之效。同時更託鮑氏轉請史大林，允送蔣經國返國，亦獲實現，而　蔣公未先預聞，　先生之義行，良足欽仰。

溯自抗戰初期，　先生出長教育部，首先訂定抗戰建國綱領之戰時教育綱領；並令國內教會所辦之學校，亦依同一標準施教，既符戰時需要，亦免貽殖民地教育之譏。並為軫念陷區青年失學之苦，設置臨時國立中學，更遷移並增設大學，撫輯流亡學生，給與貸金或公費，推行戰時教育，訓練各種專門人才，以應抗戰需要。據統計，戰時由中學以至大專畢業，全賴國家貸金或公費完成學業者，共計十二萬八千餘人。　先生之澤惠青年，誠所謂「經綸天下之大經，立天下之大本，知天地之化育」者也。

民國三十四年，二次大戰終結，日本政府向我無條件投降。中共則發動軍事叛亂，企圖攘奪政權；偽裝土地改革者，欺騙美國當局，乃有馬歇爾來華調停之舉。　先生心所謂危，進言諫阻，然以外交部長王世杰不與配合，未獲接納，以致停戰令下，中原板蕩，　先生迄今猶耿耿於懷也。翌年，國府返都，召開國民大會，由制憲而行憲；然值國民大會選舉中華民國第一任副總統時，由於決策失當，不經政黨提名，以致李宗仁竟告當選，迫　蔣公引退而自代；復妄圖與中共謀和，釀成神州陸沈，政府播遷之禍。　先生隨政府由粵遷川轉臺，於是韜光養晦；嗣復赴美養雞，自維生計。

民國五十八年奉召返國，手著《四書道貫》，以宏揚儒學，善導群生，復以英國李約瑟氏所著之《中國之科學與文明》一書，推崇我國國粹，不遺餘力；乃於中華文化復興委員會，糾合同道，從事迻譯，迄今已有十七巨冊行世，工程之浩大，良足讚歎。又以提倡中國醫藥學術，以耄耋高齡，主持私立中國醫藥學院及其附屬醫院，三十年來，鬻字數萬幅，以廣黌舍，國人美之。　先生另有《唯生論》、《人理學》、《生之原理》、及主編主譯等書百餘種，嘉惠後學，傳之不朽。

孔子昔讚帝舜曰：「大德必得其位，必得其祿，必得其名，必得其壽。」今　先生立德、立功、立言，景福上壽，駢臻師門。三代桃李，同晉霞觴；再傳弟子，齊奏絃歌。他年收京復國，更於紫金山頭，重申岡陵之頌，　先生豈亦染翰揮毫，浮白一笑也歟！

倪摶九拜撰　蔡鼎新敬書

中華民國八十八年九月六日

岸信介先生八秩晉八米壽序

昔黃石公論賢人君子，必明於盛衰之道，通乎成敗之數，審乎治亂之勢，達乎去就之理，潛居抱道，以待其時。時至而行，則能極人臣之位；得機而動，則能成絕代之功，故其道足高而名重於後代。方之今日竝世賢豪。日本前元老政治家， 岸信介先生有足多焉。 先生東瀛氏冑，佐藤世家；通詩禮，有遠略；三英並燦，資文韜以武略；二相齊輝，洵近悅而遠來。良以日本自明治維新以來，陽明之學，炳煥乎東邦， 先生祖若父，振拔於其間，揆文奮武，以成不世之勳，時論美之。 先生幼承庭訓，長肆法言，壯而秉儒氏心傳，以致良知是務。洎乎從政，則公是非，同好惡，視人如己，視國如家，視民之飢溺猶己之飢溺，故能振翮於九霄之上，迴翔於黨政之間，經世濟民，有為有守，以是知 先生學之深也。大戰而後，志切匡復，先生以自由民主為鵠的，任國家干城之重寄，迭膺大命，入贊樞密，方其任外務大臣也，於國際風雲丕變，馬列共黨勢力逞其擴張陰謀之際， 先生力主正義，和而不流，嚴斥承認中共政權之議，確認自由國家非團結反共，無以遏亞洲赤禍之橫流；用是群倫仰其忠純，世人欽其明智，聲望崇隆，播於寰宇；遂宰國政，益佈新猷，四維斯張，九經備舉，內修庶政，外固盟誼，而於強化中日兩國友好關係，致力尤多。蓋 先生身歷二次大戰，凜於戰禍之慘烈，深感中華民國先總統 蔣公對日寬大政策之盛德，不派佔領軍佔領日本，使日本國土不致分裂，主張維持天皇制度，使日本政體不致更易；遣返三百萬日軍官兵，使日本得以迅速復興；放棄對日賠償要求，使日本經濟免於枯竭。以德報怨，日本人民受惠無涯。 先生衷心藏之，無日忘之，洎掌政柄，亟思有以報稱，蒞任伊始，即來中華民國訪問，謁 蔣公於臺北，抵掌談天下事，尤於中日兩國共同立場及友好合作政策，備致悃忱，開日本立國以來首相訪華之先河。自是兩國關係，日趨密切，泯中共分化離間陰謀於無形，時論稱之。時韓戰甫停，奠邊府之戰又作，臺灣海峽風雲日亟，而蘇俄中共互爭亞洲霸權之野心，昭然若揭。先生以亞太自由國家，備受共黨勢力威脅，維護亞洲安全與世界和平，必以強化共同防禦是賴。然日本新憲法限制軍備擴張，日美之軍事合作，乃為日本安全之所繫；於是力排眾議，堅持簽訂日美安保條約，登高一呼，如響斯應，舌戰連捷，盟約乃定，既奠日本於磐石之安，更開亞洲共同安全之濫觴。於是　先生功成身退，重返眾院，領導清議，以迄高蹈，不數載，介弟飛黃，平章政事，而　先生位崇臺閣，秩尊元老，從容中道，物望益隆，此非　先生明乎盛衰之道，通乎成敗之數，審乎治亂之勢，達乎去就之理也哉。一九五七年四月，中日兩國友好人士，鑒於兩國脣齒相依，於國際共產勢力威脅之下，必合作始足以圖存，爰發起中日合作策進會於東京，　先生實成之。對於兩國經濟合作與文化交流，合力促進，績效卓著。　先生既遂初服，益致力於會務之推行，每屆大會集會臺北或東京，　先生均以顧問名義，率團與會，輒於會中慷慨陳詞，強調中共實為亞洲赤禍之核心，而其對亞洲威脅之危險，尤甚於蘇俄，屢謂中日兩國之合作，必為世局中流之砥柱，呼籲兩國人民，聲息相通，同氣相求，以維護亞洲安全及世界和平；情辭懇切，感人良深，中日兩國人民情誼所以能於邦交中止後而不稍替者，　先生精誠感召之功多焉。一九六五年十二月，中日兩國首創亞洲國會議員聯合會於東京，　先生聯繫協調，會務逐年開展，因是迭膺大會主席，以亞議聯之莊嚴使命，在於團結各會員國國會議員，合力於謀求亞洲及太平洋地區之安定與繁榮，每多發為偉論，各國碩彥，翕然景從，經十餘年之努力，此一國際組織，擴大發展，遂成為亞洲太平洋國會議員團結合作之津梁，亞太地區經濟文化之合作與交流實利賴之。　先生於中日友好合作之願，老而彌篤，舉凡中日文化經濟協會，亞洲人民反共聯盟以及世界反共聯盟工作之推行，彌不竭盡心力，恢宏其績效，是以有關中日兩國參與之國際活動，　先生每與中華民國代表共相策勵，達成共同之理想與使命，謂為中華民國之摯友，不亦宜乎。　先生重道義，守氣節，以先總統　蔣公有德於日本也，故每年雙十慶典，必來賀我國運之昌隆，每居　蔣公華誕之辰，必來祝其嵩壽之無疆，每值中華民國外交情勢艱難之會，先生必以溫情來相慰勉；尤於前歲中共偽政權強化其對日統戰陰謀之際，圖邀日本元老耆宿往訪北平，助其聲勢，而　先生堅持一貫立場，嚴拒中共之請而不稍易其節，終使中共知難而退。大哉　先生之懿行，豈亦孔子所謂磨而不磷、涅而不緇者歟？宜乎其道足高而名重於後代也。今歲十一月十三日，為　先生八秩晉八米壽吉辰，遙瞻東海雲霞之霨，益佩南山松柏之堅，爰製藻辭，以介眉壽。《詩》云：「君子既止，福祿攸同，君子萬年，保其家邦」。　先生得之矣。

中華民國七十二年十月

何應欽上將傳

一、緯武經文淵源有自

陸軍一級上將何應欽將軍，字敬之，貴州興義人。先世原居江西臨川，太高祖景鸞公，嫻武略，掌軍旅，於清咸豐間，出鎮黔中，移家興義，遂為邑之望族。自高祖振璜公四傳至將軍尊人其敏公，營貨殖，治農工，詩書繼世，忠厚傳家；尤以其敏公倡組團防，濟危扶傾，邑里重之，巍為一方人望。

將軍於中華民國紀元前廿二年農曆閏二月十三日（公元一八九〇年四月二日），生於縣屬泥蕩村，地處興義縣城西南六十里，岡巒起伏，懸崖百丈；將軍舊居後，一峰高聳，挺拔崔巍，極目千里，宛若巨象之鎮重關。將軍承先世之餘烈，鍾山川之靈秀，佩虎符，總節鉞，緯武經文，為國干城，而處世接物，開朗坦率，蓋受此自然環境之陶冶與影響。

將軍幼承庭訓，夙懷壯志，總角時，聞八國聯軍之役，即萌從軍報國之願。民國紀元前六年（一九〇六），清廷命各省創設陸軍小學，將軍遂考入貴陽陸軍小學，奠定其一生勳業之基礎。畢業後於民前三年（一九〇九）被保送升入武昌陸軍第三中學，同年秋，陸軍部考選留日學生，將軍應試，錄取後，偕谷正倫、朱紹良、李毓華先生等二十八人，連袂東渡，入日本振武學校即陸軍軍官預備學校就讀，時將軍方二十歲也。

民國紀元前一年（一九一一），辛亥革命爆發，武昌首義，各省紛紛響應；將軍在日本，聞訊振奮，遂偕振武同學等向日本政府交涉，請假返國，參與革命，初隨陳英士先生任職滬軍都督府，繼任江蘇陸軍第七師第一旅第三團營長。

國父孫中山先生為促成清帝退位，於元年二月向參議院辭臨時大總統職，薦袁世凱以自代。民國二年（一九一三），各省底定，將軍重返日本振武學校，結業後，與陳鴻慶、王繩祖等六人，入日本宇都宮步兵第五十九聯隊實習。入伍後，由上等兵升為下士官；於民國三年（一九一四），入日本士官學校。四年（一九一五）十二月，袁氏竊國稱帝，改元洪憲，滇、黔起義討袁，貴州駐京代表王伯群先生與蔡松坡將軍先後自京返黔，倡組護國軍，相約起事；伯群先生期密告其弟黔軍總司令王文華電輪將軍屯兵黔、湘邊境，與蔡松坡、李烈鈞分兵三路進取湘、川、桂三省地。將軍適於此時，卒業於日本士官學校，正滇、黔獨立討袁需才孔急之際，遂以伯群先生之介，於民國五年（一九一六）秋，偕谷正倫、張春浦、李毓華、朱紹良、王繩祖先生等同學共六人，由日返黔，入電輪將軍麾下。時袁氏方憂憤成疾死，黔軍討袁軍事結束，電輪將軍銳意整軍，命將軍為黔軍第一師第四團團長兼講武學生營營長，負責新軍之訓練，將軍乃以新法部勒士卒，學術二科，同時並重，黔軍軍力，為之大振。

二、護法之戰初建奇勳

是年秋，北京政府，變亂相乘，黎元洪為張勳所脅，下令解散國會，毀棄約法；旋張勳復辟事敗，段祺瑞獨攬政柄，國父孫中山先生乃於廣州成立中華民國政府，就任大元帥，戡亂護法；北京政府議進兵川、湘，電輪將軍奉國父命，策劃黔、滇聯軍援川軍事，北京政府急派長江上游總司令吳光新兼四川查辦使，率四個混成旅進據蜀中，滇、黔聯軍在川之革命力量，大受威脅。將軍時任貴州講武學校校長，奉電輪將軍令兼黔軍第五團團長，並為援川支隊參謀長，率新軍三團，入川討吳；十一月廿五日夜，由綦江，分兵三路襲重慶，與吳軍大戰九日夜，終於重慶對岸黃角椏一戰，大破吳軍主力，迫使吳光新退出重慶，盡撤南岸兵，附輪舟東下，川督周道剛亦乘夜出走。十二月四日，將軍率部入重慶，越日，電輪將軍繼至。此役之捷，足證新軍訓練之成功，給予將軍指揮作戰莫大之鼓舞與信心。八日， 國父致電輪將軍電，備致嘉勉，略云：「聯軍已克重慶，吳、周潛逃，捷電頻傳，欣喜何極！渝關控扼大江，實為天險，今既為我有，則義軍旌旗，可以直指東趨，望刻日督師出峽，聯合荊襄，傳檄大江，以慰國人之望」。期許之情，溢於詞表。將軍亦因功擢升第五混成旅旅長。

滇、黔聯軍在川作戰勝利之後，旋因滇省內部團結不足，主張滇軍回滇；黔軍感於勢孤，黔人亦主張黔軍回黔，兼以電輪將軍因病赴滬就醫，黔軍終於撤回貴州。是時電輪將軍雖已參加中華革命黨，遙受 國父節制，然因當時貴州仍屬北洋政府統治，黨務不能公開活動。將軍為協助電輪將軍，培植貴州革命力量，乃於民國七年（一九一八）仿照「少年義大利」之組織，創組「少年貴州會」，號召黔省青年，努力新貴州之建設，從而鼓舞貴州青年之革命意志，作為中華革命黨之外圍組織。總會成立後，將軍任會長，中華革命黨黨員黔軍總司令部總參議符經甫先生任副會長；迅速發展組織，於貴州八十一縣成立分會，並在總會所在地之貴陽，創辦《少年貴州日報》，以宏革命宣傳之效。

民國八年（一九一九）十月十日， 國父改組中華革命黨為中國國民黨，時廣東軍政府已改採七總裁制，蓋桂系陸榮廷等阻撓 國父制憲之進行也。九年（一九二〇）， 國父與唐紹儀等四總裁，聯合發表宣言，不承認在粵之軍政府，揮軍之廣州，逐岑春煊、陸榮廷等，電邀國會議員返粵，恢復軍政府原有體制，繼續護法。

是時，將軍已由貴州省警務處處長，升任貴陽警備司令，兼靖國聯軍黔軍第五混成旅旅長，惟所部均駐湘、黔邊界，擔任防務，由將軍遙為節制，將軍則仍駐貴陽，主持貴陽講武學校校務。

三、貴陽政變昆明遇險

貴州督軍劉顯世先生，於民國八年，即有倦勤之意，正由其胞弟希陶（顯治）先生與王伯群先生，商討退休後之接替人選及善後諸問題，希陶先生並提出意見三項：㈠劉督稱病退休，逕委王總司令輪先生代理督軍兼省長。㈡由劉督倡導廢督，設一總司令，隸省長下，由劉督委電輪先生為總司令，兼代省長。㈢實施廢督，劉督仍暫留任省長，於省長下設總司令及民政長，委電輪先生兼任，俟適當時期，劉督退休，由電輪先生接任，如此，則民不驚擾，地方安定。三項意見之中，尤以第三項最為穩妥。不意突於此時，禍變陡起，總司令部特務團團長孫劍峰不瞭解希陶、伯群二先生對於貴州軍政改革計畫用意之深遠，以劉督年老多病，既已表示倦勤，則應逕行實施第一項計畫，遂嗾使部屬，於民國九年十一月在貴陽發動政變；跋扈暴戾，恣意濫殺，橫行省城，黔局大亂，以致黔軍進出湘、桂，參加西南各軍擁護　國父繼續護法之計畫，一時頓挫。

貴陽政變發生後，將軍以所轄部隊，遠駐銅仁，自恨不能弭亂於未萌，事後又無力予禍首以應得之懲處；而孫劍峰不在將軍管轄之列，經將軍嚴加詰責，心懷戒懼，必欲去之而後快。將軍遂呈准劉督辭去本兼各職，奉派為黔軍代表，前往滇、粵兩省，擔任聯絡工作，藉以擺脫貴州紛亂情勢。當將軍由貴陽赴滇途中，孫劍峰曾陰謀加害；表面上以滇、黔邊境土匪猖獗，派其衛兵連長胡某，率步兵一排護送，實則密令胡某在邊境地方，暗中置將軍於死地。事為符經甫先生知悉，力予勸阻，孫乃派人飛騎趕至畢節，收回密令，將軍乃倖免於難。

民國十年（一九二一）春，將軍抵昆明，雲南督軍顧品珍優禮有加。時貴州舊勢力在滇人員，以顧品珍與將軍為日本士官同學，誠恐將軍在滇，別有所圖，乃暗中派人，收買匪徒，伺機加害。某日，將軍在旅社內作彈子戲，遭暴徒以白朗林手槍，遙向將軍射擊，將軍胸部、腿部各中一彈，立即拔槍還擊，暴徒始作鳥獸散。將軍乃入昆明法國醫院，經法籍醫師裴文貴悉心療治，取出胸部子彈，半年以後，始傷癒出院，赴滬養息。

同年春，電輪將軍在滬謁　國父，奉派為中國國民黨軍事委員會常務委員，並命往晤浙督盧永祥，說其共伐曹、吳。不料三月十六日，電輪將軍公畢由浙返滬，在一品香旅社門前為暴徒所刺，傷重逝世，年僅三十五歲。一代革命人豪，竟為舊勢力見忌而戕害，英年早謝，良深慨嘆！

四、黃埔建軍棉湖喋血

國父孫中山先生於民國十年（一九二一）五月五日就任非常大總統，越一年（一九二二），以中華民國總統名義下北伐令；十二年（一九二三），在廣州設大元帥府及大本營；十三年（一九二四），派　蔣公介石籌設陸軍軍官學校於黃埔。　蔣公以將軍於貴州訓練新軍幹部之績效，馳譽西南，乃電邀將軍赴粵相助；將軍奉召，謁　蔣公於南堤軍校籌備處，暢談歡甚；繼謁　國父，奉派為大本營軍事參議。六月，軍校成立，將軍出任總教官，以日本士官學校教育方法，先行訓練下級幹部；嗣復奉令以敉平廣州商團之變繳獲槍枝及由俄購來之各種軍械組成教導團，任該團團長；並兼代教練部主任。是時將軍鑒於革命情勢需要，其訓練軍校官生，以取精用宏為宗旨，加緊戰鬥教練，著重實戰經驗之養成，用能於最短期間，作育英才，使成革命勁旅；不僅以應當時東征、北伐軍事之需求，亦冀完成　國父及校長　蔣公建立革命武力之志業，遂養成黃埔師生無堅不摧之革命戰鬥精神。

此一在校長　蔣公指導下由將軍訓練而成之革命武力，首度遭逢之嚴格考驗，為民國十四年（一九二五）春，討伐陳逆炯明之第一次東征戰役。先是十三年冬，北方政局混亂，　國父應段祺瑞之邀赴北京，盤據東江之陳炯明叛軍，遂與北洋軍閥及在粵之反革命部隊相勾結，謀乘機進襲廣州。校長　蔣公請纓，率黃埔校軍東征，以將軍之教導第一團為前驅。十四年二月一日，將軍率教導第一團，在　蔣公指揮下，負起攻擊陳逆主力之重大任務；一月之間，初戰克淡水，再戰則連下名城，陳逆各部，望風披靡；三月七日，潮州、汕頭，相繼光復；惟逆軍林虎等部，陰結楊希閔、劉震寰之滇、桂軍，乘校軍由潮、汕回師進抵揭陽時，於廣東普寧縣境之棉湖，突襲校軍後路；十三日，將軍以千餘劣勢兵力，與林虎等部十倍之敵，於棉湖、鯉湖一帶，血戰竟日，死傷枕籍，前仆後繼，校長　蔣公亦親赴前線督戰，命第二團及粵軍第七旅迅速增援，終於是日，大破逆軍於棉湖，史稱「棉湖大捷」。此役將軍所部官兵，死傷高達三分之一，然不僅創革命軍以寡勝眾之先例，亦使廣州革命基地，為之鞏固而確保。如無棉湖大捷，即無以後之黃埔校軍，更不可能產生回師靖亂及二次東征各役，由此足見棉湖一役之成敗，攸關黨之命脈及革命事業之安危，故　蔣公於棉湖戰役大捷後，曾有如下之講評稱：「棉湖一役，以教導第一團千餘之眾，禦萬餘精悍之敵，其危實甚！萬一慘敗，不惟　總理手創之黨軍盡殲，廣東革命策源地亦不可保」。將軍因功擢升黨軍第一旅旅長，此將軍革命勳業之發軔也。

五、回師靖亂二次東征

第一次東征之際，滇軍楊希閔、桂軍劉震寰均懷異志，按兵不動，對政府命令，陽奉陰違，暗與陳逆炯明勾結，欲陷黨軍於絕境。黨軍底定東江之日，楊、劉叛跡日著，南聯唐繼堯，北結段祺瑞，以謀割據廣州，所有與敵往來密電，均被我軍搜獲，至此陰謀敗露，無可掩飾。政府以楊、劉盤據廣州、惠州一帶，亟應嚴申討伐，以鞏固革命之根據地。乃命校長　蔣公為總指揮，率將軍所部與粵軍第一旅、第四師及警衛軍吳鐵城部，回師廣州靖亂。

民國十四年六月八日，將軍率部自東江向廣州攻擊前進，連下石灘、龍眼洞各要地，敵軍退守廣州，將軍指揮各部猛攻，於六月十二日大破敵軍於廣州市郊，楊、劉二人，逃入沙面租界。十四日，復擊滇軍餘孽胡思舜部，肅清廣州反革命勢力。六月十六日，黨軍奉命擴編，將軍升任黨軍第一師師長。

方黨軍之回師靖亂也，上海發生五卅慘案，沙面、香港兩地民眾為援助滬案，發動罷工，以資響應。六月二十三日上午，廣州各界人士於東校場舉行援助上海五卅慘案大會，將軍率軍校入伍生七百人，教導第一團第三營，第二團第二、四、七各連，及粵、湘軍，警衛軍各一部參加，連同工、農、商、學各界群眾共六萬人，舉行示威遊行。午後二時，至西堤沙基時，英兵突自沙面租界以排槍及機槍掃射，而泊於白鵝潭之法國軍艦，亦開砲轟擊，歷時數十分鐘之久。死工人、民眾六十餘人，黨軍官兵及學生二十三人。將軍於慘案發生時，極力抑止官兵憤怒情緒，以免擴大事端；事後則將目擊實況，草成報告書，報告慘案調查委員會，力主循外交途徑，據理力爭，以挫帝國主義者之兇燄，而維護我國家之地位與主權。此一事件，史稱「沙基慘案」，自是外交情勢日亟，而將軍益堅廢除不平等條約之志。

陳逆炯明殘部自一次東征投誠回駐潮、梅後，不惟不圖自新，以贖前愆，且乘國民政府多事之秋，於同年九月一日，於潮梅駐地稱兵叛變，節節西進，竄據普寧、惠州及海、陸豐之線，企圖進犯廣州。先是，國民政府於七月一日正式成立，將軍奉派為軍事委員會委員。八月二十六日，改任國民革命軍第一軍第一師師長。陳逆變作，國民政府下令討伐，以　蔣公為東征軍總指揮，將軍為第一縱隊縱隊長，奉命攻略惠州。十月九日，將軍率部進佔響水、博羅之線，與第二、三兩縱隊合攻惠州。

惠州城後枕東江，前臨西河，二面環水，一面背山，城高而堅，形勢雄壯，夙稱天險，自唐代以來，為千年兵家未下之堅城。將軍於十月十一日，編組攻城先鋒隊，在砲火掩護下實施攻救，總指揮　蔣公於十二日親臨飛鵝嶺前線督戰，將軍所部奮勇登城，犧牲極重。十四日，將軍親往北門指揮作戰，激戰至午後二時三十分，北門為我軍攻克，各軍相繼入城，殘敵紛紛潰退，號稱千載未下之古城，竟為我軍以四十小時之攻擊而告光復。

自是將軍揮師急進，連下海豐、河婆、華陽，長驅直入，於十一月四日，收復潮、汕，肅清東江各地殘敵，於十一月五日，進駐潮安城，總指揮　蔣公，呈請國民政府，任命將軍為潮汕善後督辦。十二月十日，將軍升任國民革命軍第一軍軍長，兼潮梅綏靖委員，相機進圖八閩。

六、松口大捷會師南京

國父逝世後，　蔣公繼承遺志，於民國十五年（一九二六）六月，就國民革命軍總司令職，立即策定各個擊破軍閥吳佩孚、孫傳芳、張作霖之戰略，於七月誓師北伐。區分全軍為八軍。　蔣公自率第四、七、八軍為中央軍，北取湘、鄂，並命將軍率第一軍之一部為東路軍戍守東陲，嚴防廣東革命基地，相機北攻閩、浙，進取京、滬。是時，自稱五省聯軍總司令孫傳芳所屬閩督周蔭人部，以五倍於將軍之兵力五萬餘人，傾師西移，企圖南犯潮、梅，惟兵力分散使用。將軍為先發制人，乃電總司令　蔣公，條陳攻閩計畫，請准提前發動對閩周攻勢作戰，蒙　蔣公採納。將軍乃一面聯絡福建軍民，一面策反福建第三師李鳳翔部之曹萬順、杜起雲兩旅，約為內應，率軍向福建展開攻擊。將軍研判敵情，知周蔭人之總部設永定，其主力已由其軍長劉俊統率進佔松口；永定總部僅為其司令部及若干直屬部隊，適為其兵力薄弱所在。我如在松口與敵主力作戰，由正面敵前渡河，不僅犧牲甚大，且汕頭方面亦有為敵繞擊之虞。於是遂決心迂迴作戰，一方面在松口河岸，配置部隊，佯攻敵軍；一方面以主力於十月十日拂曉，出敵不意，繞入敵後，猛攻永定敵軍司令部及其直屬部隊。激戰至下午五時，大破敵軍，佔領永定，周蔭人於午後四時，率親信十餘人化裝越城逃遁，公文函電，委棄於地，辦公桌上請援電稿，墨瀋未乾，足見其倉皇出奔之狼狽情況。

十三日，將軍乘勝指揮各軍，繞道回師，分兵三路圍攻松口。時敵軍已聞風膽落，倉卒應戰，將軍大破之，於下午五時佔領松口，鹵獲步槍四千餘枝，砲十餘門；俘敵師長李寶珩以下官兵四千餘人，造成松口大捷，使閩周主力澈底潰散。

時總司令　蔣公已破吳佩孚軍於汀泗橋，下武漢，駐節江西高安，與孫傳芳援贛軍激戰於南潯路，不利；南昌得而復失，再攻不下，　蔣公乃撤南昌之圍，移北伐軍主力於贛州，另圖進取；聞將軍松口大捷，積鬱中為之欣慰不已，立電嘉勉，略稱：「松口大勝，無任欣慰，吾兄指揮若定，重為黨軍爭光；周逆喪膽，閩殊不足平」。並電匯銀元二萬元，犒賞出力將士，升將軍為國民革命軍東路軍總指揮，命乘勝進取閩省全境。

蔣公於十八日蒞高安縣黨部主持紀念週訓話時，對松口之戰，備致嘉許，謂將軍「能從容應付，完全消滅敵軍主力，因此預測此次北伐之目的，一定可以達到，是有十分把握的」等語。故將軍永定一役之迂迴戰，松口大捷之奇襲戰，於江西情況極為危殆時刻，不僅牽制孫傳芳主力五萬餘眾，爾後並擊滅之，使孫傳芳部孤立無援，粉碎孫之轉用兵力以殲滅我北伐軍主力之計畫，而在江西節節敗退。實為北伐前期成敗之轉捩點，兵家至今稱之。

將軍於擊潰閩周主力後，即以全力直下福州，旋即規復福建全省，奉派為福建省臨時政治會議代理主席，主持閩省政務。將軍乃以東路軍之勁旅，乘勝逐北，肅清浙、閩兩省北洋軍閥餘孽，克復杭州，進取上海，謀與　蔣公躬率之大軍，會攻南京。

民國十六年（一九二七）春，將軍親率所部，由杭州沿浙、蘇兩省邊境，攻城略池，縱橫掃蕩，大軍所至，民眾簞食壺漿，夾道相迎，敵軍潰退，如落葉之當疾風；三月十六日，將軍指揮各軍，向淞滬之敵，展開總攻；即日克溧陽，次日克當塗，二十一日，連下松江、蘇州而光復上海。二十四日，將軍親率第四縱隊，與　蔣公親自指揮之中央軍所屬之江右軍會師南京，長江以南，至是完全底定，東路軍直前衝擊策應之功至偉。

七、龍潭戰役挽回危局

國民政府奠都南京後，　蔣公於同年五月策定三路渡江北伐之計，以將軍為第一路軍總指揮，沿右翼渡江前進。將軍奉令後，於五月十九日開始渡江進擊，為時未半月，連下揚州、靖江、南通、如皋、泰縣、邵伯、東臺、淮安、漣水、阜寧諸城，與第二、三兩路軍會師徐州；徐州既克，將軍乘勝追擊，揮軍入魯，攻佔日照、莒縣，與第二、三兩路軍會攻臨沂，周蔭人徬徨窮途，通電下野。正值全魯震動之際，不幸中共搆煽，寧漢分裂之變，愈演愈烈，政府全面清黨，武漢方面第四、八各軍，忽回師東指，有直犯首都之勢。而日軍復出兵山東，嗾使軍閥餘孽，死灰復燃。　蔣公為保衛首都安全，乃下令全軍回師，於是徐州陷敵，淮河不守。　蔣公為加強團結，俾寧漢恢復合作，一致對敵，遂於八月十三日宣告引退，革命軍撤守長江以南。將軍奉軍事委員會令，將第一路軍位置於京滬一帶，應付運河方面之敵，擔任烏龍山以東長江下游防務；因是拱衛京滬兩地之重任，乃由將軍一力承之。

是時政府之內憂外患，誘發孫傳芳捲土重來之野心；先以重兵分兩路跟蹤南侵，重行蹂躪大江以北各城鎮；繼則集中兵力，冀圖渡江一逞。八月廿五日夜，突以主力由望江亭、划子口、大河口三處，向將軍防地烏龍山、棲霞山、及龍潭一帶，趁北風濃霧，實施強渡，傾巢南犯；我軍倉猝應戰，三地經激戰後均陷敵手。其時將軍防區遼闊，所部主力，均在滬寧鐵路沿線東端，而原駐南京附近之李宗仁部第七軍實力，又不足以保衛京畿，以致首都人心惶惶，不可終日。將軍時為軍事委員會常務委員，坐鎮南京，除飛調淞滬方面所部西進夾擊外，並命駐京之警衛師開赴棲霞增援，第三路軍總指揮李宗仁亦抽調第七軍赴援烏龍山陣地。時敵軍連日繼續渡江南犯，總兵力計十一個師、四個混成旅、兩個補充旅，為數約七萬左右。雙方往復肉搏，龍潭車站旋得旋失，兩度陷敵，將軍一面嚴令制止退卻官兵進入南京，一面將已癒傷兵組成警備團，重行開赴前線作戰；復親赴前方督師，坐鎮江干，躬冒矢石，激勵將士；官兵受將軍鼓舞感召，創痛皆起，經七晝夜之奮戰，終於三十日擊潰背水作戰之敵軍，克復龍潭；並於次日進駐龍潭水泥廠指揮所，令各軍對敵縮小包圍圈，三面夾攻，粉碎敵軍困獸之鬥，於是大破渡江之敵，盡殲敵軍七萬之眾，江水盡赤；殘敵桴木而逃，溺斃無算。總計獲槍四萬餘枝，俘敵三萬餘人，造成國民革命軍戰史上著名之龍潭戰役。此役於　蔣公引退之後，大軍無主，將軍見危授命，主持全局，以寡擊眾，一舉擊潰來犯之敵，使南京轉危為安，奠定二次北伐及統一全國之基礎。故　蔣公嗣後曾評論此役以激勵同志云：「此役關係首都之安危，革命之成敗，在國民革命軍戰史上實佔重要之地位；而戰鬥之激烈，可與棉湖、松口、汀泗橋、武昌、南昌諸役相埒，或且過之。各將領深知此役之關係重大，均能奮不顧身，何總指揮之果毅殺敵，夏威師長之督攻黃龍山，劉峙師長之頭部受傷，仍行指揮，均能表現軍人奮鬥精神也。痛定思痛，此後吾黨同志，亟宜團結，勿予人隙，已毫無疑問矣。」於此可見此一戰役之歷史意義及價值。國民政府乃以「捍衛黨國」榮旌一襲，頒贈將軍，以酬殊勳。

龍潭大捷之後，將軍指揮所部，渡江乘勝追擊潰退之敵。孫傳芳化裝士兵，率殘部經六合、天長北竄徐州。九月中旬，寧漢合作，推定寧、漢、滬三方面委員三十二人，成立中國國民黨中央特別委員會於南京，改組國民政府及軍事委員會， 蔣公及將軍等均為國民政府委員兼軍事委員會委員並為主席團主席。十月七日，軍事委員會決定西征北伐，雙管齊下，分配五路總指揮任務，將軍所部第一路軍為北伐軍主力。自十一月五日起，揮軍北進，四十日內，連克滁州、明光、蚌埠、宿遷各地，遂於十二月十六日再度克復徐州，張宗昌倉皇逃遁，革命形勢，遂告穩定。時 蔣公已於十一月十日以國內各方函電促歸，由日返國抵滬；十二月十日，二屆四中全會預備會通過決議，請 蔣公繼續任國民革命軍總司令，領導北伐。將軍復在徐州軍次，聯合鹿鍾麟、劉峙等各將領上電中央，敦請 蔣總司令迅速復職，俾早竟北伐全功。

八、靖亂剿匪軍政著績

民國十七年（一九二八）一月四日， 蔣總司令返京復職，重新部署軍事，將北伐軍改編為四個集團軍，調將軍為北伐軍全軍總司令部總參謀長，坐鎮南京，以固政府根本。 蔣公躬率大軍分進合擊，全力突破日本軍閥之阻礙，渡越黃河，四路進迫京、津；六月，克北京。七月，中央明令改北京為北平。十二月，東北易幟，全國統一，國民革命第一期任務，乃告完成。

是年十月，將軍奉派兼任浙江省政府主席，仍兼國民政府委員。十一月廿三日，復奉國民政府特任為訓練總監部總監，並負責國軍編遣工作之籌劃與實施。惜地方軍事將領缺乏誠意，以致誤解中央精兵政策，變亂迭起；將軍或則奔走呼籲，弭戰禍於未萌；或則指揮作戰，敉叛亂於既發；兩年間，先後出任國民革命軍總司令武漢、開封、廣州、鄭州及南昌各行營主任，靖亂剿匪，無不躬予其役。

民國十九年（一九三〇）三月，將軍出任軍政部部長；未匝月，中原戰起，將軍主持武漢行營，固我戰略中樞要地。六月，李宗仁等部出兵陷長沙，分兩路北犯。岳陽、平江先後棄守，武漢兵力單薄，形勢危急。將軍審度當時情勢，乃命由株、醴退卻之第四路軍何鍵部，不得撤退武漢，轉進至湘西整理，待機夾擊北侵之敵。復抽調武漢兵力二師，迅速佔領賀勝橋、汀泗橋，並命第八路軍李揚敬等三師自柳州追擊北犯逆軍。將軍俟各軍部署既定，乃下令合擊武漢當面逆軍，並以第四路軍由側翼突襲長沙，一戰破敵；十七日，克長沙；二十九日，全線追擊，七月一日，逆軍全部潰退，鹵獲無算。是時共軍彭德懷等部，乘我第四路軍入桂討逆之際，攻陷長沙；將軍分兵圍剿，再克長沙，更下令總攻湘、贛共匪；九月初，長沙附近剿匪大捷，匪酋朱德負傷遁，湘省及武漢形勢大定。十月初，中原事已，將軍奉派為鄭州行營主任，主持前方軍事及西北善後事宜。

將軍於二十年五月十二日，在國民會議第四次會議中，代表　蔣主席提出「國民政府剿滅赤匪報告書」，分析赤匪之來源與罪惡，以及其對我國家民族所貽之禍患；並指出「重振民族精神，竭誠擁護政府，堅固本身組織，改進教育方針，提高國民生活」諸端，為撲滅共匪之奮鬥方針，經大會予以審查決議通過，為此後剿匪戡亂之基本方策。

此後數年間，將軍不僅經常指揮軍事，同時更須兼籌國家軍政大計；尤其當日本軍閥暴露其侵華野心之際，將軍為及早完成對日作戰之準備，全力輔弼　蔣公採行下列各項重要措施：充實陸軍，發展空軍，實施徵兵制度，建立軍需工業，加強沿江沿海要塞防禦工事，推行驛運制度。凡此諸端，均著績效，為此後八年對日抗戰之勝利，奠定穩固基礎。

九、坐鎮北平保全華北

自民國廿年九月起，日本軍閥乘我靖亂剿匪軍情緊急之際，製造事端，先後發動「九一八」及翌年「一二八」事變。政府忍辱負重，定「攘外必先安內」方略，全力進剿江西匪巢。當二十二年（一九三三）一月，第四次圍剿赤匪之際，日軍突由山海關侵我熱、察二省及長城之線，國軍浴血奮戰，將軍奉命北上，以軍政部部長兼代軍事委員會北平分會委員長職務，以期穩定華北情勢。將軍坐鎮北平，一面指揮各軍全力抵抗；一面電請中央，迅謀外交救濟；復為安定人心，誓死不離北平，婉謝中央命軍分會遷至長辛店辦公之令。此時政府對日戰備，尚未完成；五次圍剿赤匪之役，激戰方殷；將軍奉　蔣委員長面示，此去盡一切可能設法阻止日本關東軍進佔平津，維護華北，以粉碎其華北五省特殊化之陰謀，與日本關東軍周旋，目的在爭取抗日準備時間，不得放棄尺寸國土；於是遂採談戰兼施策略，既督軍浴血苦戰，屢挫敵鋒於長城各口；復與日軍虛與委蛇，折衝談判無寧日。日軍以屢遭重創，亦知中國之不可輕侮，乃由其駐華公使館武官永津佐比重為負責代表，出而斡旋停戰，惟須我軍撤至密雲、玉田之線。將軍與中央函電往返，一再磋商，先奉　蔣委員長電令對日交涉，避免文字承諾，並遵令死守北平。嗣經國防會議決議：「若萬不得已，祇限於軍事，不關政治，並須留意協定中，不可有放棄東四省、承認偽組織之疑似文字」。將軍奉令後，遵照此原則，呈准組成停戰會議中國代表團，以熊斌中將為總代表於廿二年五月三十日至三十一日，在塘沽與日本關東軍參謀副長岡村寧次少將率領之日本代表團，舉行會議二次，於第二次會議中，簽訂所謂「塘沽停戰協定」。將軍一面電報中央，請國防會議予以追認；一面將協定內容條款通電全國。至是戰端遂息，而日軍以武力併吞華北之陰謀，乃成泡影。蔣公於六月五日日記中有云：「協定成立，停戰得以告一段落，人民暫可安息；國際情勢，當有進步。對內對外，得此整頓準備之餘裕，其足為復興之基乎！」於是政府乃能掌握時機，一面集中力量，進行第五次圍剿；一面積極作對日抗戰之準備，實將軍不計個人毀譽、忍辱負重之精神有以致之。

「塘沽停戰協定」簽訂後，日軍以軍事陰謀挑釁未逞，乃改採政治攻勢，藉口中國民眾排日行動，乘機要脅我政府；復收買國內失意政客，策動華北各省獨立。自民國二十三年（一九三四）至二十四年（一九三五）間，先後有「大灘事件」、「河北事件」、「察東事件」及「華北五省自治」各項動亂之發生，均賴將軍沉著肆應，卒能弭平亂源，化險為夷。其中尤以「河北事件」與「華北自治事件」為最。

「河北事件」肇因於二十四年五月，天津日租界國權報社長胡恩溥、振報社長白逾桓被刺案。日軍認此暗殺事件，係我方排日行動及向日本駐屯軍挑戰行為；一時日軍劍拔弩張，藉謀擴大事態。自五月末至六月初，天津日本駐屯軍司令官梅津美治郎之參謀長酒井隆、日本駐北平公使館武官高橋坦，三度往謁將軍，口頭轉達關東軍通知，要求撤換河北省政府主席于學忠，撤退憲兵第三團、河北省黨部、天津市黨部、軍分會政訓處及所謂「藍衣社」等機構，並將中央軍他調，禁止全國排日行為。將軍連電中央一再磋商，奉行政院電令，為消弭戰機，除黨務機關之撤退及排日行動之禁止，由中央決議下令外，其他事項，由將軍相機處理。將軍遂於六月十日第四次接見高橋坦時，根據中央決定，口頭答覆承諾日方各項要求，高橋表示無異詞而去。越日，高橋突送來「覺書」（即備忘錄）一件，內載將軍口頭答覆事項及附帶項目三款，請將軍照繕後，蓋章送交梅津美治郎。將軍以諸事皆係口頭協議，當予拒絕，乃將原「覺書」退還，並於十三日離平南下。高橋惶急之下，乃與我外交部特派員交涉，放棄原來要求，僅央請「中國方面至少給予一表示承諾之書面通知」，以便覆命。將軍於得到行政院同意後，遂以便條紙打字致送梅津通知一件，文曰：「六月九日酒井參謀長所提各事項，均承諾之，並自主的期其遂行」，並無其他字句。然此後日方報紙，竟製造謠言，謂「河北事件」之解決，係基於所謂「何梅協定」云云；實則將軍與梅津並未謀面，當即予以駁斥；《上海字林西報》亦著論直斥日人之妄。天津大公報社長胡政之，亦以其社論涉及「何梅協定」字樣，事後察覺係誤引日人之言，函將軍深致歉意。

此一事件結束後，　蔣委員長曾有電致將軍存問，內有：「言忍讓則當勿忘革命之立場，持我壯志，行以審慎，不為任何之脅誘所搖奪；言犧牲尤當知委曲求全之必要，勿因避免疑謗，或為求諒一時，而逞其意氣，以求孤注之一擲。……於此非常時期，應當勵其忠貞，堅其素志，祇患不能忠勤於本務，決不患無報國之機會」等語。復於翌年一月，接見全國中等以上學校校長及學生代表講話中，特予駁斥所謂「何梅協定」之謠諑稱：「我可以對各位說，絕對沒有這個『何梅協定』，這件事怎樣講起來的呢？就是日本向何部長提出要求中國撤退河北境內的中央軍隊，並撤銷平、津、冀、察黨部和特務機關，何部長回一封極簡單的信答覆地說：這些事不待你要求，我們中國已經自動辦好了。信中只說這幾句話而已，但是，他拿了這封信，就無中生有，張大其詞，說是成立了什麼『何梅協定』」。將軍為之感激下淚，於是益堅其忠貞報國之志。

「華北自治事件」，係日本關東軍代表土肥原賢二策動之陰謀，企圖挑撥華北冀、察、晉、綏、魯五省及平、津、青三市，先倡聯省自治，然後逐步釀成華北獨立之偽組織。並於民國二十四年十一月，威迫華北各省市首長於二十日集會於北平，會商華北自治進行事宜。將軍時在京出席五全大會，聞訊乃奉命先安晉閻，復連續分電商震、韓復榘、蕭振瀛等，請勿參加所謂「北平會議」；嗣又致電宋哲元、秦德純等，請其設法打消此會。將軍各電詳細分析所謂「華北自治運動」，純係關東軍少數軍閥所構煽，並非日方政府之本意，日軍絕不致用武力迫成華北獨立，務望沉著應付，靜候政府與日方外交之解決。各將領受將軍誠意所感，紛紛表明立場，將軍復受命北上磋商，決設立冀察政務委員會以維護中國主權，於是日軍醞釀之「華北五省自治」，終未達其目的。將軍弭平此一亂源，保全華北五省，穩定國家政治情勢，厥功至偉。

國軍對中共軍第五次圍剿，於民國二十三年十月勝利結束後，共軍突圍流竄；至二十五年二月，由陝北東渡黃河，向晉西竄犯，國軍尾追進剿，共軍回竄陝北，日暮途窮，乃發出「停戰議和」之通電，以圖喘息。六月下旬，粵、桂聲言「獨立抗日」，下令動員，舉國震動。將軍乃聯絡各將領，致電陳濟棠、李宗仁、白崇禧等，剴切勸告，並密令粵軍第二軍軍長張達，對陳實行兵諫。旋余漢謀將軍由粵抵京，李漢魂亦發表宣言，擁護政府，兩廣之變，乃告平定。將軍奉命兼任廣州行營主任，處理兩廣善後事宜。

十、西安事變措施得宜

民國二十五年（一九三六）十二月十二日，西北剿匪總司令部代總司令張學良，受共匪蠱惑，與叛將楊虎城劫持　蔣委員長，發動「西安事變」。是日夜，中央執行委員會及中央政治會議先後舉行臨時會議，籌謀營救處置之策；戴季陶先生等力主臨之以兵威，始克使叛將懾服，確保　領袖安全。經三小時之慎重商討，兩會作成決議五項：㈠行政院院務由孔祥熙副院長負責；㈡軍事委員會常務委員改為五人至七人，並推何應欽等七人為常務委員；㈢軍事委員會會議由副委員長及常務委員負責；㈣關於指揮調動，歸軍事委員會常務委員會軍政部部長何應欽負責；㈤張學良應先褫奪本兼各職，交軍事委員會嚴辦，所部軍隊由軍事委員會直接指揮。

此次事變前，張、楊原定計畫，係藉西安會議，擬將　蔣委員長及中央重要軍事幹部悉數劫持，曾數度電請將軍參加，經　蔣委員長之英明果斷，力電阻止，即為預防萬一發生不測情況所作之安排。是時軍委會副委員長馮玉祥亦陰與叛方勾結，意欲篡奪兵柄。故中執會及中政會上項決議，為對馮之沉重打擊。馮於會議中，對於由將軍專負指揮調動軍隊之責一節，力表反對；認為　委員長因故不能視事，當然由副委員長代行其職權；將軍乃以國民政府軍事委員會組織大綱示之，並告以依照組織大綱之規定，委員長因故不能執行職務時，重要事項由常務委員以決議行之。馮聞之，拂袖而去。將軍事後派人予以勸慰，冀其激發民族大義，同心同德，以共渡國家危機。

將軍負責指揮調動軍隊之責後，自念任務重大，一著之失，將淪國家於萬劫不復之境。尤以當時全國民氣激昂，而青年將校，關心　領袖安危，憤慨更甚，咸欲滅此朝食，以拯救　蔣委員長脫險。將軍盱衡當時情勢，除苦口撫慰情緒激動之各部隊青年將校外，並盡力與行政院孔代院長祥熙之政略配合；認為張、楊之兵力有限，絕非中央之敵；然在　蔣委員長被劫持之情況下，固不能僅憑感情用事，作孤注一擲之冒險；更不能一味企求妥協，致失國家之立場。主張一面積極作軍事部署，一面由黨政同志在幕後折衝，如此雙管齊下，始能促其懸崖勒馬，悔過自新。十二月十六日，中央決議推將軍為討逆軍總司令，由國民政府明令討伐，同時推于委員右任，宣慰西北軍民。將軍奉令後，立即成立討逆軍總司令部通電就職，並即令派劉峙、顧祝同二將為討逆軍東、西兩路集團軍總司令，命七十九師樊崧甫部進駐潼關，中央各軍直指西安，空軍則在渭南一帶，實施轟炸；復聯絡楊部之馮欽哉師，為我效命；並對分駐徐州、洛陽之東北軍，分別作適當之處理。

十八日，將軍接奉蔣鼎文將軍自西安帶來　蔣委員長十七日手諭，令「暫停轟炸三日，至星期六為限」；乃即電令前方空軍，暫停轟炸；然張學良送　委員長返京之決心究竟如何，蔣鼎文將軍所知有限，至十九日限期居滿，張學良仍圖延宕，中央派宋子文先生赴西安，　蔣委員長面諭宋氏：「此時非迅速進兵，不能救國家脫離危險」。親示宋氏以進兵之方略，並謂：「此事之處置，應從國家前途著想，切勿計慮個人之安危。

……如其速將西安包圍，則余雖危亦安，即犧牲亦瞑目」；以及「如照余之計畫，五日內即可圍攻西安，則余乃安全，雖危亦無所懼」等語。二十一日，宋氏返京，以　委員長意旨面授將軍，次日隨蔣夫人再赴西安。將軍乃一面將停止攻擊之期限，再行展延四天；一面嚴囑東、西兩路討逆軍部署合圍西安，以備萬一情況惡化，可以迅捷之手段，與萬鈞之兵力，壓迫張學良就範，並嚴防張學良挾　委員長離開西安之企圖，以策領袖之安全。廿四日，蔣鼎文將軍自西安飛抵洛陽，電告將軍張學良終因　領袖偉大人格之感召，已下護送蔣委員長返京之決心；並告知　委員長命令撤兵之手諭。將軍乃令前方部隊，後撤一千公尺，以免衝突。二十五日下午五時一刻，　蔣委員長及夫人，安然脫險，飛返洛陽，二十六日由洛返京，二十七日，首都各界民眾，舉行二十萬人之慶祝　蔣委員長返京大會，將軍奉令代表　蔣委員長致詞。至是此一空前巨變，乃告終結。將軍體察　領袖意旨，措施得宜，應變弭亂之方，人多稱之。

十一、抗日戰爭中美合作

民國二十六年（一九三七）七月七日，日軍以我全國團結，乃集大軍，發動盧溝橋事變。時將軍奉命赴川，主持川康整軍會議，聞訊遄返南京。十九日，在軍政部召見日本駐華陸軍武官喜多誠一，正告喜多：「如果不幸發生戰爭，則戰爭結果，中國與日本，必兩敗俱傷，終使蘇聯與中共坐收漁人之利」。並囑喜多「將此數語，記於日記簿上，以待爾後之驗證」。旋日軍節節進逼，我軍奮勇抵抗，平、津相繼易手，　蔣委員長策定全面長期抗戰之決策，於是中國對日抗戰，正式展開。

將軍於抗戰之初，奉令兼任第四戰區司令長官，駐節廣州，負責後方補給線之維護。翌年初，調任參謀總長，仍兼軍政部長，自是乃秉承　最高統帥命令，集作戰、後勤重任於一身。於是將軍除積極將作戰行動，擴展至日軍後方外，對於長期抗戰重要措施，更作完整之規劃。如實施國難薪制，樹立基本建軍政策，提高徵兵效率，整理後方江海防要塞，加強國防工事及戰時交通與通訊設施，強化防空及民防力量，發展國防工業等，秉承　蔣公指示，擘劃推行，卓著績效。在此期間，復襄助　最高統帥，策劃歷次重要會戰，於台兒莊、徐州、武漢、南昌、隨棗、桂南、上高、豫南、晉南各次會戰中，連挫日軍；並造成長沙三次大捷，消耗日軍戰力至鉅。

民國二十九年（一九四〇），共軍開始襲擊國軍，三十年（一九四一）一月，「新四軍」叛變，將軍令第三戰區司令長官顧祝同將軍敉平之，俘其軍長葉挺，解散「新四軍」，以維軍紀。十月，美國軍事代表團團長麥克魯少將率團抵達重慶，至是，美援遂源源來華，國軍戰力愈益增強。十二月八日，日軍偷襲珍珠港，太平洋戰爭於焉爆發，國民政府遂於次日正式對日宣戰。二十三日，中、美、英三國軍事代表會議開幕，通過遠東聯合軍事行動初步計畫，自是，我國乃與盟國併肩作戰。

抗戰後期，同盟國聯合作戰逐漸形成。民國三十一年（一九四二）元月一日，中、美、英、蘇等二十六國，在華盛頓發表「反侵略共同宣言」；三日，同盟國宣布　蔣委員長為聯合國軍中國戰區之最高統帥，越南、泰國亦劃入中國戰區。初期以盟國在海上作戰不利，日、蘇又簽訂互不侵犯條約，以致日本得以抽調關東軍投入中國戰場；而滇省與緬、印陸地毗連，日軍在緬甸戰場之勝利，威脅我大後方之安全。我為配合盟國作戰，乃決定派遣遠征軍進入緬、印，攻克仁安羌，擊破日軍，救出被圍之英、緬軍九千餘人。十一月，中印公路自印度雷多開始修築，將軍於民國三十二年（一九四三）二月七日，由渝飛印，檢閱我遠征軍。九月，義大利無條件投降。十二月，　蔣委員長出席開羅會議，至是同盟國已穩操勝算。

民國三十三年（一九四四）元月及五月，我遠征軍兩度在緬北作戰，攻入胡康河谷，以圖重開滇緬公路；

並克復緬北重鎮密芝那，排除中、緬陸路交通之障礙。我國南疆以外戰局，遂告穩定。將軍在此以前兩年間，更於國內戰場，襄助　最高統帥，策劃浙贛、鄂西、豫中各次會戰，粉碎日軍侵佔我東南沿海及南下常德、西取石牌之野心。

十二、克復獨山籌劃反攻

同年九月上旬，日軍突以強弩之末，分三路向我桂、柳地區大舉進犯，連陷桂、柳、南寧，復由黔桂路北侵，南丹、獨山，相繼不守；貴陽及陪都重慶，均感震動。貴州省政府主席吳鼎昌及湯恩伯將軍連電請援；我雖由陝急調援軍飛黔，然以交通修阻，未能及時到達戰場。　最高統帥乃召見將軍，告以「黔省戰況，危急殊甚，非我二人之一前往督師反攻，無以穩定戰局」。將軍聆命，自動請往，不待摒擋，僅帶幕僚數人趕赴貴陽；電訊先達，軍心即定。將軍抵筑後，立即指揮湯恩伯將軍所部，向敵施行反擊，並整理戰地交通秩序，使接戰地區，肅然安堵；一時軍心奮發，將士用命，卒於十二月八日，克復獨山，擊退北犯之敵，扭轉黔、桂戰局，使貴陽及陪都轉危為安。

同年十二月中旬，我國為配合盟軍作戰，執行「阿爾發」(alfa) 計畫，並成立中國戰區中國陸軍總司令部，十一月二十日，將軍奉命兼任總司令，因須赴滇西、桂、粵前線指揮反攻作戰事宜，請辭軍政部長兼職。蔣委員長以反攻勝利在望，為使將軍能專責編訓阿爾發計畫裝備之十二個軍三十六個步兵師之美械新軍，整補中國陸軍總司令部所轄之各部隊，配合盟軍作戰，迅謀克敵致果，乃准將軍辭去軍政部長職務。將軍自民國十九年三月就任軍政部長，至是凡十四年又九月；在國家艱困處境下，致力於國軍整編訓練及國防戰備；抗戰軍興，又兼任參謀總長，總綰軍符，責重事繁；而轉餉給賦，其困難更千百倍於往昔；及至糧食部成立，始獲稍分重任。軍政部長之辭卸，乃克以全力策劃反攻。

將軍兼任中國戰區中國陸軍總司令部後，設總司令部於昆明，負西南各戰區各部隊統一作戰指揮及整訓之責，共轄二十八個軍，八十六個師，以及其他特種部隊。將軍為適應攻勢作戰，並將所轄兵力，分編為四個方面軍，總司令部下另設昆明防守司令部及直轄部隊。中央及行政院復下令，黔省黨、政統歸將軍指導。此時中印公路障礙排除，美國作戰物資大量輸入，對反攻部隊之裝備，益加改進，我軍士氣為之大振。

民國三十四年（一九四五）元月，我遠征軍克復畹町，將軍馳往視察，於畹町主持隆重之升旗禮。嗣於畹町至里門山前線巡視途中，曾遭日軍砲兵集中攻擊，彈落左右如雨，將軍不為之動，其沉著鎮靜，實非常人所能及。

二月末，我遠征軍與駐印軍會師芒友後，將軍乃令遠征軍停止攻勢，在國境整補，令駐印軍協同英軍繼續攻擊。將軍偕麥克魯將軍飛抵緬北戰場，與索爾登將軍晤商中、美作戰聯繫事宜；旋又親赴前線督師，拒絕戰地指揮官以前線缺乏較佳給養請先返後方之建議；嚴正訓示，願與士兵同甘苦，堅稱「必須目睹攻下臘戍，再回後方」。官兵聆訓，軍心振奮，戰鬥益力，終於三月七日攻克臘戍，復連下細胞、猛岩等地，卅日，與英、印軍會師喬姆克。我駐印軍數年奮戰，大功於焉告成，戰績昭彰，蜚聲中外，將軍運籌之功，不可沒也。

同年四月，日軍發動湘西會戰，企圖破壞我芷江機場，以減少我空軍威脅。將軍偕中、美將領，親赴最前線指揮作戰，於是月十日親往戰鬥最激烈之青巖視察，步行十五里至最高峰，實際指導最前線官兵戰鬥行動；在前線為視察克復後日軍陣地，曾隻身往返河水暴漲之危橋，歸途中橋身遂過遂斷，而將軍及時脫險，中、美各將領及前線官兵，均嘆為奇蹟，並對將軍親冒砲火，不畏艱險之精神，同感敬佩。五月中旬，我軍終將日軍萬餘人包圍殲滅，使敵一蹶不振。

是月下旬，將軍督率第二、三方面軍，反攻桂、柳，大軍兩路並發：第二方面軍激戰三月餘，於五月克南寧，七月克龍州，驅敵於國境之外；第三方面軍於五月克河池，六月再克柳州。至是將軍重行調度第二、三兩方面軍分三路會攻桂林，大軍分進合擊，終於七月二十八日克復桂林，完成　最高統帥賦予之任務，並開拓總反攻之機運。

五月七日，德國向同盟國無條件投降，歐洲之戰終止；六月，美軍對日逐島作戰，連獲大勝；麥克阿瑟元帥遂統率美國太平洋海陸空軍，指向日本本土推進。將軍早於七月初旬，為適應反攻軍事需要，謀切斷在華日軍與越南等地之陸上交通線，並奪取西南海岸之港口，打通我海上交通線與美軍會師，策定「反攻廣州作戰計畫」；其作戰方針為先以有力部隊攻略桂林，奪取雷州半島，再分別攻擊衡陽、曲江，並牽制越北之敵，然後以主力沿西江流域攻略廣州。

七月廿六日，中、美、英三國領袖發表波茨坦宣言，促日本無條件投降。越日桂林已下，將軍乃於八月中旬，命令各軍，依照「反攻廣州作戰計畫」，賡續行動。張發奎將軍之先頭部隊，首先到達梧州以西地區；湯恩伯將軍之部隊，亦前進至賀縣附近；沿湘、桂路挺進之兵團，則已到達全州地區；其餘後續兵團，亦均依照計畫向前推進。在此期間，將軍數度飛臨前方各要點，督師猛進，並將中國陸軍總司令部推進至柳州，設指揮所於南寧，將軍坐鎮指揮所，於是全線士氣激昂，均有一舉擊潰殘敵、光復廣州之決心。

十三、勝利受降澤被東瀛

八月十日，日本以國力消耗殆盡，復懍於美國兩次原子彈之威力，深悉戰爭失敗之命運，無可挽回，乃以照會託由瑞士、瑞典政府轉達中、美、英、蘇四國，願接受波茨坦宣言，向同盟國無條件投降。是時，將軍正在南寧指揮所，指揮進擊雷州半島之作戰，接奉　蔣委員長電，即於十二日飛經昆明轉抵重慶。十三日，奉　蔣委員長召見，指示部隊調動及處理日軍投降之要旨。十四日，將軍出席軍事委員會最高幕僚會議，商討接受日軍投降計畫。會議中，有人主張分區受降，將軍堅持不可；並說明八年抗戰，終勝強敵，不僅失土盡復，偽滿及臺澎亦重歸祖國懷抱，此一神聖莊嚴之受降儀式，非由中央統一辦理，無以耀戰勝國之威儀，以饜全國軍民之望。　蔣委員長深嘉納之，於是乃定統一受降之議，由將軍擬具受降計畫，呈准施行。

八月十五日，國民政府外交部接到日本無條件投降正式電文，　蔣委員長立即向全世界人士及全國同胞廣播，昭示「不念舊惡、與人為善」之對日寬大政策，並即令派將軍代表中國戰區最高統帥，接受日本政府及日本大本營之投降，同日，　蔣委員長致電南京日本在華派遣軍最高指揮官岡村寧次，指示其投降原則，並令其停止一切軍事行動，派代表赴玉山接受將軍之命令。嗣因玉山機場損壞，岡村寧次復遵令派其參謀副長今井武夫一行八人，改飛湖南芷江。將軍偕參謀長蕭毅肅等於二十日由渝飛抵芷江，翌日今井武夫等亦至，將軍派蕭毅肅參謀長接見今井，面交將軍致岡村之第一號備忘錄。指示岡村各地區受降主管及應行辦理事項，並派副參謀長冷欣中將先至南京，設立前進指揮所，劃全國各戰區為十五個受降區，奉令定九月九日在南京舉行受降簽字典禮。將軍於受降準備事項規劃完成後，乃先行分赴各受降區巡察指示，於九月八日飛抵南京，數萬民眾齊集機場恭迎，歡聲雷動。

九月九日上午九時，日本政府及日本大本營向中國戰區最高統帥之無條件投降簽字典禮，於中國戰區陸軍總司令部（中央陸軍軍官學校舊址）大禮堂舉行，將軍代表　蔣委員長受降，岡村寧次代表日本投降，在中外來賓、記者以及同盟國觀禮人員之前，於降書上簽字蓋章；將軍乃以中國戰區最高統帥　蔣委員長之第一號命令面交岡村寧次，典禮約二十分鐘完成，將軍即席廣播，昭告全國。此一劃時代之受降典禮，遂為中華民族五千年歷史最光榮之一頁。昔時塘沽協定日本簽字代表為岡村寧次，今則日本無條件投降之簽字代表又為岡村寧次，亦可謂天道循環，報應不爽矣。

先是，日本宣布投降之後，中共朱德、彭懷德等即於八月十四日，電陳　最高統帥，公開抗拒統帥部給予該軍駐防待命之電令；十五日，朱德又自稱「中國解放區抗日軍總司令」，致電岡村，要求各地日軍，應向共軍投降，當為岡村所拒。共軍於是命令各地部隊，配合蘇聯對日宣戰後進兵東北之行動，於華北各省盤據區大肆蠢動，攻略城市，破壞交通；尤以依附俄、蒙，割據東北及熱、察、綏各地，不僅違背軍令而自由行動，復以「民主」為名，向政府提出「聯合政府」等荒謬主張。此種顛覆政府、攘奪政權陰謀之實施，使甫經勝利之我國，又開始步入擾攘多難之日。

將軍於此一時期內，除秉承　最高統帥意旨，迅速作遣送日俘、日僑之措施外，並於防匪、肅奸、接收、治安、懲治戰犯及恢復交通運輸諸端，一一辛勞擘劃，齊頭並進。於九月至十二月之間，分赴各受降區及越南之河內等地巡視，滬、穗、平、津等地民眾，熱烈歡迎，群情感奮，盛況空前，將軍僕僕風塵，不以為苦。而在十個月內，排除困難，遣返日俘、日僑兩百餘萬人之眾，使日本青壯人力，得以參加復興行列；更秉承蔣公指示，維持日本天皇制度，使日本政體不致更易；不派佔領軍佔領日本，使蘇俄不能出兵佔領北海道而日本國土不致分裂；放棄對日本賠償要求，使日本經濟得以復蘇；凡此四端，皆為貫徹　委員長對日寬大政策之德意，日本人民對　蔣委員長深恩厚澤，至今感念不忘者，良有以也。不幸今日日本部分政客，忽略此一使兩國化敵為友，敦睦邦交之基礎，於世界反共形勢稍形頓挫之際，即向中共偽政權靦顏求和，片面撕毀中日和平條約，罔顧國際道義，將軍為之憤慨不已。

民國三十五年（一九四六）五月五日，國民政府勝利還都，舉行還都大典，將軍向全國同胞，發表廣播講演，提示抗戰結束後，國人應行努力之方向；籲請全國同胞，以道德力量，糾正制裁違反道德、危害國家之行為。蓋因是時中共擴大叛亂，而美國馬歇爾將軍來華，成立三人小組會議，進行政治調處，將軍心所謂危，故有此論。

十四、聯合國內折衝樽俎

五月三十日，國防最高委員會決議，裁撤軍事委員會，在行政院下設立國防部，中國戰區中國陸軍總司令部奉令結束。六月，將軍奉國民政府令派為聯合國安全理事會軍事參謀團中國代表團團長。出國前，曾先後赴臺灣各地，及西安、北平、瀋陽、長春等重要都市視察，以瞭解各地區軍政情況。七月十二日，由滬經日赴美，就任新職；道經東京，曾訪晤麥克阿瑟元帥，暢談戰後世界情勢。七月廿九日，將軍到達華府，晉謁杜魯門總統；八月一日，正式到職視事。

聯合國安全理事會軍事參謀團，係依照聯合國憲章第四十七條之規定組織之。其任務為對於安理會維持國際和平及安全軍事需要問題、對於受該會所支配軍隊組織、使用及統率問題、對於軍備之管制及可能之軍縮問題，向該會提供意見。軍事參謀團由安理會各常任理事國之參謀總長或其代表組成之。將軍接任新職後，首先宣布：㈠駐外武官不兼代表團團員，㈡代表團分為三組，重新分配業務。手訂工作計畫及目標六項為：第一、加強中、美兩國軍事關係，使美國朝野瞭解中共之邪惡與陰謀；第二、考察各國尤其美國軍事、國防各項建設，以為我國建軍建國之參考；第三、協同美、英以全力支持聯合國，使成為具有實際效用之國際組織；第四、在聯合國中聯絡民主國家，遏止共黨侵略擴張；第五、使一切新武器，在聯合國管制下成為國際化；第六、各國真實合作，建立有效之國際武力。並規定凡聯合國舉行會議時，中國代表團團員即使英語非常流利，亦須以國語發言，以符聯合國以中國國語文為法定語文之標準，且可提高我在聯合國內之地位，獲得全國人士稱道。

將軍自八月七日，軍事參謀團第十五次會議起，開始出席會議；其後各次會議，均與美、英、法、蘇四國代表團長輪值主席。主要議案，均為討論「聯合國軍」之組織。此案範圍既廣，性質亦至為複雜，且在世界歷史下尚無前例可循；而蘇俄復從中阻撓，工作之進行困難重重。將軍每於會議中，大聲疾呼，冀達預期之目的。會議在討論「軍隊組織之一般原則」時，所表現紛歧之意見，主要者為蘇俄堅持安理會五常任理事國應以「平等原則」，認派軍隊；而其四國，則主張採用「總量相若」之原則；於是各軍種兵力之編成，均大有出入。此外如「基地」、「駐地」、「後勤」及「使用後撤退之時間、地點」等問題，蘇俄皆與其他四國持絕對相反之意見。故最後軍事參謀團向安理會提送之報告書中，對各項有爭議之條文，亦均各案併列，懸而未決；以致「聯合國軍」之組織，終未實現。

將軍自三十五年八月一日，就任代表團團長職，至三十七年（一九四八）三月二十一日，奉　蔣主席電召返國，總計在任一年又八個月。在此期間，曾抽暇赴各地考察訪問，計有：美國費城美東海岸海軍基地、學校及工廠；長島附近之布魯克林海軍造艦廠；匹茨堡、底特律之美國鋼鐵及汽車工業；美國西點軍校、通信學校、裝甲兵學校、步兵學校；馬利蘭州之米德堡美國陸軍退役軍人遣散總站；德克薩斯州美空軍訓練中心；田納西水庫及田納西河谷管理局；新澤西州標準煉油廠。其間復訪問墨西哥，參觀墨國軍事設施並宣慰僑胞。又應世界道德重整運動創始人卜克曼博士之邀請，先後出席加拿大尼加拉瀑布、底特律及麥金諾島之世界道德重整會議，均以中國傳統道德為題，發表演講。其參觀美國陸軍退役軍人遣散總站及田納西河谷管理局，均撰有紀要，分送國內有關機關參考。

將軍在聯合國工作期間，於報端獲悉國內戡亂軍事逆轉，東北不守，憂心如焚，然而身在異國，無從盡力，時深慨嘆。三月末，將軍奉召返國，道經歐陸，博訪周諮，所得極豐。四月一日抵京，謁　蔣主席，報告在聯合國奮鬥經過，備承嘉慰。其時將軍已膺選貴陽第一屆國民大會代表，爰於同日報到出席國民大會第一次會議，並當選為主席團主席。

十五、受命危難組閣護憲

民國三十七年（一九四八）五月二十日，　蔣主席就任中華民國第一任總統，行憲後第一任行政院成立，翁文灝出任院長，　蔣公任命將軍為行政院政務委員兼國防部部長。六月三日，將軍以軍職外調，就國防部部長職，當即通電勉勵三軍將士，貫徹政府戡亂建國之國策。是時，馬歇爾將軍調處中共問題，早經失敗；中共擴大全面叛亂，發動西北、中原、華北、華東、及東北等五個「解放區」之共軍，實施流寇戰術，集中兵力，猛撲弱點，在將軍就任國防部長新職前，國軍已由主動攻勢改採被動守勢。七月七日，國軍轉守為攻，集中主力，對豫東黃氾區共軍，進行機動之殲滅戰，斃敵八萬餘人。嗣以共軍獲蘇俄支援，四處蠢動，數月之內，烽火燎原；徐蚌會戰，我軍失利，翁內閣於十一月總辭，將軍遂解卸行政院政務委員及國防部部長職務。

同年十二月，孫科先生繼任行政院院長，將軍赴滬，療治夙疾。旋華中剿匪總司令白崇禧與河南省政府主席張軫，連電總統　蔣公，主張與中共謀和；中共更煽動各界附共份子，呼籲「和平」，為其張目，一時各地所謂「和平運動」，乃如野火逆流，莫可遏止。李宗仁旋亦宣布和平主張，提出五項要求，圖迫總統　蔣公下野，由其繼承大任。 蔣公蒿目時艱，深悉失敗主義者，如中風狂走，不可理喻；乃於民國三十八年（一九四九）元旦發布文告，二十一日毅然引退，總統職位由副總統李宗仁代理；於是和談之進行，乃告開始，共軍則談戰兼施，旋即盡據長江以北各地。三月八日，孫內閣總辭，將軍亦於同日離滬，避壽杭州； 蔣公曾親題「安危同仗，甘苦同嘗」，為將軍六秩華誕壽。

三月初，代總統李宗仁擬提名將軍繼任行政院院長，將軍因時值計畫與中共謀和，一再堅拒，吳忠信先生等乃赴奉化，謁總裁 蔣公請示意旨。 蔣公遂於十日致函將軍略稱：「中正以為只要於革命前途有益，使舊屬官兵有所依託，而不致散亂，以保全革命碩果之基礎，則兄應毅然應命，更不必論職位之尊卑，與個人之得失。此為中正對革命責任之基本觀念，亦望吾兄能以中正之意志為意志，承當此艱危之局勢也」。將軍接奉 總裁手書後，以為分屬黨員及革命軍人，倘能如 總裁所示，使舊屬有依託，拯斯民於水火，則個人毀譽榮辱，當所不計；雖臨危受命，成敗尚未可期，然決心不受中共威迫欺騙，維護法統，阻止中共顛覆國家之陰謀，事如有濟，則可稍盡革命軍人之天職，以慰 總裁之厚望。於是，乃遵照 總裁意旨，勉允繼任；十二日，經提名由立法院同意，二十三日組成新閣。

將軍就任行政院院長後，一面將行政院組織精簡為八部兩會，一面加強西南各省及海南特區各基地其他繼續戡亂之準備。是時，李宗仁已決定「政府和平商談代表團」人選，行政院則預擬維護我法統及主權之「和談基本方案」，由代表團攜往北平，於四月一日起與中共協商。詎料中共毫無誠意，竟提出八條二十四款之「國內和平協定草案」，為將軍嚴電拒絕；因此和談破裂，共軍於四月二十一日起渡江南犯。將軍乃提請行政院院會決議撤銷和談代表團，同時飭留京各機關，緊急遷往廣州。二十二日，奉 總裁電召，參加在杭州舉行之會議，遵照會議之決定，激勵全國軍民，團結奮鬥。嗣因李宗仁曲迎中共主張，意圖接受中共所提「廢棄中華民國憲法、變更國旗、國號」之條件，為將軍激烈反對；行政院長既與代總統意見絕對相反，遂致形格勢禁，無法繼續行使職權，將軍乃向立法院院會報告和談破裂經過後，於五月三十日，偕行政院各部會首長總辭。中華民國今日之能屹立自由世界，中華民國憲法今日尚能為我國民主憲政之法統者，乃將軍恪遵總統蔣公指示，堅持其護憲立場之效也。

三十九年（一九五〇）三月一日，先總統　蔣公在臺復行視事。將軍奉令就總統府戰略顧問委員會主任職。自四十年（一九五一）起，先後前往日、菲兩國，敦睦邦交，宣慰僑胞。並奉中國國民黨中央遴聘為中央評議委員。

十六、道德重整龍劇揚威

將軍以多年來國際共黨在自由國家內滲透顛覆，為患甚烈，深悉非採取根本措施予以阻止不可。適世界道德重整運動創始人卜克曼博士，與將軍在美訂交，將軍以卜氏所倡導之「人類四大生活標準——誠實、純潔、無私、仁愛」，不但與中國傳統文化精義相脗合，且為打擊共黨思想之有力武器，返國後即積極鼓勵國人參加此項運動。民國四十四年（一九五五）六月及四十五（一九五六）五月，世界道德重整運動訪問團兩度來華訪問，將軍乃與卜克曼博士，共同策進國內此項運動有計畫之推展。自民國四十五年至五十年（一九六一）間，將軍先後十度組團前往瑞士柯峰、菲律賓碧瑤、美國麥金諾島、日本京都等地，出席世界或亞洲區域道德重整會議；對於中華文化之宣揚，國民外交之促進，以及全球性反共思想及策略之闡揚，提供卓越之貢獻。

將軍於推動世界道德重整運動期間，認為傳播國際反共思想，編為話劇上演，收效必宏；於是乃延攬文藝專家及夙受訓練之熱心青年，以暴露共產黨在大陸之罪行為素材，編成「龍」劇，於民國五十年八月，前往瑞士柯峰首演，獲得在場參觀之四十餘國代表八百餘人之交口讚譽。自此之後，將軍遂率「龍」劇團員，及由三十六國代表組成之二百餘人國際反共軍，依次在瑞士之魯森布、聖加倫市，西德之福祿登斯塔、杜賓根、道特蒙、愛森市、克森格城等地上演。每次演出前，將軍均著四星上將戎裝，率國際反共軍遊行於鬧市通衢，觀者為之動容；演出時，將軍均發表演說，闡明共黨破壞世界自由和平之陰謀，並報告劇情概要，僕僕風塵，辛勞備至。

同年十二月三日，將軍率「龍」劇團員及國際反共軍開始進軍北歐，在與中共建交之國家瑞典、挪威、丹麥三國，次第上演。第一站為瑞典，於五日起，在斯德哥爾摩市政大樓之藍宮——即諾貝爾獎頒獎處所上演；共黨陰謀阻止，我代表團乃分訪該市市民一萬八千餘戶，邀請觀賞「龍」劇，時與共產黨徒，短兵相接。第二站為挪威，中共偽使館曾提出抗議；在挪京奧斯陸市首演時，共黨在歌劇院中放出白鼠多隻，企圖擾亂秩序；第三場演出時，共黨份子群起騷動，大唱共黨歌曲，頓足呼號吹笛，肆意鬨鬧，經警察清場後，始順利演出。第三站為丹麥，中共偽使館積極設法破壞「龍」劇上演；五十一年（一九六二）元月一日起，在丹京哥本哈根各次之演出時，共黨或於樓廂欄杆，展掛詆譭將軍之白布標語，或於劇場內散發傳單，或在場外包圍威脅我團員，或在劇院中施放臭彈，或以放火燒劇院及製造流血事件相恐嚇；種種破壞行動，不一而足。將軍沉著肆應，不為所動，然為維護團員及觀眾之安全，實已煞費周章。

元月九日，將軍率團離丹返德，「龍」劇復在西德之杜塞道夫、華納艾爾克、波昂等地巡迴上演。是時將軍在北歐之奮鬥與成功，普獲國內外人士之讚譽，總統　蔣公暨夫人函電慰勉，國民大會亦決議致電祝賀，立法院則由立法委員陶鎔、鄧公玄、謝澄宇、劉健群等一百九十人聯名馳函致敬；以「龍」劇之在北歐與中共建交國家之成功演出，「不特揭發中共暴政，喚起彼邦人士共斥；復能表達中華民國進步，獲得各國朝野讚譽，揚大漢之天聲，作反攻之前導」等語，交相欽許。

二月一日，將軍自德返國，先後應邀在監察院院會、國民大會代表全國聯誼會、立法院外交委員會、中央聯合紀念週及考試院院會報告「龍」劇之成就與世界道德重整運動之新發展；蒙中國國民黨中央常務委員會議決議，以將軍領導之國際反共活動，對國際反共宣傳及國民外交工作，貢獻至鉅，致函將軍慰問並致嘉佩之忱。嗣復在國立政治大學、師範大學、臺北工專、實踐家專等校，分別作專題演講，獲得各大專青年熱烈歡迎。

三月末，將軍偕夫人再赴美國洛杉磯，「龍」劇亦連續在洛市、奧克拉荷馬及德克薩斯州各地巡迴演出，至七月間將軍率團返國。總計「龍」劇在歐、美各國共演出一百八十七場，觀眾約三十五萬人，電視觀眾達兩千萬人之眾，堪稱空前絕後。全體團員交通、食宿之經費，概由國際人士捐款支持；我政府除在民國五十年間，補助團員雜費每人每日美金五角，翌年增為美金一元外，並未支付任何經費或津貼；且團員於工作結束後，全體返國，並無一人留美求學，益獲國人之尊敬。

返國後，將軍再度赴美，並分別前往法國、義大利、西德及日本，參加世界道德重整會議，對國民外交活動，益盡其堅毅不拔之努力。

十七、三民主義統一中國

民國七十年（一九八一）三月廿九日，中國國民黨第十二屆全國代表大會通過「貫徹以三民主義統一中國案」，海內外及大陸同胞，紛紛起而響應。將軍於同年十一月二十一日，約集各界人士共二百餘人，在臺北市圓山大飯店舉行三民主義統一中國研討會，討論貫徹此一歷史性任務之有效途徑，大會公推將軍主持。

將軍於開幕典禮中發表演說：指出三民主義統一中國運動，為所有中國人應負之責任。其目的不僅為拯救大陸同胞脫離共黨奴役，亦為中華民族後世子孫之自由與幸福；號召全國同胞，不分海內海外，敵前敵後，共同奮起，完成此一偉大使命。嗣經分組討論，由將軍等七十人聯名提案，在復興基地，結合全民力量，成立「三民主義統一中國大同盟」，策劃推動有關工作。

民國七十一年（一九八二）八月二十八日，三民主義統一中國大同盟發起人籌備會議在臺北市空軍官兵活動中心舉行，公推將軍等代表全體發起人，依法向政府主管機關辦理大同盟登記手續。十月二十二日，三民主義統一中國大同盟在臺北市陽明山中山樓正式成立，出席成立大會各界領袖一千三百餘人，由將軍等三十一人擔任大會主席團，並推將軍為總主席，主持會議之進行。

將軍於成立大會開幕典禮中發表演說，指出三民主義統一中國大同盟之成立，為全國人民在三民主義真理下之大團結，亦為全中國人民為國家統一所展開之大運動。此一運動之目的，在於發揮三民主義倫理、民主、科學偉大潛力，擊敗中共極權專制統治，統一我們的國家。

大會通過「三民主義統一中國大同盟綱領」及「盟章」，並通過「大會宣言」。宣言中特別指出大同盟工作方針，乃是將三民主義在臺灣地區之成就，與中共統治下貧窮落後之大陸，作鮮明之對比。結合十億同胞反共意志與行動，從四面八方對中共展開政治作戰。並揭示中國統一之三大基本準則為：㈠中共必須放棄共產主義，統一於三民主義旗幟之下。㈡中共必須放棄無產階級專政，統一於中華民國憲法體制之下。㈢中共必須放棄馬列毛澤東思想，統一於中華文化正統思想之下。

大會於推舉大同盟推行委員九十九人後圓滿閉幕，並於第一次推行委員全體會議中，公推將軍為主任委員。此一全民性、全面性之反共救國運動，遂在將軍領導下蓬勃開展。

將軍領導此一運動，辛勤擘劃，孜孜不倦。自撰「三民主義統一中國大同盟歌」，發為全民族之吼聲；更復不憚繁劇，主持會議，發表演說及廣播。推動大同盟計畫、聯絡、研究、基金四委員會之工作，使大同盟基地、海外及大陸地區之組織由發展而至於健全壯大。自民國七十一年十月至七十六年九月，除在復興基地加強三民主義統一中國之共識與共信外，海外六大洲區僑社成立之大同盟組織已達八十一個，另有四洲僑社已成立洲際性組織；大陸地區亦秘密布建大同盟組織七百餘處，展開反共活動，聲勢之浩大，不僅對中共偽政權形成巨大震撼，且贏得國際間普遍重視。民國七十四年大同盟成立三週年，經常務委員會議決議，定每年十月廿二日為三民主義統一中國大同盟日，舉行活動週，藉以擴大號召及影響。

將軍自民國七十五年四月入院休養後，三民主義統一中國大同盟業務，仍由將軍力疾主持，絲毫未受影響。全體推行委員、常務委員、秘書處同仁，及海外各地負責人目睹將軍堅毅不拔之精神，莫不感奮興發，益增績效。計將軍在大同盟最後一次演講，為民國七十六年三月十四日，主持第三屆第二次常務委員會議，時值　國父逝世六十二週年之後二日，棉湖大捷六十二週年紀念後一日。將軍強調今日我反共復國奮鬥，其環境及實力，均超出六十二年前千百倍；深信雖因國際局勢限制，一時無法以武力反攻大陸，然武力與國民結合者無不勝，三民主義統一中國之勝利，必將早日到來。

將軍最後一次主持大同盟活動，為同年三月廿一日，在主任委員辦公室，分批接見僑選立、監委員十五人，並分別合影留念。

將軍最後一次發表紀念文字，為同年九月九日紀念九九受降四十二週年，在報端刊出「為　蔣公受降廣播進一解」，指出當年此項廣播用意之深遠，囑國人應有共識，以瞭解中共禍國之根源。

將軍最後一次對大同盟活動之書面提示，為同年十月廿日，第三居大同盟日活動週，第一日所舉辦之「中國歌謠之夜」特刊序言，題為「美的旋律與中華民族文化精神」，為藝術界一致激賞。

總之，將軍之於國事，死生以之，不稍怠忽，堪為萬世之楷模焉。

十八、老成謀國翊贊中興

將軍在臺，於民國四十一年（一九五二）膺選為中日文化經濟協會會長；五十二年（一九六三），膺選中華民國聯合國同志會會長，對於中、日兩國人民合作及維護聯合國憲章精神等國民外交工作，推動不遺餘力。民國六十八年（一九七九），又應蔣總統經國先生之聘，出任國際紅十字會中華民國總會會長。自民國六十一年（一九七二），解卸總統府戰略顧問委員會主任一職後，益專心於國民外交、社會建設、觀光事業、交通設施、文化學術各項事業之鼓勵與推進；於歷次中央評議委員會議中，或訪問考察回來，針對當前社會需要，提出興革之建議，如興建國軍忠烈祠、闢建陽明山國家公園、參觀國家十項建設後之建議，訪問歐洲後對東歐國家貿易之建議，訪問美國後對社會建設之建議，整理簡筆字以應當前國家需要之建議，以及倡導汽車使用安全帶，機車駕駛人應戴安全帽等案，莫不事先廣為蒐集資料，徵詢意見，並召集有關人士詳加研究，作成切實可行之建議，多為政府採納施行。

將軍深感　國父及先總統　蔣公知遇之隆，秉堅貞不貳之志節，為國民革命竭智盡忠，馳驅效命，七十餘年如一日，未稍或渝。七十年代伊始，目睹自由國家和解政策與姑息逆流之氾濫，愛國憂時之情，與時俱增，乃更對中、日關係與國際反共合作問題，作深入之研究。每遇世界重大變局之發生，輒配合國家政策，發為宏論或專文，供作政府及國內外人士之參考。其中尤以駁斥中共意圖廢棄中日和約、篡竊抗戰成果之無恥宣傳；反對日匪建交、忠告田中角榮首相懸崖勒馬；對椎名悅三郎特使之嚴正談話，直陳日匪建交之嚴重後果；反對日匪和平友好條約之締結，警告日本切勿迷入不歸點；指出中、美、日關係與世界前途，乃決定於美國外交政策之正確的再修正等篇；於民國六十三年，輯為《中國與世界前途》一書，以中、英、日三種文字刊印行世；先總統　蔣公崩逝後，將軍復輯錄其悼念　領袖文字多篇，於六十五年　蔣公九秩誕辰之日，增訂再版，對自由國家與人民之反共認識與立場，發生深遠之激勵作用。

將軍自獻身革命以來，對國家，對　領袖，均一本革命軍人職責，期盡最大之努力，以圖報稱。統軍作戰時，心中只有任務，而無生死之念，故能於戰陣上服從命令，置個人死生於度外。歷任軍政部長十四年，參謀總長八年，特任官職務三十餘年，均以「崇法務實，公正無私」八字自箴。用人以才以德，不分派系，不問省籍，完全以學術戰績為升遷調補之準繩；務使賢者在位，能者在職。全國受將軍管理補給統轄之部隊，前後曾逾五百萬人，均能一心一德，克服艱險，勇往直前，完成任務。蔣總統經國先生以將軍勳業崇隆，爰於民國六十八年（一九七九）三月十一日將軍九十華誕慶典中，頒授革命軍人最高榮譽國光勳章一座，並致送「松柏不凋於歲寒」壽屏一幅，以彰殊勳。

回憶民國五十八年（一九六九），將軍八十華誕，親撰「八十誕辰感言」中稱：「我個人極平凡，過去三十多年，對於黨國有一些貢獻者，不外下面三點：第一、得　蔣總統的信任；第二、將士用命，上下一心，精誠合作；第三、每擔任一要職，必選極優秀之幕僚相助。」民國六十五年（一九七六），將軍八秩晉七華誕之夕，將軍又於壽宴中致詞，列舉東征、北伐、剿匪、抗戰、受降、組閣及在臺時期各有功之幕僚，一一詳陳其姓名及功績，殷殷致意；尤對受降之初，參謀長蕭毅肅將軍、參謀陳桂華等能於奉命後七十二小時內，妥擬受降計畫、受降區之劃分、　最高統帥致岡村寧次之命令，以及代擬日本降書初稿等文件數十種一事，備致嘉美；溫柔敦厚之忱，溢於辭表；在座僚屬，為之肅然益敬。然將軍之勳業，實為將軍之革命思想與精神，深厚之學養經驗，以及其堅定之決心與信心成之幕僚之助，其微者也；將軍之謙德，益足見其人格之偉大焉。

十九、崇德豐功名言上壽

將軍於宗教信仰，夙具熱忱，嘗謂：「人如不信神，則無以澄心性，礪操守，遠禍害，成事功。」是以將軍與夫人，篤信基督，伉儷從同，祈禱靈修，數十年不稍懈。將軍曾屢述民國六年任黔軍援川支隊參謀長率新軍入川，討伐吳光新之役；拂曉過銅梓、土城之間，遇三河交叉，山洪暴發，橫流難渡，而前方乞援，急如星火；詢之鄉人，謂非一兩天後不能過。將軍乃虔誠祈禱：「此戰關係今後掃除軍閥統一全國至巨，祈求上天有以助我。」未幾天曉，臨岸以視，則上游二河清淺澄澈，下游一河驚濤濁浪，涇渭分明，全軍稱異；將軍遂率軍於上游清淺處徒涉而渡，自是益信精神感召力量之偉大。嗣後每遇困厄，必默然禱念：應欽此身業已許國，凡義之所在，雖鼎鑊加身，在所不辭。苟能因個人之犧牲換取國家民族之自由，雖死猶榮。一念精誠每每均能堅持至最後，化險阻為夷然。此種浩然之氣，與耶穌之捨身殉道精神，及軍事上所要求堅持至最後五分鐘必獲勝利之哲理，同出一轍。故將軍至今每日祈禱不輟，然均以民族之昌大，國家之復興為祝，從未及其個人之安危也。

將軍公餘，致力於國民外交工作頻繁，數十年間，曾遍訪歐美非及亞太各國，每年接見日本訪客及僑胞達千餘人，談必及反共合作、維護亞洲安全及世界和平之義，娓娓不倦，聞者莫不感奮興發，對我國有深刻之認識。將軍深信：「自由民主國家，如能於充實軍備、提高人民生活水準之外，並將人民之道德武裝起來，使其明辨是非，伸張正義，不受共黨『金錢、地位、女色』之誘惑，作政府之後盾，則共黨之滲透、顛覆等統戰陰謀，必不得逞；而我光復大陸、解救鐵幕內飽受苦難同胞之期望，必可達成；世界之永久和平，亦必能實現。」將軍曾輯印《何上將抗戰期間軍事報告》，於八秩華誕時，輯印《八年抗戰》、《何應欽將軍講詞選集》等著作七種，九十華誕時，輯印《雲龍契合集》、《歲寒松柏集》，九五華誕時，更輯印《何應欽上將九五紀事長編》、《日軍侵華八年抗戰史》、《八年抗戰與臺灣光復》等書十一種，九六華誕時，出版《北平軍分會三年》、《西安事變之回憶》，九八華誕時復輯印七十年來各項重要文獻百餘篇，命之曰《為邦百年集》，分贈友好。立德、立功、立言，雖古賢豪無以過之。

二十、元老凋謝舉世同悲

將軍修軀幹，美豐儀，雖久綰兵符，出將入相，然賦性恬淡，謙光照人，恂恂儒雅，與之接如坐春風。年近期頤，而精神矍鑠，迥異常人。德配王夫人文湘女士，伯群、文華二先生之女弟也，系出名門，夙嫻內則，與將軍結褵數十年，鴻案相莊，患難與共，將軍所以能轉戰萬里而無後顧憂者，夫人之力焉。民國六十七年四月二十三日，夫人壽終臺北，將軍為之營奠營齋，葬夫人於臺北縣淡水鎮何氏墓園，自是居恆怏怏，然猶奮力從公，奔波於國內外各地，訪問考察無寧日。三民主義統一中國大同盟，因業務開展，擘劃尤勞，而將軍不以為繁劇。民國七十五年四月，突以輕微中風，入榮民總醫院療養。雖在病中，仍對所長之各機關團體之公務，不稍怠忽，主持會議，發表演說，每逢春秋兩季必親往弔祭忠烈，重要慶典活動，亦多扶病參加，殊非常人所及。

將軍住院一年又半，病情本有起色，詎料肺部舊創復發，加以各部功能衰竭，終於民國七十六年十月廿一日晨七時三十分，安詳逝世，距生於民國前廿二年農曆閏二月十三日（公元一八九〇年四月二日）享壽九十有九歲。噩耗所至，元首震悼，袍澤垂涕，全國軍民同胞，奔走相告，蔣總統經國先生即日下令，指派治喪大員敬謹治喪，令文稱：

「總統府戰略顧問陸軍一級上將何應欽，少慕戎軒，長嫻兵略。鼎革檄傳，及鋒小試；討袁護法，執殳前驅。遂以英特之材，上膺干城之選。自此股肱元首，羽翼中樞，出掌戎機，入參廟議。及至長纓繫敵，奏凱受降，實極殊榮，都無遺算。而於赤祲日深之際，出任行政院院長，淵謨默運，靖獻尤多。方期壽邁期頤，親觀復旦，以主義統一中國，以道德重振人心。忽聞殂謝，軫悼良深。特派李登輝、薛岳、谷正綱、俞國華、沈昌煥、李煥敬謹治喪。飾終之典，務從隆厚，以示崇褒。」

同年十二月一日，治喪委員會以國民革命軍陸軍一級上將禮，葬將軍及夫人於臺北五指山國軍示範公墓。一代元良，自茲永垂青史。

將軍女公子麗珠，任亞東關係協會東京辦事處顧問兼證照組長，適蔣友光。孫蔣同慶，肄業日本上志大學。長孫女光文，供職中華航空公司，適張建仁。次孫女安文，適陶文隆，供職我駐巴黎代表辦事處，皆能秉將軍之教誨，所至有聲，可以慰將軍於天國。

綜將軍一生績業，逾汾陽之殊勳，有伏波之亮節，不僅崇德、豐功、名言、上壽，集將軍之一身，為海內外所共仰；而第二次世界大戰各國將帥，碩果僅存至今者，亦惟將軍一人。如將軍者，誠不世出之名將與偉人，可以耀史乘、垂世範矣。

劉健群先生傳

中華民國建國六十一年三月十七日，歲次壬子，二月初三日，中國國民黨中央評議委員、立法院立法委員、前立法院院長遵義劉健群先生，以無疾終於臺北，享壽七十歲。先生慧業夙植，蓮覺大乘，發菩提心，行菩薩道，無罣無礙，順流入滅，所謂無老死、亦無老死盡，由波羅密而究竟涅槃，先生蓋信而有徵。然世間儕輩，遽聞閔凶，愴懷往績，緬念令德，不禁悲從中來，有不能已於言者。

先生原籍江西吉安，先世以避亂入黔，定居遵義。父長林公，辛勤營土布業，母盧太夫人，相夫教子，賴以小康。民初，洋布經川入黔，家道中落，時先生負笈貴陽法政學堂，膏火不繼，輟學還鄉。何應欽先生適任黔軍總司令部參謀長，兼法政學堂軍事教席，為結合貴州革命青年，見先生穎異，賢而憫之，召之還，令兼《少年貴州日報》校對，薪給所入，得以完成學業。自是投身革命陣營，昕夕追隨，歷佐戎幕，何將軍倚之如左右手。已而受今總統　蔣公特達之知，屢畀重任，而益顯長才。四十年來，竭忠殫慮，功在國家。治喪委員會於先生既歿之旬日，已卜葬於臺北市內湖區碧山之陽，殯有日矣；爰集先生生平事功之犖犖大者，以告國人，兼俟劉氏家乘及後世史家採錄焉。

其一、團結北方將領一致禦侮：民國二十二年，日軍進攻長城各口，時北方各軍未臻統一，與中央尚乏疏通。如何團結各軍一致禦侮，使之不受敵分化，實為迫切重大之急務。先生時任軍事委員會政訓處長，乃向委員長　蔣公進言，以軍校政訓班學生組織華北宣傳總隊，自任總隊長，遄赴平津，由社會進入軍中，歷經艱阻，終能排除萬難，達成團結任務。方先生之初抵平也，內外交厄，幾至一籌莫展。幸賴先生推心置腹，辯才無礙，終於折服群英，使中央意旨圓滿達成，且與宋明軒將軍訂金石之交。七七變前，華北當局受日軍威迫，有自治之議。先生再度銜命赴平，從事疏解，時殷逆汝耕適任偽職，名之為冀東防共自治委員長。先生乃授計於宋，以絕不能附殷之尾，自墮身價為辭，與土肥原虛與委蛇，並力主更名為冀察政務委員會。宋從之，卒能保全華北，破敵陰謀。此先生之功也。

其二、消弭學潮使青年擁護中央政府：民國二十五年，日本軍閥圖我益急。中央為充實抗日準備，不欲貿動戰爭，定安內攘外之策，以昭告國人：「和平未至絕望時期，絕不放棄和平；犧牲未至最後關頭，絕不輕言犧牲。」然廟算決策，苦心孤詣，終未能饜青年激昂愛國之心。是時共軍逃竄延安，利用青年愛國情緒，以「抗日救國」、「中國人不打中國人」為口號，推波助瀾，煽動學潮，以上海最為激烈。中樞對此，引以為憂，乃派先生與張道藩先生聯袂赴滬，協同地方黨政當局，予以疏導。先生行裝甫卸，即邀約滬上學者名流四五百人，舉行茶會，闡明中央抗日救國之苦衷及因應之方略。繼復與道藩先生分赴各校演講，說明僅憑血氣衝動，高呼抗日救國而疏於深謀遠慮者，徒於敵有利而於我有害。言論透闢，群情悅服。繼即聯絡學生，發表宣言，組成抗日救國實驗社，一時自願簽名入社者如堵，而滬上學潮亦消弭於無形。影響所及，各地青年相率擁護中央，國勢於焉大定。其後粵省學生因受奸人撥弄，又復醞釀學潮。先生適任軍事委員會廣東行營黨政廳長，為不使事態擴大，有礙中央與粵省之團結，乃於中山大學，以「如何抗日救國」為題，發表演說，聽者動容，不惟贏得學生信任及當時粵省軍政當局之好感，且獲致如下之結果焉：第一、成立特訓班，調訓粵省民、財、教、建各廳才俊，為粵省及中央儲訓粵籍幹部數千人，蔚為國用。第二、是年十二月西安事變，先生以與粵省當局之良好關係，促使余漢謀將軍連夜發出譴責張楊、嘗救　領袖之通電，粉碎當時寓留香港反對中央且勸余暫作觀望者之陰謀，使事態轉危為安。此又先生之功也。

其三、說服龍雲鞏固抗戰基地：民國三十一年日軍以強弩之末，南侵黔桂；滇西局勢，驟見緊張。雲南省政府主席龍雲，徘徊瞻顧，意執兩端。時中央以駐滇兵力甚微，無法作有效處置；昆明城防司令黃維，因應尤艱。聞先生與龍有一面緣，且為龍所重，遂迎先生於雞足山，往說龍雲。時先生方養痾山中，本無官守，應邀立赴，隻身請謁，與龍扃室密談，由世界大勢，剖析軸心必敗，同盟必勝之理；並以民族大義，千秋功罪之頃，勸龍當機立斷，竭誠擁護中央，與敵作殊死戰。詞鋒犀利，見解精闢，龍為之動容。越日，出親筆函，託先生赴渝，轉呈當局，滇省情勢於焉大定。此又先生之功也。

其四、受命危難率立法院安全遷臺：先生於民國三十六年，當選為貴州省第二區第一屆立法委員。翌年十二月，當選為立法院副院長。時戡亂軍事逆轉，徐蚌會戰失利，政局混亂，與匪和談之聲甚囂塵上。南京棄守後，立法院遷穗復會，院長童冠賢於三十八年十月辭卸院長職務，由先生依法代理。自是立法院在先生主持下，由廣州西遷重慶，集會未遑，而赤焰彤天，全國板蕩。先生偕同赴渝委員同仁，共患難，同甘苦，在正副秘書長辭職，秘書處長懸缺，而多數幕僚人員率多由穗逕來臺灣，佐理乏人之際，躬任交際、聯絡、總務、文書諸役；於兩航叛變之困境中，終能獲得空軍方面支持，使隨同播遷之委員及職員安全轉徙，由渝而蓉，經海南以達臺灣。保全中央民意機關，維護民主憲政法統。此又先生之功也。

先生率院遷臺之後，於民國三十九年十二月五日，立法院第六會期第十六次會議，當選為立法院院長。以第一屆立法委員任期，將於四十年五月八日屆滿，然因國土未復，無法辦理次屆選舉，而立法權又不可一日中斷，先生乃與有關方面詳密研討，決定由行政院咨商立法院，贊同由現任立法委員，於法定任期屆滿後繼續行使職權，其期間暫定為一年。當經提報立法院會議，予以同意。厥後三年，乃有大法官會議之解釋，遂成定案。立法工作之不因大陸淪胥而中輟者，先生實與有力焉。

民國四十年十月十九日，先生於立法院第八會期第十八次會議中，辭去院長職務。進退雍容，出處宴然。蓋先生學本姚江，尤精內典，居常以陽明「廓然而大公，物來而順應，一過而不留」以為戒。又以聖孛「國家急難，則能分解；進退知時，無所怨尤」以自持。故能從容中道，自得其樂，以至終老。佛經謂：「諸相非相，即見如來」，先生得之矣。

先生效忠領袖，熱愛國家，敬禮師長，關切僚屬。持身以莊，臨事以敬，處世以誠，接物以義，終身行之，未嘗或失。故自先生之歿，唏噓嗟嘆，睠睠而弗能忘懷者，比比皆是。雖云「常樂我淨」，了生死而脫輪迴，先生蓋有之矣。然國喪楨幹，眾失瞻依，又不能忘情而主乎傷痛。先生之靈，其或笑而憫之！德配敖夫人文蓮女士，與先生鴻案相莊，艱難與共，知者稱賢。子維孟，媳張啟佩，均就讀於美國加州大學，維孟賢孝性成，卓有父風。固知明德之後，必有達人，光耀門楣，蓋可預卜焉！

谷正綱先生傳

先生姓谷氏，諱正綱，字叔常，貴州安順人也。谷氏為安順望族，忠孝傳家，詩書繼世。曾祖洪彪公從儒，祖毓荃公業商。父用遷公字蘭皋，為前清武舉人，急公好義，熱心地方公益。母胡太夫人，溫良恭儉，賢淑著於閭里。生四子：長正倫，次正楷，三正綱，四正鼎。先生以中華民國前十一年（清光緒二十七年辛丑，公元一九〇一年）農曆三月二十三日生於安順祖宅，幼而穎慧，聰秀挺拔，有超凡之資。六歲就鄉塾讀，博聞強記異常童。十一歲，入高等小學，時為民國前一年。十月，辛亥起義，全國響應，翌年清帝退位，中華民國成立，又五年，先生考入貴州貴陽南明中學就讀。是時袁世凱迫於時勢，取消帝制，軍閥割據，戰亂頻仍。先生目睹時艱，義憤填膺，遂立志獻身革命，為救國救民而努力。

民國十年，先生二十一歲，偕弟正鼎於秋八月赴德國，考入柏林工業大學，攻讀機械工程，翌年二月，轉入柏林大學哲學系，兼攻政治、經濟。是年，　國父孫中山先生任命先生長兄正倫為中央直轄黔軍總司令，在韶關誓師北伐。六月，陳炯明於廣州叛變，　國父脫險登艦討逆，　蔣中正先生赴難奔粵。民國十三年一月，中國國民黨舉行第一次全國代表大會於廣州，　國父講述三民主義。先生時在柏林大學，研究革命思想及世界潮流，聞　國父讜論，認三民主義為全人類需要之政治主張，乃於中國國民黨駐德總支部，由李毓九、谷正鼎二先生之介紹入黨，為實現三民主義建設新中國而奮鬥。時值中國國民黨容共時期，駐德總支部共有黨員二十餘人，半數為中共黨徒，朱德、章伯鈞及托派高語罕等均在其間。十四年，先生畢業於柏林大學；十五年一月，中國國民黨舉行第二次全國代表大會於廣州。先生奉中國國民黨中央委員會之命，赴蘇俄莫斯科入孫逸仙大學，研究革命理論，同行者有谷正鼎、王啟江、李毓九、蕭贊育等。先生在俄，識破蘇俄及中共赤化中國之陰謀，乃團結在校同志，創黨部於孫逸仙大學，王仲裕與先生分任組織部正副部長，進行反共鬥爭，鼓動風潮，造成時勢，使克里姆林宮為之震驚。蘇俄及中共誘惑我青年同志之陰謀，遂未得逞。

十五年十二月，先生奉中央電召返國。時北伐軍已推進至武漢， 蔣總司令駐節南昌，先生於晉謁 蔣氏後，即奉派擔任中央青年部秘書。民國十六年，奉命重整粵漢鐵路黨部，粉碎共黨勢力，完成任務，甚獲中央之嘉許。十六年四月，國民政府定都南京，先生與羅家倫等奉派為中央黨務學校（政治大學前身）籌備委員，擬定計畫，創校於南京。 蔣中正先生任校長，先生任訓育處副主任，講述「蘇俄政黨組織」及「蘇俄憲法」。並負責學生政治思想訓練與考核。其時中共黨徒執行暴力路線，在南昌、平江、武漢、廣東各地先後展開暴動，中國國民黨實施清黨反共，先生在校首先響應。同年秋，寧漢分裂， 蔣總司令下野，北伐軍事停頓。鄒魯、謝持等西山會議派人士，組成中國國民黨中央特別委員會，代行政權。先生與段錫朋等策動同志，發起打倒中央特別委員會運動，集會於南京血花公園，任大會主席與遊行總指揮，要求 蔣總司令復職，繼續領導北伐，引起在場軍警開槍，造成流血事件，世稱「一一二二慘案」。先生之義烈行為，頗為改組派汪精衛等所重視，有意延攬其參與活動。

十八年，中國國民黨第三次全國代表大會召開於南京。先生與長兄正倫分別以地區代表出席。先生於競選代表時，即主張民主式之選舉，反對由中央圈定指派，為保守派人士毆傷，並被免去中央黨校訓育處副主任職務。先生遂應中國國民黨改組同志會之邀，參與組織活動，主張恢復民國十五年國民黨改組精神。二十年，出席國民會議，參與制定中華民國訓政時期約法。十一月，中國國民黨第四次全國代表大會於南京舉行，先生當選中央委員。是年，「九一八」事變，國人咸以統一始能禦侮，團結乃可圖存。中國國民黨改組委員會於是年宣告解散。二十二年先生出任中央組織部副部長，並為中央政治會議法制組委員。二十三年，奉派任訓政時期立法院立法委員，時方三十三歲也。

先生在立法委員任內，曾參與起草國民參政會各項法規，草擬五五憲草，對地方自治、勞動法制及中央民意代表兼採職業團體代表制之立法，貢獻良多。民國二十三年，任行政院實業部常務次長，辭去立法委員職務，同年，與王美修女士結婚，王女士出身閩侯世家，畢業於上海滬江大學，與先生結褵後，鴻案相莊，先生無內顧憂，益致力於黨政諸務。

抗日戰爭爆發，先生改任軍事委員會第五部副部長，主管社會工作，尤重戰時社會救助。二十七年一月，任中國國民黨浙江省黨部主任委員兼第三戰區政治部主任，推動戰地黨務，並協助顧長官墨三策動三戰區軍政之革新。嗣又與許世英、梁寒操、馬超俊等創立中國戰時兒童救濟協會及兒童教養院等機構，社會人士一致讚佩。

同年三月二十九日，中國國民黨臨時全國代表大會於武昌舉行，制定抗戰建國綱領，並推選先生出任中央組織部副部長。十二月，汪兆銘由渝潛赴河內，發表艷電，主張中止抗戰，對日和談。正鼎奉　蔣委員長命，赴河內代贈汪氏出國機票，未被接受；先生乃本國家民族大義，毅然聲明與汪斷絕關係，從事聲討行動。二十八年十二月，先生任中國國民黨中央社會部部長，兼任國民精神總動員會副秘書長。二十九年十一月，中央社會部改隸行政院，先生任行政院社會部部長，時年四十歲。除全力推行勞軍運動外，更釐定社會部三大任務為：一、推行社會政策，二、建立社會行政體系，三、發展社會事業。尤注重全國合作事業之促進，開今日合作事業之先河。

同年六月五日，重慶市受日機空襲，發生防空隧道窒息慘案。重慶衛戍總司令兼陪都空襲救護委員會主任委員劉峙請辭兼職。經 蔣委員長改派賑濟委員會代委員長許世英為救護委員會委員長，先生以社會部部長身分兼副委員長，接任後，除處理隧道事件善後外，並親自指揮歷次空襲時之救護工作，有條不紊。嗣復兼任全國慰勞總會代會長，聲望益隆。

民國三十三年九月上旬，日軍以強弩之末，發動桂柳戰爭，南寧失守，日軍沿黔桂路北侵，南丹、獨山相繼為敵佔領。何應欽上將奉令飛貴陽指揮湘桂黔邊區總司令湯恩伯部反攻，中央特派先生前往黔、桂一帶，督導救濟戰區難胞。先生於十一月上旬抵貴陽，與吳主席鼎昌及有關機關首長，積極展開救濟工作。並率同仁冒險前往都勻、獨山戰區，躬親搶救老弱婦孺。夜赴河池前線，訪慰戰地最高指揮官張發奎將軍，極獲由湘桂入黔文化人士之愛戴。先生此行，歷時七十餘日，至民國三十四年一月中旬，始返貴陽。共計行程七百三十公里，撥發各地救濟費達法幣一千三百餘萬元。先生冒險犯難，與難胞同甘苦，救濟在桂、黔兩省境內之難胞數十萬人，於事畢後返渝復命，獲中央慰勉有加。

三十四年五月五日，中國國民黨第六次全國代表大會於重慶舉行。先生於大會中提出「四大社會政策綱領」，其中包括：民族保育（即人口）綱領、勞工綱領、農民綱領、戰後社會安全初步設施綱領，經大會通過實施。是時，先生昆仲，聲華益懋，代表同志咸敬重之。遂於該次代表大會中，再度選舉先生及兄正倫、弟正鼎為第六屆中央委員。一中全會，先生昆季三人，復同時膺選中央執行委員。花萼齊輝，一門挺秀，再度傳為政壇佳話。

同年八月十四日，日本政府正式宣布接受中、美、英波茨坦宣言，向同盟國無條件投降。我八年抗戰，終獲最後勝利。同盟國中國戰區最高統帥 蔣中正，派中國戰區中國陸軍總司令何應欽，兼任黨政接收委員會主任委員，前往南京接受日本之投降，並展開全國各戰區之接收事宜。先生奉派以社會部部長身分，兼任接收委員會副主任委員。九月九日，何應欽上將代表　蔣委員長，於南京中央陸軍軍官學校接受日本政府及日本大本營投降，由日本「中國派遣軍」總司令岡村寧次大將呈遞降書，先生在京，參與受降典禮，並決定全盤接收計畫，分派屬員積極執行後，即返渝處理社會部部務，手訂社會復員初步措施，次第實施。先生以全力協助辦理全國性之善後救濟及社會重建工作，因之，臺灣光復之重建及各地區之善後救濟分署，均以先生之資助，得以順利遂行其任務，因此，光復地區人民，均對先生銜感莫名；尤以協助上海工廠復工，使五萬二千餘工人，迅速獲得工作機會，加入生產行列，有助於勞工及經濟者至鉅。

民國三十五年五月，國民政府還都南京，以蘇、魯各省難民眾多，嗷嗷待哺，乃令先生率團巡察蘇、魯二省及青島市，主持難民宣慰及救濟事宜。先生於視察魯、蘇二省後，深知難民為全國性問題，遂擴大計畫，擬定「收復區各省市救濟難民辦法」，分別實施；並訂定「各省市各部會救濟辦法實施要點」，徹底解決難民之迫切問題。先生慈悲心懷及務實作風，普獲全國人士之讚佩。

十一月一日，先生奉國民政府遴選為制憲國民大會代表。十五日，制憲國民大會集會於南京，先生膺選為主席團主席。大會進行期間，先生任審議憲法草案「基本國策」章之第七審查組委員，主張在該章中增列「社會安全」一節，包括公共衛生及民族保育政策，並親自起草該節條文，經審查會及大會通過，納入憲法。又中央民意機構採職業代表制本為先生一貫主張，制憲大會中，先生暨職業團體代表三百八十餘人曾招待新聞界，說明將此制納入憲法之理由，最後，大會接納此案，行之四十餘年，績效卓著。

中華民國憲法於民國三十六年十二月二十五日起施行。前此一年間，為憲政實施準備時期，制定有關法律，選舉中央民意代表。先生於三十七年三月十九日，膺選為第一屆國民大會貴州省安順縣區域代表。二十九日，第一屆國民大會在南京開幕，五月一日閉幕。選舉　蔣中正先生為中華民國第一任總統，李宗仁為副總統，於五月二十日宣誓就職。六月一日，行政院改組，翁文灝出任院長，先生仍任政務委員兼社會部部長。當時，中共為破壞我憲政實施，攘奪政權，乃由西北、中原、華北、華東及東北等五個所謂「解放區」，發動全面叛亂；美國馬歇爾將軍來華，組成三人調停小組，進行和談；和談失敗，共軍大舉進犯，國軍漸趨失利，及至徐蚌會戰，國軍失敗，一時主張和平運動，如火燎原，力主　蔣總統下野。十二月，孫科出組和平內閣，提名先生連任社會部部長。先生堅決反對向中共求和主張，發表談話，指出：「國民黨與共產黨鬥爭的成敗，不僅關係國家政權的轉移，而是國家存亡的關鍵。」並強調：「如蔣總統下野，將使反共軍民鬥志解體。」然而和談運動，並未因而中止，先生乃毅然宣布退出孫科內閣，辭去社會部長，並高呼「寧為史可法，不做洪承疇。」成為一代名言。

民國三十八年一月二十一日，　蔣總統宣告引退，先生偕同志等力挽未果，乃於二月中旬偕張道藩赴溪口謁　蔣先生，然後返回上海，以京滬杭警備總司令部政務委員會常務委員身分，協助湯恩伯將軍進行上海保衛戰。五月，上海國軍轉進舟山，先生自舟山飛抵高雄。

七月一日，中國國民黨總裁辦公室成立，先生奉派為第一組組長，奉命籌設革命實踐研究院，培養黨的革命幹部；並與陶希聖、張其昀、張道藩、蔣經國等起草黨的改造方案，先生為召集人。是項改造方案於七月十八日，由中央常會通過，革命實踐研究院則於十月十六日成立，同時展開訓練與改造工作。

當時亞洲情勢，因中國大陸赤化而告緊張，　蔣總裁應菲律賓總統季里諾及韓國大統領李承晚之邀，於七月八月先後赴菲、韓訪問，各發表聯合聲明，主張成立亞洲反共聯盟，以遏制共產主義之囂張。此數事主要責任均落先生仔肩，先生遂竭盡忠忱，悉力以赴。

民國三十九年，先生五十歲，一月，行政院局部改組，先生出任內政部部長，院長為閻錫山。三月一日，蔣總統復行視事。閻內閣總辭，陳誠奉命組閣，先生辭去內政部部長，獲聘為總統府國策顧問。

此時中共竊國，厲行暴力統治，大陸同胞，陷身水火，不堪其苦，紛紛俟機流亡香港及海外各地，顛沛流離，生計艱難。先生乃發起設立救濟機構，以人民團體立場，接受政府委託，承辦救濟大陸流亡難胞業務。所需經費一部分向國內外勸募，一部分由政府撥助，一部分接受國際援助。三十九年四月四日，中國大陸災胞救濟總會成立，先生被推選為駐會常務理事，嗣為理事長。決定負責工作為：一、救濟大陸逃抵香港難胞，二、接運大陸流亡海外各地難胞來臺安置，三、救助大陸流亡海外難胞，四、獎助大陸流亡青年求學，設置各項獎助學金，五、救濟金門、馬祖戰地災民。是為先生致力社會事業進入巔峰時期之開始。

同年八月，中央改造委員會成立，先生奉派為十六位改造委員之一，並兼第二組組長，主管黨政，企畫周詳，唯敬唯勤，實踐力行，造成聲勢，用是中央與地方黨部，奮發自強，朝氣蓬勃，全黨同志，莫不為之鼓舞。先生於農、工、青年、鐵路、公路及各產業黨部，均定有強化領導之原則，為：一、確定領導方針，二、扶植民眾力量，三、統一領導步驟，四、保護民眾利益，五、培養優良幹部。一時改造運動，根基丕固。

民國四十一年十月十日，中國國民黨第七次全國代表大會於臺北市舉行。是時改造工作完成，執政黨之重生，予全國人民印象殊深。先生於本居大會，先後當選中央委員暨中央常務委員。其時黨的訓練工作，革命實踐研究院前期已告一段落，建黨問題研究會及黨政軍聯合作戰研究班先後由中央決定設置，先生均奉派為指導委員並兼任講座，公餘之暇，致力講授工作，不憚其勞。

其時韓戰已至末期，被美軍俘虜之中國大陸戰士，於拘留期間，一致決定爭取自由，反對重返中共統治，於是醞釀反共行動。民國四十二年九月，先生以中華民國各界援助留韓反共義士委員會主任委員身分，約集全國各界四百四十八個人民團體，舉行「援助留韓反共義士大會」於臺北，出席者三千餘人，公推先生為總主席，積極推動此項歷史性任務。四十三年一月，韓國板門店戰俘營中，中、韓兩國反共義士二萬二千餘人，唾棄共黨暴政，冒死宣告投奔自由。其中一萬四千二百零九名被俘中共官兵，刺血明志，宣誓脫離共黨，堅持前來臺灣，回歸自由祖國。

先生奉中央命，由策動到接運乃至於安置與救助反共義士，全力承擔。義士返臺之日為一月二十三日，先生率全國各界人士十餘萬眾，在臺北市中山堂廣場舉行「慶祝反共義士回自由祖國歡迎大會」，先生致詞高呼：「我們要在爭取二萬二千餘名反共義士的自由之後，進而爭取所有被中共和俄帝奴役人民的自由。」至是，先生反共運動之卓越表現，遂風傳於全世界，而「一二三自由日」亦為國際人士共同肯定，逐漸發展為「世界自由日」，每年均有國際性集會以資紀念。先生號召力之宏偉，於此可以見之。

同年二月十九日，第一屆國民大會第二次會議舉行於臺北，先生出席大會，膺選為大會主席團主席。罷免違法失職之副總統李宗仁。選舉　蔣中正先生為中華民國第二任總統、陳誠為第二任副總統。先生數年來積鬱為之盡掃，工作精神益趨振奮。遂以全力推展亞洲人民反共運動及大陸災胞救濟運動。

四月，韓國總統李承晚派特使來華，與先生等會商組織亞洲人民反共聯盟事宜，先生協調菲、泰、越各國人士，積極籌備。同年六月十五日，中、韓、越、菲、泰五國及琉球、香港、澳門三地區之代表，於韓國楨海，舉行亞洲人民反共聯盟成立大會。先生任中華民國代表團團長兼首席代表，團員為陶希聖、杭立武、黃國書、胡健中、魏景蒙等，皆一時之選。此一民間反共組織，迄今即將居滿四十年，而由此推廣成立世界反共聯盟（即今之世界自由民主聯盟），亦已歷二十六載，在全世界造成風起雲湧之反共運動，為摧毀馬列共產統治、維護民主自由，提供卓越貢獻，皆先生之力也。

此一時期，先生除以全力推動亞盟及救總兩大民間活動外，更致力推廣「一二三世界自由日」，以及為響應美國國會通過之「支援被奴役國家週運動」，每年七月中旬在臺北市亦舉行大規模之國際性集會，三十餘年如一日。除此之外，亞洲人民反共聯盟及世界反共聯盟每年在會員國分別舉行年會，盛況遞增。先生於各次大會中，率團出席均發表演說，依據當時情勢，闡發反共義理，各國人士，莫不讚為世界反共鐵人，並尊為終身榮譽主席。

大陸災胞救濟工作，於總會成立後，即以全力推動在香港、九龍設置救濟據點，調景嶺難胞居留營即係在先生規劃下建立，迄今已四十年，成為大陸流亡同胞在港、九安身立命之所，休養生息，工作、子女教育均賴以解決。先生義行廣為大陸同胞所傳頌。

民國四十五年四月一日，先生與張群、何應欽、張道藩及日本石井光次郎、大野伴睦等兩國人士，組織中日合作策進會，以促進兩國之友好合作。十月十日，出席中國國民黨第八次全國代表大會。

第一屆國民大會第三次會議，經決定於民國四十九年二月舉行。籌備工作進行期間，秘書長洪蘭友逝世。總統　蔣公派先生代理國民大會秘書長，於四十八年十二月十五日到職視事，至是，先生又負起繁重之政治責任。

民國四十九年二月二十日，國民大會第三次會議在臺北市舉行。先生綜理會議事務，於會期中除選舉蔣中正、陳誠二先生為第三任總統、副總統外，更修改動員戡亂時期臨時條款，決定於第三次會議閉會後，設置國民大會憲政研討委員會，研究國民大會創制、複決兩權行使之辦法及有關修憲各案。大會閉會後，憲政研討委員會依法成立，先生兼任該會秘書長。對於此一重大事項，於委員會正式行使職權後，遂商定會議規程，徵詢多方意見，蒐集世界民主國家行使創制、複決兩權資料，經兩年餘之時間，反覆研討，擬定「國民大會創制、複決兩權行使辦法草案」及有關修憲各案關係文件，咨送　總統。後經　總統於民國五十五年二月一日召開國民大會第一次臨時會，審查決議，通過兩權行使辦法，並作成暫不修憲之決議。先生於此數年間，責重任繁，不稍寧息，而國民大會第四次會議於臨時會閉會後接連舉行。修改臨時條款，選舉第四任總統、副總統，一時國內政治局勢，為之大定，先生乃辭卸國民大會秘書長職務，就任第二階段憲政研討委員會副主任委員。

第二階段之國民大會憲政研討委員會，其職責為研究憲政有關問題，為期自民國五十五年起至第一居國民大會代表依法退職時止，長達二十餘年。先生於副主任委員任內，代理歷任總統兼主任委員主理會務，協調諮商，就有關憲政問題，分類籌謀，多所成就。研討之結論經由政府採納執行者，於國家建設裨益甚大。嗣接美國國會圖書館來函，蒐集該會全部資料，譽為民主國家戰時國會之新規範，贏得國際政治家一致讚譽。先生在職時，歷經協助四位元首，蔣中正、嚴家淦、蔣經國、李登輝四先生，均能對憲政問題斟酌損益，成妥適之建議，深獲歷任總統兼主任委員之尊重與信賴。

在此二十餘年中，先生除任歷居中國國民黨中央常務委員，至第十三次全國代表大會，始因高年改任中央評議委員會主席團主席職務外，以全力擴展亞洲人民反共聯盟，世界反共聯盟、亞洲各國國會議員聯合會。使中華民國國際聲譽及於五大洲地區而發揚踔厲，用是頗收調整與我無邦交國家關係之效。先生每於世盟、亞盟、亞議聯年會，或於每年「一二三世界自由日」、「支援被奴役國家週」大會開會時，均邀請各洲區反共人士蒞會參加，先生振臂演說，對國際反共理論作精闢之陳辭，極獲國際人士之接納與敬佩。

綜先生一生，廉介自持，勤奮奉公，不謀私利，不治私產。曾主持政府部門及各大民眾團體，公物不私用，職工不得入其家，內外分明，皎然如日月。尤不支兼職酬勞，不作無理酬應，不參與個人娛樂活動，不以私願處理人事，更獲部屬之敬重。

先生以忠孝傳家為志，而友于之情益篤。自長兄正倫之逝，先生即接長嫂陳夫人居家奉養，凡三十餘載。正鼎夫婦相繼去世，先生悲甚，親撰祭弟文於家祭時宣讀，聲嘶淚竭，幾近昏厥，聞者為之動容，益敬先生之為人。

先生體素健，每日工作十餘小時，而海外奔波，數十年如一日，人每見其激昂慷慨之義烈，而未見其絲毫倦意，故每譽之為「反共鐵人」，先生輒一笑置之。民國七十九年十月，以膝關節不良於行及老人症，住入臺大醫院養息，年餘，病情穩定，八十二年十一月十八日，突以肺部發炎，移加護病房救治，至十二月十一日晨九時，病情惡化，群醫束手，一代反共鬥士，遽歸道山，享壽九十有三歲，痛哉！

先生與夫人王美修女士，鴻案相莊者六十年，生子五：長家泰、次家華、三家嵩、四秀衡、五家恆。女二：長多儀、次多齡。家泰，國立成功大學畢業，美國匹茨堡大學電機博士，現任臺灣吉悌電信公司總經理。家華，國立政治大學畢業，美國紐約州立大學商學碩士，現任中興電工機械公司總經理。家嵩，國立臺灣大學畢業，美國賓州州立大學化工博士，現任中油公司煉製研究所副所長。秀衡，國立臺灣大學畢業，美國卡內基麥龍大學化學博士，現任臺灣氰胺公司總經理。家恆，國立臺灣大學畢業，美國聖母大學機械博士，現任國立高雄技術學院籌備處主任。多儀，銘傳商專畢業，現任聯合國郵政局會計主管。多齡，國立政治大學畢業，美國紐約州馬力士大學電腦碩士，現任美國加州IBM程式設計師，適程振賢博士。一門蘭桂，莘莘有成，服務社會，造福人群，先生濟世救人之德及教子義方之效於此見之。

國父孫中山先生在「青年要立志做大事不要做大官」講詞中昭告國人：「中國是世界上最窮弱的國家。諸君這樣安樂享福，想到國民同胞的痛苦，應該有一種惻隱憐愛之心。孟子所說：『無惻隱之心非人也』，這是應有的良知。諸君應該立志，想一種什麼方法來救貧救弱，使將來的中國轉弱為強，化貧為富。」先生畢生之嘉言懿行，均以此種理念為依歸，故其行誼，將可永垂青史而不朽。

先生事功，載在國民大會歷次會議實錄、國民大會憲政研討委員會實錄、《救總四十年》、《為人類自由而奮鬥》諸書，暨黨政有關檔案。本文謹恭述其梗概，藉表哀思，疏漏之處，請閱先生年譜長編。

谷正鼎先生傳

中華民國六十三年十一月一日，中國國民黨中央評議委員、立法院立法委員谷正鼎先生逝世於臺北，享壽七十有二歲。

先生於民國前九年（癸卯）農曆九月五日生於貴州省安順縣，父蘭皋公，母胡太夫人。蘭皋公生四子：長正倫、次正楷、三正綱，先生其季也。谷氏為黔中望族，累世以詩禮傳。蘭皋公急公好義，對興辦地方公益事業，救助族里困窘，尤具熱心，閭里咸德之，蔚為鄉邦人望。

先生幼聰敏，慷慨有奇節；在中學時，國家內憂外患，紛至沓來，深感救國為青年之重任，非吸收新知，無以濟時艱。遂與三兄正綱，於民國十年，連袂赴日，轉往德國，入柏林大學，專攻政治經濟。俾以所學，備為國用。

民國十三年，　國父孫中山先生改組中國國民黨，在廣州演講三民主義，號召青年參加革命，先生深受感召，因此信仰三民主義，並參加中國國民黨，奠定其一生為黨國效命之基礎。

民國十四年，先生在德，奉中國國民黨中央選派赴蘇俄莫斯科中山大學研究。在俄二年，以潛心考察之所得，深悉蘇俄及共黨對中國赤化顛覆之野心，益勵其為黨國奮鬥之意志。始終秉其堅定不移之立場，與共黨勢力相周旋。十六年，中央清黨，本黨黨員與共黨已難兩立，先生本擬立即返國，但為俄共羈留，且有遣往西伯利亞勞改之議。先生於危機四伏中，雖備受威脅，而無畏無懼，不為勢劫。中央嘉其忠貞，遂調其返國，從事黨的建設工作。

先生由俄返國後，正值中國國民黨厲行清黨，百端待理。先生奉中央派任為北京市黨部指導委員兼常務委員，先生從容擘劃，積極推動，對於北京地區黨務基礎之建立，貢獻良多。

民國二十年，先生改任鐵道部總務司司長，推動勞工教育，改進勞工組織，提高勞工福利，以杜絕共黨在勞工界之滲透陰謀。實施以還，對交通政策之順利策進，甚具績效。

民國二十六年，抗戰軍興，時剿共軍事雖暫告結束，而中共之政治攻勢及顛覆活動，反而變本加厲；以延安巢穴，對中央命令，陽奉陰違，同時散播共產毒化思想，一時西北地區，赤化危機，頗為嚴重。中央以先生反共鬥爭，深具嘉謨，乃遴派先生前往西北工作。抗戰八年中，歷任西北綏靖公署廳長、軍事委員會委員長天水行營政治部主任兼特別黨部書記長、軍事委員會西安辦公廳副主任兼第四處處長、三民主義青年團西支團部籌備主任、陝西省黨部主任委員等職，主持黨務與政治作戰工作。當時戰區軍政長官蔣銘三、胡宗南將軍等，皆以先生長才卓識，相與倚重；西北黨政軍諸端之協同開展，先生之力有足多者。

先生以抗日與剿共政策為不可分，故在西北主持反共鬥爭工作，以策動謀略戰為主。為喚醒誤入共黨歧途之青年，曾創辦訓練機構，廣納戰區菁英，俾使貢獻其力量於對日作戰；並為阻遏共黨之毒化策略，曾創辦並獎助各種反共書刊，以建設性的理論，粉碎共黨之歪曲宣傳；並經常奔走各地，演講三民主義理論，以駁斥共產主義之謬說；對於端正西北戰地青年之思想，團結西北抗日力量，獲致卓越成效。

先生為貫徹政府抗日政策與剿共政策，認為健全基層黨務建設，乃當時要圖。故在西北任職期間，努力改進陝西省基層黨務工作，團結地方基層力量，用是抗戰八年間，陝西省黨務，日益進步。

民國二十四年，中國國民黨在南京舉行第五次全國代表大會，先生即當選為中央執行委員會委員，然多奉膺外任。抗戰勝利後，調返中央工作，奉派為中央黨政軍聯席會報秘書長。三十五年，制憲國民大會集會前，先生復奉遴選為制憲國民大會代表；翌年，政府頒布憲法，實施憲政；三十七年一月，先生參加行憲第一居立法委員競選，當選為貴州省一區立法委員。

是年，先生調任中國國民黨中央組織部副部長，旋晉升中央組織部部長。時剿共軍事，轉趨緊急，時局極度混亂；先生益感本身職責之重大，因對本位工作之興革，諸如：組織佈署之加強，應變措施之策定，黨的戰力之增強，莫不全力以赴，充分表現勇於負責，堅苦奮鬥之忠毅精神。

政府遷臺，中國國民黨實施改造政策，自第七次全國代表大會後，先生改任中央評議委員，經常貢獻對於黨政興革之意見。

先生任職立法院共二十六年，認為國家之命運，與國際情勢密切相關，故經常對國際問題及外交政答，發抒卓見，並作積極性之建議，以供政府決策之參考。因此，多年來均參加外交委員會，凡遇國家對重大措施，均於委員會及院會中，貢獻其豐富之經驗與智慧，期對政府決策，折衷至當，有裨我國家之權益與安全甚大。民國六十二年十二月，先生照拂其夫人養痾期間，不顧其本人之積勞羸困，猶復親率我國中央民意代表，組團赴日，參加國際勝共聯盟亞洲第三居勝共大會，推動國民外交，展開對中共作戰。凡此行誼，均贏得國人衷心之欽敬。

先生於莫斯科中山大學求學時，獲識同學皮以書女士，由於志同道合而情感相孚，遂由革命同志而結為終身伴侶。皮夫人亦為革命忠貞幹部，受蔣夫人特達之知，命為中華婦女反共聯合會總幹事，倚畀至殷。皮夫人於年前得癌疾，先生伉儷情篤，憂勞交瘁，曾躬親陪同前往美國就醫，卒歸無效，皮夫人終於本年三月逝世，先生喪偶後悲痛過度，精神體力益感不支，於四月間住院檢查，獲知罹患腸癌，乃入榮民總醫院施行切除手術，詎料痼疾蔓延，轉為肝癌，雖經名醫會診，中西藥石先後兼投，終因病象已深，不幸於十一月一日下午七時溘然長逝，親友聞耗，莫不哀悼。

先生侍親至孝，事兄至恭，律己以嚴，待人以誠。其精神之所寄，惟有研究學問與熟察國計。舉凡政經問題、國際時事、敵情演變，均屬先生研究範圍。因其涉獵廣，經驗富，故常能發抒其卓越獨到之見解。

先生畢生為國家領袖效其忠純，五十年為黨國盡其勞瘁；然自奉菲薄，居處衣食不及常人，而公私取予之間，尤能守其分際。今者先生逝矣，然其奮鬥精神與崇高人格，必將永存於革命黨人之心中。

先生有子四：長家禕、次家弘、三家秦、四家德。長女家瑛。皆已完成學業，分別獲得碩士、博士學位，供職於政經教育各界，咸能秉承庭訓，卓然有成。明德之後，必能昌大其門，以先生之德之功，其信然矣。

石堅先生傳

故立法委員石堅先生，字墨堂，遼寧省遼陽縣人，世居縣屬摩天嶺下之農村，摩天嶺自古為兵家必爭之地，而日軍侵我東北，我國軍耀師殲敵於此，碧血忠魂，彪炳千古。先生少懷義烈，壯參革命，當日軍據我四省疆土，肆其荼毒時，先生為愛國愛鄉，毅然從事敵後工作，效死弗去，為敵寇所獲，判以極刑，幾死於偽滿之獄，故先生晚年別署摩天居士，明其志也。

先生生於民國前十三年農曆七月十九日，幼聰慧，讀書有過目成誦能，師長咸器重之，許為雋才。自入學以至於卒業國立瀋陽高等師範學校，每試輒冠諸生，而先生益自勵焉。時　國父以三民主義宣化群倫，先生深受薰陶，復以目睹時勢日非，倭人謀我無所不用其極，遂堅革命報國之志。自是致力於教育工作，廣結青年志士俾為國用。歷任遼寧省立第一、第二師範學校，遼寧省立師範專科學校訓育主任、教務長、校長等職，於循循教化之餘，輒以民族大義諭諸生，滿門桃李，皆翕然景從之。

民國十七年，北伐完成，東北易幟，全國統一。先生秉革命精誠，加入中國國民黨，其時適任職瀋陽，為遼寧省立第一師範教務長，故能積極號召青年學子，加入組織，開展工作，東北黨務之基礎，於茲建立。

九一八變作，先生率同志轉入地下，以行動與日軍及其特務機關抗。義聲所播，人多歸之，掩護支援，不遺餘力，益增先生以秘密工作抗日禦侮之信念。抗戰軍興，先後奉中央派充東北調查室主任，東北黨務辦事處主任等職。是時東北人民抗日情緒，激昂奮發，霈然如飆風掣電而敵寇莫能禦；尤以先生所率同志，咸為其門生故舊，故能一以當十，顛危弗懼，或以赤手攖敵鋒，或以頸血寒敵膽，破壞突襲，無日無之，日軍甚以為患，於是偵騎迭出，必欲得先生而甘心。

如是者十二年，天津本黨組織，首為日寇偵破，一夕之間，同志多人為日寇擄獲入獄。先生時任吉林省黨部主任委員，於指揮疏避之際，幾遭不測。旋奉中央命，返渝述職，遂穿越敵軍封鎖線，抵達陪都重慶，入中央訓練團接受訓練。三十二年，先生再度潛返長春，捲土重來，與日寇作各種方式之鬥爭，以工作過度激烈，終於民國三十三年三月不幸於長春被捕，遼寧、吉林、黑龍江，三省黨部負責同志李光忱、蕭達三、韋仲達、侯天民、李繼武、范振民、崔榮、張濤、袁樹芳、信致文、譚學融、吳箴、吳廣懷、張一中、劉大博、王之勗、梁肅戎等亦先後被捕。繫偽滿獄中達十七閱月，屢遭疲勞訊問，酷刑逼供，鱗傷遍體，幾無完膚，而先生秉文信國之正氣，持顏常山之勁節，雖斧鑕加頸，然為保全組織，愛護同志，終不為暴力屈，直承一切行動均為其一人所為，敵寇雖恨之，亦莫可如何，然先生則已陷於死生一髮間矣。在獄年餘，先生犧牲之志已決，曾有「獄中詩」十二首，以明其志，廣為同志所傳誦。

三十四年四月六日，敵軍由東京調資深軍事審判官數人至長春獄，組成特別法庭，由庭長德田開庭會審，關東軍及日偽憲警高級人員蒞庭旁聽。先生鎮定如常人，凜然向特別法庭痛斥日本軍閥侵略中國之罪行，義正辭嚴，庭長德田俛首無以辯。蓋先生耿耿孤忠，實已折服敵酋，揆之史乘，誠可謂前無古人者也。

庭訊三小時，先生雄辯滔滔，所言皆民族大義；日人雖為先生精神屈，然以必須結案覆命，乃相與竊議者久之，卒宣布處先生及袁樹芳、信致文等以極刑。按日本法制，極刑用絞，且須於宣判後一週內執行之。先生聆判時，以求仁得仁，心澄如水，嘯傲若平時，敵偽均為之動容焉。

方特別法庭判處先生極刑也，與先生同時蒙難之嗣任立法委員、中央政策委員會副秘書長、暨立法院院長梁肅戎先生時任長春市黨部書記長，亦被判有期徒刑十二年，以關心諸同志安危，竟不避兇燄，與庭長德田面折庭爭，痛斥日本帝國主義侵略之不當，謂中國志士愛國家、愛民族排除侵略之自衛行動，出諸正義，不能構成犯罪，而對愛國志士判處死刑乃屬野蠻行為；要求將判處死刑者改判無期徒刑，願將自己改為無期徒刑，以示平衡。聞者莫不咋舌駭嘆，而關東軍及日偽憲警妄圖鎮壓，幾至動武，然日法庭不許亦未加重其刑，蓋又為我革命志士之大義屈矣。宣判後先生於法庭地下室，在日偽憲警監視下，向肅戎先生口述遺囑，指日本必敗亡，東北必光復，但以不能親見國旗、黨旗，重飄於白山黑水之東北大地為憾，在場者對先生視死如歸之義烈精神，極為感佩。民國四十一年元旦，先生在臺，曾有詩贈肅戎先生，以誌不忘。又有「逼供紀實」、「宣判前詠懷」、「宣判極刑感賦七絕六首」等詩紀其事，讀之可以想見先生從容待死之情懷，而日偽法庭亦由此延宕先生死刑之執行。

民國三十四年八月十四日，日本接受波茨坦宣言，決定無條件投降。是時長春日偽，人心惶惶，群謀屠殺待決之重刑犯及思想犯，先生復瀕於危，幸賴機智及地下工作同志搶救而脫險。翌日，日本投降，長春光復，先生立率同志於大街小巷散發國旗，一時東北各地，萬家簫鼓，大漢天威，遠播白山黑水之間，中華兒女，同申揮戈返日之慶。先生之夙願既償，於是遄返家園，始悉萱堂棄養，長女曼珠夭折，而夫人王秀娥女士又以先生事累而繫獄，備受刑烙之苦，先生痛之，有詩誌感。

勝利還都，先生積功獲總裁　蔣公頒發第九號獎狀，略謂：「石堅同志，奮鬬敵後，險阻備嘗，忠勇多方，勳勞並著」。國民政府亦賜頒勝利勳章。旋奉派出任遼寧省黨部主任委員、制憲國民大會代表及遼寧省臨時參議會議長。三十六年膺選第一屆立法委員。三十七年，中共擴大叛亂，先生時在東北，組織義勇軍為之抗。大陸淪胥，先生隨政府來臺，議壇獻替，光國家之典制；文苑蜚聲，擅藝事之精華。書宗二王，畫承六法，文追眉山，詩擬杜曲，凡有吟詠，多屬愛國感事血淚之作，蓋先生半生以身許黨國，半生以心血開文運，誠革命之健者，後世之典型也。

民國六十五年，先生赴美就醫，診療高血壓宿疾。六十七年，中美邦交中止，先生義憤填膺，不能自已。是年十二月三十一日下午五時，參加雙橡園我大使館降旗典禮，先生老淚縱橫，痛哭失聲，遂決心返國，不再作留美之想。返國後抑鬱不樂，六十九年七月廿三日以心臟病逝世於臺北，享壽八十二歲。

先生哲嗣永炎、永垚均在美，為名工程師。長女曼珠於先生蒙難時悲痛早逝。次女宛珠，歷任臺灣省立嘉義等各女中校長。三女探珠在美，四女麗珠為護理教授，么女掌珠現為牙科名醫。本年七月，宛珠、掌珠謁陸軍一級上將何應欽將軍於臺北，擬捐贈先生生前書畫五十幀予國父紀念館。上將欽其尊人畢生忠烈允之，囑為撰傳，於接受先生書畫時分送觀禮者。爰就先生生平重大事蹟拜撰傳略，附其有關詩作及書法，以應上將之命，兼以彰先生之勳業，俾知我中華民族之能歷經劫運仍能屹立於天地之間者，皆我革命志士浩然正氣之所融鑄；是則先生績業所以垂範於百世者，豈獨詩詞書畫也哉！

石堅先生蒙難詩選錄

㈠獄中詩十二首

余以抗敵工作，繫偽滿獄中，幾十七閱月。在獄中追憶往事，行諸吟詠，聊述實蹟，藉誌鴻爪。

深入偽都各部門，快捷機要賽雲奔；宏開五路新區劃，勇氣直將頑寇吞。

急修要件夜三更，警戒收藏睡不成；八載辛勤儼護法，密機確保是卿功。

述職京都趁歲暇，候門不恤夕陽斜；那期逾約纔三日，澈夜焦思脫臼牙。

噩耗忽傳到錦城，津工敗露眾心驚；安排線路完成會，散罷家人夜已明。

喬裝商賈走濱江，漫漫長途怕吠尨；賴有賢達高象老，一床棲息傍東窗。

受訓來渝迭電忙，安排的當赴中央；那知變起新年末，三烈成仁萬古芳。

吳淞港外返回航，香島樓頭看爆狂；彈雨槍林三閱月，廣州灣畔國旗揚。

獻身黨國不辭難，重慶歸來摘驪肝；滿目瘡痍驚玉碎，誓憑熱血挽狂瀾。

為愛鄉關萬里還，那期遽陷鐵窗前；縈心最是問監犯，底事紛紛繫獄間。

愛國愛鄉不愛身，問關萬里滿征塵；誰知獄裡饑寒客，卻是當年健鬪人。

萬里歸來未面親，柔腸百轉痛傷心；遙知二老思兒甚，愁滿慈顏淚滿襟。

悶坐監中百慮焦，登樓一望氣方豪；多情端賴園邊柳，也向囚人忍寂寥。

(二)逼供紀實

河山帶礪四千年，忍教敵塵肆侵邊；壯士原期紓國難，出師詎料竟身捐。

多羅罪狀甘承認，不供實情避累牽；任是千方逼口讞，終無片語道真詮。

(三)宣判前詠懷

經年縲絏杳餘歡，猶記征塵拂玉鞍；十載河山繞夢寐，半生奮鬪賸辛酸。

思家獨念親無告，謀國應知野有賢；試上高樓重展望，王師當已定幽燕。

(四)宣判極刑感賦七絕六首

民國卅四年四月六日，敵之特別法庭宣判余極刑，時老妻弱妹，哭鬧法庭，肅戎同志竟要求同判無期，以贖余死。感極乃率成七絕六首，以誌余懷。

特別法庭判極刑，頑敵不嫌血汁腥；常欽正氣成仁訓，留取丹心照汗青。

宣判未終妹怒瞋，愁聽內子泣聲吞；呶呶哭訴情詞切，生死關頭見至親。

革命營中健者多，一環破滅又如何！得機急囑梁同志，淬勵聲求殲惡魔。

為國捐軀死猶生，千秋信國姓名榮；心捐一事成遺憾，未見敵氛報肅清。

慘澹經營十二春，那期一日遽沈湮；黃龍直搗復鄉計，盼有賢能作繼人。

不惜頭顱不顧身，拚將熱血洒長春；他年黨史成仁錄，差可平添一頁新。

(五)光復脫難返鄉感賦七絕四首

光復後初返家園，方知萱堂棄養，老妻獄中受苦，益以十四載酸辛，真感觸目傷心，痛澈肺腑。略詠梗概，以誌悽楚，語短情長，不知涕何從矣。

艱苦備嘗十四春，江邊賣笠憶酸辛；可嚀稚子休多事，十字街頭莫認親。

拶指烙肌跪鐵墀，窮凶極惡苦羅織；堪欽幾度暈甦後，咬定牙關只不知。

洗罷衣裳送飯忙，饑囚那知婦皇皇；友機痛炸敵監後，坐起驚疑半喜惶。

隱姓埋名走異鄉，那期旻女竟夭亡；傷心最是還家日，淚洒慈幃遺恨長。

(六)贈王光逖（司馬桑敦）

獄中誓共濟時艱，瀝膽披肝八載前；饑溺褋懷思昔日，蜩螗國事痛連年。

胸羅甲冑非名士，手挽狂瀾是大賢；一語告君祈記取，千秋壯業勒燕然。

(七)贈梁肅戎

肅戎志弟與余共革命事業多年，雍容大雅，志履堅貞，臨事不懼，應變有方。當卅三年春余被敵酋判處死刑之際，竟不避兇燄，毅然庭爭，聞者咋舌，知者駭嘆。光復後回地方工作，貢獻亟豐。近在立院，尤多建樹。每憶及過去可歌可泣之實蹟，感有風世勵俗之價值，爰書短章贈之，以誌鴻爪，而資永念。

曾記偽都晤面初，一接雅度頓心舒；方殷國難期同靖，肆暴敵氛誓共除。
不避兇燄欽道義，卻緣死讞辨親疏；今聞最羨還遼日，譽載鄉邦頌載書。

彭醇士先生傳

素庵彭醇士先生，譜名康祺，江西高安人。彭氏為贛中世家，代有令德。大父咸輔公，亮節清標，巍為一方人望。父祖暉公，承咸輔公及王母鄭太夫人庭訓，早歲風發，聲華著桑梓。入泮後，娶同邑藍太夫人，生先生；憤清政之不修，遂絕意仕進，耕讀課子以為樂，凡所學盡授之。先生未冠而才名動鄉里，蓋淵源有自也。

先生美丰儀，少時如玉樹臨風，倜儻不群，外叔祖藍石如太史頗器重之，許為璞玉。弱冠，卒業於江西省立第一中學前身之南昌贛省中學，旋負笈遊京師，於民國五年卒業於中國大學商科。在校時，受知於當時桐城派大師姚永概叔節，國學得叔節先生之薪傳。時各省名士，萃集都門，先生日與諸君子遊，唱和無虛夕，詩書畫一時精進。居嘗雅慕錢塘戴文節公醇士之風概，遂易名粹中，字醇士。自是譽滿故都，朝野之士，競相結納焉。

徐又錚先生創辦正志中學於京師，聞先生名，聘為國學教席。洎該校改組為成達學校，主事者仍堅挽先生，不令辭。嗣應哈爾濱畜牧局局長蕭孟白先生約，赴哈市任該局秘書；無何，蕭氏去職，先生任局長，是為先生從政之始。先生抱負雖宏，終以東北政事難有所為，遂於民國十二年棄官返里。

時楊慶鋆長贛，省長公署政務廳長夏同龢先生亦姚叔節先生入室弟子，乃薦先生於教育廳長李鏡藻；李氏誦先生詩文，驚為奇遇，遂派先生任南昌通俗教育圖書館館長。先生廣徵典籍，宏開化育，洪都民俗，於焉大振。贛省名教育家熊純如先生時為省立第二中學校長，慕其名，往訪先生於館舍，傾談甚歡，即聘先生兼任二中國學教席。一時贛省青年，翕然景從，先生亦欣然以薰陶桑梓後學為己任。

民國十三年，先生以熊公哲先生介，應心遠大學聘，為該校國學教授。時贛省名士汪辟疆、王曉湘、余仲章與公哲先生為文壇四巨擘，先生過從甚密，學養益進，贛之人無不知先生者。方本仁初督贛，求才孔急，挽人延先生入其幕，為督軍公署參議；先生慨於割據為患，時以國家民族大義諷之，方督之終於投效革命陣營者，先生之力多焉。

十五年八月，北伐軍破吳佩孚於汀泗橋，總司令　蔣公入贛督師，與孫傳芳援贛軍相持於南昌。其時，先生已返北京，段祺瑞芝泉先生聞之，遣其公子宏業往延先生至津寓為西席，教其長孫昌世讀，因與芝泉先生成忘年交，甚受禮遇。陸軍部次長魏宗瀚先生，芝泉先生舊部也，獲識先生於段府，接席論學，訝為當世奇葩，遂以女妻之。

北伐告成，全國統一，先生奮然投袂，決志參加國民革命大業，宗瀚先生深韙之。時粵省主席李濟深開府廣州，宗瀚先生其師也，爰介先生至粵；十七年，任廣東省政府秘書，案牘勞形，無憚朝夕，甚為李氏所倚重。十八年，李去職；先生應淞滬警備司令熊式輝天翼先生邀，赴滬任秘書；旋該部總辦公廳主任蔣笈辭職，天翼先生以先生佐治功深，派升總辦公廳主任，機要密勿、規劃經略之事咸屬之，深獲天翼先生之激賞。

民國二十年十二月，熊天翼先生奉命主贛，邀先生任省府參事。先是，同年六月，國民政府主席　蔣公，親蒞南昌行營，主持第三次圍剿共匪軍事，設立行營黨政委員會，延攬人才，密籌剿撫兼施、善後訓練之策。先生奉　蔣公令兼行營秘書及黨政委員會委員，於「九一八」、「一二八」事變後，襄贊安攘大計暨第三、四、五各次圍剿之役，承志宣力，貢獻匪鮮。民國二十二年，　蔣公於南昌發起新生活運動，先生除參預設計外，並對推廣、調查各項工作，策劃執行，多所贊襄，頗獲　蔣公之嘉許。

方政府致力於安內攘外決策之實施也，日人憚中國人之統一，乃於二十二年一月，自東北大舉進犯，陷我山海關，並利用舊日北方軍政人士，籌立偽組織，冀謀華北各省脫離中央而獨立。憂時之士，咸以段芝泉先生在津，不免受日人脅迫為慮。中央有鑑於此，密請許世英、錢新之二先生先後赴津謁段，促駕南下，以醇士先生與段有舊，亦密令陰助之。因是新之先生晤段氏，當日即偕行來京，　蔣公親迎於浦口，握手言歡，先生實隨侍焉。二月一日，先生隨政府人員送芝泉先生赴滬，下榻西摩路陳調元別業，殷殷道故，私衷大慰。

國民政府立法院第三屆立法委員任期於民國二十三年十二月居滿，熊天翼先生荐先生於立法院孫院長哲生，遂獲遴選為第四屆立法委員；翌年元旦，於南京國民政府宣誓就職。自是先生參與立法大業，對各項法案之審議，貢獻良多；並曾任立法院軍事委員會委員長之職，蓋以先生歷參戎幕、諳習軍機有以致之也。

先生早於民國二十五年制憲國民大會代表初選時，即膺選江西省區域制憲國大代表。三十五年十一月十五日，制憲國民大會開幕於南京，先生於報到出席立法院同月二十二日之院會，通過中華民國憲法草案後，於二十五日出席國民大會首次會議。先生敬事之精神，於此可見一斑。

民國三十六年憲政實施。翌年一月，舉行行憲第一屆立法院立法委員選舉，先生回籍競選，膺選江西省二區立法委員。三十年來，先生參加教育委員會，從未更迭，對教育文化各項法案，獻替綦鉅。議壇一士，謇諤揚輝，盡言責，畢志事，於先生可以見之。

先生來臺後，淡泊自甘，議事之餘，仍以教育青年為職志。曾兼任國立臺灣大學、東海大學教授、靜宜文理學院教授兼中國文學系主任。張曉峰先生創辦中華學術院，聘先生為詩學研究所副所長；雖年逾耄耋，不改其樂。臺省詩壇新人輩出，先生陶鑄之力居多。

先生志於道而遊於藝，詩書畫世稱三絕，用是政事文章，皆未免為藝事所掩。先生詩初學張宛邱，嗣學李義山，然後出入山谷，故蒼勁婉約，兼而有之。先生就讀中國大學時，即時投縞紵於《國聞週報》曹纕蘅先生主編之「采風錄」，風靡一時，大為曹氏激賞。書法則由定武蘭亭入手，融會二王，而尤得右軍「奉橘」神髓。中小行楷，尤為精絕；與人書，雖寸簡片牘，亦風格謹嚴，獲之者視若拱璧。先生畫宗耕煙散人王石谷，旁及宋元諸子，畫路深廣，尤以山水為勝；佈局綿密，筆墨洗鍊，一丘一壑，皆蘊飄逸靈秀之緻；題跋特佳，讀之令人神往。早年在南昌，曾與山陰陳伯平大師及弟子輩遊，取「畫為無聲之詩」之義，結「無聲詩社」以研磨繪事，為世所重。先生三絕，獨步當今，誠所謂領袖藝林，難望其儔者；惟晚年體漸弱，惜墨如金，人多憾之。

先生詩作綦豐，而因兵燹散佚者尤眾。東來有《南浮集》手稿數卷，頗多憂國傷時之作。其「至臺灣」一律云：「侷促巴山類楚囚，歸來白髮又南浮。過秦有論悲何用？在莒誰陳痛未休！已分此身長道路，且期餘歲老壺丘。中興若與評人物，賢者微矜不肖偷」。以「莊敬自強」之義風世勉人，溫柔敦厚之旨，躍然紙上。又「十月十日」一律云：「擁褐南窗喜欲顛，臥聞朝慶用兵年。斯民亟矣來蘇後，元首明哉輔弼先。晚俗侈談湯武事，鄙夫難識契夔賢！不堪棘地荊天裡，長誦神功聖德篇」。其相期推誠團結以光復故國之情之切，用意深長；先生之詩，於此可窺其崖略。

詞存旅蜀舊作《照影集》一卷，多小令，清新郁麗，遣興之作也；先生不以詞名，乃遺此吉光片羽，亦足珍矣。

先生詩名動海外，曾獲一九六四年馬尼剌國際詩人大會之「桂冠詩人」獎，復於一九七一年獲巴基斯坦自由大學贈予名譽文學博士學位；國之人或有以此相賀者，先生輒笑而遜謝之。

先生肺素弱，因善自珍攝，故年逾八秩而矍鑠似常人。性曠達，談鋒尤健，人多愛重之。六十五年八月，肺氣腫疾大作，文慧樓夫人偕子急送臺北三軍總醫院診治，曾一度稍見起色；迨九月二十九日晨四時五十分，病況突復轉劇，急救無術，終告殞逝！距生於中華民國紀元前十六年農曆二月初九日，享壽八十有一歲。

先生元配魏夫人抗戰期間在渝病逝。繼配樓夫人文慧女士，溫婉嫻淑，與先生鴻案相莊，伉儷情篤，數十年出入相扶持，人多稱其賢。魏夫人舉長女兆麟，適陳正辛君，任美聖約翰大學永久教授。樓夫人舉一子一女，子慰祖，在美攻工程設計，現在臺美各地經營設計工作。次女紫薇，適樓迎統君，美國生物學博士，現任臺北長庚醫學院生化系主任。兆麟、慰祖、紫薇，樓夫人鍾愛教養，無少軒輊，用是皆成大器。明德之後，必大必昌，固先生之餘蔭，而夫人之功亦偉矣！

中華民國六十五年十月十九日作，八十五年六月一日修訂，時年八十。

孫繼緒女士傳

孫繼緒女士，字志業，山東省蓬萊縣人，民國前十五年農曆一月二十日生，世居城內西街太史第。曾祖應科公，前清翰林，祖奉三公，以家道中落，棄儒從賈，尊翁星煜公，光緒恩科進士，歷任湖北省咸豐、均縣、監利、孝感諸縣知事，廉介剛毅，著有賢聲，為官數十載，而環堵蕭然。母葛氏共生三女，女士行三，兩姐繼美、繼善早歿，僅繼母張氏所生幼妹繼孝隨同來臺。

女士幼時隨父在湖北任所，因就讀於省立第二女師，畢業後升入北京女高師（即女師大前身）國文科。當時五四運動之後，女權意識高張，咸主爭取男女平等，女士遂立志獻身女子教育工作，畢生不作室家之想。民十一年於女高師畢業後，即應湖北第一女師之聘，就任教務主任。翌年再應校友之邀，轉往南京擔任江蘇省立第一中學（南京中學前身）國文教員。江浙軍閥內爭爆發，地方不寧，學校被迫停課，女士與同班學友錢用和女士相偕避秦於濟南，並遊歷魯省諸名勝。第二學期開始，時局仍未平靜，乃回北京暫任母校會計主任，此為女士唯一在教職以外所任臨時性之工作，但亦因此養成其公私分明，撙節公帑之習慣。民國十三年接四川重慶二女師之聘，欣然入川，藉機一覽長江三峽之勝。任教半年後，學校遽起風潮，教學時續時卒，不克施展。時有同學任成都一女師校長，邀女士出任教務主任，乃得一償夙願，睹青城、峨嵋與都江堰之風光。時族兄孫繼丁（丙炎）先生於青島任膠濟鐵路局局長，欲創辦鐵路員工子弟小學，馳電邀請女士前往籌備，乃辭去一女師教務主任職務，束裝乘輪東下，舟臨重慶，阻於內亂而不克前往，不得已仍留重慶二女師執教。後值英人砲轟南京，四川境內之國家主義者與親共份子發生衝突，四川督軍劉湘計以武力鎮壓，在沙坪壩召集各校學生開會，軍警與學生發生誤會，集會中之學生被軍警開槍擊斃者百餘人，其中約有四十名女生，停屍在二女師大禮堂，一時群情激昂，局面無法收拾。慘案發生後，劉督軍經由劉克莊女士之推薦，邀請女士出任校長，負責善後及恢復課業。女士臨危授命，以沉著堅毅之精神，提出兩條件：㈠只辦教育，不介入任何黨政關係；㈡願以己身生命負全校師生安全之責，但須劉湘承諾絕不干涉學校行政，軍警不得任意濫殺無辜及拘逮任何教員與學生。經劉督軍書面同意後，乃即召集員生宣佈此項協議，次日全校恢復上課，其膽識與勇氣，不讓鬚眉，在當時軍閥專政之情況下，亦女中豪傑也。

學校秩序恢復一年後，尊翁星煜公居齡自湖北任內退休，還歸山東原籍，時已年居七十。女士以親老路遙，亟思返鄉奉親，以盡孝道，乃辭職出川，偕其二姐同回蓬萊，共敘天倫，此為女士任職教界後，與尊翁共處之最後時刻。次年尊翁病逝，女士再接蘇州競海女校之聘，擔任國文教員一年。嗣同學陶玄女士出長江蘇省立南京女中校長，堅邀女士前往任高中部主任兼國文教員，迄對日抗戰軍興，前後共達八、九年之久。女士以幼妹繼孝在故鄉乏人照料，託人帶至南京女中就讀，在其督教之下，於民國二十四年以第一名考入中央政治學校深造，由是手足情深，共相扶持。

抗戰初起，女士以南京不克久留，乃偕友人前往西安，於陝西省立女師任教，時胡蜀光女士為校長，半年後由川陝公路入蜀，任教重慶北碚國立二中女子部教務主任，嗣二中女子部主任江學珠女士調長重慶二女師，女士三度回任斯校，仍擔任教務主任。其後江校長奉派在重慶下游長壽縣洛磧鎮籌辦國立女師，邀女士前往協助，由創辦以至勝利復員，在國立女師工作凡三年。

民國三十五年秋，政府還都南京，女士偕其二姐乘輪返抵首都，在舊居重整家園，與家人團聚。其時幼妹繼孝任職中、中、交、農四聯總處，妹夫趙既昌任職江蘇區直接稅局副局長，女士獲分發至南京市立二女中教授國文，劫後重聚，每逢假日，均在女士寓所歡敘，共享戰後短暫之平靜生活。

迨行憲立法委員舉行選舉，女士被選出任行憲後第一居立法委員，立法院由南京遷至廣州，而後再遷來臺，女士始終參加法制委員會，並曾擔任多次召集委員，每會必按時出席，對各種法令皆以社會環境需要，潛心研究，其發言均能切中時弊、擇善固執、堅守立場、克盡其責。

民國六十五年秋，女士患視網膜剝離及白內障，先後入榮總手術治療三次，終以其患疾較深，無法治癒，於六十六年秋完全失明，但以其生性樂觀，理解、記憶與判斷力極強，雖行動不便，未能參加立院每次會議，但對會中討論之每一議案與國事世局，皆能憑有關資料及手持之小型收音機，從收聽廣播中了解國內外大事，世界潮流趨勢，及黨政經濟與社會動態。友人來訪，均能侃侃而談，發抒所見，或在電話中，交換意見。其在國學上之修養，尤可在其所撰詩詞中概略見之，友人每見其背誦古文章句，一字不漏，記憶力之強，雖年青人亦所不及。

女士除目疾外，身體素健，能自行作床上運動，生平喜交遊，樂與老友往還，座上客常滿，每健談至深夜而無倦容，友儕咸祝其可躋期頤百歲上壽，然自民國七十七年下半年以來，食慾不振，體力日衰，行動須人扶持，七十八年一月二十五日晚略感不適，曾延醫診視，認為其血壓、心跳、脈搏均屬正常，祗須補充營養即無大礙，家人等亦以為係偶然現象，一月二十七日晚間尚與親友敘談，飲食亦見增加，詎料翌日清晨，受氣候變化影響，竟突然昏迷，經送三軍總醫院急救無效，延至下午二時十分與世長辭，享壽九十有四歲。彌留時雖無言語，但神態安詳，了無遺憾。

女士一生耿介，在立院多年，獨居終身。對公費以外之權益皆不爭取，多次獲配房舍，亦自動放棄，嘗謂「我無後人，置產何用？」女士有一管家名張端妹，相伴達四十年之久，已視若家人。其妹繼孝與妹婿趙既昌皆不時前往照料其起居，親友多人亦常來省視，生前雖無子女，而生活頗不岑寂，亦可謂福壽全歸矣。至其立身處世之志節典型，當存之國史，永為後人矜式焉。

薛興儒先生傳

先生諱興儒，字大道，蒙古卓索圖盟喀爾沁左旗世家也。幼而岐嶷，及長，胸襟遼闊，夙懷大志，目擊日軍之侵凌及共焰之披倡，時以復興國家拯人民於水火之大義，自相期許。會日軍陷蒙疆，先生乃隻身背鄉井，負笈赴京，就讀於中央政治學校附設之蒙藏學校。時該校教育長陳果夫先生，為謀重建邊疆，儲備邊政人才，對於蒙藏學生之培植提攜，無微不至。先生以在校成績優良，品德清越，對於公共服務，倍盡心力，尤為果夫先生所器重。先生後在西南聯大，專攻政治，卒業之後，奉派至中國國民黨中央黨部工作，對於邊疆黨務之規劃，邊政建設之紆籌，不遺餘力。民國三十三年，先生以積資建績，奉派為熱蒙黨部書記長，深入敵後，發展蒙疆黨務工作。先生時值壯年，雄心萬丈，膺命之後，首先選拔蒙籍青年幹部，施以訓練，分別先期派赴熱蒙，潛入敵後，建立工作基地。抗戰勝利後，三十五年復奉派為熱蒙黨部主任特派員，先生於在渝參加六全大會之後，隻身北上，到達承德，時熱蒙境內，共氛正熾，南部雖已次第光復，而北部各地仍為共黨盤據。先生既至熱，乃與熱河省政府協力，撫緝流亡，安定民心，並復派得力幹部，深入共區，與中共展開激烈之鬥爭。時熱北蒙疆同胞，不堪中共壓迫，紛紛來歸，先生以有限之人力物力，予南逃蒙胞以有力之支援，恢復地方秩序，卒能組織地方龐大力量，與中共周旋於熱蒙境內，而維持一片乾淨土，先生盡力於蒙疆黨務之熱忱，於此可以見之。

民國三十六年先生任蒙藏委員會委員，奉令協辦熱蒙中央民意代表選舉事宜，時熱境共劫仍屬猖獗，在此一情勢之下，選舉之進行，困難良多。先生不憚辛勞，往復奔波，與地方當局協調聯絡，卒於法定期限內，順利完成熱蒙中央民意代表之選舉，贏得中央之嘉獎，微先生之毅力與精神，其孰能致之。是次選舉，先生膺選為行憲第一屆立法院立法委員，乃於翌年春返京，參與集會，至是供職議壇，迄今已二十一年矣。先生屹立議壇二十餘年，不妄言，不多言，而力持正義，言必有中，擲地作金石聲，是以同仁咸敬重之。

先生為人，重然諾，存道義，路見不平，輒起拔刀相助之心，而析疑辯難，排難解紛，尤能折衷事理，斟酌至當；而獎掖後進，尤具熱心，以是識與不識，聞先生之名者，均為之稱道不置。先生貌修偉，體素健，魁梧昂揚，不失蒙古健者本色。而涉獵之豐，見聞之廣，尤為儕輩所難及。先生以涉獵既多，興趣廣泛，舉凡圍棋、象棋以及高爾夫球戲，均為箇中翹楚。民國五十六年夏，先生正作高爾夫球戲時，突告昏厥，經送醫診治，斷為心臟病徵，養息半載，始告康復。復元之後，先生駕車球戲如故，友人每勸之少作過於勞力之活動，而先生以體質素康強，輒一笑置之。旋復出國考察，遨遊歐美，辛勞備至，亦無病徵。五十六年五月廿五日中午十二時許，先生又作球戲時，舊疾突發，急送臺大醫院救治，詎料翌晨三時五十分，病況突告惡化，竟至不治，享壽五十六歲。以一代壯歲有為之長才，遽爾溘然淹化，嗚呼痛哉！

綜觀先生生平，忠貞自矢，愛國情殷，其謀國以忠，任事以勇，待人以仁，接物以義，嘗自評曰：「吾無任何優點，如勉有之，則身強氣壯，常懷忠義之心者是已。」是知其忠勇仁義之精神，實與生俱來也。先生治事，能顧大節，識大體。復自警曰：「吾人對於一切政治問題，必須一方面有所主張，一方面顧全大體，中道而行，始能有利於問題之解決。若俯仰隨人，或剛愎自用，徒足以誤事僨事，皆非強毅者所為公忠體國之道。」斯言也，可概先生為人處事之至道也。

先生於公餘之暇，除以圍棋、高爾夫球自遣外，雅好讀書，尤嗜讀政治歷史有關之古今載籍，及英美語文之研鍊，蓋先生春秋鼎盛，尚有大志存焉。惜昊天不弔，奪其天年，故親友突聞噩耗，莫不驚愕相告，涕今下沾襟也。憶先生昔曾為小詩，詠其抱負云：「翹首望大陸，老母盼兒回，若得十萬駿，莫待髮令白！」今先生英年長逝，鬢髮未蒼，而依閭高堂，竟吉凶難卜，國恨家愁，知先生必難瞑目於九泉之下也。

先生於民國三十一年在渝與鄧育英女士結褵。鄧氏，西康望族也。薛夫人亦係西南聯合大學畢業，為第一居國民大會代表，相夫教子，持家有方，鄰里稱賢焉。育三子六女，長子銳，卒業陸軍官校，任職陸軍少校。長女維，臺大醫學院畢業，現在美國印地安那州立大學攻讀醫學博士；次女綺（陷大陸），三女絢，四女緗（陷大陸），五女綏，次子小白，三子永白，幼女純，品德才學均優，且均有成。以先生忠厚家風，固知其後必可光大門楣也。

王仲裕先生傳

中華民國建國七十年四月一日下午八時十分，第一居立法院立法委員日照王仲裕先生逝世於臺北，國喪老成，黨失元良，時論惜之。

先生先世江蘇東海人，明初遷山東莒縣，再遷日照，遂家焉。祖靜鶴公，清咸豐辛亥科舉人，任齊河縣訓導，以賑災功，獎敘知縣，辭官歸里，清望高操，為一方人望。父丹宸公，光緒丁酉科舉人。母丁太夫人，相夫著賢聲，舉先生一子，譜名金綍，字仲裕，別號竹漁，因致力革命秘密工作，故以字行。

先生生於民國紀元前二十一年九月十一日。十七歲時，丹宸公捐館舍，先生奉母命出就外傅。時革命風潮日亟，先生服膺主義，尤欽　國父志節，遂慷慨獻身，與青年志士奔走革命無寧日。民國七年，先生負笈東瀛，肄業早稻田大學，與同盟會諸君子遊，憤日本在巴黎和會中，壓迫我國代表，乃參加「留日同學會泣懇救國會」，反對日本甚力，為日方所不容，於是束裝返國，就讀中國大學，畢業後，經丁惟汾鼎丞先生介紹，加入中國國民黨，任職中央北方執行部宣傳員，嗣改青年宣傳幹事，遂奠先生畢生致力黨務工作之基礎，時民國十一年也。

民國十三年冬，　國父自粵經日北上，主張召開國民會議，特派于方舟、白雲梯、周至、于樹德、延瑞祺（國符）及先生偕同志首創「北京國民會議促成會」，自任籌備委員，旋復奉派返魯，聯絡同志，大舉響應，卒於北伐統一後，促成此一劃時代之國民會議，實現　國父主張，先生亦膺選山東地區代表，出席會議，於訓政時期約法之制定，宣力孔多。

先生於民國十三年至十四年間，先後任濟南市黨部監察委員，及山東省黨部監察委員。是時魯境各地，尚為軍閥盤據，視革命黨人如洪水猛獸，先生奮其忠勇，往來敵人間隙中，宣傳組訓，不遺餘力，險阻困厄，不能易其節，雖古之遊俠士，無以過之。

十四年八月，先生奉中央令，赴蘇俄莫斯科中山大學留學，先生知蘇俄之不可恃，然欲對共黨情況，詳加探索，故仍欣然就道。同行者有今總統蔣經國先生及皮以書、于國禎、夏雲沛、王紹文、高靜齋、劉子班、路孟凡、王甡林諸先進。在校一年，奉丁鼎丞先生指示，聯絡留俄革命青年，為反共救國而奮鬥，一時谷正綱、正鼎昆仲、蕭贊育、王啟江、王陸一諸先生咸與接納，誓共生死，不顧環境險惡，秉豪邁絕倫之正氣，與共產黨徒艱苦奮鬥。時中山大學內，設有本黨特別黨部，先生膺選執行委員，曾公開責斥托洛斯基在　國父逝世追悼會上詆譭　國父為「烏托邦主義者」之謬論，並屢偕同志等於午夜大雪紛飛中集會於山野森林間，密謀應付共黨之計，俄人雖嫉之而莫可如何。嗣先生於達成任務後，奉令歸國，至獲組織之嘉許。

先生於十五年冬，由俄返至廣州。時北伐軍興，需才孔急，而黨內共產份子，陰謀不軌，動輒嗾使工農群眾盲動滋擾，南北各省人民，均受其愚。中央組織部於是年十一月六日，中央執委會第十八次會議，請設天津交通局，以先生為主任，主持北方黨務，並聯絡革命志士，呼應北伐，兼闢共黨邪說。先生經常往返於漢口、南昌、九江、南京間，嗣又北赴奉天、吉林、黑龍江、察哈爾、海拉爾各地，策動青年、農工及軍警，信仰三民主義，參加國民革命；於是多士景從，華北各省，莫不知有先生其人者，軍閥及共黨份子咸欲得之而甘心，而先生履險如夷，罔避艱危，其冒險犯難也如是。

十六年三月，國民革命軍光復南京。徐謙、鄧演達等共黨份子，把持武漢黨政，公開攻擊總司令　蔣公，革命陣營分裂之勢遂成。共黨更在南京蠢動，造成搶劫外國使館及外人住宅事件，政府為之困擾不已。先生自東北返至北京，奉鼎丞先生命，穩定北京同志，不使受分裂影響；而是時北洋軍閥乘機大捕本黨同志，中央政治委員會北京分會及北京特別市黨部各同志為奉軍圍剿絞殺者甚眾，交通局同志亦不免。先生屢遭緝捕，幸均脫險。是時若干同志與中共黨徒相偕入蘇俄使館避禍，為奉軍侵入使館緝獲，被判死刑，路友于同志與焉。嗣後新聞界多傳播路氏為中共黨徒者，先生力闢其謬，終於來臺後上書中央黨史會及國史館洗雪之。

其時革命軍聲勢大振，蔣公率軍分三路渡江北進，東一路軍何總指揮應欽自閩、浙克揚州進趨淮海。五月，全面清黨，中共潛入地下，乘機暴動，中央自是對先生依畀更殷。

十六年五月，中央執行委員會政治會議第九十九次會議，丁委員惟汾提議，以我軍進迫徐兗，戡定在即，擬請派特務委員數人，辦課查接洽籌畫山東省政治事宜。當經決議，派先生為山東特務委員，丁惟汾、陳雪南、于恩波、何思源、陳韻軒諸先生亦與焉。六月，復奉命兼山東省黨部改組委員會及清黨委員會執行委員，並兼組織部部長。

當國民革命軍於六月間光復徐州時，山東全省黨務急遽開展，各縣市黨部均於敵後紛紛秘密成立。先生號召之功也。旋奉中央令，派為北京市特別市黨部執行委員，兼北京市特別市黨部清黨委員，並兼工人部部長，嚮應北伐軍事，會日軍出兵山東，徐州重陷敵手；八月，武漢分共，蔣公為促成寧漢合作，於十三日在上海通電辭職，於是國民革命軍驟失重心，而孫傳芳捲土重來，遂有「龍潭之役」。先生是時身處北京危局，率同志艱苦奮鬥，卒能堅持到底，穩定華北情勢，平津工農大眾及青年能不受危局震撼及中共蠱惑者，先生之力多焉。

民國十七年一月，蔣公復職，繼續渡江北伐，不顧日軍阻撓，於六月光復北京。當北京奉軍尚未完全撤退時，先生即領導北京市特別市黨部全體同志，於北京城內外全部高懸青天白日旗幟，以待北伐軍之入城。一時人心鼓舞，情勢急轉直下，其英勇豪邁，為國內外人士一致景佩，先生亦畢生樂道之。全國統一後，於民國十七年奉調任平津黨務指導員，策劃平津兩特別市黨務之發展；因此北方政務基礎益固，先生意氣飛揚，益自奮勉，於是平津一帶，雖受日軍威脅，環境特殊，而地方黨務仍能蒸蒸日上，完成　國父遺志，是先生之有大造於黨國也。

先生之指導平津黨務也，每有要務，多親自赴京報告。十七年六月間，於解散北京舊官紳所組織之維持會，率北京特別市黨部同志迎接第三集團軍商震部入京後，即親赴南京報告黨務，途中為佔據濟南之日軍拘捕入獄，刑訊不屈，日軍為之動容；卒以政府嚴正交涉，始告脫險。旋奉中央派赴日本留學，畢業於早稻田大學政治經濟科及日本士官學校預科，於是文武兼資於一身。返國後，奉調中央政治委員會經濟專門委員及教育專門委員，策劃建國大計，厥功至偉。

抗戰軍興，先生目睹敵後方青年失學失所不堪其苦，乃奔走各地，輔導魯省各縣學生，經由我敵後工作站，輾轉送至後方升學；於今西安軍分校魯籍學生多出自先生門下。嗣奉派任山東省政府委員，兼國防最高委員會魯蘇戰區黨政分會委員。時山東省政府播遷至臨朐縣之山區。先生為督導政務，宣達政令，經常出入於敵騎縱橫地區，曾指揮游擊部隊及民眾，防制中共滲透分化陰謀，如入無人之境；又嘗間關萬里，往來省府與重慶間，負責聯絡協調重任，雖疾病疲憊，而不稍易其度，鄉里各界固敬佩其忠純，而中央尤愛重之。旋復兼山東省地方行政幹部訓練團教育長，於敵後調訓各縣市、各專員區佐理工作人員，陶成者極眾，摶九亦受惠者焉。一時魯省黨政軍幹部人才蔚起，允為魯省抗日剿共勝利之人力資源，先生實成之。

國民參政會成立，先生膺選為第一居及第四居國民參政員，對於軍政大計，時抒嘉謨。勝利還都，先生膺選制憲國民大會代表，參與憲法制定工作，讜論流徽，未讓前哲也。

民國三十六年憲政施行，先生膺選山東省第三區第一居立法委員，自是屹立立院議壇三十餘年，無間寒暑，依時出席會議，對於內政、教育、預算諸要案，多有建言；尤於軍事教育之普及，平均地權之貫徹，主張益力；一士諤諤，金聲而玉振，為歷居行政院長及各部會首長所欽仰。

三十八年中共倡亂，先生舉家隨立法院遷來臺灣。此後三十年中，先生為黨國大計，綢繆於先，折衷於後，一貫精誠，從未稍懈。復以山東黨史未修，乃出資編印山東省黨史史料全書，分贈中外圖書館及各界友好。又為黨國元老丁惟汾先生治墓道，刊碑記，纂遺編，古道熱腸，不遜前賢。居嘗以守正不阿、匡時濟世為念；而不慕浮名，不計勞怨，前輩風範，尤非時賢所能企及，亦可以風矣。

先生性行淑均，恬淡寧靜，來臺後，學道不倦，不近肉食，日以紅棗、薏米等食品果腹，故神清氣爽，雖項僵直而未礙健康。去歲曾因小恙住院數月，歷險而復安，親友咸為慶幸。民國七十年四月一日戌時，偶感不適，如廁一坐不起，奄然向化，享壽九十有一歲，福壽全歸，斯天之施報善人者矣。親友故舊同學門生等，作聞噩耗，固皆驚詫傷痛，及聞先生歸真之狀，又莫不為先生悲欣交集，而嘆為異數，嗚呼！天生聖哲，自有夙因，觀先生之來去自如，益信而有徵矣。

先生原配丁夫人，生女玉芬，子玉京後即病逝。民國十八年，與潘夫人敬修女士結婚，潘夫人畢業於上海文治大學，婚後與先生同赴日本，就讀明治大學，生女玉琦。夫人與先生鴻案相莊，患難與共者五十餘載，相夫教女，克盡婦職，故先生致力革命，夙無後顧之憂焉。

先生長女玉芬，畢業醫專，適牛君鳳翔。子玉京，畢業清華大學，留學英美，習航空工程；媳徐燕貞，畢業於齊魯大學；孫筑生、燕生，均陷大陸。次女玉琦，畢業於美國堪薩斯大學，適李振鈞博士，李君供職美國聯邦政府環境保護局，任高級科學顧問，恂恂然君子也。外孫李建名、立名，在美均有成。雖河山未復，首丘有憾，然愛女佳婿，承顏繼志，光大前烈；一代革命耆宿，亦可含笑於泉臺矣。

連清傳先生傳

先生姓連氏，諱清傳，臺灣省臺北縣人。父魁公，忠厚傳家，然清寒無耕耨地，以渡船維生計，恬如也。母氏林，自歸魁公，雖鶉衣蔬食，井臼操作，不以為苦，而齊眉舉案，里人多以霸陵孟光美之。先生生於民國前一年，穎悟有奇節，幼從塾師讀，困學強記，課餘助嚴慈事諸務，勤奮逾常童，人咸愛重之。年十二，毅然輟學，佐父操舟，以分親之勞。民國十二年秋，洪水為患，船舍悉遭蕩沒，舉家流離失所，魁公以憂勞攖疾，卒至不起。時先生年甫十四齡，家無寸楮，且多負債，幸獲鄰里助，始得草為殮葬，而孤弱無依，生計瀕絕，貧困淒其，有不能墨楮形容者。然先生竟能挺拔於艱苦危難之間，以傭佊勞力維家計，母子相依為命，日夜辛勤，奮勉有加，日有所得，則必以甘旨奉母；夜有餘暇，則孤燈奮讀，未敢稍懈。積十載，學行日進。年廿五，蔡太夫人月裡來歸，相敬如賓，而事母益篤，蓽路藍縷，家計日豐。又十年，乃以積蓄盡償父債，而家道昌矣。此先生不為逆境屈，實開創業之端緒。是以閭里莫不交相讚譽，稱其孝焉。

民國三十二年，日本軍國主義者自食侵略之惡果，節節潰敗。臺省時猶在日軍割據中，兵力之需求，糧糈之供輸，鄉里多受其荼毒。而大戰末期，盟軍戰機更對臺北時施轟炸，先生遂遷居二重埔，躬自稼穡，以避烽火。三十四年秋，日軍投降，臺灣重歸祖國懷抱，政府盡廢日據時期之舊制，實施地方自治。桎梏既解，民情歡躍，先生以熱心公益，雅孚眾望，被推舉出任五穀村村長、三重鎮農會理事長、新海水利委員會委員、臺北縣第三、五屆議員、暨三重市調解委員會主任委員等職，服務桑梓長達廿餘年，秉公無私，任勞任怨，而扶危濟困，急公好義，排難解紛，不遺餘力，梓里咸德之，蔚為一方人望。

臺灣光復之初，先生與友人合作經商，創設信義貿易公司，經營香蕉、蔬菜運銷日本。因先生以誠信待人，故業務蒸蒸日上，開臺蕉空運日本之先河。享譽東瀛，久而弗替。然先生於從事懋遷之餘，仍不忘服務桑梓，輒為鄉人謀福利，數十年如一日。嗣於擔任農會理事長任內，深知農民疾苦，不支薪津，犧牲奉獻，披星戴月，為民奔走呼號，重振農會於將傾，興利除弊，建樹孔多。卸任後，普受鄉民愛戴，推舉參選，膺任臺北縣議員凡二屆，為民喉舌，議壇諤諤，風骨凜然，立德、立言，不負縣民付託，而先生口碑載道矣。

先生幼遭家變，備嘗失學之苦，早萌興學之志。臺灣既已光復，民主政治萌芽，深知教育為國家百年大計，作育英才，莫過於此。目睹當時世道多乖，學風不振，乃於民國五十四年，捐土地五千餘坪，創設學校，命名為清傳商職，以昭信守，當工程進行之際，先生親臨督工，無間晝夜，事無巨細，皆以身先，胼手胝足，弗畏勞鉅。迨黌舍聳立，規模大備，多年宿願得償，桃李盈門，春風廣被，禮樂之作，絃歌之盛，先生每陶然自得，歡愉之情，溢於言表，國人乃知先生為非常人，乃有此非常之功也。

先生以家本素封，平生崇尚節儉，故清傳創校前期十五年間，每於晨昏，必親臨視校，或植花木，或修園圃，以倡儉風。遇學子有過，則開誠心以勸導之；同仁有善行，必諄諄以嘉勉之，用是全校師生，感先生之風，率競善而惡惡，校風益淳矣。每逢開學及重大慶典，亦必親臨訓示，常以愛國家、愛民族、勤儉建國，來相勗勉，先生之高風亮節、堅忍卓絕，興學報國之精神，豈祇獲師生之感佩，益增國人對耆賢之嚮往。尤以先生於中華文化復興運動之推廣，懋績卓著，榮獲全省好人好事之表揚，鄉人交相作禮，而先生倍謙抑，古完人之德，具在斯焉。

先生晚年，熱心宗教活動，常斥資修建寺觀，崇祀義烈，宣揚道教真理，教化鄉民破除迷信，以改善民俗，廣為政教各界人士所景仰。民國七十九年，清傳建校廿五週年及先生八秩嵩壽紀念時，元首頒頌，各界晉觴，極一時之盛，先生碩德流徽，更足激勵後學也。

先生體素健，本年六月，突患膽結石急症，延醫診治，為施手術，疾初瘳，奈復以心肺功能衰竭，於七月廿八日下午二時五十三分逝世於馬偕醫院，距生於民國前一年農曆十月初六日吉時，享壽八十有二，一代耆宿，從此返璞歸真，士林悲之。

先生元配蔡太夫人，系出邑之望族，與先生鴻案相莊，相敬如賓，卒於民國四十四年九月四日，享壽四十四歲。育子三女二。繼配王太夫人，視諸子女如己出，蘭桂盈門，一堂並茂，先生無憾焉。

先生長子勝彥，積學士也。承父訓以詩書繼世，膺任清傳校長，以新法施教，年有佳績。又以政治長才，膺選國民大會代表二任，讜論匡時，為世所重。曾任國民大會憲政研討委員會委員兼黨團書記、國民大會代表黨部常委、副書記長、國民大會第八次會議主席團主席、國民大會第二次臨時會主席團主席。又曾兼任全國榮譽觀護人協進會聯合會理事長、全國商業職業教育學會副理事長、全國私立教育事業協會常務理事、全國汽車駕駛教育學會理事長、中國社會福利事業協進會常務理事、中國書法學會常務理事、中華聖道會常務理事、澹廬書會會長等職，熱心公益，大有父風。清傳先生逝世前，曾囑勝彥出金一千萬元，成立財團法人連清傳文教基金會，以其孳息，促進文化運動，改革社會風氣，勝彥遵命，積極辦理，而成乃父之志。兩代義行，聯翩並舉，盛哉！

先生次子豐彥，現任清傳商職董事，清傳建設股份有限公司監察人。三子禎彥，現任清傳商職董事，清傳建設股份有限公司總經理、清傳興業股份有限公司董事長，及其關係企業承享貿易公司、菲律賓巴拉灣漁業公司、菲律賓泛美貿易公司等監察人。長女春梧適黃，名欽城，經營建材批發，業績豐碩。次女富珠適林，名杉松，從事教職，作育英才。一門挺秀，天之報施善人者，如勝彥等可以見之。詩云：「君子樂胥，萬邦之屏」，如清傳先生者，可以傳之簡書而不朽矣。

附誄詞

清操高義邁前脩，傳道明經展壯遒。連綴夙嫻食貨策，先聲尤重育英謀。
生存雅化遺諸彥，逝屣尊榮勵眾流。世有篤行推大老，誄歌臨弔拜莊周。

清傳先生，孝義傳家，懿行濟世，輸財施教，作育英才，鄉里受其惠，學子被其澤，譽滿宗邦，功溥社會。驚聞歸真，愴悼曷極，謹獻誄詞哭之。

晚 倪摶九敬誄并書

杜光塤先生傳

先生諱光塤，字毅伯，山東聊城人。聊城為齊魯文風鼎盛之區，魯西之政經重鎮。民性純樸、尚節操、重道義。先生涵儒於斯，其學人之志節與風概，有自來矣。

先生簪纓世澤，詩禮傳家，其尊人履平公，為清廩生，科舉既廢，經魯省選送日本留學，丁惟汾、王鴻一二先生與之俱。返國後，創辦東昌府中學、東昌府師範二校，旋任山東提學使衙門省視學，作育英才，拔擢俊彥甚眾。鼎革後，攝山東益都、河北河間、浙江雲和縣篆先後凡四任，政聲丕著，民咸德之。

先生早歲隨父在任所，畢業於山東省立濟南模範小學、省立第六中學，每試輒列前茅，兼以幼承家學，聲華並茂。民國九年於北京大學預科，即考取山東省官費留學。其時田中玉督魯，值第一次直皖戰爭後，省庫財政支絀，未獲成行，於是再讀本科，於民國十年十九歲時赴美，入芝加哥大學攻政治學，嗣轉哥倫比亞大學讀公法學系，期滿以各校各科成績均列甲等，獲授「榮譽學士」學位（B.A. With Honors），為我國留美學生獲得此項殊榮之第一人。

民國十五年，先生獲哥倫比亞大學法學碩士，續攻博士學位。十六年，先生以曾獲授「榮譽學士」為哥大中國學生會推選為會長，並為全美中國學生會評議會主席代理會長。是年夏，博士初試及格，國立中山大學校長戴季陶先生函邀返國任教，顧頡剛、傅斯年諸先生亦敦促之，先生以情不可卻，乃放棄攻讀博士學位，於民國十七年束裝返國。詎料廣州暴動，中山大學任教事寢，先生投身革命行列，參加北伐大業，嗣奉魯省府令派，主持山東省教育行政人員訓練班。六月，應大學院院長蔡元培先生聘，擔任國立青島大學籌備委員，是為先生獻身高等教育事業之始，時年二十六歲。

青島大學草萊初闢，經始維艱，先生與蔡元培、傅斯年、楊振聲、趙太侔、王近信、彭百川、袁家譜、何思源等諸先生同為籌備委員，然實董其事；披荊斬棘，辛勤規劃。先生以教授兼教務長，舉凡創立制度，遴聘教授，釐訂課程，督導學子，莫不部署周詳，謹嚴將事，期年之間，規模大備。青大嗣經改組，易名國立山東大學，先生仍蟬聯教務長，至民國二十五年因病辭。魯省高等教育之恢宏，青年子弟之培育，先生之力居多。

民國二十六年，教育部部長王世杰先生，以先生創建青大，成果爛然，聘為教育部專門委員，兼高等教育司第一科科長，策劃整頓充實全國大學教育事宜。未幾，對日抗戰爆發，政府西遷，山東全省師生數千人奉令撤退後方，集中待命。翌年春，先生奉部令，創設國立湖北中學及教育部戰區中學教職員服務團，先生兼任校務委員會主任委員並為服務團委員會主任，對於經費之籌措，學生之收容，教員之安頓，課業之推動，應變措施之準備，武漢撤守後學校之遷移，昕夕籌思，寢食俱廢，雖以積勞而形神交瘁，猶復力疾從公，無稍疏怠。先生嘗自云：「余平生服官僅三載」，然以先生三年仕途之志節績效觀之，謂為當世公務人員之楷模，誠非過譽。

先生於民國二十九年十一月，應西北大學校長陳石珍先生聘，出任西大教授，歷長總務、訓導、教務並兼文學院院長。時抗戰情勢緊急，西北地區，綰轂前後，環境複雜，青年思想紛歧，學校風潮迭起。先生廣興革，嚴法紀，勸疏導，重研求，化雨春風，使莘莘學子，翕然景從，校務蒸蒸日上，西北大學，遂為後方高等學府之重鎮。

民國三十一年十二月，先生奉國民政府遴派為監察院監察委員，翌年一月，辭去西北大學教職，赴渝蒞任。先生在渝在京，任職臺閣者近七載，執行法定職權時，舉凡裨補闕失，巡察政情，革除窳陋，糾彈不法，莫不從容中道，一秉至公；儆貪勵頑，當事者無不畏威懷德，欣然向化。獬冠高操，柏臺亮節，人咸稱其有古御史之風焉。

抗戰勝利，先生自渝返都，國府籌開國民大會，議制憲法。先生以碩學清望，早於民國二十六年，即膺選山東省第四區制憲國民大會代表。三十五年十一月十五日，制憲國民大會揭幕於南京，先生報到出席大會，對中華民國憲法草案之審查以迄於制定，斟酌損益，折衷至當。三十七年，政府行憲伊始，先生復膺選山東省第五區第一屆立法委員。自立法院開院、遷穗、來臺，二十七年，先生秉其所學，致力於外交政策之擘劃，迭任外交委員會召集委員，對於涉外事務之興革，重要條約之審議，國民外交之推動，莫不殫精竭慮，黽勉以赴。每遇外交大議，多能提綱挈領，一言而決群疑；並曾受聘為中華民國出席聯合國大會代表團顧問，折衝撙俎，獻替良多，誠所謂謇諤揚休，壇坫蜚聲者也。

先生以學者從政，仍不失其書生本色，畢生以學術研究、教育英才為職志。自改任監察委員後，仍兼中央政治學校公務員訓練部教席。民國三十七年，以立法委員兼任國立政治大學專任教授。來臺之後，自民國四十年起，歷任東吳大學法學院教授兼政治系主任，國立政治大學教授兼外交研究所主任，東海大學客座教授。二十年間，門墻桃李，碩彥倍出，先生為之欣慰不已。先生曾歷任美國加州大學及華盛頓大學客座教授，民國五十七年春，復應美國辛辛納提大學校長藍辛博士(Dr. Walter C. Langsam)之聘，任辛大客座教授，主講「中國政府及遠東政治」，學養精純，深為該校師生所欽重，乃獲該校藍辛校長授與名譽法學博士學位，實至名歸，得來匪易，先生引為平生一大快事。

先生之從事教育事業也，以學校為家庭，視學生若子弟；每於經營籌謀，傳道授業之際，勞心焦思，雖疾羸病弱而弗休。青島大學華路藍縷之闢，西北大學整頓作育之艱，固無論已。當東吳大學法學院在臺復校之初，先生協同規劃，躬任繁鉅，十年經略，規模大備，而政治系受業諸子，經先生悉心教誨，咸接薪傳，或獻身學術研究，或從事行政實務，皆有大造於國家。民國五十年，先生接長國立政治大學外交研究所，益展其平生抱負，實現其培育外交人才之素志，以應國家當前迫切之需要。於是乃加強教授陣容，妥擬課程計畫體系，爭取校外經費，積極購置圖書，十年間，五度出國考察歐美各研究機構，以吸取新知，為改進教學研究設施之借鏡。故政大外交研究所聲譽日隆，不僅獨步國內，且為國際學術界所重視，先生心血之結晶也。

先生之從事研究工作也，發憤忘食，靡間朝夕，著作等身，夙為士林所仰望。其在政大外交研究所任內所創設之「非洲研究計畫」，為國內學術界惟一之遠程學術計畫。此項計畫之緣起，為先生在美國加州大學及華盛頓大學任客座教授時，深感行為科學漸為世界人士所重視，而我國尚無適當之發展；乃在亞洲協會資助之下，遍訪哈佛、耶魯、霍布金斯、哥倫比亞諸大學，探索由行為科學而研究政治之方法；返國後，遂在亞洲協會Pike博士協助下，於政大外交研究所創設「非洲研究計畫」，蒐集圖書資料，培植專業學人，對非洲地區政情作深入研究。其間三度出國，歷訪英美各大學之非洲研究中心。並曾遠赴非洲，深入各國實地訪問。民國五十七年，於再度訪美東各大學非洲研究中心時，以辛勞過度，罹患心臟血管阻塞症，然仍抱病於訪問波士頓大學後返國，因之幾陷危殆。今日「非洲研究計畫」仍由先生主持，圖書設備及人才業績，逐年遞增，而先生竟以此病弱尤甚，終迄謝世。世有為學術而盡瘁捐生者，先生當之無愧焉。

先生之醉心學術研究也，孜孜兀兀，不知老之將至。在臺期間，凡國際性政治及公法學術社團，莫不以獲先生領導參與為榮。以是先生終身為中國政治學會、美國政治學會、國際政治學會、國際法協會會員，並任中國國際法學會會長。歷年來代表中華民國多次出席上述各項國際性學術會議，碩學高風，為國際學人一致崇敬。先生以國際政治權威，深為何應欽上將及世盟榮譽主席谷正綱博士所禮重，分別延為中華民國聯合國同志會國際組織研究委員會主任委員，世盟亞盟研究出版委員會委員，對此二國際組織工作之研究發展，襄助實多，何、谷二先生，對先生感佩不置。

民國五十九年，先生自政大外交研究所退休，然仍兼任外交研究所教席，並為「非洲研究計畫」主持人。同年十二月二十四日，海牙常設國際公斷法院聘先生為公斷員，與世界七十國二百三十三位學術、政治、教育界知名之士為公斷員者，在國際公斷法院中並駕齊驅，為先生畢生至高之榮譽。

先生處世以莊，任事以敬，待人以誠，接物以義，畢生奉公惟勤，無暇及其私。賦性溫文爾雅，謙光照人，與之接如坐春風。雖淡泊自甘，然於學術研究耗資無吝色。其主持政大外交研究所及「非洲研究計畫」時，每與外籍人士酬答往來，支應輒出私囊，絕不動用學校經費，主辦學術團體活動亦如是，人咸稱之。夫人劉書琴女士，陽穀望族也，與先生結褵五十年，鴻案相莊，老而彌篤。自六十四年元月夫人之逝，先生煢煢營齋，悲悽不勝，自是形體漸衰，然猶如期到校授課，並赴立法院出席會議。五月十日至二十六日，撰寫「英美兩國非洲研究訪問紀事」，並校美有關非洲研究文稿。六月初，校訂國家科學委員會委託審查之論文。十四日，親往劉夫人塋地，視察墓園營建工程，並乘端陽節訪晤數友好，暢談歡甚。十七日，在立法院審閱政大、臺大二教授出國進修之論文甫竟，突感不適，返家後，心臟夙疾復發，經送宏恩醫院診治，翌日略有起色，二十日晨，病況突變，急救無效，延至十時二十分溘然長逝，易簀時猶囑家人將二教授論文稿還之。嗚呼！先生之道義風範，蓋可於此見之。

先生生於民國前十一年農曆八月十五日，享壽七十有五歲。子觀海早逝；長女芳若，任北投國中教席，適李君廣涵；次女芳蘅，美國德州大學畢業，適劉君中我；三女芳芷，美國貝勒大學畢業，適王君學孟。嗣孫二：長孫毅蓀，為次女之次子；次孫強，為長女之次子，均在學；英氣風發，頭角崢嶸，有乃祖風。先生積厚流光，澤及後昆，杜氏之門，其大必矣。

倪炯聲先生傳

先生姓倪氏，諱炯聲，貴州省貴陽市人。原籍山東。倪，古作郳，今魯省滕縣西南有郳城，周武王所封之諸侯，子爵，其後以國為姓，蓋源遠而流長也。嗣裔分佈皖贛，而以阜陽為盛。清末，洪楊變起，東南鼎沸，先生曾祖克齋公自江西舉家西遷雲南昆明，嗣奉使提學貴州，以得才稱盛。洎民國肇造，尊翁樹銘公復以度支長才裨益財政知名，因人地交宜，遂定居焉。

先生家世清華，尚詩禮，嘗設私塾，延名師課子孫。先生以髫齡就讀，日惟諷誦詩書。閱二稔，省垣小學成立，始出就外傅，自是循進。其間曾從名孝廉樂稼泉先生攻駢儷辭章之學，故迄中學畢業，其學已深植根柢而有所成。民國十四年，負笈北上，入國立北京大學中國文學系，肄業二年，轉入國立山西大學。時國是蜩螗，地方杌隉，君困學力行，終成碩彥。

民國二十年秋，先生奉召如粵，追隨胡先生展堂，助司筆札。二十四年，入南京首都任中國國民黨中央宣傳部文藝科長。是時左傾作者，麇集滬濱，以危言惑眾，君非難辯駁，足安反側。殆抗戰軍興，隨政府西遷渝都，先後任三民主義青年團宣傳處、秘書處副處長，旋奉調軍事委員會政治部同少將、中將秘書處長。三十五年，勝利還都，出席制憲國民大會，繼改任立法委員。三十七年冬，孫哲生先生轉掌行政院，奉派為副秘書長，中經何應欽先生、閻錫山先生、以迄東渡來臺，陳辭修先生受命組閣，內閣四易，先生凡四任其職。自三十七年以後，先總統　蔣公引退，政府頓失領導中心，於是軍事逆轉，兩年之間，大陸沉淪，彼時政府播遷孔急，由寧而穗，由穗而臺，凡百肆應，先生實任之，其慮患至深，操心亦至危也。尤以三十八年，中國、中央兩航空公司經理臨難變節，劫機投共，先生於艱危中受命兼任董事長，挺身赴港，處理善後，賴其沉潛因應，不辱使命，厥功蓋不可沒。三十九年冬，轉任立法院秘書長，未及二載，以強仕之歲，遽攖耳鳴之疾，遂乃決然辭職，扃門讀書，並受聘為行政院顧問。四十三年，復奉聘為光復大陸設計研究委員會委員。五十二年以後，兼任中國文化大學教授。先生學養深邃，有儒者氣象，工詩文，兼擅各體。著有《古禮選評》、《古禮義理之思想基礎》，皆梓行於世。其門弟子復蒐集其歷年酬世之作，題曰「倪炯聲先生文存」，文隨時易，足資取則，先生亦可以無憾矣。

綜先生一生，少而英特穎異，好學弗倦；長而嚴守風義，擇善固執；老而彌堅，屹然不移所守。於人無所競，理直必力爭，不自內詘，不苟侴從，秉性恬淡自甘，豐約榮枯，未嘗易其常度，其賦受之厚，修養之醇，有如此者。先生生於民國前六年正月二十七日，卒於民國七十一年三月初五日，春秋七十有八。元配胡佩芬夫人，系出名門，合德相莊，近二十年長齋禮佛，摒絕塵俗，虔心釋典。育子女五人，長子允中，配日人陽子，育孫男女各一；次男正中，先逝，配易理，育孫男二。長女慧中，適徐君有慶；次女秀中，適蔣天恩少將；三女錦中，適唐君矼熙，皆賢孝克自樹立。先生之歿，次女秀中及其夫婿隨侍，餘皆自美奔喪返國，遵禮飾終，奉遺體卜葬於臺北縣樹林山佳淨律寺佛教公墓，同人等既籌組治喪，爰述其平生事略，備史家採擇焉。

黃少谷先生傳

總統府資政黃少谷先生，湖南南縣人。南縣瀕臨洞庭湖之濱，時受洪水泛濫威脅，先生受此自然影響，養成臨深履薄，艱苦奮鬥之精神。先生祖父書丑公，耕讀持家，為鄉里儒醫，絕意仕進。父蘭亭公，胸懷壯志，力振門楣。母氏郭，為沅江舊族，來歸蘭亭公後，夫婦協力經營，家計日豐。民國前十一年農曆六月九日，先生生，蘭亭公命名為「紹谷」，後改「少谷」，蓋希先生紹承遠祖宋代大儒黃庭堅山谷之書香門第也。

先生幼聰慧，三歲時，母郭太夫人授以《三字經》，稍長，從侯用邑先生讀，《四書》、《詩經》、《左傳》、《史記》，輒過目不忘。更以侯府藏書甚富，且不排斥新學，因之先生於研摩經史外，又獲讀嚴幾道譯著精華及梁任公之宏文高論，開始對中西文化之異同，具有深切體會。嗣又承吳聘三先生授以宋明理學，吳堯丞先生教以聲韻詩詞，先生之學業，於是奠定根基。民國七年，先生十八歲，奉父母命，負笈長沙，考入妙高峰中學，肄業一年，轉入明德高中。未幾，五四運動發生，蔓延各省，明德領導群倫，為青年馬首是瞻，先生學識淵博，辯才無礙，尤具新思想及組織才能，乃於斯役中嶄露頭角，極負眾望。而文學革命及民主、科學理念，乃於其時養成。

民國十二年，先生考入北京師範大學教育系，僅年餘，北京政府教育經費支絀，師範大學資用乏絕，先生乃考入成舍我先生主辦之《世界晚報》任編輯，由於先生才華橫溢，志慮精純，極受成先生之賞識，甫二月，即調升總編輯。此時國內青年多受　孫中山先生三民主義民主革命思想之激盪，先生亦體認中國國民黨為救國救民之政黨，不僅加入中國國民黨，且以新聞記者身分秘密從事革命工作。

十六年三月，先生赴滬，遊說直魯聯軍第五路總指揮第八軍軍長兼渤海艦隊司令畢庶澄參加革命陣營，雖因上海工會以武裝進攻畢庶澄部，未能達到目的，然先生之膽識與勇氣，則已傳遍宇內。是時國共兩黨合作，先生與共黨北方負責人李大釗及國民黨北方幹部路友于等在北京均有過從，而張作霖派軍包圍俄使館，不分涇渭捕去李大釗、路友于數十人。先生見情勢危急，乃放棄師大學業，由李石曾先生之介，赴西安往投國民革命軍第二集團軍總司令馮玉祥，任總部秘書，以表現優異，極獲馮之信賴。未期年，先生由宣傳部部長，遞升為總司令部同中將秘書長，時僅二十有六歲。

北伐統一完成，閻錫山、馮玉祥因奸人構煽，聯合反對國民政府，先生每膺命代表馮氏參與會議，意圖化解，奈以形格勢禁，無法挽回，乃有中原之役。十九年底，閻、馮失敗下野，先生南旋，居滬濱，二十三年夏，偕夫人侯叔方女士赴英，入倫敦政治經濟學院，專攻國際經濟關係；同時密切研究英國兩黨政治及議會制度之運用，具有心得。至民國二十六年中日戰起，先生遄返國門，任湖南省第八區行政督察專員。旋赴重慶，經監察院院長于右任延聘為監察委員，出巡各省地區，以了解戰地實況。二十八年四月，國防最高委員會秘書長張群又延攬為秘書廳參事，嗣改任第二處處長。二十九年十月，先生任軍事委員會政治部設計委員會主任委員，負責推行行政三聯制，洊升第三廳廳長，負責軍中文化宣傳工作責任；斯為先生晉身中央權力部門伊始。自是先生之長材偉略，益為委員長　蔣公所倚重。

抗戰期間，國共合作，中共於重慶發行《新華日報》。我軍方亦創辦《掃蕩報》，與中央黨部之《中央日報》，協力作文化宣導之奮鬥。民國三十二年春，《掃蕩報》增資改組，先生奉派兼任該報總社社長，銳意革新，並採取積極態度，駁斥《新華日報》之讕言，並揭穿其經常製造之陰謀，宏文讜論，聲震寰宇。嗣以日本投降，國共和談，《掃蕩報》易名《和平日報》，仍由先生主其事，以迄於三十七年春。在此期間，中共言論屢為先生聲威所懾，於今思之，實屬難能可貴。

憲政初張，先生膺制憲國民大會代表之選，三十五年國民大會集會於南京，先生任大會第一審查會召集人，於憲法整體精神之論列及全部文字之推敲，嘔盡心血。民國三十六年，行憲伊始，先生復膺選湖南省第一居立法院立法委員，遂辭去公職，負起立法重任。同年七月，出任中國國民黨中央宣傳部長，是時政府擴大基礎，國、民、青三黨合作，而中共利用國際調處時機，四處稱兵，製造戰亂之政治情勢下，致力鼓舞民心士氣，爭取國際同情，以先生之任勞任怨，忍耐慎言之美德，乃能舉重若輕，達成時代使命。

未幾，中國大陸形勢日非，　蔣總統於民國三十八年一月二十一日宣布引退，副總統李宗仁代理總統，局面一度危殆。同年三月，何應欽將軍就任行政院院長，以先生文武兼資，治理精微，乃挽之出任行政院秘書長。其時中共乘勝迫和，聲勢日烈，行政院院長既須內謀協調，更復外攖艱困，凡所籌策，均賴先生悉心擘劃。尤以李宗仁決定派遣張治中組織之代表團赴北平進行和談期間，一切計畫之草擬，及重要文件之撰寫，均出先生與二、三幕僚力作。自和談開始至破裂，乃至於達成維護憲法之任務時止，先生為當年行政院所留之重要案牘，均成為歷史上重要文獻。

和談破裂，中共大舉南犯，何應欽將軍與李宗仁意見不合。辭去行政院院長職務，先生亦隨之去職。六月初，閻錫山先生繼長行政院。任先生為政務委員。八月，　蔣公設辦公室於臺北，先生奉派為秘書主任，入參密勿，為　蔣公左右手。曾隨侍　蔣公參與碧瑤、鎮海與菲、韓兩國元首會談，於國際反共聯合陣線之形成，貢獻良多。

民國三十九年三月，　蔣總統復行視事，陳誠先生出任行政院院長，先生膺任政務委員兼秘書長，並當選為中國國民黨中央委員會常務委員。斯時臺海局勢緊張，百端待舉，先生協助陳院長，擬定各項重大改革方案，策定建設臺灣為復興基地之計畫，尤於土地改革、財經革新、軍事、教育及地方建設，擬定政策，經由立法，貫徹執行，為臺灣地區之安定繁榮，奠定基礎。四十三年六月，俞鴻鈞先生繼長行政院，挽先生任副院長，以迄民國四十七年七月。先生供職行政院凡八年，其所以能久於其任者，蓋以時值非常，非博學、慎思、明辨、篤行之如先生者，殊難於動盪之世局中，肩負協調、折衝之重大任務也。

陳誠先生於民國四十七年七月，再度出任行政院院長，先生任政務委員兼外交部長，任內銳意培養使館人才，強化國際友誼，曾奉派代表中華民國政府慶賀教宗若望二十三世加冕大典特使，先後訪問法、意、比、西、葡各國，並赴墨西哥慶祝其總統就職，對我國國際地位之提升，極具助益。

民國四十九年七月，先生奉派為中華民國駐西班牙特命全權大使，全力促進西歐反共國家對我之情誼，三年任內，深獲友邦敬佩。五十二年二月，奉召返國，出任總統府國策顧問，暫卸仔肩。

民國五十五年六月，先生以行政院院長嚴家淦先生之邀，再度出任行政院副院長，襄助嚴院長，於國家社會經濟建設，熟籌嘉謀。未幾，國家安全會議依憲法動員戡亂時期臨時條款之規定而成立，為國家最高戰略機關，由總統召集之。以先生揆文奮武，敭歷中外，總統　蔣公特任為會議之秘書長，領導秘書處並綜合督導國家建設計畫委員會、國家科學指導委員會、戰地政務委員會、國家總動員委員會及國家安全局之業務，從事國家大政方針之策定，及行政院年度施政重點之提出，並承命派員對行政院及其中央與地方所屬機構作年度工作考察，頗收績效。民國六十年十月二十五日，聯合國大會通過中共發動之排我納共案之程序案，先生奉命連夜草擬我外交部之嚴正聲明，義正辭嚴，除譴責聯合國罔顧道義外，並聲明主動退出聯合國大會。此項文告，電傳至紐約我代表團總部，使我駐外人員深受感動與鼓舞，成為外交史上之重要文獻。

民國六十四年四月五日，總統　蔣公不幸逝世，副總統嚴家淦先生依憲法繼任總統，以先生國之元良，勳績彪炳，聘先生為總統府資政，翊贊中樞。

中共進入聯合國後，國際情勢劇烈變化，繼日本於民國六十一年九月二十九日宣布與中共建交後，美國亦於六十七年冬與我中止外交關係。是時，蔣經國先生已膺選中華民國總統，並為中國國民黨主席。中央為應付此一變局，一方面決定將立法委員之增額選舉予以延期，並在中央黨部下，分設六組，進行黨務改革等重大工作。先生奉指派為政治外交組召集人，遴選專業及青年幹部，就國家當前形勢，對國家政治、司法、外交之興革，詳加研議，擬定方案十八件，於分組會議獲得結論後，提報中央常會核定施行，其中司法改革案尤為劃時代之革新，由先生躬自執行。

司法改革案除改組司法院，強化其體制，促進其功能外，其尤要者為實施司法審檢分隸制，其立案精神，以遵循憲法規定及維護國家安全與保障人權之基本原則，將高等以下各級法院，改隸於司法院。以理論、實務均屬精到，此案遂為中央通過實施。民國六十八年七月，先生奉命繼戴炎輝先生出任司法院院長，以一年時間，籌備實施審檢分隸事宜，旋即成立專案小組，起草有關法規草案，並完成立法程序。六十九年七月一日，審檢分隸於焉實施。國內外人士一致給與崇高評價，咸認此次司法改革所以能圓滿達成任務者，端賴先生英明領導及躬親督勵之效也。

先生任司法院院長凡八年，政績輝煌，史不絕書。其尤要者如加強大法官會議功能、健全司法制度、修正司法法規、促進辦案績效、清理歷年積案、健全司法人事、維護優良風紀、整建辦公廳舍、籌建司法新廈及士林分院、解決司法院提案權問題，務期興利除弊，革故鼎新，以維護司法尊嚴，樹立司法新形象。

先生於民國七十六年辭卸司法院院長職務，回任總統府資政，並為中國國民黨中央評議委員會主席團主席。家居頤靜，居常以讀書自娛。在此期間，遇有國家大政須待籌謀者，先生每進論議，均承嘉納。尤以民國七十九年政治風雲乍起之時，先生與黨國八元老折衝其間，調和鼎鼐，一時晦明變化，雨過天青，互諒，引為憲政史上之佳話。

先生以長年辛勞，夙有肺氣腫疾患，兼以年近期頤，血壓心臟均較衰，年來屢求診於榮民總醫院。本年十月十日因嚴重感冒，併發肺炎，急送榮總治療，延至十六日晨四時五十五分溘然長逝，享壽九十有七歲。

先生德配侯夫人叔方女士，為麻河口世家侯達雲先生女公子，與先生在吳氏塾中同學，詩書課讀之餘，相談甚得。民國六年，先生就讀妙高峰中學時，侯女士曾專程赴長沙，重金禮聘老師為之補習英文、數學，情感益篤。民十三年先生就讀北京師範大學時，侯女士奉兄嫂命，前往北京與先生結褵，鴻案相莊，為親友所共羨。侯夫人生二女一子，長女燕平、次女新平、一子任中，均為當世才雋。燕平適胡侗清先生，合力創設遠東航空公司，貢獻社會，成績卓然。新平適夏功權先生，隨夫轉徙外邦，相夫教子，人稱賢慧，曾任金陵女中董事長，幹濟有聲。任中侍父孝，習新科技，事業有成，然謹守舊家風範，姐弟蘭桂齊榮，各有所立，先生泉臺，可以無憾。

綜先生一生，持身以正，待人以誠、處事以勤、奉職以忠。雖身處憂患，而能堅忍不拔，以浩然之氣，因應外在之變，故能龍潛龍飛，久於其位，居高而不顛，臨危而不殆，老成謀國，碩彥干城，以百歲之豐功，成千秋之盛業。如先生者蓋可以為後世楷模矣。

蔣彥士先生傳

總統府蔣故資政彥士先生，原籍浙江紹興，自高祖殿選公移籍杭州，遂家焉。曾祖海籌公具經濟才，創絲綢業，凡數代規模日廣，蔣廣昌綢莊分支莊號遍設滬、漢、青、津，乃至營口、哈爾濱各地絲綢業推為巨擘。先生外祖父湯壽潛先生，為國民革命浙江省光復後第一任都督，有志於地方建設，乃與先生家合作成立浙路公司，興建上海、杭州間之滬杭鐵路，更為解決財務及融資問題，復籌設興業銀行，分支機構遍設全國各重要都市，信孚中外，而為金融界之翹楚，此先生早年家庭環境之概略也。

先生祖父玉泉公，父世英公，玉泉公長子也。母湯太夫人，生彥武、彥中、彥恭、彥博昆季五人及女彥姝、彥娴二人，叔父世杰公早逝，無嗣，以先生承祧。繼而玉泉公亦捐館，蔣廣昌綢莊業務乃由世英公經營，事業蒸蒸日上。先生叔祖父抑卮公為遜清秀才，喜讀書，手不釋卷，雖因開創銀行而奔波，然以思想開放，重視子女教育，乃於上海海格路之範園，設多元化家塾，聘名教育家汪越華女士為師，負責教育闔族子弟。上午習經史詩詞，下午習書法，更為使子女增長知識，每日必作〈申報社論讀後心得〉一篇，並聘請英文、數學及自然學科教師按時授課，先生幼年學業基礎即奠基於此時，以稟賦聰穎，勤勉好學，極獲抑卮公之期許與鍾愛。

民國十八年，先生外出就學，考入私立滬江大學附屬高級中學，以家庭教育已具根柢，對自然科學尤感興趣，成績為全班冠。於二十一年，直升滬江大學化學系。爾後知識漸增，涉獵中外典籍及國父遺教，始悉我國以農業立國，幅員廣闊，而農業教育並未普及，生產落後，乃至樂歲終身苦，凶年不免於饑饉，民窮國弱，淪為次殖民地國家地位。乃立志改習農學，為國家社會及大多數同胞效力，遂說服家庭中之反對，於民國二十二年轉入金陵大學農學院，專攻農藝。二十五年六月畢業，獲農學士學位，嗣復赴美，入美國明尼蘇達大學研究院研究，二十九年獲農學碩士，三十一年獲哲學博士學位，奠定先生畢生事業之基礎，此先生求學經過及治學之志願也。

先生自金陵大學畢業後，曾從業師沈宗瀚博士任職中國農業實驗所，以研讀 國父《實業計劃》，深知我國邊疆開發之重要，乃於小麥之種植，多實地考察及研究，曾著《中國之小麥適應區域》。抗戰軍興，隨所西遷貴陽。以赴美留學辭去所職，然農作物品種改良之自茲開始。於明尼蘇達大學獲得博士學位後，膺聘留校任農藝系技士兼講師，協助海斯教授 (Dr. H. K. Hayes) 研究玉米改良，並主講作物育種課程，歷時凡三載。三十四年十二月，奉我政府派任聯合國糧食與農業組織在加拿大舉行之第一居大會我國代表團顧問，會後奉農林部聘派為駐美代表辦事處執行秘書，翌年六月，返國任中央農業實驗所雜糧特作組主任，並為金陵大學高級作物育種兼任教授。三十七年十月一日，中美政府協定設置中國農村復興委員會於南京，先生初任該會技正，遷臺後，升任執行長，五十年八月，繼錢天鶴先生任該會委員，六十八年後，改任行政院農業委員會顧問。先生在農復會任內，殫精竭慮，忠勤將事，舉凡土地改革、農業增產、農民組織、農產外銷，以及農民生活之改善，尤以農復會之內部組織、行政業務、規章擬訂、計畫審議、技術援外，以及執行成果之綜覈，莫不崇法務實，致其全力。其間更兼任中華農學會理事長，積極致力加強組織、學術研究、出版刊物及基金設置等事項。並曾多次前往美國及亞、非各國考察農業建設，作為借鏡；並發表多次演說，宣揚我國土地改革及農業發展之貢獻，榮獲美國艾森豪總統獎。尤以計劃興建金門料羅漁港，不僅促進金門漁業經濟之開發，且對金門之防衛發生重大作用。今日臺灣地區農業建設之發展，水果王國聲譽之建立，皆先生三十年來精心擘劃之偉績也。

民國五十二年，先生膺聘中央研究院評議員。五十四年，奉召入國防研究院研究，五十六年，出任行政院秘書長，至是躋身仕途。先生則謹守分際，勠力奉公，崇法務實，卓著績效。據黃少谷先生於國防研究院答覆先總統　蔣公垂詢先生政績時稱：「彥士有學自然科學的長處，辦事有條理，能把握時效，又能耐心參加各種會議，並小心謹慎、和顏悅色與各方人士周旋，無怨言、無慍色，尤其難得的是他敬業盡職的精神，經常在夜間自己開車到院辦公，帶著鑰匙開門鎖門，即使倒開水也不勞動工友。」　蔣公聞之，至為嘉許。是時院長為嚴故總統靜波先生，副院長為蔣故總統經國先生，人才鼎盛，朝野以財經內閣美之。先生除於農業經濟建設提供建議外，更經常為經國先生作經濟與農業之簡報，極受層峰之倚重。先生從政生涯，自是一帆風順。先生雖為行政院幕僚長，仍對促進農業及科學發展問題，努力以赴。是時，國家安全會議成立，先總統　蔣公指示於國家安全會議下設科學發展指導委員會，派先生為副主任委員。其間簡拔人才，提掖後進，研討建議，極富創意。

民國六十一年，先生奉命出任行政院政務委員兼教育部部長，時經國先生為行政院院長，提出革新政治、精簡機構之主張。先生乃研修教育部組織法，調整各司處，使組織功能健全，行政效能提高，先生乃配合中央政策，先後實施大專學校評鑑制度，充實大專教育設備，以提高學術研究水準。建立職教體系，以培養高級技術人才。制定私立學校法，以加強輔導私立學校。此外更對《中華民國教育年鑑》之編纂，各級教師研究費之提高，《教育部公報》之創刊，國劇教育之推廣，危險教室之重建，以及教育法規之整理，各予全力推行，均著績效。

民國六十六年四月十八日，大專院校師生參觀蘇澳港工程，不幸發生覆船事件，造成三十一人之傷亡。

先生以防範未周，引咎呈請辭職，以示負責，並經行政院報請總統於四月十九日令准。消息公開後，社會各界人士均深為先生惋惜。先生此種進退磊落政治家風範，實為當代典型。此先生對教育行政之貢獻也。

民國六十七年五月，經國先生就任中華民國第六任總統，特任先生為總統府秘書長。先生入贊樞機，匡襄輔弼，益加奮勉。是年十二月，美國決定於翌年元旦與中共建交並與我國斷絕邦交，外交部部長沈昌煥先生立即請辭令准，層峰遂調任先生為外交部部長。先生於國際局勢紛亂之際，力撐艱危，勞神焦思，宵旰辛勤。在此期間，外交部長任務紛繁，對外，除須肆應因情勢變化所引起各國關係之動盪外，尤須詳籌與美國雙邊新關係之建立。對內，上須代層峰分憂，下須對國民解慮，尤須周旋於中央民意代表之間，察納雅言，解析情勢，誠懇進言，全力安撫輿情，協調國會，一致渡此難關。當時在臺北與美代表團談判，未獲結論，總統乃派楊西崑先生為特使，前往華府與美方研商斷交後未來之關係，並料理我駐美大使館善後事宜，先生及時傳達雙方交涉進程。瞭解其癥結，及我代表團急欲請示之意見，不分晝夜，及時報告層峰，詳析利害，迅速獲得指示，電示美國我代表團，雙方開誠磋商，乃有一九七九年六月美國國會通過臺灣關係法之結果。楊西崑先生每憶及此一往事，均對先生忠勤誠信之政治風格，讚佩不已。此外，調整駐外使領館人員之房租津貼及子女教育補助費，鼓勵駐外人員參加國際聯誼組織，救濟低開發國家之技術輸出，以及對我國奧林匹克委員會之正名與護籍等政策，均屬當時涉外要務，先生均以誠信之毅力行之。此先生對我外交政務之成就也。

先生於民國六十八年十二月，奉令出任中國國民黨中央委員會秘書長。任內對黨務組織系統之改進、黨政關係之協調、中央政策之研擬、幹部職能之發揮，以及各種會議之準備，議事與執行，莫不遵循主席指示、會議決策、以及黨務興革之需要，全力以赴。尤以於中央及地方公職人員選舉期間，莫不指示所屬，恪遵法令、革新風氣、深入基層、發動群眾，擴充票源，爭取各項選舉之勝利。至民國七十四年十二月，奉聘為總統府國策顧問，始得稍卸仔肩。

民國七十九年，中華民國第八任總統選舉之前，競選活動劇烈，情勢緊張，人心浮動。先生深體時艱，主動登門拜訪耆老碩彥，以至誠協調歧見，化解心結，於是，峰迴路轉，卒底於成。同年五月，李登輝先生就任中華民國第八任總統，特任先生為總統府秘書長。先生雖重贊樞衡，曉暢庶政，然以民主憲政之革新大業，順應時勢，百端待舉，凡屬興革至計，莫不竭盡悃忱，恪守參贊輔佐之任，溫良恭儉，朝野同欽。民國八十一年，李總統登輝先生令，以先生「忠誠謀國、識慮深遠，贊襄大計，懋著勳勞，特頒一等景星勳章」。民國八十三年十二月，先生辭卸秘書長職務，應聘總統府資政，總統以先生「志慮忠純，器識宏遠，股肱輔弼，勳猷並懋，特頒一等卿雲勳章，以彰殊績」。先生膺此榮典，可謂實至名歸。此先生雲龍風虎，在政治上之傑出際遇也。

先生於民國二十七年與德配鄭夫人美瑛女士結婚於上海。夫人係名教育家鄭曉滄先生長女，私立金陵女子文理學院畢業，婚後同行赴美留學。生女見美，適周；生女周聰玲，美國加州大學戴維斯分校植物所博士；子周顯斌，美國史丹福大學機械所碩士。見美性聰敏，國立臺灣大學園藝系畢業，美國加州大學戴維斯分校食品技所碩士，曾任私立輔仁大學食品營養系教授及主任，不幸於民國八十二年因淋巴腺瘤逝世，得年五十五歲。先生伉儷痛之，因視外孫子女如己出，外孫子女自幼即隨母依先生居，先生公餘從不忘給予女兒與外孫子女生活及事業上之呵護及教養，三代感情甚篤。見美逝世後，外孫顯斌為感念母親慈恩，特請過繼於蔣氏，先生伉儷深得告慰。今聰玲、顯斌皆已具事業及家庭基礎，並於待人接物上承其家風，先生泉臺有知，應無掛慮矣。

先生交友無差別心，富感情，素重長者，喜與年輕朋友交往，常保赤子之心。處世之風為晚輩所孺慕。

先生臨終叮囑親友要「堅強、快樂、健康、幸福」，即其一貫處世哲學。

先生體素健碩，好運動，喜讀書，然因畢生辛勞，不遑寧息，近年為膽囊癌所苦，然作息如常，故鮮為人知。八十六年先生住院，接受兩次手術治療，今歲因癌細胞蔓延，名醫束手，慟於中華民國八十七年七月二日，壽終臺北榮民總醫院，距生於民國四年二月二十七日，享壽八十有四歲，一代元良，遽爾凋謝，痛哉！

先生為開創我國農業現代化之第一人。嘗自云：「彥士獻身農業，於農業增產及農村生活之改善，凡所致力，悉本良知。以國家榮譽為前提，以社會利益為始基。歷年服務經驗，確認事之圖成，必須惕厲志趣，恭敬樂業，始能自強不息，勇往直前，尤應本乎至公，出乎至誠，以利他人之立場，積極採取主動。」先生更以「助人」、「服務」為人生觀，數十年來，政府中高級幹部人才，為先生薦舉者甚眾，甚至有人飛黃騰達後尚不知為先生推薦者，先生之寬厚仁惠，實足為千古楷模。此先生為人處事之至道也。

嗚呼！先生逝矣，然先生之至德大業，已存於天地間，歷萬世而不朽。謹述崖略，亦可為後世風矣。

殷君采先生傳

殷代表君采先生，諱名鴻杰，以字行，殷微子之苗裔也。世居山東滕縣微山湖呂蒙村，湖光山色，勝蹟甲全邑；而微山之巔，殷微子墓及漢留侯張良之墓均在焉。是以鍾靈毓秀，人文蔚起，殷氏一族尤勝，詩書繼世，歷七百餘年而弗替。

先生高祖獻昌公，為遜清舉人，曾任滕縣書院山長，並於道光年間協修滕縣縣志，有文名於世。曾祖茂麟公為遜清拔貢，祖父延甲公為秀才，均為邑中人望。父燮臣公，母孫太夫人，育子女六人，先生居長。少聰慧，有奇節，以夙承庭訓，國學根柢甚深。及長入嶧縣韓莊小學，校長為嶧縣宿儒秀才褚仲英先生，攻陽明之學，所聘教師皆飽學之士，先生涵濡其間，其學日進。兼以同學中多青年志士，嶧縣劉上將安祺其一也。其時革命風氣初開，先生表每與同儕抵掌論國事，慨然有澄清之志。

小學畢業後，入濟南山東省立第一師範本科，見聞既多，鑑於北洋軍閥殃民誤國，益堅革命救國之志。以學行俱優，為同學所推重。故能領導青年，組織學生書報流通處，介紹新文學及新思想，頗收鼓吹之效。民國十三年，會中國國民黨改組，中央派王樂平先生回魯發展組織，濟南各校學生，紛紛加入革命行列，先生遂於是時參加中國國民黨，組織濟南學生會，於軍閥勢力下展開青年活動。時為中國國民黨容共時期，共黨份子亦派人潛赴各校，遊說學生；先生為爭取青年領導權，嘗約集三數知交，於有意無意間駁斥共黨邪說，因之極為在濟共黨所仇視，合力予以打擊，並呼之為「反赤大將」，意圖動搖其在游離青年以目中之地位。先生則堅守立場，奮鬥不懈，濟南青年組織於是日趨茁壯。

民國十五年冬，北伐軍底定江南，先生奉山東省黨部令，密赴魯南曲阜、滕縣、嶧縣各地，督導黨務；時張宗昌督魯，對黨人迫害甚力，先生於惡劣之環境中，吸收青年，發展組織，冒險犯難，出生入死者，屢獲上級嘉獎，先生之名亦日著。其後仍以濟南為重點，推展革命工作，除青年運動外，尤重基層組織工作。其時共黨方以勞工大眾為爭取對象。先生智燭機先，亦以全力建立勞工組織。首以魯豐紗廠為工運目標，吸收紡織工人入黨；繼則次第派遣有力同志，滲入山東省公報印刷所，掌握軍閥勢力之宣傳機構；復組織濟南市理髮業工會，更向郵政、電話兩局勞工群眾中次第發展，於是同志之掩護機構既多，而通訊聯絡情報日趨靈活。

民國十六年春，先生東去青島，由海道經滬轉赴南京，時值寧漢分裂，未遑暇處，國民革命軍渡江北伐，先生又以山東特派員身份隨軍至徐州，其時日軍出兵山東；唐生智部東窺南京，國民革命軍退保京畿，徐州復陷敵手。先生返京赴滬。時山東省黨務在張宗昌查緝破壞下幾至中斷，中央為維護此一地區之組織，於十六年秋派特派員九人入魯，繼續開展黨務工作，其責任區如下：

王立哉　負責青州一帶。
殷君采　負責魯南一帶。
葛覃　負責登萊一帶。
閻實甫　負責惠民一帶。
張丕介　負責濟南一帶。
劉金鈺　負責東昌一帶。
王甡林　負責青島地區。

王　旭　負責膠濟鐵路。

〇〇〇　負責津浦鐵路。

先生奉中央令派後，自滬赴青秘密返魯，與各同志分赴責任區推動敵後革命工作，一時黨務重振，敵後組織蓬勃發展。是時魯督張宗昌，已為驚弓之鳥，密令濟南及各縣軍警，嚴加查緝黨人。所幸濟南市交通聯絡網已為先生事先佈署，組織函件一律寄濟南郵局「殷北喬」，北喬為先生化名，亦即組織代號，郵局同志凡見此類函件，一律檢出，交由組織處理，故黨務之運行自如，軍閥勢力莫可如何。旋此項聯絡方法漸為軍閥爪牙所注意。先生乃重返濟南，暗中調查同志中凡有子女在當地電話局擔任接線工作者，一一予以訓練，囑其設法以電話傳遞消息。故在北伐軍兩度進擊魯省期間，除工運領導同志三人遇害外，山東黨工人員多所保全，先生之力也。

民國十七年，先生二次隨軍北伐，日本出兵濟南，造成「五三慘案」，山東省政府及省黨部遷設泰安，先生任省黨部民眾訓練委員會委員。因其在濟南市工作基礎深厚，乃又派為濟南市黨部指導委員並為常務委員。時日軍盤據濟南，一切黨務活動，均屬秘密進行，雖屬艱險，然成效亦最著。十八年，日軍撤退，魯省府及省黨部均返濟南，濟南市黨部奉中央令改選，先生當選為執行委員。惟當時市商會惡勢力囂張，先生發動各界數千民眾向省政府、省黨部請願，聲勢極為浩大，為當局所嫉視，於是憤而去職。

民國十九年至二十年，先生居北平，入私立民國大學，閉門讀書，韜光養晦，學識涵養，乃進入更成熟之境界。廿一年，出任實業部青島商品檢驗局濟南分處主任，繼改任中央黨部民眾運動委員會商人科科長，對於基層訓練政策之研擬，頗多建樹。旋改任鐵道部總務司勞工科科長，任內策劃勞工組織，發揮交通界組織功能，厥功尤偉。至是先生儕身交通界，益展長才。

是時先生仍致力於地方黨務工作，曾於民國廿二年六月，當選南京特別市黨部第六區黨部委員，擔任訓練工作，其責任區為中央黨部、考試院、金陵大學等，創辦四所民眾補習學校，附設圖書館、閱報室及康樂室，對於首都民眾訓練，裨益至鉅。

先生於民國二十五年當選制憲國民大會山東省滕縣區域代表，嗣經津浦鐵路局之延攬，轉任該局總務處副處長、洊升處長，對於津浦鐵路業務績效之改進、勞工運動之推展，致力至巨，為上峰所嘉許。

民國二十七年，抗日戰爭發生，軍事委員會強化指揮，特設天水行營，開府西安。谷正鼎先生為行營政治部主任，邀先生蒞陝，任政治部第四處處長。是時各省黨政人員往來後方，為避免日軍及偽軍騷擾，多就偏僻小徑，輾轉經皖北界首，經西安轉渝洽商任務。惟以戰時交通困難，每多滯留西安，殊多艱苦。先生在任所，凡聞知各省經西安轉赴後方人員，無論識與不識，莫不盡力助其成行，各方人員受惠者咸德之。

民國三十年，對日抗戰進入中美聯合作戰階段，軍委會為統一指揮，結束天水行營，改設軍事委員會西安辦公廳，先生仍任原職。民國卅一年陸福廷氏接長隴海鐵路局，深悉先生篤實幹練，延為該局總務處處長。同年，張含英氏出長黃河水利委員會，復邀先生出任該會總務處長。在上述兩機構內，先生革除積弊，廣佈新猷，尤致力於勞工福利制度之建立，為人所稱道。

抗戰勝利後，先生返京，三十五年十一月，出席制憲國民大會，先生對中華民國憲法草案，反覆研索，務期在政治協商會議後制定之憲法，充分注入三民主義之精神，爰於審查會及大會討論期間，偕同志等朝夕擘畫，斟酌損益，提出修正補充各案。其重要者為：與劉代表振東等提案增列「國民經濟」專章，以期民生主義經濟政策之實現。與延代表國符等提案，修正憲法草案第四條為「中華民國領土，依其固有之疆域，非經國民大會之決議不得變更之」，較原案依法律變更領土之規定，顯為慎重；修正憲法草案第二十七條國民大會之職權中「憲法修改之創議」為「憲法之修改」；修正原草案第九十條公務人員選拔之考試制度「必要時得分區定額」為「應分區定額」，奠定今日分區定額考試制度之基礎。與谷代表正綱等提案，為澈底實行民權主義，充分發揮民主精神，主張在憲法中確定兼採職業選舉制。與馬代表超俊等提案，主張在憲法中增列「社會安全」專章，以安定社會，鞏固國本。凡此各案，均經大會決議通過，永垂憲典，國家人民，同蒙其利。先生又曾提案，擬修正原草案第一條文字為「中華民國為三民主義民主共和國」，以強化三民主義在憲法中之地位；擬修正原草案第二十七條，使國民大會有「創制法律、複決法律」之職權；擬修正原草案第一百三十七條，主張刪除有關「中華民國之外交」……以下之「遵守聯合國憲章」文字。以上各案，雖未為大會採納，然先生之遠見卓識，益增國人之欽慕。

民國三十六年，行憲伊始，中央民意代表之選舉於十一月廿三日舉行，先生回籍競選，膺選區域代表。時中共叛跡已彰，魯省各地兵戈遍地，先生於膺選後，奉雙親赴京，並報到出席三十七年三月廿九日開始之行憲第一屆國民大會第一次會議。先生於該大會中，除領銜提出「改進田賦征實辦法」一案，以抒民困外；復與韓代表介白、裴代表鳴宇、張代表慕仙、張代表雲泰、王代表壽如等，分別連署，提出有關改革幣制、救濟糧荒、搶救技術工人、獎勵工人生產、徹底實行民生主義及武力保衛青島各案，均經大會通過，送政府切實辦理或參酌辦理。

三十七年秋，山東各地全部淪陷，僅青島一隅，尚為國軍所控制，劉安祺將軍奉令出任第十一綏靖區司令官，由遼西返青島坐鎮，策應魯東之作戰。魯省府亦遷青辦公，國防部政務次長秦德純兼攝主席及青島市長，市政由秘書長孫繼丁代理。劉將軍與先生為總角交，中樞為期黨政軍協調作戰，乃遴派先生為青島市黨部主任委員。是時濟南告急，青市外圍共軍日日進迫，而匪諜滲入市內極眾，統戰陰謀之運用，使社會日趨紛亂。先生臨危受命，由京赴青，與劉將軍、孫代市長協調一致，共支危局。其間嚴密組織，動員民眾，緝捕匪諜，慰勞傷患，救濟難民，支援前線，安定後方，凡所籌謀，皆收速效。更於每日深夜，走訪本黨忠貞同志，藉以瞭解情況，交換意見。發掘問題，研究對策，於大局全盤逆轉中，惟青島一地屹立不搖，黨政軍聯合作戰之力也。

青島古為即墨漁村，齊將田單以莒與即墨敗燕復齊之古戰場及田横島均在附近。三十八年春，共軍渡江，京滬失守，青島勢孤，危殆殊甚。先生奮其革命志節，適時以「學習田單，效法田横」二語號召軍民，劉司令官以誓與青島共存亡之義互勉，一時民心士氣，振奮無已。同年三月末，共軍大舉犯即墨，劉司令官指揮所部，迎頭痛擊，先生激勵市民，為我軍後盾；激戰數晝夜，卒將共軍一軍之眾，全部殲滅，造成「即北大捷」，此後三個月，共軍不敢越雷池一步，為青島撤退順利成功之聲。先生於此役中，所表現者猶若沙場之戰士，鋒鏑不避，甘苦與共，青市軍民，莫不感奮。

民國三十八年六月二日，中央以青島駐軍任務完成，下令撤退粵省待命。先生以青市反共民眾，誓不帝秦，必須隨軍南遷，以免淪為奴役；復以青市國防物資及機器設備，分類繁多，務使其勿流入匪手；爰向劉司令官建議，堅決主張凡不願受匪寇蹂躪之忠貞同胞，均應隨軍攜來臺灣安置，以示政府拯民水火、獎勵忠貞之意，劉氏欣然從之，於是青市十二萬軍民，於六月二、三兩日，在共軍炮火節節進迫下，突破重重險阻，以周密之部署，充分之準備，順利登艦，全師而還。先生於此一歷史性大撤退中，不眠不休，晝夜往返於市區與港口間，躬親聯絡照料，目睹全體義民登上船艦，始以疲憊之步伐攀登艦上，不支而臥，蓋先生高血壓宿疾為累也。迄今由青來臺之中央級民意代表及魯青市政府公教人員、地方團隊及學生、義民，在臺均有所展佈，每憶先生及劉將軍勳績，輒相讚佩，義行之感人也若是。

同年六月九日，先生隨軍撤海南，繼即偕孫代市長繼丁先行來臺，為十二萬軍民之安頓預作籌劃，先總統 蔣公聞先生返，甚慰。旋召見先生及孫繼丁氏於西子灣行館，垂詢撤退經過極詳，先生面陳各節，備承嘉許。先生以為殊榮，然殊不以此自炫，故人鮮知之。

先生來臺後，卜居嘉義，以積勞觸發宿疾，而義民及學生之安置，猶不能稍卸仔肩，因之憊益甚。居數年體氣漸復，移家臺北。民國四十三年二月十九日，第一屆國民大會第二次會議舉行於臺北，先生力疾出席，大會期間，不辭勞瘁，猶與何代表成濬、張代表知本、趙代表恆惕、秦代表德純等一百一十五人連署提出「請政府速頒尊孔明經明令，並飭教育部妥訂實施辦法，使孔子遺教三民主義同為反共建國中心思想及最高指導原則，以打倒馬列主義，建立民族文化，完成反攻建國之時代使命案」，獲大會一致通過，送請政府採擇施行，實開今日復興中華文化運動之先河。

先生雅度休休，而剛柔有節，人與之接，如坐春風；事親純孝，而臨難則移孝作忠，非僅為黨之健者，亦中華倫理精神凝聚之菁英也。自赴難青島以至播遷臺員，每以椿萱多病，行動維艱，未能迎奉定省為憾。先生昆仲三人，次仲衡留侍，季人駿在臺，於交通事業多所建樹。先生有子允相、允中，女允華、允芃、允美、允復，學業皆有成。李夫人因病早逝。馬夫人次佛女士，豫之世家也。來歸後相夫持家，先生獲助良多，鄉黨稱賢焉。

先生於民國四十四年四月，宿疾再發，腦血管栓塞，經送臺大醫院，歷經名醫診治，終告不起，於四月十六日與世長辭。綜其一生，為革命獻身，為國事盡瘁，臨難弗避，勞忌弗辭，和睦鄉里，友于兄弟，而提攜後進，尤具熱忱，允為黨國干城之寄，惜天不永年，早歸道山，逝世後四壁蕭條，尤足見先生之亮節。先哲謂「明德之後，必有達人」，固知先生之世澤流芬，必昌必大者矣！

汪聖農先生傳

先生姓汪氏，諱大化，以字行，山東省泰安縣人也。早歲聰穎秀發，為祖若父掌上珠，許為異日碩堂。父岱雲公，於行為次，世居泰安縣城裡東施家胡同，為遜清廩生，樂善好施，熱心公益，服務鄉里，無微不至，尤善針灸岐黃，每年夏季，疫癘滋生，公窮一己財力，廣為救治，活人無算，盛德義行，蔚為一方人望。先生在嚴親教導下，學行並重，理念新穎，雖年少而有革命救世之志，成為後日事業成功之基礎。

先生生於民國前二年農曆二月初一日，時清政不修，革命風雲四起。先生大伯父岱霖公，清舉人，三叔父岱雯公，亦入泮水，四叔父岱霞公，擢拔貢，人雖稱汪氏一門四傑，然遜清末葉，率皆絕意仕進，教育鄉里子弟，一時青年菁英，皆出四公門牆，春風化雨，澤及泰岱，全縣父老，共仰儒宗。而先生之長兄大受，字伯可，壯年參與抗日戰役，卓著辛勤，幾瀕於死。來臺後，任職銓敘部，於五十二年十二月廿二日因病逝世。

先生幼承家學，少研經史，稍長，畢業於曲阜師範學校，嗣考入濟南齊魯大學無線電專修科，專攻電子通訊學術，努力研求，遂成專業幹部，任職基層電訊工作，日夜辛勤，於是學術並進。嶄露頭角，為交通界前輩所推崇。

袁氏帝制取消後，北方軍閥混戰不已， 國父孫中山先生命先總統 蔣公率國民革命軍於粵省誓師北伐。先生於民國十七年投筆請纓，組織山東省學生聯合會，秘密發動青年，參加北伐。是時日本軍閥為阻止北伐軍事，出兵山東造成五三慘案，日軍強佔濟南，力阻國民革命軍推進。又殺害我政府外交特派員蔡公時，引起全國同胞一致反抗。先生時尚在學，不惜棄學棄業，領導學生，發動大規模反日運動。先生時年十九歲，被推為山東省反日會委員，一時反日怒潮奔騰澎湃，一方面力拒日軍勢力之西進，一方面協助北伐大軍繞道濟南城外，直下燕京，不數月，東北易幟，遂成統一大業，先生於斯役，實有豐功存焉。

民國二十六年七月七日，抗日戰爭爆發，先生時任山東省政府交通處處長，更奉命兼任山東省戰時工作總隊副總隊長，率領魯青專業同志，與日軍及地方共軍作多角之戰鬥，夙夜匪懈，罔顧艱危。曾奉中樞密令，監視山東省政府主席兼第三集團軍總司令韓復榘不軌行動。未幾，韓某果肆異謀，放棄黃河天險，撤守濟南陣地，不戰而退，中央嚴令阻止未應，乃遷建山東省政府於泰安，命先生嚴斥韓某之非，力予阻止。韓乃令其部隊自滋陽轉撤隴海路，企圖與四川劉湘會合，使津浦鐵路無險可守，日軍可直撲南京。先生窺知韓某陰謀，急電中央速派川軍孫震部之第一二二師師長王銘章，率急行軍開赴滕縣，血戰三晝夜，爭取我軍調度時間，並及時會師滕縣地區，滕縣雖終告不守，然我軍三路合圍，大破日軍板垣師團，贏得抗戰初期台兒莊會戰之大捷。

台兒莊會戰之前，先生乘日軍攻勢因滕縣之役失利，暫緩攻擊，乃加緊訓練我方通訊人員多人，製造無線電臺百座，使第五戰區齊魯戰地一帶電訊聯絡便捷，新聞傳播普遍，政令運行自如，所組織之爆破隊破壞膠濟、津浦兩鐵路之重要橋樑最為成功。台兒莊會戰時，先生更親率爆破人員，徹底破壞大汶口鐵橋，使魯南地區日軍交通運輸完全隔絕，補給來源中斷，為造成台兒莊會戰大捷之主因，先生之功居多。

民國三十二年，先生奉命赴渝，參加三民主義青年團第一次全國代表大會，蒙先總統　蔣公數度召見，垂詢中共在敵後地區擴大分化我地方軍政力量之統戰陰謀極詳，先生乃將中共以抗戰為名實則壯大自己，陰謀挑撥我山東省政府主席沈鴻烈與駐魯國軍東北舊部于學忠之不和之實情，詳加分析陳報，　蔣公對先生慰勉有加。

抗戰勝利後，共軍擴大叛亂，大陸棄守，先生隨政府來臺，任職交通部，由交通部視察調升交通部電信總局公共關係室主任，先生以績學兼優，遊刃有餘，乃能全力投入憲政革新及教育事業，開啟個人生涯最嚴謹之規劃。

先是國家行憲伊始，先生膺選第一屆國民大會山東省之代表，於南京召開之第一次會議中，選舉 蔣公為第一任總統，歷任大陸艱危之局，共同來臺，推動憲政之治。先生以所學專長，於每次國大會議，參與有關交通政策之國是建言，以理論與經驗兼具，頗為當局器重。洎國民大會憲政研討委員會及行政院光復大陸設計研究委員會議成立，先生歷任兩會之交通委員會召集委員，策劃方案，學術兼顧，為代表同仁所依重。先生在交通部及國民大會任職均三十餘年，碩德嘉言，人共欽仰；尤以創辦電訊員工補習教育，加強員工之政治認識，免予中共之滲透及利用，最為周延，曾獲中央頒發各種獎狀七次，列為交通事業優異人員第一名，先生殊績，可見一斑。

先生詩書繼世，忠厚傳家，因是畢生以獻身教育事業為基本理念。在臺期間，見青年學子，以學校無多，頗多失學失業，求進無門，於是約集同道，各捐興學基金，創辦大誠高級中學，自任董事長，一時學子連翩來歸，桃李盈門。先生雖於困窘環境中，華路藍縷，苦心擘畫，以期有成；無奈繁榮遲至，民力維艱，招生困難，經費不繼，雖教職員同仁能忍疾苦，力爭上游，而校務則荊棘叢生，令先生扼腕不已。嗣又以歧見益多，訴訟數年，校務惶惶，不可終日，幸賴先生心地光明，宅心忠厚，而實踐力行，不畏險阻，終能突破重重訟案，贏得勝利，而先生鬚眉漸蒼矣。眼觀今日大誠高中之飛躍進步，升學率名列前茅，精神之興奮，匪言可喻。嗣更應蔣緯國將軍之請，兼任私立靜心中小學董事長，於精心整理校務後，及身引退。

先生晚歲身體強健，志氣益昂，於深研國家經濟建設之基本理念後，決心開發臺灣本島海岸線下潛藏之放射性稀有資源，經與國防部、經濟部洽商後，申請購置雲、嘉沿海砂洲礦源產地，醵資創立鑫海金屬礦業開發公司，及鑫海稀土化工公司，以期開發臺海珍貴資源，充實國防工業之原料，創造尖端工業之先河。更以無比信心，俟大陸光復後，於泰嶽之陽，創設東嶽大學，培育復國建國之各項人才。然鑫海計畫，終以資力不繼而中斷；東嶽大學，亦以時空未迨而停滯，惟願魯青諸君子，奮起完成先生之理想，亦可慰先生於地下矣。

先生體素健，詎料於民國八十年，罹患巴金森氏症，經延醫治療，日有起色，雖經常往來於臺、美兩地，未見病之惡化；於是，八十六年九十生辰，尚能歡宴親友，談笑無異往昔。詎料翌年四月二十三日赴美，舊疾復發，更因併發他症，延醫不治，逝世於密西西比州匹斯堡醫療中心，享壽九十歲。一代勳榮，頓成幻夢，青年失導師，國家喪元良，天胡不弔，嗚呼傷哉！

先生舊偶劉、郭二夫人，均已逝世。繼配李夫人，閨諱澤潤，山東省掖縣望族，學德兼備，為書法名家。於先生患病數年間，坐臥飲食，親自照拂，尤以歷經艱難，自美扶櫬返臺，以一婦女之力，能負千鈞之重，賢矣亦偉矣。

先生有子一人，名錫嘏，曾任臺澎輪船長，現已退休在家。女二人，錫謹、畹秋，適張振英、龐彼德。李夫人生女志潔，適高坤元，同為米州大學教授。盈庭蘭桂，均已成立。先生之靈有知，亦可告慰於泉臺矣。

何敬公威震維也納森林

一代革命耆宿、第二次大戰碩果僅存的盟軍高級將領、陸軍一級上將何應欽（敬之）先生，在為國家奮鬥了將近八十年之後，終於走盡了人生的途程，逝世於臺北榮民總醫院。噩耗傳播，舉世同悲。筆者追隨敬公二十年，當這位可敬的長者，於十月廿一日晨七時卅分祥和安息之後，在靈前恭謁遺容，緬懷舊事，不禁淚下沾襟。今夜增訂「何應欽上將傳」，準備十二月一日公祭時印送與祭人士，治喪會第一件大事完成，心頭壓力稍減。雖然時近拂曉，仍然不能成眠，爰為此一小文，記述敬公一件感人的往事，以饗《傳記文學》讀者。

民國六十八年，敬公歡度九十華誕之後，應世界道德重整運動負責人施普瑞先生之邀，於八月九日，率道德重整中華民國代表及隨員六人，前往瑞士柯峰，出席是年世界道德重整大會，會前訪問雅典，會後專程訪問日內瓦、洛桑、西柏林、漢堡、維也納、巴黎、倫敦及哥本哈根各大都市。敬公在柯峰，參加是居大會的第三個階段的會議，時間是自八月五日至十九日。大會全程共兩個月，總主題是「隔閡的消除」(Bridging the Gaps)。筆者追隨敬公前往與會，照例對開會文件及各種文告演講事先作充分準備。第三階段的分段主題是：「公正無私的奮鬥」。敬公在大會的正式演講，以「一個公正無私的世界——孔子大同世界的理想」為題，指出人類當前的五大隔閡：「南與北、黑與白、貧與富、勞與資、老與少」，都必須以孔子倡導的大同世界的思想來消除，敬公以宏亮的呼聲，向世界道德重整人士發出誠摯的呼籲，並將《禮記・禮運篇》，也就是所謂「大同篇」全文，作了簡明扼要的解釋，聽者莫不動容，群起高呼中華民國萬歲。

訪問歐洲各大都市，敬公的講題為「中華民國正邁向民生主義的均富社會」——理想的大同世界初步實踐。將中華民國在臺澎金馬復興基地，稟承 孫中山先生遺教，以及中華民國憲法精神，實施民生主義社會經濟建設的豐碩成果，作了詳細的報告，更轟動了阿爾卑斯山腰柯峰的大會會場，以及歐洲九個大都市的僑胞和外國友人。

兩項重要演說，都印有中、日、法、德四國文字小冊，在各處分送，極受各國人士的重視，何應欽的大名，成為各國聽眾共同折服、欽羨的對象。

何敬公戰後揚威歐洲，並不是自這次在柯峰等處，實際上龍劇在歐美各地的演出更為轟動。本文所以報告何敬公威震維也納森林的原因，乃是記述這位九十高齡的老將軍，在維也納森林之畔、世界馳名的酒館——醉村，引吭高歌黃埔軍校校歌和滿江紅的驚人之舉，確實是震撼了當晚維也納森林全世界的觀光客，而成為不可磨滅的回憶。返國後敬公囑我為文，以誌永念。我以事情稍忙，竟沒有動筆，時常感到這是廿年來對敬公的違命之舉，頗感遺憾。因此面對遺容，不能成寐，特別先將這段佚事寫出，以報敬公雅命，但是已經遲了九年，內心仍覺有愧。

我們於八月十九日到達維也納，我國駐維也納辦事處主任陸以正兄親自駕車歡迎。除訪問當地僑社以及奧國人士外，以正兄建議參觀若干名勝古蹟，好使敬公於開會講話之餘，作些精神上的調劑。奧地利為歐洲主要古國，奧匈帝國全盛時，瑪麗亞女王執掌大權四十年，而且世界大音樂家如斯特勞斯、貝多芬等都名垂不朽。同時奧太子斐迪南之被塞爾維亞人暗殺，更引發了第一次世界大戰。前此奧公主露意絲下嫁拿破崙作為第二任皇后，更為千古傳誦。因此，在陸以正兄陪同和他詳細的說明下，敬公看了不少地方。而使我們印象最為深刻的，除了奧國皇宮之外，有兩處古蹟：一處是「尤金元帥府」，一處是帝后陵寢。

尤金元帥（Prince Eugene of Savoy, 1633–1736）是奧匈帝國一員猛將，為瑪麗亞女王開疆闢土，執掌兵權亦達四十年。尤金元帥府在維也納市內，為著名的巴拉枯式古堡，前後大樓兩座，庭院三層，第二進樓房二樓為可以容納六千人宴會之大廳，當年拿破崙迎娶露意絲公主時，曾在這一大廳舉行新婚宮廷宴會，冠蓋雲集，極一時之盛。庭院中石雕人像、神像及天使像，莫不栩栩如生。尤其大廳內數十公尺內壁，看去全為各色大理石拼鋪而成，每隔一公尺向內突出半方柱，上貼各色小型大理石，光彩刺目，嘆為觀止。陸以正兄囑我近看，問大理石好不好？又叫我以眼睛貼近牆內突出的半方柱，再問小型大理石美不美？我在俯身凝視多時，仍不覺有什麼奇怪之處，直到以正兄叫我用手一摸，才恍然大悟，大理石及方柱全為畫師精心繪製，絕無一塊大理石浮貼，此人透視學如此精準，使牆壁處處有真實的立體感，雖近看也不能發現他是完全平面構圖，真可謂巧奪天工。

帝后陵寢在維也納市內橫街一教堂之地下。淒涼低暗，若非識途老馬，實在無法找到。門口有售票人，經他略作介紹，我們才拾級而下。明朗燈光照射之下，首先映入眼中的，是瑪麗亞女皇的大銅棺，棺蓋端坐瑪麗亞女皇及其夫銅像，棺蓋四週雕鑄她所領導的各次大戰役以及出力的將領像，其精細處可以隱約聽到刀斧聲，令人叫絕。瑪麗亞生子女十八人，幼兒夭折者，也用一小銅棺，嵌在母后棺頭前面的銅架上，非常別致。此棺非常華麗，但在他兒子奧皇蘭茲約瑟死後，遺囑銅棺務從簡樸，因此其後王后及太子、公主棺均已非常簡單，不尚華麗。其中最引人注目的三口銅棺，一個是拿破崙皇后露意絲公主，因改嫁而葬在奧國陵內，一是被塞爾維亞人刺殺的老皇姪子，升為皇位繼承人的斐迪南，另一側為因失戀而自殺的奧太子魯多夫。第一次世界大戰前後關鍵人物，都沉睡在我們腳前，使我們低迴流連，感慨萬千，敬公憑弔之餘，頻讚斐迪南的雄心壯志，以中興奧地利未竟其功為憾。

往，到達醉村，已是萬家燈火；維也納森林一片黝黑，安靜得非常可愛。醉村內露天酒座可容二百餘人。敬公指示我們十四人將三張方桌併起來對坐，呼酒小酌，縱談天下事，一時忘機。其時各國觀光客陸續入村，漸形熱鬧。副主任張京德兄說，此處有小型樂隊，可供遊客點奏名曲，或與客人伴奏。我們中國人，大都不願表現，極少在如此陌生的公開場合引吭高歌，覺得有失莊重。維也納為音樂王國，無論男女老幼，都能高歌一曲。時近二更天氣，村內歌曲漸起，京德兄向敬公建議，我們席中人是否可以參與歌唱，敬公鼓掌稱好。京德為維也納大學文學博士，遂即起立囑樂隊伴奏，高歌奧國歌劇「中國人之戀」主題曲一首，引得滿院遊客，集中注意力擊節稱讚。敬公問京德唱的什麼歌曲，京德向敬公報告，今晚酒客多為世界觀光客，如不唱「中國人之戀」，他們一定誤會我們是日本人。隨後他又唱了「蕩婦卡門」等三首歌，場內聽眾，已是呼聲雷動，紛紛一躍而起，圍在我們桌子前鼓掌叫好，充分顯示出中國人歌聲所受外國人歡迎如是強烈，使我們立感揚眉吐氣。

此時院內各桌西方觀光客都已停止了歌唱，散立我們四週，聽我們再發大漢之天聲。誰也沒有料到，九十高齡的何上將，突然站了起來，整一整西服領帶，向我們下達命令說：「看他們各國遊客，對我們如此欽慕，我來破例唱一支歌，藉以酬答他們的盛情。」京德兄翻譯了，全場遊客掌聲、歡呼聲四起。以正兄和我都猜敬公會唱什麼歌，這時猜，那時快，敬公沉重而嚴肅的宏亮聲響起，大家一聽「怒潮澎湃，黨旗飛舞，這是革命的黃埔……」，原來老將軍豪氣干雲，竟唱起黃埔校歌來了。及至歌聲一歇，敬公面不改色、氣不發喘，安詳的就座。此時四面八方的人頭蜂湧在我們桌前，共同爭睹敬公的丰采，有的嘖嘖稱奇。

敬公這時也豪興大發，又請我們大家都站起來，一齊合唱「滿江紅」。京德兄介紹「滿江紅」的原作者，和岳飛的忠勇事蹟後，我們在敬公領導下，一齊唱出這首象徵我們民族精神的名歌，敬公唱到最後的「朝天闕」三個字，還努力高八度音階，壯烈豪邁，直上青雲，全體遊客叫好聲、鼓掌聲、口哨聲，此起彼落，不絕於耳，掀起了以中國人的開放、豪邁新精神所激發的熱情和高潮，敬公的心情極為愉快。

醉村的四週是以一公尺高的短竹籬圍繞，在我們唱歌時，籬外的遊客，都將車子停下，站在外面靜靜的欣賞。突然，伏在竹籬頂端的一位德國老人，向我們笑笑說：「你們這些年輕人，唱得不錯，誰說中國人沒有青年氣概！」陸以正兄覺得此人出言有些孟浪，立刻站起來柔和的阻止他說：「你不要誤會，我們都已不是青年了，尤其是距你最近的這位老人家，今年業已九十高齡，二次大戰期間，他是我們中國八年抗日戰爭的參謀總長何應欽上將，他曾經親自接受日本政府的無條件投降，是全球碩果僅存的世界名將，你應該向他表示敬意吧！」這位老者聽了，立即向敬公舉手行軍禮，貌甚恭謹，說明他是德國人，在二次大戰時，任職少將軍官，當年七十九歲，連說，幸會幸會，一再與敬公為禮，然後驅車離去。

這時候，村內村外已擠滿了人潮，包圍在敬公左右，問長問短，都露出敬佩而幸運的熱忱，極為可愛。想不到敬公雖在國際村野酒店，也有如此大的威望和吸引力，筆者此文稱之為「何敬公威震維也納森林」，也不感過甚其辭了。

維也納森林買醉歸來，大家對這一幕熱鬧動人的歌唱表演，久久不能忘。敬公鄭重的說：「這是我畢生難忘的一件快事！」囑咐我返國之後，在報刊著文發表，作為紀念，可惜我由於案牘勞形，竟沒有執行敬公交付的任務。今日面對遺容，懷念長者的心情備加沉重，想寫些悼念文字，一時無法下筆，忽然想起這一往事，含淚先還此文債，敬公天上有知，他不會再怪我怠忽了。

老兵不死只是凋謝——何應欽上將忠勇風範炳耀千秋

國民革命軍的元老，負責軍政大計數十年，接受日本政府及日本大本營無條件投降，於中共擴大叛亂聲中，組閣護憲，並曾於九十五高齡，發起三民主義統一中國運動，出任三民主義統一中國大同盟主任委員的陸軍一級上將何應欽將軍，於積勞成疾住院治療一年半之後，在本月廿一日晨七時卅分，逝世於榮民總醫院。逝世時神態安詳，與生前無異。麥克阿瑟將軍所謂「老兵不死，只是凋謝」。何上將雖然辭世，然而他的忠勇風範，依然炳耀千古，不但並未凋謝，而且永存人寰。

筆者自追隨敬公以來，迄今二十餘年，與之相對，始終如坐春風。今日面對遺容，悲悽難勝，爰記敬公平生動業及特立獨行之大關大節，以誌哀思，兼以激勵青年志士。

敬公早歲卒業於日本士官學校，辛亥革命返國參加上海獨立之役，任職於滬軍都督府，為陳英士先生之僚屬。民國建立，返回日本，畢業於士官學校，於黔滇護法之役，偕同谷正倫、李毓華、朱紹良等人返回貴州，參加黔軍，在王文華將軍之領導下，展開貴州新軍訓練工作。以日本士官訓練方式，使黔軍成為革命勁旅。貴州黃角椏一戰，大破袁世凱之四川察辦使吳光新軍，從而名噪西南各省，聲華卓著。此時黔省新舊兩派軍人，互爭雄長，總司令王文華將軍奉　國父命，準備率軍北上中原，不幸為歹徒刺殺於上海。敬公南走昆明，在旅舍為歹徒射入兩槍，一彈傷及肺部，嵌於肋骨迄未取出，一彈傷及大腿骨，雖然事隔七十餘年，轉戰萬里，並未影響健康，然而壽至九十九歲，卻因舊疾復發，肺功能因之漸趨衰竭，終因輕微中風，住院一年又半，而肺部舊傷成為謝世一大主因，良深浩歎！

敬公勳業的發軔，始於黃埔建軍，兩次東征，克復惠州千年不拔之堅城，然後回師靖亂，肅清楊希閔、劉振寰叛軍，鞏固了革命策源地。第一次東征之棉湖大捷，敬公以校軍教導第一團千餘之眾，擊潰陳炯明之林虎部逆軍二萬餘人，成為戰史上以寡擊眾的典範，從而奠定了一生的勳業。

北伐之初，敬公奉命擔任東路軍總指揮，首創迂迴戰略，攻克閩督周蔭人總部，克復永定、松口，響應中路軍 蔣公南昌之戰，終於擊潰五省聯軍總司令孫傳芳主力，連續攻略福建、浙江，大軍直入淞滬，而與中路軍程潛部會師南京。曾獲 蔣公連電嘉勉，從此大軍北上，直搗直魯聯軍巢穴。

其後中共倡亂，寧漢分裂， 蔣公下野，入魯北伐軍後撤，敬公與李宗仁部扼守南京。孫傳芳乘機捲土重來，夜渡長江，襲擊敬公防地，敬公率師猛擊，親臨督戰，並且激勵李宗仁部出師共同反擊，經七日七夜之血戰，終於大破孫軍，盡殲渡江之敵七萬之眾，成為戰史上有名之大捷，否則革命歷史，行將重寫，敬公一身繫國家安危者如此。

北伐成功，全國統一。日本軍閥深恐我國團結一致，不再受制於帝國主義，乃發動「九一八」、「一二八」及長城戰役，壓迫我國向其屈服。敬公時任軍政部長。復於九一八事變後，出任北平軍事委員分會委員長，與日軍周旋，簽訂塘沽停戰協定，爭取抗日準備時間，敉平華北五省自治陰謀，使國土不致分裂。忍辱負重，終於將抗日準備工作，如徵兵制度、江海防要塞、交通建設、防禦工事，次第完成。並且於西安事變時，統率討逆軍，營救 蔣公於圍城中脫險返京，展開積極的抗日準備策略。此一階段，敬公不顧個人之安危與得失，完成了 蔣公付與的任務，為國人一致景佩。

八年對日抗戰，敬公任參謀總長，秉承 蔣公意旨，指揮我軍，轉戰萬里。一方面貫徹長期抗戰政策，以消耗敵人；一方面聯絡同盟國軍，以共同協力對抗強敵。終於民國三十四年八月，迫使日本無條件投降。

敬公在南京以中國戰區中國陸軍總司令身份，代表　蔣公，接受日本政府及日本大本營之無條件投降，乃為中華民族歷史上之大事。當時日軍代表岡村寧次大將，竟為在北平時簽訂塘沽協定之代表，亦可謂天道循環報應不爽矣。

敬公於大陸易色前，奉調辭去聯合國軍事代表團團長，回國出任行憲第一居行政院政務委員兼國防部部長。指揮大軍，大破共軍八萬人於黃汎區。其後中共倡議和談。行政院長孫科辭職，代總統李宗仁，邀請敬公組閣。敬公秉承　蔣公函示，囑其務使舊屬有所依託，乃出而組閣，主持大計，終因絕不接受中共八條廿四項逼降條款，更與李宗仁意見不合，毅然辭去行政院院長，然而護憲、護國的堅貞精神，實為今日臺海反共復國之堅定基礎。

敬公來臺之後，以陸軍一級上將職務，較為清閒，乃以餘力從事國民外交工作及社會建設工作。歷主中日文化經濟協會、中華民國聯合國同志會、國際紅十字會中華民國總會、世界道德重整運動。並在中央評議委員會及國民大會，主持會議，率多建言。時論美之，政府亦深為倚重。九十五歲時，更兼任三民主義統一中國大同盟主任委員，以迄於今，屢次前往歐美日本，為反共復國大業而奮鬥。此種畢生效力國事之耆宿，實屬前無古人，堪為舉世楷模。

敬公公餘之暇，著述甚豐，問世者有《日軍侵華八年抗戰史》、《八年抗戰與臺灣光復》、《歲寒松柏集》、《為邦百年集》等。幕僚為編《何應欽上將九五紀事長編》一書，為敬公七十餘年事功之縮影，如今披覽，不勝淒其。

一代名將與偉人，自此永離塵寰，走筆至此，不覺悲從中來，願國內治史者傳此革命宗師之豐功偉績。

附恭輓何上將敬公聯

非龍、非彲、非虎、非羆，文師興渭水；作黔軍新銳前驅，啟吾黨賢豪範型。道法中山，志承奉化，當國家干城重任，定鼎、北征、平夷、受降、護憲；撥亂勵貞純，取武成二三策，外攘內安，仁者無敵於天下。

立命、立德、立功、立言，銅柱表伏波；開黃埔精神先導，繼兵經思想統緒。學宗孫子，術擅素書，值犧牲重要關頭，輸忠、尚勇、明恥、取義、舍身；死生全節概，存青史千萬祀，勝殘去殺，善人為邦乎百年。

屬
倪摶九沐手撰書偕內率（子延平　女延方　媳姚桂英婿唐伯侯）恭輓

蓬萊風雨念先師

先師王公仲裕夫子，逝世匆居週年，紀念集即將付梓，百忙中勉成此篇，以表達我對師門的悼念之忱。記得去歲仲裕先生公祭前夕，我因承乏為先生草擬行狀，面對許多資料和歷歷往事，真不知從何處說起。因為，先師的一生，都在勞碌奔波中為黨為國而盡瘁，正如孔子所謂「庸言庸行」，直不能測度其中有多深的涵蘊，此古聖先賢稱美一位志士仁人的極致。

仲師在世時，曾經以黨國及政事，一再面告。囑咐我要在立法院、黨部以及有關活動中，將各種實際的見聞，廣為蒐集紀錄，以備他日返回鄉里之用。他並且舉例說：「譬如地方自治選舉，在臺灣初創時，有何缺點，有何疏漏，必須紀錄；歷次的改進，和投票前後實際作業情況，必須紀錄；以後的發展，甚至於如果有中央民意代表選舉法規改變，更要紀錄。因為一個從政幹部，對於國家政事，要有切合國情的實地考察和經驗，這些事都是將來全國各省縣實行地方自治的要政，必須因地制宜，不能全國一律。臺灣省實施的地方自治制度，由新創而改進發展，正是將來山東省借鑑之所在；此時如果不加詳細紀錄，日後文獻必然難載全貌，你必須注意及之」。

先師的這些指示非常寶貴，我都領悟了。而且先生的預料都十九而言中，到今天地方自治選舉，發展到必須以嚴刑峻法而防制金錢與暴力的介入，的確是極寶貴的經驗，此時的澄清與糾正之見功效，自可作為日後吾省地方自治的參考，而且要引為烱戒。

我紀述先生這一段話，是由於先生的事功，已在行狀和諸鄉長先進師友中多所述及，不能再行增益，述此可以平實的看出老人對國家政事、對地方自治事業的關懷。尤其足使人欽佩的是，他說這話時，自感不一定必能再行返鄉親自參與自治工作，所以才切囑下一輩要有此責任感，要為地方預謀一切他日應有的作為，此即為先生的過人處。

先生晚年，頗留意於黨史史料蒐集和革命同志事蹟整理事宜。他除盡一己的力量，將《山東革命史料》一書刊行以外，又為路友于先生等四位革命先進立傳，經與谷正綱先生、黃季陸先生，和本黨中央各位負責人，尤其黨史會諸先生一再磋商，終獲同意，由此而將聯俄容共期間，為中國國民黨英年犧牲的路友于先生不白之冤洗刷清楚了。先生這種終生不負故友的心情，較之古人「素車白馬」之交，有過之而無不及，足以垂勵於後昆。其對黨史史料的整理與保存，其勳勞尤為彰著；固然有人認為有若干尚待斟酌的地方，那是極正常的事，將來自有治史的專家們考證增補，毫不損害史料本身的巨大價值。

仲師禮節周到，老而彌篤，雖患強項頑疾，但每逢親友婚喪喜慶，禮多不廢。尤其對於老友故去，雖抱病依然送葬於墓門，時人多美之。猶憶其生前，當吾省鄉長立法委員延國符先生之喪，墓地在小坪頂，路極險峻，開弔之日，友人勸先生不必送至墓地，但先生堅持必須送葬，突然在下山之時，車禍發生，傷者甚多。那時我因要先下山，會同立法院王主任向南，在悅賓樓準備招待送喪來賓，車禍消息傳到，立即偕同再赴墓地，檢點傷患，並陪同袁雍秘書長到各大醫院查訪問候。最憂心的是，明明有人看到仲師車禍負傷，但我和袁、王二先生遍查出事地點及各大醫院，都未見到先生，一時焦急萬分，要打電話到王府詢問，但立委通訊錄偏偏未載王府電話；於是乃由袁秘書長派專人趕赴師門，才知道先生以為傷得不重，命人陪送回家休息了。但這是骨折，一時可無痛楚，隔夜即感不支，乃又送醫院診治，歷經多日折磨，才告康復，但先生對此事一笑置之，不以為意；誠如古人雅量高致，使人感覺「春風容物」的高操，益為之欽佩不已。

去歲三月，我因聞先師病，前往醫院省視，見先生已於沉重的病況中穩定下來，不禁額手稱慶。認為先生是一位飽經憂患的鐵漢，況且家仇國恨，都未盡復，一定還有十年左右的上壽，可以看到大陸光復。不料突然噩耗傳來，竟告一瞑不起。雖然道家謂之「羽化」，但世俗親友，依然涕淚沾襟，為此一忠黨愛國的革命耆宿，永誌哀悼與懷念。

記得先師公祭之前，我在中夜親撰輓詩，以表哀思，其句云：

「山左耆賢傳偉烈，巍巍魯殿嗣靈光；居仁志道迴天運，一念畢生蹈沸湯。曾憶憐才拯陷溺，更欽修史紀孫黃；彰彰勳業千秋在，令德豈惟大我鄉」。雖屬不甚典雅，然而稍能表達先師的志節與行誼。

今天，先生逝世週年，再以此詩殿於短文之末，重申我的悼念之情，先師地下有知，諒不以二三子之不克上承餘烈而苛責之了。

壬戌春暮之夜，寫於新店寄廬

杜光塤先生對政大之貢獻

花費了十年心血，創造了政大外交研究所輝煌成就的杜光塤毅伯先生，去年已自外交研究所主任退休了。雖然毅伯先生退出該所行政工作，但仍然兼了兩門課程，同時非洲研究計劃，依然由他主持，但是外交研究所這一隻沉重的棒子，總是交出去了。毅伯先生在這十年間，對於政大這一高級研究機構的貢獻，究竟支付了多少心神，他自己不願意多說，有人問他，他總是笑笑說：「蜀中無大將，廖化充先鋒，只要盡心盡力做了，也就交待得過了，還談什麼勞績與成就呢？」這是毅伯先生過度的謙遜之處。筆者雖未及門，而夙承教誨，杖履追陪，獲益良多，對於先生的嘉言懿行，雖未能盡窺其涯涘，但是耳濡目染，所知者亦復不少，用敢略述先生的風範，以及其對政大之貢獻，想亦為政大校友及先生的弟子們所樂聞。

醇士與醇儒

一到毅伯先生家中的客廳裡，首先看到的便是至聖奉祀官孔德成達生先生為先生篆書的對聯，用團龍仿古屏聯寫的，上聯是「大儒慎獨處」，下聯是「翰苑讀書堂」。這付對聯給與毅伯先生一個鮮明的寫照。用之於先生實在是非常的恰當。提起杜先生，凡是他的親友以及他的及門弟子，沒有一個不欽佩他的為人的，任何人與他相交，無論在什麼時候與什麼地方，他總是那麼謙光照人，予人以寧靜柔和，愷悌慈祥的印象，使人如坐春風之中。我國自古以來，稱和厚謹重的讀書人為「醇士」，但是古今來好學不倦的讀書人不少，但真能有和厚謹重的修養者不多，毅伯先生應該是其中之一。古時稱所學不雜的學術研究者為「醇儒」，以毅伯先生研究學問的專精，以至於將這種專一精微的研究方法，傳授與協助他任教的先生們以及他的弟子，說毅伯先生是當代的醇儒，先生雖一定謙辭但卻當之無愧！

早年的研究

毅伯先生是山東聊城縣人，聊城是山東省文風極盛的地方，楊氏海源閣的藏書，名聞遐邇。毅伯先生在此文化鼎盛的環境中薰陶成長，養成了他讀書研究的習性。毅伯先生的尊人坦之公，為清廩生，科舉廢止後，考入濟南高等學堂，經山東省選送日本留學，與丁惟汾、王鴻一先生等同船赴日。回國後，受東昌府知府魏家驊先生之知遇，使之創辦東昌府中學與東昌府師範二校，當時在二校任教者皆一時之選，如民國六年黎元洪總統時代擔任總統府秘書長丁世嶧（佛言）及抗戰前在華北政務委員會擔任秘書長協助宋哲元、秦德純二將軍應付對日外交之楊兆庚（鎮南）二先生，均曾受聘任教於該二校。清季末葉，坦之公在山東提學使衙門擔任省視學，入民國後，曾攝山東益都、河北河間、浙江雲和縣篆前後凡四任。對於當時的政治及教育建設，貢獻了不少的力量。先生的大伯父凱之公，日本留學，返國後曾任東昌師範校長，民國元年當選國會眾議院議員，民國七年，南下廣州，參加護法之役，二伯父熙之公留日返國後曾任嘉祥縣警察局長，先生在這個家庭中長大，自然也養成了他為國家社會服務的遠大抱負。

毅伯先生於民國九年在北大預科時，考取山東省官費留學，其時田中玉督魯，正值第一次直皖戰爭之後，省方財政困難，未能成行。於是再讀本科，一年期滿之後，於民國十年十九歲時赴美，入芝加哥大學，專攻政治，那時候官費不能準時匯到，也曾在教授飯廳端盤子，以「打工」的方式維持求學費用。三學期後轉入哥倫比亞大學讀公法學系，因民總與刑總學分校方不予承認，遂從二年級讀起，哈佛、耶魯、哥倫比亞等幾所歷史悠久的大學對學士學位要求較高，哥大有「現代文明」(Contemporary Civilization) 一課，凡文、史、哲、法、政、經、社會、及藝術、音樂等無所不包，更重美國史、地及政經發展教材。學分多、教材重，美國學生都感到困難，毅伯先生卻考的不錯。毅伯先生在校成績最稱優異的還是政治學方面的課程、不僅在哥大政治學類課程都列甲等，連在芝加哥、康乃爾二校政治學課也列甲等，毅伯先生在哥大之獲得榮譽學士學位 (B. A. with honors)，得來是不易的，毅伯先生談起來，每以能徼倖的在哥大獲得榮譽學士學位和後來在辛辛納提大學任教半年，由該校授予名譽法學博士學位 (L. L. D.) 為他生平最得意的兩件快事。

民國十五年，先生獲得哥大公法學碩士學位，繼續攻讀博士，民十六，哥大同學因先生榮獲榮譽學士學位，選為哥大中國學生會會長，全美中國學生會評議會主席代理會長。是年夏，博士學位初試及格。中山大學校長戴季陶先生，以及先生的同學好友顧頡剛、傅斯年等先生，堅邀返國到中山大學任教。並寄去路費美金四百元。先生因情不可卻，乃放棄攻讀博士學位，於十七年返國，不料廣州暴動，中山大學任教之事未成，於是退還旅費，於十七年六月應大學院院長蔡元培先生之聘，擔任青島大學籌備委員，是為先生獻身教育事業的開始。時先生為二十六歲。

與母校的淵源

毅伯先生雖然在近十年間傾注全力於政大外交研究所，但是追溯杜先生與母校的淵源，可以一直上溯到黨務學校時代。原來政大前身黨務學校於民國十六年成立，十七年，杜先生回國後，中山大學之事因廣州暴動而未就時，段錫朋先生曾約先生到黨務學校任教。毅伯先生在美留學，與羅家倫、楊振聲諸先生係同時，段先生則較早，但是段先生對毅伯先生的品格學術，極端的欽服，終段先生之世，都是如此。當時段先生雖約毅伯先生去黨校，但是毅伯先生因已應允蔡元培先生的邀約，籌備青島大學，不好再行推卻，遂婉謝了黨校的聘約。毅伯先生說，雖沒有應黨校之聘，但這仍算是我和政大發生關係之始。

四十五年來，杜先生僅在民國二十六年間做了一短時期的官。是年，教育部部長王世杰先生以毅伯先生對於創辦青島大學，貢獻甚大，聘為教育部專員，並暫兼高等教育司第一科科長，以執行教育部整理與充實大學教育之工作。當時與毅伯先生同任教育部專員者，尚有李熙謀、李錫恩、楊振聲、吳之椿等先生。其餘的時間，都是從事教育莘莘學子的事業，在大陸時期青島大學以及西北大學是他兩個出力最多的學校。三十二年，奉遴派擔任監察委員後，又與政大發生了淵源，是他真正在校任教的開始。自此可以為四個階段：

第一階段，政大在重慶南溫泉仙女洞（後改為宣義洞）成立公務人員訓練部，訓練高普考及格的人員。由張忠道先生擔任部主任。數度邀請毅伯先生到該部兼課，是先生在政大任教的開端。是時先生正擔任監察委員。

第二階段，抗戰勝利後，政大在南京復校，改為國立政治大學，張金鑑先生擔任法政系主任，於三十七年請毅伯先生擔任專任教授。是時行憲立法院已成立，毅伯先生已當選為第一居立法委員。而立法委員可以做專任教授，當時金鑑先生向先生說：「你知道我為什麼一定聘你擔任專任教授嗎？」相談之下，才知道又是段錫朋先生的力薦，可見段先生對毅伯先生的相知之深，對學校的關愛之切，於是，先生遂接了政大的聘，在法政系開了兩門課，一是「各國政府」，一是「中國憲法」，後者是與羅志淵先生同開，由羅先生講授。

第三階段是政大在臺復校之後，外交系主任李其泰先生聘請先生擔任「各國外交政策」一科。其時是四十三年。次年，前任外交研究所主任沈覲鼎先生復聘先生開「國際關係」一課，在先生家中上課，研究生得列門牆，又能登堂入室，接受先生的薰陶實在是非常的幸運。

第四階段，才是民國五十年起，先生接長外交研究所這一階段，毅伯先生將外交研究所辦理得異常完善，使其水準提高到國際標準，直到五十九年先生退休，這十年間，先生花費在外交研究所的精神實在不少。現在，毅伯先生退而未休，仍在外交研究所及非研究計劃中開課，使研究生們仍有親炙的機會。以上是毅伯先生和政大的淵源，絕非是在臺復校時開始。

外研所的特點

毅伯先生來臺之後，除在政大教書以外，又曾在兩個學校任教，一是東吳大學，自民國四十年起，便任法學院教授兼政治系主任，一是東海大學客座教授。毅伯先生曾說：「我在民國四十到五十年，全部精力放在政大。近十年來，我吃的是立法院的飯，做的是政大的事。」的確，就筆者所知，毅伯先生無任何嗜好，平日自奉甚儉，更不喜歡無意義的應酬，但是，對於有關政大外交研究所以及非洲研究計劃的問題，他卻與若干外籍學人，交往的非常密切，以取得他們的協助，這些交際應酬的費用，完全是先生自己開支，絕不要學校一文錢，因此，他在立法院所領的歲公費，大部份貼在此項開支之上。

毅伯先生在接長外交研究所之後，他首先決定了一個方向，也可以說是他的一個抱負。他認為我國目前最缺乏，而最感迫切需要的，就是優秀的外交人才，以及研究國際問題的青年專家。為了充實外交人員的素質，提高外交人員的水準，以及促進國際問題的研究，充實各大學此項教學人才，必須將國內唯一養成外交人才的此一研究所，辦得要有理想，有規模，才能達成上面的目的。因此，他在接長外交所之後，即刻擬定了外交研究所的指導書，將所內重要研究計劃與步驟，一一提出，請大家研究討論，此項指導書，是外交所作業的最高方針，到五十二年才完全策定。此後便按步就班的實施。

毅伯先生對於外交研究所教學研究計劃，有幾個原則，值得我們喝采，這些原則是：

一、教授慎重選聘，而且專任教授人數眾多：有的學校因人設課，可以解決師資人事上的困難。先生期期以為不可。他認為教學應該有計劃，課程應該有系統，因人設課不是好辦法。必須因課找人，才是正當途徑，才不妨礙研究生的進修。因此，他在外交所，首先決定一系列的課程，然後去選聘對某一課程有專長的人士來擔任。毅伯先生為充實外交研究所師資，於出國時期曾經多方延攬資深學人回國在所任教，如五十五年訪英時，商得甫由聯合國法律編纂部主任退休之梁鋆立博士之同意，自五十七年起在外研所講授聯合國法及海洋法。五十七年於辛辛納提大學任教後，過紐約之時，曾敦請在紐寄居之外交元老顧維鈞先生回國在外研所為學生講述現代外交，當承顧先生慨允於五十八年秋季回國一行。毅伯先生回國後，請由學校商請國科會禮聘顧先生為國家講座，在外研所任教。嗣顧先生雖以在哥倫比亞大學口述歷史工作尚未完成，無法長期居住國內為外研所學生講課，但於五十八年冬季回國時，仍為外研所學生講授外交問題。又如張彝鼎先生在哥倫比亞大學攻讀博士學位時，他寫的論文就是條約法，先生因此在外研所請他開條約法一課，結果成就卓越，為研究生所深致敬服。

二、課程有計劃有體系：毅伯先生在國內外所受的教育，對於他自身從事教育事業的計劃，有很大的影響。北大、芝加哥、哥倫比亞各大學嚴謹的教學方法與偉大的規模，都是先生主持外研所的指導方針。因此，他對外研所課程的安排，有一完整的體系，例如：他所排定研究生必修課科目為：國際法成案，國際關係研究，國際組織研究，國際經濟研究，中國近代外交史研究，歐洲近代外交史研究，就是使一個外交研究生，打下必須的基礎。選修科目，分四個專題範圍：國際法專題包括：條約法、國際航空法、海洋法、國際組織專題包括：聯合國法、國際行政問題。國際政治與外交專題包括：美國外交政策、蘇俄外交政策、英國外交政策、日本外交政策、外交政策之制定。中國近代外交史專題包括：中國近代外交史研究法、鴉片戰爭前中國對外關係、李鴻章外交等，都是導引研究生進入專門研究的領域，這種有計劃有系統的課程在其他學校和研究所是少見的。

三、不斷出國考察，吸取新知：毅伯先生在五十年接長外交研究所後，為了吸取外國各大學國際關係研究機構的借鏡，曾經四次出國考察，足跡遍歷歐、美、亞、非各國，雖然每次出國，不一定都是為外交研究所的業務，但是他任何一次出國，都要藉機考察各國大學有關此項研究的機構，以作為改進外交研究所的參考。他曾經先後訪問了日內瓦國際關係研究所，海牙國際法研究院，印度國際關係研究院，美國 Fletecher 國際關係研究院，John Hopkins 大學國際關係研究院，以及哥倫比亞國際事務研究學院，都是在他所負的基本任務完成之後，利用時間，僕僕風塵而完成的考察工作，付出的心力不少，因此，外研所的設施與研究課程，都不是閉門造車，而是參考了世界上最好最大的研究機構之後而訂定或逐漸改進的。

四、爭取校外經費，積極購置圖書：一個研究機構，沒有足夠的、良好的圖書資料是不夠的。毅伯先生在每次考察國外研究機構時，隨時注意他們的書籍。曾經不惜花費極多的時間，到他們的研究所和圖書館抄錄合我外研所研讀的書目，然後有計劃的蒐購。歷年來，外研所除將每年設備費全部用於添置圖書設備之外，毅伯先生又向行政院國家科學委員會交涉，由該會自五十二年起，補助研究設備費，非洲研究計劃，國際法研究計劃等補助費，六年來共達新臺幣八十六萬四千餘元之鉅，此項補助款，全部作為購置所內圖書之用，替學校節省了不少的經費，也充實了所內的藏書。

非洲研究計劃

政大外交研究所的非洲研究計劃，可以說是國內學術界惟一的一個遠程學術研究計劃。是毅伯先生一手創始的。現在已經有了輝煌的成就。據先生說，這個研究計劃，開始機會非常偶然。他說當他在民國五十年至五十一年在美國加州大學及華盛頓州立大學擔任客座教授時，深感政治行為科學漸為世界人士所重視，而我國尚未有適當的發展，亞洲協會乃給予旅費補助，由美西到美東，遍訪哈佛、耶魯、霍布金斯、哥倫比亞諸大學，研究由行為科學研究政治的方法。回國後，亞洲協會的 Pike 博士與先生共同商討此一研究之推廣，曾擬約請國內學政治的學者會談，討論研究行為科學的問題，並以獎學金徵求研究此一科學之人才，從事研究工作，均無結果，於是，先生乃商得亞協的同意，在政大外交研究所內創辦非洲研究計劃。於是，非洲研究計劃才正式在先生主持下開始。

非洲研究計劃的工作項目，有下列四種：㈠開設有關非洲問題之課程；㈡從事西非若干國家之研究工作；㈢為國內研究非洲問題機構與人員擔任聯繫工作；㈣以所收藏之圖書資料供有志研究非洲問題者之參考。

毅伯先生為了充實此一計劃之內容，於五十三年、五十五年、五十七年三次出國，考察觀摩各國關於非洲研究之情形。五十三年係代表中國政治學會出席在日內瓦舉行的國際政治學會第六次大會，亞洲協會補助旅費，順道訪問歐美各國非洲研究機構。在英曾訪問倫敦大學遠東非洲學院、英國皇家非洲學會、國際非洲學會之領導人及教授，以及各大學之非洲研究中心。在美國則訪問哈佛、耶魯、霍布金斯、西北、加州各大學之非洲研究中心，以及美國國會圖書館之非洲組，獲得資料不少。五十五年先生代表中國國際法學會在赫爾辛基舉行之第五十二屆大會，亞洲協會又請先生作英國及非洲各國之旅，以實地考察非洲各國現況，作為非洲計劃研究之參考。先生於是訪問英國，以了解原為英屬地非洲國家之一般情況，並尋覓關係人，然後一一走訪奈及利亞、賴比瑞亞、象牙海岸、獅子山、甘比亞、迦納各國。自非洲返國後，又至美國前述各大學作非洲研究之再度訪問，辛勞備至，收穫益豐。

五十七年春，毅伯先生應美國辛辛納提大學校長藍辛博士 (Dr. Walter C. Langsam) 之聘，赴辛大任客座教授，在該校政治學系講學半年，講授課程為中國政府及遠東政治。由於先生的學養精湛，甚獲該校師生一致推重，同年六月十三日，辛大在該校畢業典禮中，由藍辛校長授與先生名譽法學博士學位。先生在此期間於教書之暇，再訪美東各大學非洲研究中心，其時先生因辛勞過度，患輕微的心臟疾病，但他仍抱病訪問波士頓及霍布金斯大學，為非洲研究計劃盡他的心力。

毅伯先生對非洲研究計劃以及外交研究所如此熱心考察觀摩，一來是看看人家研究的方法，最重要的還是有計劃的蒐集與採購圖書。先生買書，注重原始資料，他認為原始資料，才是高級研究生必須的工具，譬如各國外交檔案，便是極好的原始工具書，不然，只買些一般參考書，容易養成研究生抄書的習慣，從而耽誤了他研究工作的前途，這看法是極為正確的。現在先生自外交研究所行政事務上退休了，但是他一手創辦的非洲研究計劃，依然由他主持，相信，他今後更有充裕時間來為此一計劃作更大的發展。

毅伯先生對於亞洲協會幫助非洲研究計劃，始終念念不忘。他說：外研所非洲研究計劃之得以發展多得亞洲協會之支持與資助，亞洲協會對外研所除了先後捐助有關非洲之參考圖書五百餘種外，並由民國五十三年起至五十九年止按年撥款支持外研所之非洲研究計劃，先後已三十餘萬元之多。不僅如此，亞協為了協助外研所培植人才，曾資助金神保先生赴英，在倫敦大學進修二年並至非洲考察。又由國科會選派楊逢泰教授赴波士頓大學進修一年，人才與圖書配合，才有今日的成就。

真的是廖化嗎？

毅伯先生時常自稱他是「廖化」，取「蜀中無大將，廖化作先鋒」而自謙，然而毅伯先生真的是「廖化」嗎？在我國教育哲學「學然後知不足」薰陶下的毅伯先生，回想起老一輩的賢哲風範，或者真有如此的想法，但在我們看來，放眼當世，能如先生之為「廖化」者，尚有幾人？去年十二月廿四日，海牙常設公斷法院已聘請毅伯先生擔任公斷員以接替前任公斷員胡慶育先生的遺缺，目前同為該法院的中國公斷員尚有三人，此三人為王世杰、吳經熊、梁鋆立三先生，那一位不是國際法的權威及知名之士？毅伯先生能膺選擔任此一榮譽的職務，就其在學術界、教育界的成就來說，是良非偶然；這應該是先生精勤研修與苦心耕耘換來的又一次榮譽。我們再看看一九七〇年海牙常設公斷法院的年度報告書中所列七十個國家，二百三十三位公斷員的履歷，便可知能夠置身公斷員行列者，其本身那一個不是在學術上、政治上、教育上具有偉大的成就。

記得母校前法政系主任薩孟武先生在重慶母校中競選本黨六全大會代表時，發表演說，曾有一句名言：「政校，他胖了！我，薩孟武，他瘦了！」使得不少同學為之感動。如今，毅伯先生以七十高齡，不憚瑣煩，不畏疾病，終年僕僕風塵，在各國奔走，為外交研究所，為非洲研究計劃，貢獻出他全部的經驗心血與智慧，我每次看到他那清瘦的面容，沉毅的笑貌，便不由人想起了薩先生那句話，心裡想：「政大外交研究所胖了，毅伯先生瘦了！」

羅志淵先生在去年《東方雜誌》復刊第三卷第十二期，發表了一篇文章，題為「讀林著中華民國憲法逐條釋義書後」。其開首一段說：「在目前學界人中，與筆者年齡相近，而筆者應師事之者，得有三人，即杜光塤（毅伯）、張金鑑（明誠）、林紀東三先生。毅伯先生可以說是一個忘年的長者，還和年青小伙子一樣，孜孜追求新知。近年來兩度赴美講學，但念念不忘他所主持的政大外交研究所，行程所及，即體驗研究所應有的設備。且遠赴非洲，蒐集非洲研究資料，今日外交所的精神財產是他慘淡經營的結果。」簡單的幾句話，說明了毅伯先生對政大的貢獻，先生亦當引為知言！

筆者生未逢辰，未能接受毅伯先生的親炙，然而筆者的舅父黃桴庭先生卻是青島大學毅伯先生的及門弟子，先生與舍舅父相違近四十年，但現在提到他，還是「桴庭」、「桴庭」，叫得親切而流暢，由此可見，先生在校中對同學建立了多麼濃厚的感情！筆者在立法院追隨先生有年，又承提攜至東吳擔任應用文一科的教席，前後八年，卻兩次生病，最後一學期課已排定，一開始便無法上課，實在愧對先生的厚愛，也為先生引出困擾，每一思及，時覺不安！

先生對政大的貢獻如此偉大，但是卻功成不居。先生常說，外研所之所以能稍有成就，應該歸功於各位教授與同學的共同努力，我也不過是稍盡棉薄而已。先生又許下心願，雖然從外研所行政工作退休了，今後只要外研所需要他，仍願在有生之年，為外研所盡力服務。我們敬祝先生康強逢吉，岡陵比壽，在學術研究上，更放出燦爛無比的光芒！

劉安祺上將的碩德高風

劉安祺上將九秩榮慶在萬千親友祝福期待中降臨，身沐　壽公德澤的鄉後學，不禁歡欣距躍。籌備會囑寫短文為賀，因就　壽公人未盡知的嘉言懿行，撰為此篇，藉申虔誠的祝賀之忱。

㈠嶧陽世家夙欽威儀

壽公為山東嶧縣人，與筆者故里滕縣相距非遙，吾縣國大代表殷君采先生與　壽公為總角交。而君采先生又為筆者的姻長和義父，因此，遠在國民政府定鼎及北伐期間，便久仰　壽公的風儀，但未能獲得親炙。嗣後　壽公效命疆場，轉戰南北，為安內攘外，馳聘於槍林彈雨間，更於君采先生轉述中，深悉　壽公勳業，仍以未獲識荊為憾。及至大陸易手，政府播遷來臺，　壽公與君采先生由青島市奉命統率十萬軍民撤退臺灣，才在臺中市獲接春風，達成了我的夙願。

㈡赫赫勳業萬流共仰

青島綏區十萬軍民的大撤退，不但使齊魯忠貞之士，達成為國赴難的意願，而且為臺灣地區增加了很大的安定力量，在戡亂戰史上留下了赫赫勳業，充分說明了　壽公嫻熟兵法部勒之妙，非有古大將之韜略者實難達成其任務，極獲層峰嘉許。筆者震於　壽公的過人勳名，因藉君采先生及惠軒姑丈的引薦，首謁於臺中官邸，嗣後更在臺北廈門街時相請益。一面凜於　壽公昂藏八尺的虎將威儀，一面又為他過人的親和力所傾倒，每次接談，深感　壽公溫良恭儉的風範，憐才愛士的衷誠，實在如沐春風化雨，獲益無窮。

㈢文武兼資嘉惠後學

壽公巍巍八尺，魁梧奇偉，望之為干城之相；但自幼精研儒家典籍，而又熟讀兵書，談吐雅馴，並具儒將風範，實在是文武兼資，所以成為一代名將。　壽公在臺，蒙先總統　蔣公知遇，總管陸軍兵符，時正值臺海風雲緊急，韓戰正殷之時，　壽公以鎮定堅毅的精神，指揮部署，奠基地於磐石之安，軍務之暇，潛心進修美語，以便與美軍顧問團官員密切聯繫，完成中美軍事協助臺灣的初基。在此時期，他特別著重軍中精神教育及軍事學科的養成，使陸軍多階層文事武備逐漸充實，並在美軍協助之下，首建陸軍飛彈營，為臺海國防安全提供了卓越貢獻。此時筆者供職立法院，有時奉命代服文字之役，頗獲嘉許，由是我與　壽公的情誼日益促進。

㈣八十壽序實獲我心

筆者供職立法院十九年，因案牘勞形，向來未代人撰擬壽序。轉任國民大會憲政研討委員會副秘書長後，由於谷副主任委員正綱先生的一再勉強，應允撰擬中央發起慶祝黨國元老九十大壽國民大會主席團署名的壽序三篇，一為王雲五先生，一為張岳軍先生，一為何敬之上將。另外兩篇，一為慶祝日本前首相岸信介先生八十八歲榮壽之序，一為谷正綱先生八十壽序。意本藏拙，實際上節省我的心力不少。

十年前，壽公在中央信託局理事主席任內，欣逢八秩華誕，命我撰擬壽序，恭聆之下，實獲我心，於是不揣識淺，竭一週日夜之力，敬撰　壽公八秩壽序，蒙　壽公親自核定，請當代書法家嶺南陳其銓先生以隸書書寫，在中信局祝壽宴會席間，由一位局中女士朗誦，一時傳為佳話。　壽公並將此一壽序，分頁攝影，裝成小冊，分贈友好。此一極富人情味佚事，使我深感榮幸而永誌不忘。

(五)追隨考察十項建設

民國六十七年十一月，行政院孫院長運璿先生，邀請何敬公及　壽公等十位一級上將組成考察團，巡迴全省，考察正在施工中的十項建設工程。這一計畫，原是蔣總統經國先生的授意，希望經由十位資深級高級將領，實地考察國家十項重大建設，提升應興應革，以及有關於國防、戰略上的關聯性問題，提供意見。考察團長為何敬公，團員為　壽公、顧墨三、和王叔銘、周至柔、彭孟緝、黎玉璽、賴名湯、宋長志、劉玉章各位上將，由國防部鄭部長為元陪同，自十一月二十七日，至十二月六日，展開十天的深入考察，筆者應邀為考察團秘書，負責考察資料的整理，與考察報告的撰擬。十天的時間，深入考察十項重大建設，可以說是極為艱難的任務。所幸十位上將，雖然大半近耄耋之年，然而精神抖擻，無畏風雨，跋山涉水，不遜於青年。尤其在休息時間，　壽公的談笑風生，和叔銘先生的互相逗趣，為考察團一行，平添了不少活潑與溫馨。考察歸來，筆者參照十位上將在宜蘭考察業務研討會上的意見，連夜寫成將近萬言的報告書。十二月八日，蔣總統經國先生在臺北賓館設宴款待，筆者奉命代替何敬公向總統宣讀考察報告書，敬公親自宣讀考察報告所附呈的三十餘項建議事項。一週後，考察團十位一級上將連袂舉行了盛大的記者招待會，何敬公接受我的建議，考察報告不由敬公一人署名，改由十位一級上將聯名在各大報刊全文發表，成為新聞界留傳的一段佳話。

(六)引進筆者拜師學書

萊陽徐人眾石上先生，為國內吾鄉詩書畫大方家，兼精金石篆刻、指書、指畫、油畫、水彩，曾在青島任教，並任職江蘇省政府，為丁似菴將軍的至交。　壽公亦與石上先生相知至深。民國七十八年三月，石上先生由美國返國，歡度八十壽誕，並在新光大樓新畫廊舉行書畫金石大展。筆者夙仰石上先生藝事，因此，恭請　壽公、王叔銘上將、丑委員輝瑛女士、銓敘部陳部長桂華、國民大會夏副秘書長爾康，特別請到了現任副總統李元簇先生等六位作為引進師，由　壽公主持，在空軍官兵活動中心設宴拜師，從石上先生學習指書。　壽公致詞，勖勉有加。今日筆者潛心研習指書，已歷三年，承各位引進師的激勵，石上師的教誨，有些作品，還過蒙老師們的鼓舞。此日　壽公九秩榮壽，筆者不揣力拙，敬獻指書七古長歌一章，一則以祝遐齡，再則向引進師呈遞考卷。希望能博得壽星一粲。

(七)元首邀談敬獻三箴

去年三月，第一屆國民大會第八次會議在臺北市陽明山中山樓舉行，正值選舉第八任總統、副總統之前，因動員戡亂時期臨時條款修訂問題，引起政治上的脈動，學生運動頻繁，為當局帶來若干困擾。李總統登輝先生博訪周諮，曾經邀請黨國八大元老磋商大計，以期弭平政局的動盪，使國民大會順利達成其憲法賦予的任務。一時報章騰載，傳為美談。殊不知另一漏網新聞，大眾傳播界很少知悉。原來，總統於邀請八元老之後，緊接著又邀請了八位一級上將，共同商討穩定政局的大計。事先筆者獲悉當局曾與南懷瑾先生和　壽公有一番淵源，曾經建議　壽公俟機相助。不料邀請訊息突然到來，　壽公如期與會，囑我在他的官舍等候。返寓時筆者問及　壽公作何建議，　壽公稱：「談話時先行聽取各位上將發言，然後由我綜合作持平之結論，並以曾國藩先生奏摺中對胡文忠公的三句評語，建議當局察納」。這三句名言，乃是「以赤心報國家，以衷心事友生，以誠心和將帥。」李總統登輝先生為之動容，副總統候選人李元簇先生更為之欽佩不已。當日晚間，李元簇先生宴請國立政大師生代表，　壽公知道筆者要去參加，特別命我再向元簇先生致意，要特別做到「以衷心事友生」這一句話。這段情節，今天藉恭祝　壽公九十大慶佳辰特此介紹一些概略。

㈧不忘故交感人心脾

壽公為性情中人，不忘故交，尤為他的大節。因為在臺舊屬，勛業彪炳者不乏其人，多感念　壽公的拔擢和教誨。而默守田園的老友，或是友人的眷屬，雖然不經常過從，但卻殷殷在念。例如殷君采先生的夫人，及其子女，一遇筆者，每多聞及其近況。殷夫人的生辰與亞聖孟子相同。有一年，　壽公與我一同參加亞聖誕辰紀念會，散會時問我：「你的妻子來了沒有？如果沒有，搭我的便車回天母吧。」筆者恭敬的回答：「我現在要去為義母祝壽。」　壽公聽了，大為高興，立即拉我與他上車，同往殷府，路上買了一個巨大的蛋糕。到了殷府，大門開處，　壽公哈哈大笑聲中，手捧蛋糕，鞠躬為嫂夫人祝壽，為殷夫人及其子女帶來無上的光榮和驚喜。這一件充滿至性至情的風範，實在使人難以去懷。特別在此記述，作為青少年處世接物的範型。

㈨指書長歌恭祝嵩壽

前文曾提及筆者為恭祝　壽公九秩榮慶，曾以指書寫了一首長歌，作為向引進師的考卷，並介眉壽。現在，本文已進入第九段，便以此歌作圓滿的結尾。等到　壽公百歲期頤壽辰，當再以十段文字和長詩祝嘏。此日不遠，當於掃葉樓或歷下亭上，再引　壽公一笑。

以下是拙作「獻壽長歌」：

蘭陵上將著勳華，百戰疆場威望加。曾憑文略資豹變，更從黃埔拜黃花。
黃石素書羅胸臆，太公陰符吐異葩。伐謀伐兵逞雄武，更擎長劍斬白蛇。
麾下貔貅風雷動，先登考叔駕雲車。魯陽揮戈紅日返，蕩寇功成元首誇。
神州板蕩蟲虺起，將軍長嘯震胡笳。黑水白山馳駿馬，雲旂掩映逐寒鴉。
四年一戰寒賊膽，青島綏靖建海牙。仁者無敵收四眾，十萬軍民上征槎。
總綰虎符齊煙聚，赤衷誠心報國家。去歲層峰徵博議，將軍卓論燦生花。
文忠三箴感當道，九皐鶴鳴定喧譁。此日九秩添壽考，大樹風高望眼遮。
銅柱八尺伏波壯，百歲還期淨蟲沙。

梁均默先生百年祭

百粵耆賢均默梁寒操先生，與余妻姨丈台山黃芸蘇先生同為革命志士。芸蘇先生於在美隨同　國父孫先生環遊全美四十八州籌募革命經費時，均默年尚少，開國後，往來　孫先生幕，遂與芸蘇先生為忘年交。筆者來臺後，芸蘇先生時由美返國，必召筆者往訪故交梅喬齡、及均默先生以及旅臺本黨耆宿，因獲識高軒，屢承青睞，屢贈墨翰。其後芸蘇先生以九四高齡在美逝世，均老及黎夫人偕同黃文山教授為之在港編印紀念集，筆者亦襄與其事。

均默先生在本黨之勳績，載在史冊及黨務文書者甚多，不煩贅述，其逝世前夕，在中廣董事長辦公室所書所謂絕筆一聯，「溪聲入耳猶聞樂，山翠娛魂勝讀詩」者，即中廣總經理黎世芬兄，亦認為是先生當時所作之新聯，是為詩讖，擬將其刊之墓門，作永久之紀念。當時報章紛載此聯，吟詠讚嘆，尚有記者誤書下聯為「山翠娛魂勝讀書」者，頗覺韻味已非。

當時筆者直覺，此聯似非新作，但並未查考。及再遊比利時，在布魯賽爾我駐比代表舒大使梅生兄寓所，偶見懸掛先生書贈此聯，乃證實個人感覺，斷定先生此聯，非錄友人詩句，係錄個人舊作，梅生兄頗同意。嗣後又見此聯於某友人處，遂不再疑為讖詩。上月中，始於天廚粥會中見均默先生「碧廬補壁詩」二絕，第一首即此聯出處，云：「溪聲入耳猶聞樂，山翠娛魂勝讀詩，知養心靈才有我，不宗造化更無師。」第二首云：「霧掩山坪車走徐，賞心煙樹喜模糊，從知觀世休明眼，看到穿時意轉枯。」此聯應為粥會珍藏，詠粥會在臺復會時之碧潭山水，非讖語也。近讀丁治磬先生《似庵菲稿》中「梁均默先遺札題記」有云：「均默兄篤實君子，特盛才名，從革命致身弗恤，功言俱至，廣交遊，和易近人，耄倪等視，人有所求，如鼓之應桴，不衍晷刻，於翰札尤然。心疾猝作之頃，尚為人製娛魂聯吟，人皆以其為離世之讖而悼慟無已」。實則似老亦未察也。

均默先生畢生為黨國而奮鬥，陽關西塞，尤多見其車塵馬跡，多於其詩詞中見之。先生曾有「驢德頌」古風一首，膾炙人口，此詩結語為：「力竭何妨死道旁」，人多以為非吉語，而先生終淡然處之，亦常為友人以此書屏以贈，是見先生之革命黨人真情，不為世俗之見所囿。其後丁似菴先生曾與先生同作此頌，有「長鳴豈意能驚虎，引載曾毋為替牛」之句，更引起友人感慨。蓋先生晚歲任職中央評議委員會評議委員，某次中央某會，先生突然有感，即席提出修改中國國民黨屬性，將「革命民主政黨」去掉革命二字，易為「民主政黨」，而為黨中同志所爭議，頓時大會暫時停議，由主席團會議作研討，結果提出對先生申誡之決議，而成為一樁政治性極深之強項事件。但事後均默先生坦然處之，不以為意，先生相忍為國之大度，殊非常人所及。

民國六十四年，先生時為中廣公司董事長，二月十六日中午，張蒓鷗先生約集九老會之宴，宴後甫二小時，均默先生仍回中廣董事長辦公室，並未午休，而為友人書聯，即前述之「溪聲入耳」一聯，書款後隨即擲筆，伏案而逝，蓋心疾致之也。各界聞訊，悼念詩詞紛至，對此一代耆宿，備致懷思頌歌之意。茲誌丁似菴先生輓詩如下：

悲愉久共海山春，罷郡逢君識性真。憂道已銷才子氣，救時端是典型人。
何期餘事詩成讖，裨贊中興志未伸。慟憶寒光猶照面，剎那分手百年身。

謹以此文，紀念梁均默先生百年冥誕，並希我粥會會友景行行止，共同對此一代革命耆宿，寄予無限懷思與仰慕！

碩學真儒念元良——紀念蔣彥士先生

似水流年，沖不走一個痛失畏友嚴師的悲痛的日子，八年來待我情誼深厚的蔣故資政彥士逝世周年之祭，倏然到來，緬懷知遇之情，不覺悲從中來，愴然殞涕。中夜對影感懷，寫此小文以告故人。

彥公的碩學高操，自政府遷臺後，由農復會散播朝野各界，允為農業復興鉅子。他以在南京金陵大學及留美研究之所得，除早期初展身手於大陸之外，中年及晚年的精力，均施展於臺澎金馬農業經濟之開發，以及蔬果在臺灣地區之改良與引進。今日臺灣能躋身水果王國之林，品種之改革，技術之革新，外銷之暢旺，彥公終身之貢獻，直至油盡燈枯而不懈其志，此種偉大之學者風範，勝於出將入相者多矣！

彥公沈潛恬淡，不以仕祿為念。然自先總統　蔣公及經國先生兩代盛業，彥公均受知遇而負責盡職，於黨政兩端，均未負層峰付託之重。自蒙李總統登輝先生依畀，入掌樞府密勿，更能於國是紛紜之中，肆其融通協調長才，化解歧見，調和鼎鼐，功成身退，仍致力先嗇農牧之宣導推動，以迄於兩度刀圭之苦，猶不忘讀書養志，嗚呼！非有大仁大智大勇之節，曷克臻此！

摶九蒙彥公厚愛，於任職樞府八年中，時承訓誨，亦師亦友，與先生接，鎮日如坐春風。先生每有文字之役，輒不棄寒儉，引與推敲，雖無佳製，亦蒙嘉許，士君子禮遇下士、提攜化育之情，使我永存胸臆。如先生之待人接物者，誠可謂彬彬有禮，而收風行草偃之效；於此，摶九心嚮往之，欲求大道，輒恨末學，年逾八十，猶未能踐先賢往跡。深感愧歎！

彥公逝世前，筆者曾往醫院存問，彥公整衣裳，端坐對談半小時，若無倦容者，其實為強力支撐。前輩風範，迄今思之，不覺淚下！

最使我對彥公懷念者，先生逝世前月餘，忽撰長聯贈我，其中揄揚之句，不敢錄示各界賢達。逾數日，又贈小箋與我，謂在山居多閑，已將拙作《棲樓吟草》全部詩詞一千一百餘首讀畢，並將錯字找出，即勘誤表上仍有舛誤之處，亦指出囑我再校正。（彥公短箋附篇末）此種情誼，雖屬吉光片羽，在當事人看來，直如渾金璞玉，價值連城，當永久典藏，以誌彥公待我之無上澤惠。彥公逝世後，摶九為之所執文字之役，如行狀、家屬祭文及輓聯，均以至誠，設身處地成之，墨與淚俱，實感彥公之深厚稠情，不敢稍有怠忽也。

嗚呼！逝者已矣！生者何堪！摶九現亦年逾八十，今日提筆寫此文，感慨嗟歎，難抑悲懷。唯願彥公在天之靈，普照塵寰，兼惠後學，異日泉下追陪，當與公重續此一段文字因緣，願先生神祐三臺，於願足矣！

已卯夏寫於介壽北亭，時年八十有四。

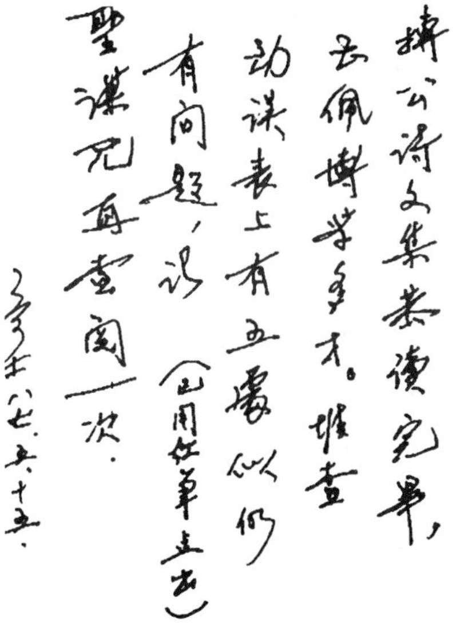
摶公詩文集恭讀完畢，至佩博學多才。惟查勘誤表上有五處似仍有問題，請（已用紅筆画出）
暨謀兄再查閱一次。
彥 八七．五．十五

彥公逝世前予倪摶九先生之親筆短箋

錢塘潮落悲斯人——追懷趙既昌先生

突然傳來的驚雷，獲知趙既昌先生偕孫繼孝夫人，於本年清明循例返回浙江杭州掃墓，以盡孝思。詎料因往桐廬訪友，途中突遭車禍，既昌先生因傷重救治遲延，回天乏術與其令兄不幸逝世，孫夫人繼孝女士則雙腿骨折，急救後脫險，已返臺北入石牌振興醫院復健診治。乍聞凶耗，不禁色變，翌日一早，趕赴振興探視繼孝夫人，欣見她談吐如常，勉抑哀思，答問之際，若有遺憾。我側身傾聽，頓覺人事之無常，如此安詳穩重之賢伉儷，年已八旬，猶未免於飛來之橫禍。蒼天何酷，殃此善人！胸中之不平與悲憤，尤勝於繼孝夫人之坦蕩，遂益佩夫人之學養及其為人！

我與既昌先生之相識，晚於孫繼孝夫人，與繼孝夫人之交期，又晚於其令戚于登斌學長夫人李仙傳女士，來臺後始識立法委員繼孝姐孫繼緒先生，既昌先生雖後識而往返較多。在我與先生交往的五十寒暑中，我從來未見過既昌先生悲觀、不滿、厭倦或氣憤。自隨夫人寄寓她服務之第一女中校舍內，以至步步登雲，由財政部重要幕僚出而主持銀行金融業，乃至於以全力整理臺灣合會公司，直到依法創立中小企業銀行，使此一金融機構，依法行使公司權責，為民間企業的保母及推動者。既昌先生雖然不求聞達，然而他在臺澎一帶乃至於海內外金融事業圈裡圈外，無不景佩其為有大勳勞、大貢獻的專家。因此他雖然及齡退休，仍然為國內外有關金融業者借重。他也以其不盡的精力，協助這些青年朋友們的事業，合法合度，有條有理，蒸蒸日上；使國家、社會、人民，及其機構本身，四者均受其惠。既昌先生如果不遭車禍星殞木頹，更可以其耄耋之年，發揚他的精純學養，為國家社會，再作出更大的貢獻。

撇開既昌先生的事功不談，如果介紹他的為人，可以用唐太宗〈聖教序〉中兩句名言比喻，至為恰當。那就是「松風水月，未足比其清華；仙露明珠，詎能方其朗潤」。但這兩句美麗的文字，比較空了一點。就我對先生的心折之處來說。先生待人接物，應該是作事順利成功的重要基因，他所具有忠、孝、仁、愛、信、義、和、平八種美德暫且不論，即便拿朋友之道而論，既昌先生絕對是孔子所謂益者三友的總和，所謂「友直、友諒、友多聞」，應該是公允之論。而且不論先生如此，孫夫人更是女中健者，雍容大度，與夫婿伉儷從同，共為友人同事愛護、尊仰。

搏九近半年來，苦於脊椎疾患，自美探女歸來，兩次躓跌，不良於行；今春春節，既昌先生偕夫人來舍，我以未能親自登門賀節為憾。聞此凶訊後，乃函電詢問李仙傳學長，為何不及時告訴我？她的答復是，以為我早已在國內知道了，故未函告，彼此互相唏噓，無可奈何而已。

猶憶孫繼緒委員住臺北市詔安街，我與趙先生夫婦時相過從，以築城小聚陪姐取樂，老人甚喜。其後孫委員以目疾不治失明，然猶能口誦古文詞，絲毫不忘。既昌先生常偕孫委員友人到她的住處作方城之戲，後來孫委員雖不能目視，猶可耳聞出張、聽牌、胡了之呼聲，有時哈哈大笑不已。趙先生夫婦事老姐如母，數十年如一日，可云孝弟傳家了。

如今既昌先生業已因孝行而遭不幸，朝野人士及交親至友，莫不為之震悼。搏九於聞訊次日，即手製誄詞一章並書，送至繼孝夫人處，藉申悼念之忱。原誄詞云：

塔崩雷峰保俶圮，錢塘潮歇不勝悲。桐廬忍見殞耆宿，花港何堪殄孝魚？
已鑄清明千載恨，永存食貨萬年枝。蓬萊難忘趙松雪，扶病石牌慰仲姬。

悲痛之餘，寫此小文，除一瀉對既昌先生悼念之情外，並以慰繼孝夫人，惟願天保康強，早占勿葯，也應該可以使親友們放心了。

一九九九，六月於介壽館

反共革命一人豪——紀念宋志先先生

宋志先先生，山東文登人，譜諱肇埴，民國十四年，以參加中國國民黨宣誓所在地為煙臺先志中學，先生為紀念其獻身革命而易名志先，蓋以勵其志也。

先生耕讀世家，祖諱峩，字萬青，祖母氏張，均先先生出世而卒。父諱其熨，字斗南，少治經史，精通翰墨，曾任職威海衛英租界公署；母氏王，勤儉持家，生先生兄弟六人，先生年最少。七歲就讀鄉塾，十二歲負笈威海，入英人所辦之皇仁書院，畢業後知識大開，然對英人統治之苛虐，至為痛恨，革命救國之志，遂於是時萌芽。十六歲就讀於煙臺美教會所辦之益文商專，攻簿記、工商管理等科，畢業之前一年，中國國民黨總理　孫中山先生逝世於北京，煙臺青年聞耗震動，先生乃隨王樂平、崔唯吾諸先生，發起追悼中山先生逝世大會，演說宣傳，才華與熱忱畢露。樂平先生頗器重之，贈與革命書刊，日夕研讀，信仰益堅，遂於是年正式參加中國國民黨，旋被推為煙臺市第一區黨部執行委員。上海五卅慘案發生，先生發動煙臺市學生五千餘人，成立後援會，遊行示威，搗毀煙臺英、日兩國領事館，為魯督張宗昌通緝，得校長美人畢威廉之庇護始解。先生早歲革命之英勇，魯青人士，莫不讚佩。

民國十五年，先生卒業於益文，考入天津南開大學，課餘仍參加英租界中之革命行動，因組織為英人破壞，同志等被引渡而為軍閥褚玉璞戕害者多人。先生化裝南下，轉赴上海。其時北伐軍已光復南京，而鋒鏑未靖，先生迫不及待，穿越火線，由滬赴京，投身於青天白日革命旗幟之下。未幾，中央黨務學校成立，先生考入第一期，潛心研究革命理論，思想愈精，鬪志益堅。總統　蔣公於清黨引退返國後，重整革命勁旅，再度北伐，先生請纓隨軍殺敵，奉派為國民革命第九軍上尉政治指導員。大軍進抵濟南，日本出兵干擾，引發五三慘案，先生躬歷其役，數蹈艱危，益堅其打倒帝國主義、救國救民之夙志。

北京光復，全國統一，先生隨軍凱旋南京，回校參加畢業典禮，奉派為山東省聊城縣黨部委員，兼省立第二中學訓育主任；旋任山東省黨部宣傳部秘書，對魯省黨務之發展，竭其心力，卓著貢獻。十九年春，中央決定開發西北，先生奉調赴陝，任教育廳陝北督學，在榆林、延安工作年餘，為陝北黨務建立堅實基礎。廿一年，中央派先生為陝西省黨部籌備委員，五月，任省黨部常務委員兼肅反專員，設立肅反委員會，向中央推荐柳鳳章先生為該會主任秘書，協助肅反工作；領導全陝二萬餘同志，與中共及陝主席楊虎城等封建勢力奮鬪凡五載；先後為暴徒暗算、槍擊，均無大礙。終將楊虎城親信，中共高級幹部陝省府秘書長南漢宸（嗣曾任偽人民銀行總裁）驅逐。先生於五年間，辦理共黨自首案件凡一千四百餘件，其行動之積極，影響之廣闊，中共既畏且恨，然終無力以謀先生也。

先生於民國廿四年冬，代表陝西出席第五次全國代表大會後，因病辭職赴滬就醫。廿五年復奉派為隴海鐵路黨務特派員，到職未久，即逢張、楊雙十二之變，先生親率秘密工作團，潛入西安，傳遞情報，策動營救　領袖，冒險犯難，罔計生死；其擁護　領袖，獻身革命之壯志精忱，於此役可以見之。

七七事變，抗戰軍興，先生協助錢宗澤先生辦理軍運，搶救青年，救護傷患，並組織敵後鐵路爆破隊，毀敵橋樑軍車甚眾，曾蒙軍委會嘉獎，委為江北鐵道破壞總隊副指揮官，兼任第六部外勤專員暨特種工作第五團團長，在隴海路鄭州以西，將沿線漢奸組織剷除殆盡。並派工作團團員一千二百餘人，渡越黃河參加張蔭梧民軍從事敵後游擊戰，最後全體壯烈犧牲。廿七年代表陝西出席臨時全國代表大會，廿九年春，奉調赴渝，入中央訓練團黨政班第七期受訓，結業後改派為隴海鐵路特別黨部執行委員會主任委員。時抗戰形勢，益趨緊張，先生夙夜辛勞，對於鐵路黨務及交通軍運各端，策劃執行，建樹孔多，屢蒙上峰嘉獎。

民國卅年，日軍已成強弩之末，無力西進，隴海一帶，情勢大定，先生乃奉調任中央調查統計局設計委員。卅一年，交通部戰時運輸管理局派先生為西北公路工務局副局長，協助凌鴻勛先生趕修西北大動脈，使抗戰運輸，益為增強。卅四年，改任西北公路特別黨部書記長，奉調至中央訓練團黨政高級班第三期受訓，結業後改任西北公路管理局副局長，就職未及一月，日本投降，奉派接收華北交通設施，九月至北平，任美軍物資運輸處北平運輸處長，旋又奉派至濟南接收有關機構，先後任津浦路公路處長，公路總局專門委員。先生精勤任事，忠直廉正，凡屬接收事宜之經略規劃，莫不切中肯綮，有條不紊，弊絕風清。

卅七年，中共擴大叛亂，先生奉派為青島市黨部委員兼書記長，旋因津浦線匪勢日熾，乃調先生為津浦鐵路特別黨部主任委員。徐蚌會戰期間，先生親率同志，進駐徐、埠戰地，指揮黨籍職工，竭智盡忠，力維軍運，直至卅八年三月，津浦全線淪共後，始撤退來臺。盡忠職守，無忝於所任，先生足以當之。

先生以黨政著績，望重梓里，於民國三十六年，當選為第一屆國民大會山東省區域代表。歷次國民大會會議期間，直言讜論，議壇蜚聲，凡所以發揚憲政、擁護政府、支持國策、反共復國之大政方針，莫不盡其言責，奮鬪弗懈，中央嘉其忠貞，遴聘為中國國民黨中央委員會黨務顧問，期借重先生對中共鬪爭之經驗，有裨於反共大業之推展，先生亦多所獻替。

先生剛直耿介，律己甚嚴，信奉基督教，處世接物，恂恂長者。體素健，公餘以詩文自娛。本年十一月十八日突攖便血疾患，入三軍總醫院診查，斷為肝癌，纏綿病榻者匝月，雖中西藥石併投，終以迴天乏術，痛於中華民國六十四年十二月十一日晨二時與世長辭，易簀時猶以國土未復為恨。先生生於民國紀元前六年一月十日，享壽七十有一歲。

先生於民國十八年與前臺灣大學校長傅斯年先生之表妹周文錦女士結褵。夫人系出名門，四德具備，與先生鴻案相莊、甘苦與共者四十餘年，劻勷之功，知者稱賢焉。哲嗣二：長子濤，陷大陸；次子申，卒業國防醫學院，留美獲博士學位，在美行醫，聲譽甚盛。孫元琅，女元珍、元琳均在美就學。

世局丕變，國事蜩螗，反共大業正需衝鋒陷陣之豪雄，與夫鬪爭周旋之偉略，而先生之逝，瞬居兩年，墓木已拱；豈惟繫故人追懷之思，益增政府軫念忠藎之忱。爰為文述先生事功，雖不能及其萬一，然聊誌親友悲悼之情，兼供公私治史者之採擇焉。

何園記

古來治園林、營丘陵者，所以選山擇土，非僅圖適意迎庥，亦冀明其志也。文王起靈臺，詩有「庶民子來」之許；魯頌賦「閟宮」，經有「萬舞洋洋」之讚。廬陵表「瀧岡」，所以明孝思也；三原歌「高山」，所以昭忠藎也。杜少陵「遊何將軍山林詩」，非徒美何氏之丘壑而實美其人；葉楚傖勘　國父陵園句，特重於鍾山兩翼堂皇足以北定朔方之氣勢。其懷抱雖殊而理則無以易焉。應欽世居貴州興義縣黃草壩之泥蕩村，左右四十里岡巒起伏，群山疊翠，舍北觀音巖壁立千仞，若巨象之鎮重關，鄉人稱之為「點將臺」，極目雲天，一望無際。應欽自幼涵濡其間，頗養任俠尚武之氣。壯歲東遊歸來，獻身革命，蒙　國父及先總統　蔣公特達之知，效力軍旅，自淞滬首義、護國護法之戰，以至黃埔建軍、東征北伐、剿匪靖亂，以及八年抗日戰爭，靡役不與；咸秉　蔣公規劃經略，對安內攘外政策，貫徹執行，冒險犯難，艱苦奮鬥，卒能聯合盟邦，擊敗強敵，並代表同盟國中國戰區統帥　蔣公，於南京接受日本帝國政府及日本大本營之無條件投降，湔雪百年來之國恥，盡復臺灣、澎湖及東北九省之失土，廢除一切不平等條約，使中華民國躋居世界四強之一。欣見國家統一，憲政斯張；不幸中共倡亂，神州板蕩，元首引退，群失瞻依；是時應欽于役聯合國軍事參謀團方告歸來，即承　蔣公意旨，出任行政院長，於和談中堅決護憲，戰亂中撫輯流亡，終以壯士斷腕之決心，嚴拒中共誘降之陰謀，維護我民主憲政法統於不墮，更使我臺澎金馬成為中華民國復興之基地，厲行民主憲政，推行三民主義各項建設；經濟發展，國力充沛，為國際人士譽為奇蹟。此固先總統　蔣公之豐功偉略，亦為我全國軍民協力奮鬥之成果。應欽輇材，幸逢際遇，獲獵榮名，豈竟如地靈降之百祿，祖德施以餘蔭，使符閟宮「熾昌壽臧，保彼東方」之義也哉。

應欽來臺後，不治私產，所居亦湫隘，然與夫人王文湘女士伉儷從同，向不為意。自夫人之逝，為之營奠營齋，懔於先賢曾文正公「山環水抱、峰迴氣聚」之說，奔波於臺北近郊，乃得淡水鎮北新庄吉地一方，大海亘於前，層巒障於後，極目海天，滄波萬里，而虬松翠竹，森然有致，宛若故里泥蕩形勝而尤增海濤飛騰澎湃之氣勢焉。欽與家人共樂之，爰就其地起我夫婦共處之佳城，而一樹一石之植，一花一木之培，其疏密掩映、低昂錯落之姿，率多由欽簡選部署，斟酌至當，裨增園林封樹之勝。復為興饗堂，立碑亭，石墻蜿蜒，墓門敦偉，雖無華表闕石之雄，亦饒蓬萊瀛洲之趣。欽於春秋佳日及文湘夫人忌辰，時偕家人前往憑弔，愛其海山相映，雅靜幽岑，流連不忍遽去。爰命其園為「何園」，並為之記，勒石園中，許為國人遊樂之地，以符孟子與民偕樂之旨。欽今年近期頤，方主三民主義統一中國大同盟事，願偕諸君子，效三原于公，時立斯園山巔，西望中原，共祝神州無恙，勝利早臨，此園及記，永供後人吟唱，於願足矣。

興義何應欽撰書立石

中華民國七十六年六月　穀旦

北堂課子圖記

北堂課子圖，遼寧王壽蘐女史為先慈　黃太夫人百齡誕辰紀念作也。　先慈生於清光緒二十一年乙未九月初六日，二十一歲來歸吾家，助　先嚴貫一公困學力行，開發滕縣地方農業建設，鄉里稱賢。　先嚴見背早，摶九年尚幼，　先慈慮門丁孤，乃攜歸舅氏家，面命耳提，躬自課讀，無間朝夕。摶九之能於艱困中出就外傅，卒業上庠，於民族絕續奮鬥期間，為國家勉效馳驅者，先慈義方教子之效也。摶九今年近八旬，思念親恩，時縈夢寐。辛酸甘苦，殊難以墨楮宣。曾恭撰憶母記，承平江李肇東先生親書冊頁，藏為家珍。今女史斯圖成，益使寶翰慈光，聯輝並耀。　先慈泉臺有知，亦將含笑低吟，並申福綏矣。謹跋數語，以誌其事，並申銜感之忱焉。

甲戌歲暮倪摶九沐手敬書於臺北介壽館三樓北亭，時年七十有八。

思親亭記

角板山賓館梅臺之陽，有亭翼然，於蒼松白雲間，高屋建瓴，盡攬林泉丘壑之勝。先總統　蔣公以斯地景物，酷似浙江奉化溪口故里風光，每於公餘，偕夫人來此遊憩，輒憑闌小坐亭中，神遊武嶺山水。或籌思國家大計，或緬懷先人遺澤，怡然自得而不忍遽去。　蔣公崩逝後，故總統經國先生居喪期間，昕夕由慈湖來館憑弔，每駐足此亭，追思親恩而百感交集，「梅臺思親」之作，即成於斯時，至性至情，感人至深。其中有句云：「青山高峰，蒼天白雲，余心戚戚，然頗有境與神會、智與理冥之感。離開梅臺之際，此心猶覺依依，擬名臺上之亭為思親亭。」當前經國先生又棄國人而去，唯留此亭於名山勝水間，永遠象徵大忠大孝之兩位歷史偉人。茲值賓館重葺揭幕之日，為亭作記，既成經國先生之孝思，亦為國人於飽覽湖光山色之餘，深悟斯亭命名之淵源及意義，則可以扶風俗、勵後昆矣。

倪摶九　敬撰
劉邦友　書丹

中華民國八十四年八月二十日立石

苗栗縣新東大橋碑記

苗栗襟山帶海，屏障北臺，雪霸連峰，加里疊翠，筆架穿雲，墨硯迎曦，峻嶺崇山，極富林壑之美。惟以山勢縱貫縣境，阻隔東西交通，影響東部產業開發及各項建設至鉅。如何克服險阻，為多年來苗栗縣民之殷望。

何縣長智輝先生，於民國八十二年十二月接長縣篆，即以聯接苗栗市、公館鄉、獅潭鄉之交通，列為施政重點。經與學者專家，詳細勘察研究，決定於苗栗市新東街與經國路交會點興建新東大橋，跨越後龍溪，修築全長十三公里之橫貫公路，經錫隘隧道，直達獅潭鄉之和興村，完成後可縮短行程十五公里，苗縣東西部人文經社體系，即可緊密聯結，日趨發展。

新東大橋之構造，採對稱斜張全電焊鋼構觀光型態設計，長虹貫空，雙塔凌雲，而鋼纜張翼，矗立綠波平疇間，不僅造型偉麗，獨步全臺；即以橋樑設計，亦名列世界各國之六。此一國際性建築，允為苗栗縣之新地標，而大橋週邊，配合後龍溪低水流路整治及高灘地綠化，新東大橋之河濱公園，亦將成為縣民休閒遊憩之中心。

新東大橋橋長三七四公尺，寬二十一公尺，總工程費新臺幣七億元，殊非縣府所能負擔。爰由何縣長會同各級民意代表，努力爭取，終獲李總統登輝先生及宋省長楚瑜面允，由省政府如數核補，交縣府辦理，由建業工程顧問公司設計監造，大陸工程公司承造。民國八十五年三月開工，八十六年十一月竣工，費時僅一年八閱月，較之澳洲雪梨大橋十四年工期，超前甚多，國家建築技術之現代化，由此可見。

宋蘇東坡「惠州東新大橋」詩云：「群鯨貫鐵索，背負橫空霓，首搖翻雪江，尾插崩雲溪。機牙任信縮，張落隨高低，轆轤捲巨索，青蛟掛長堤。」今日登斯橋，讀此詩，深感古今文物，異曲同工，後先輝映，而與曠世傑構並傳不朽，亦千古之佳話焉，故樂為之記。

總統府國策顧問　倪摶九　敬撰

苗栗縣縣長　何智輝　書丹

中華民國八十六年十一月　穀　旦

中國醫藥學院中藥展示館題記

本院董事長陳立夫先生，為我國近代史上偉大之政治家，且為傑出之哲學家及教育家。幼秉庭訓，承中華文化之薪傳；壯遊異邦，求礦治富國之至計。返國後值中華民族多難之秋，深體　國父三民主義救世救國之奧旨，以及國民革命開國建國之艱難，毅然獻身革命，追隨先總統　蔣公，參加北伐、剿共、抗戰、戡亂各役，迄今六十五年間，歷任中國國民黨中央黨部秘書長、組織部長、社會部長、國民政府委員及教育部長、暨第一屆立法院副院長等黨政要職。現任總統府資政、中國國民黨中央評議委員會主席團主席，兼任中華文化復興運動推行委員會副會長及孔孟學會理事長。勳業崇隆，望重朝野，為海內外全國人士所共仰。

先生治學從政，均以儒家思想為體、科學方法為用。本創造服務之旨，成經世濟民之務。居嘗以有志竟成、自助天助之箴以自礪。尤以求仁為治事之中心，此先生之人生觀，亦先生平生德業之基礎，時論宗之。先生近曾輯錄其事功為三類：創造者六十七，倡建者二十六，服務者一百四十一，咸為立心立命、興滅繼絕之宏規，及軍事、政治、經濟、文教、社會、技藝之藎籌，萬象森羅，燦然大備。而先生所著之《唯生論》、《生之原理》、《四書道貫》及《人理學》諸典籍，不僅對孔孟學說及儒家道統心傳，深具闡發整理之功能，亦於　國父民生史觀之哲學體系有深長之貢獻。

先生素重中國醫學，首倡中醫藥現代化及中西醫一元化，以謀建立新醫學，實現終極之理想。民國六十一年，先生奉　蔣公命，出任本院董事長，廣邀中西醫藥學者專家，共同研討，結合《易經》中和位育原理及機動制衡學說，確立安內攘外為中醫治病方法，中醫之科學理論基礎於焉形成，而為醫藥學界人士共同景佩。先生於是致力經營本院，廣建院舍，增置設備，蔚成我國中西醫學之重鎮。繼而募款完成北港中正醫學中心，內含本院北港分部媽祖醫院之建設，成為中國醫藥學院第二實習醫院，奔走策畫，卓著辛勞。茲者本院新建互助大樓又居落成，特於一至三樓闢設中藥展示館，藉以感念先生對中國醫藥學術之貢獻。兼以恭祝先生暨夫人九秩雙壽，先生其亦莞爾許之乎！

中華民國七十八年歲次乙巳國曆八月二十八日立

立夫中醫藥展示館更名緣由記

陳立夫先生自民國六十一年開始主持本校董事會以來，即致力於提倡中醫藥，除主張以科學方法研究中醫藥及倡導中醫現代化與中西醫一元化外，並以多年來鬻字所得成立財團法人立夫醫藥研究文教基金會，倡議設置立夫中醫藥學術獎，用以鼓勵國內外學者從事中醫藥學術高深之研究，至今已頒獎三次矣。尤屬難能可貴者，先生親以中醫藥理養生，用能壽登期頤而身心健碩，成為中醫藥宏效之最佳見證。

欣逢先生頤壽令辰，又值本校四十周年校慶，同仁等於仰止敬佩之餘，爰將本校中藥展示館內容予以擴充，更為今名，並以先生之字冠之。既表對先生功德之感念，亦為先生克享上壽賀也。是為記。

中國醫藥學院校長　郭盛助　敬撰
總統府國策顧問　倪摶九　敬書

中華民國八十七年歲次戊寅國曆九月十九日　敬立

何應欽將軍九五紀事長編序

黔中山川瑰奇、鍾靈毓秀，率多雄奇挺拔之士，而興義　何將軍敬之，其尤者也。將軍自束髮習軍武，及壯，統師干，受　國父及先總統　蔣公特達之知，獻身革命，五十年來，統旄麾，專征伐，龍驤虎步，成不世之奇勛，而恂恂儒雅，儉樸純真，國人無不知　將軍者，愛重之，頂禮之，世界人士亦無不知　將軍者，嚮往之，欣慕之，誠所謂一柱擎天，重為國家人望者是也。

今歲國曆四月二日，為將軍九秩晉五覽揆之辰，同仁等擬為文為　將軍壽，繼思寥寥數千言，曷能盡將軍之事功於萬一，爰采舊資，廣蒐史料，輯為《何應欽將軍九五紀事長編》一書，俾　將軍九十五年之行誼，六十五載之勛業，得以公諸國人，不僅以壽　將軍，兼以俟觀人風者得焉。

書凡十六編，舉　將軍生平一言一行，及開國以來之大事，咸平實書之，雖積數十萬言，而史料之散佚者尚須俟之異日，再作增補，爰摘各編要端，以實斯序。

滿清末葉，國事蜩螗，　將軍甫弱冠，慨然有澄清天下之志，負笈赴東瀛，習陸軍，備為國用；辛亥事起，偕同志束裝返國，效命軍門，事定後復返日完成軍官教育。民五，應黔軍總司令王電輪先生之邀，返黔作育英才，並參加靖國護法之役；民六，任黔軍第五團團長，率部出黔，討伐四川察辦使吳光新，重慶對岸一戰，大破吳軍於黃角椏，　將軍之將才，蓋於是役覘之。厥後積功任貴州省警務處處長兼省會警察廳長，又奉派為貴陽警備司令，兼靖國聯軍第五混成旅旅長。迨貴陽政變，　將軍遂辭去本兼各職，奉派為黔軍代表，往滇、粵兩省，擔任連絡工作，在昆明，為歹徒狙擊，十一年，赴滬療養，此　將軍獻身革命初期事也。

十三年先總統　蔣公奉　國父命籌備陸軍軍官學校，聞　將軍才，召赴廣州，　將軍毅然受命，出任黃埔軍校總教官，選才練士，不辭辛勞。旋任教導第一團團長。時陳炯明叛據東江，　將軍隨　蔣公率黃埔校軍與東征之師，棉湖苦戰，惠州攻險，卓著偉績，使校軍威名遠播，陳炯明餘孽望風披靡，　蔣公遂倚　將軍為左右手矣。

北伐之初，　將軍奉令戍守東陲，窺敵知機，上陳攻閩大計，　蔣公嘉納，　將軍遂率一旅之師，以奇襲擊破永定周蔭人之大營，造成松口大捷，開黨軍敵後迂迴戰勝利之先聲。一時東路軍追奔逐北，如掃落葉，收復全閩，直下滬杭，會師南京，其配合呼應之功，微　將軍其孰能致之。洎後武漢變作，　蔣公引退，中樞無主，孫逆傳芳率師回噬，突襲龍潭我軍重地，　將軍以一身當大任，聯合一、七兩軍，奮勇夾攻，躬自督師，振臂一呼，創痛皆起，經七晝夜之奮戰，卒殲敵軍於江干，俘獲數萬，首都轉危為安，功昭黨國，允宜垂之萬世而不朽。

統一伊始，國事方艱，群雄割據，變亂迭起。葉、夏、馮、石、張、唐諸輩，或受奸人之挑撥，或由中共之構煽，兵連禍結，塗炭生民，　將軍奉命歷主武漢、廣州、開封各行營，初討葉、夏，繼伐馮、石，再戡張、唐，僕僕於中原、粵、漢、湘、桂間，轉戰經年，卒收撥亂反正之全功。厥後中共乘機坐大，盤據贛境，　將軍改組南昌行營，連續作第二、三、四次之圍剿，惜因華北風雲迫急，奉命北上坐鎮，未竟全功。

長城戰役爆發，日軍積極謀我，華北局勢，危如纍卵。　將軍奉命主持北平軍分會，坐鎮故都，雖有政府遷地辦公之令，而　將軍因恐影響人心，堅不離北平半步，忍辱負重，折衝樽俎，念國脈之如絲，負國家之重任，幾經周旋，始有塘沽協定之締結，得以徐圖整補興復之計。然此種粗安之局勢，實為我千萬忠勇將士，在　將軍堅定之指揮下，以血淚換來之代價，微　將軍之能團結各軍，肆應得宜，當時華北之局勢，誠不可知也。

是時日人，於華北得寸進尺，肆其高壓手段，並嗾使其特務機關人員，陰謀組織偽組織，以謀分化我人民，割裂我國土，於是各項事件，層出不窮，大灘、河北、察東事件，其尤者也。將軍於應付諸端事件中，廢寢忘餐，憂心忡忡，不可終日，而華北自治運動及冀東偽組織又繼之而起，其中河北事件，尤費周章，最後終能周旋壇坫，弭禍無形，　將軍為國忠藎之忱，亦良苦矣。

西安事變，禍起倉卒，中樞謀議，剛柔皆難。　將軍內審、外察，知非政治軍事雙管齊下不為功，及奉討逆軍總司令之命，乃先之以疏導，繼之以兵威，卒使叛將知懼，共慶　領袖安返。　將軍於艱難險阻之際，嶽峙淵渟，弗疑弗動，其英斷沉毅，固非常人所能及也。

七七事變起，國家定長期抗戰之略，　將軍時任軍政部長，嗣後兼任參謀總長，內佐統帥，外御師干，宵旰憂勞，辛勤擘畫，早在戰前，即將兵役、兵工、軍需、運輸、通訊、後方勤務、衛生設施以及軍事教育、政訓工作諸要務，秉承　蔣公意旨，躬自籌劃，次第改革。抗戰開始之後，復輔弼　最高統帥，指導各地區重大戰役，殺敵致果，建樹良多。在國家獨力對日作戰期間，其堅苦卓絕之精神，感人之深，良堪欽仰。

抗戰後期，同盟各國合作懲敵，戰局為之改觀，士氣因之振奮。中國戰區盟軍最高統帥部成立後，　將軍奉令出任中國戰區中國陸軍總司令，致力於中美軍事合作，不避寒暑，罔顧艱險，每偕盟軍將領，深入鄰邦戰地，身先士卒，拯盟軍艱厄，是以國際將領，咸表敬佩。日軍投降前夕，　將軍正在廣西南寧前進指揮所，策定反攻廣州作戰方略，擬一舉而下東南，使敵軍首尾不能相顧，而竟最後勝利之全功；不意廣島、長崎，兩彈繼下，此一龐大之克敵計劃，未及實施，而日政府已宣告無條件投降，　將軍至今猶念及之。

日軍向同盟國總投降簽字，　將軍奉中國戰區最高統帥　蔣公之命，以中國陸軍總司令身分，奔波各地，視察各戰區受降措施，嗣復在京代表受降，一時黃埔陸軍官校，冠蓋雲集，日本岡村寧次大將，親奉降書，至是八年奇恥，一朝湔雪， 將軍之勳業德望，亦已登峰而造極矣。然 將軍上秉 蔣公「不念舊惡，與人為善」之訓示，對待岡村寧次，始終以禮，遣送日僑日俘，一貫以仁，此項決策之徹底執行，實奠定日本戰後迅速復興之基礎，是以此後日人除感激先總統 蔣公之盛德外，對 將軍之欽服感激，殆亦出自衷誠。

大戰結束，聯合國安全理事會組織軍事參謀團於紐約，蓋所以商定國際軍之組織，以保障世界今後之和平也。依照該會規定，各國代表團須以各國參謀總長為首席代表， 將軍遂奉遴選，出任新職。既至任所，與各國軍事碩彥，共商國際軍組織大計，相聚經年，獻議良多，然終因國際情勢複雜，此一捍衛世界和平國際武力之組織，迄未實現，然 將軍在會議中之表現，實為各國與會將領所欽佩。

民國三十七年，政府實施憲政， 將軍奉召返國，接掌國防部，斯時中共披猖，為禍彌烈，華北各地，相繼淪胥， 將軍運籌焦思，冀挽危局；會翁內閣總辭，將軍亦卸仔肩，而共軍積極南侵，徐蚌繼陷。翌年元月， 總統發布文告，呼籲和平，未為中共接受，乃毅然引退，由副總統代行職權，其時危局當前，代總統李宗仁請黨國諸老，力挽 將軍出任行政院長， 將軍數度堅辭，嗣奉 蔣公手書，備致勗勉， 將軍感於 蔣公「使舊屬官兵有所依託」之剴切訓示，乃毅然勉膺閣命。其後與中共往復折衝，終因共黨對和談毫無誠意，竟提出八條廿四款之所謂「國內和平協定」，致和談卒無結果。共軍既大舉渡江，我政府乃由京遷穗， 將軍因感與李宗仁意見相左，心勞力絀，無補時艱，乃辭去行政院院長職務。夫臨危受命，不計個人之毀譽成敗，冀謀盡忠悃於萬一，如 將軍者，亦可以風矣。

大陸沈淪， 將軍息影臺北， 蔣公復職，旋就任戰略顧問委員會主任。因感中日關係，須謀開展，國民外交，尤待增進，乃於八年之內，兩赴東瀛與菲島，遍訪兩國朝野，宣慰海外僑胞，昭示我反共抗俄之國策與基本立場。時我政府新遷，局勢粗定，經　將軍往復啟示，使日本人士對我增進了解。在此時期，美國卜克曼博士領導之世界道德重整運動，日益光大，　將軍鑒於此一運動與我國傳統道德之精神相脗合，乃力予倡導，嗣赴瑞士柯峰，參加世界道德重整大會，遍遊歐陸各邦，審知此一運動確為抵制共產思想之精神力量，乃選派我國青年五十人，前往歐洲，接受道德重整之訓練，於是有轟動西方各國「龍」劇之演出。

民國五十年八月，　將軍率三十五國代表組成之國際反共軍，及「龍」劇團員，在瑞士及北歐各國與美國巡迴上演，當時，瑞典、挪威、丹麥、瑞士等均為與中共具有邦交之國家，且均設有偽大使館，國際共產黨徒在　將軍入境簽證及「龍」劇上演時，均予以百般阻撓與破壞。然我全體團員，在　將軍領導之下，不顧艱苦，不畏威脅，不屈不撓，推行反共國策，在極危險之環境中，作孤軍之奮鬪，贏得國際人士之一致讚譽。尤以　將軍所到之處，當地政府率皆以正式禮儀隆重歡迎，使中華民國國旗，飄揚於承認中共國家之上空，誠為一大快人心之盛舉。而中共殘暴慘酷之真面目，亦由是大白於世界，其影響力之廣大深入，非言可喻，　將軍弘揚道德打擊共產思想之功亦偉矣。

民國五十八年，　將軍已年居八十，日常除參與黨政活動，翊贊中樞外，曾先後奔走國外，從事國民外交；在國內期間，更常於國家紀念節日，如軍校校慶、棉湖戰役、七七抗戰、九九受降，發表演講或專文以鼓舞軍民士氣，弘揚革命精神。六十四年，先總統　蔣公崩逝，　將軍悲慟逾恆，從此每逢　蔣公逝世或誕辰紀念，亦多緬懷　蔣公知遇與追述　蔣公行誼之作，所以激勵軍民同胞，效法　蔣公志節，力行　蔣公遺訓。而當日本政府與中共建交前後，及中共誣衊抗戰史實、篡改革命歷史之時，更大聲疾呼，指斥田中不義與中共無恥。及至六十七年，乃又兩度赴日，參加「中正堂」落成及吉田茂百年誕辰紀念，期以喚起兩國國民情感，增進兩國實質外交關係，　將軍用心之苦，概可知已！

翌年， 將軍九十華誕，政府為酬庸勛勤，特頒授 將軍國光勛章，自是 將軍乃更以先總統 蔣公訓示，永遠保持奮發之精神與意志，以期不負 領袖之期望。近年以來，除仍經常發表演講或論述，以喚起全國國民之努力與國際人士之覺醒外；六十八年曾赴瑞士出席世界道德重整會議，訪問歐洲七個國家。六十九年訪問南非，七十年赴美考察，加強國民外交，宣慰海外僑胞，貢獻極大。七十一年三月，三民主義統一中國大同盟正式成立， 將軍被推為推行委員會主任委員，對製作盟歌，制定盟章與工作綱要，或親自起草，或督飭完成，不遺餘力，今日世界五十多個國家或地區，大陸三百七十個以上單位，均已紛紛響應成立大同盟組織，非 將軍號召之功，致力之勤，又孰能致之！

嘗聞之 將軍云：「余生平行事，不矜不伐，無愧無怍，但知服膺 領袖，忠黨愛國，以盡我革命軍人之天職，其他非余所計也。」歷睹 將軍自督師出戰以來，每克一城，每建一功，上則推崇 領袖統率指揮之有方，下則獎譽三軍將士之用命，絕無驕矜居功之意態，非絕對忠於 領袖，孝於民族國家者，能如斯乎？

綜觀 將軍生平，其謀國侍上也以忠，其卻敵赴戰也以勇，其移俗化世也以德，其出處取與也以義，其臨民任事也以誠，其應對進退也以禮，其愛人惠物也以仁，其馭下率眾也以方；完人之節，實俱備矣。

《書・洪範》言人生五福，壽為五福之首。〈小雅〉之詩曰：「樂只君子，邦家之光，樂只君子，萬壽無疆。」言君子醇德豐功，為邦國之光輝，有大德者必得其成，宜長享福壽無疆之慶也。同仁等不敏，謹以斯編及引述書詩聖哲之言，獻之座右，以表景仰之忱，而致崧高之祝，是為序。

國民革命戰史序

中國自古雄踞東亞，向以地廣人眾大國著稱。但自鴉片戰爭敗於英國之後，接連三戰（英法聯軍、甲午戰爭、八國聯軍）三敗。帝國主義列強，相率效尤「江寧條約」，壓迫中國簽訂種種不平等條約。帝國主義列強挾持不平等條約，其人民在中國違法，中國不得審問；其人民在中國經商，中國不得自定關稅；其軍艦在中國領海或內河航行，中國不得阻止，其軍隊在中國駐紮，中國不得拒絕。更有所謂「租界」、「勢力範圍」，使中國之主權、司法、經濟、民生與國防，皆遭嚴重破壞，幾無生存餘地！中國為圖自強救亡，先後有「同治中興」、「戊戌變法」，而此兩次革新自強運動，皆遭守舊勢力阻礙、摧毀。因此中國積弱不振，依然如故。帝國主義列強，壓迫中國，乃日甚一日；尤其日本於甲午年（一八九四）戰勝清軍，脅迫清廷割地賠款，使中國蒙受損害之大，更屬空前！ 國父孫中山先生目擊國是不能經由立法和平革新，乃奮起領導中國志士仁人，發起國民革命運動，其目的在建設民有民治民享之新中國；同時廢除不平等條約，求得中國之自由平等。 國父完成此一國家目標，經過十次革命，終於辛亥之役，推翻君主專制，建立民主共和，但民國雖已建立，而政治思想，並未普遍革新。軍閥及守舊勢力仍然繼續為患。袁世凱稱帝於前，張勳復辟於後，武人橫行，馴至演成割據之局。幸賴我先總統 蔣公，繼承 國父遺志，掃蕩軍閥，完成北伐，統一全國。當國民政府致力廢除不平等條約，力圖建設之際，日本軍閥發動「九一八」事變，奪中國東北四省領土，進而圖謀「華北特殊化」，節節進迫，引發「七七」事變，逼使中國面臨「最後關頭」。 領袖認定和平業已完全絕望，為了民族生命，國家生存，斷然領導全民抗戰。歷經八年艱苦奮鬥，終使強敵俯首，國土重光。不獨百年桎梏

——不平等條約——盡行廢除，且由「次殖民地」，躍登世界四強之列。此一豐功偉業之經略締造，本書言之綦詳，不待應欽鏤述。

應欽可為全國同胞，尤其國軍袍澤一言者：抗日戰爭，自「九一八」事變，迄日本投降，十四年間，凡屬重大決策，應欽無不參與；凡屬艱巨任務，應欽無不身歷。詳閱本書對中日兩國之國家戰略、大戰略（聯盟戰略）與野戰戰略，指導得失之檢討，不因日本是敵國，而蓄意貶抑；不因中國為我宗邦，而存心譽揚。作者一本史家求真求實之素養，是則言是，非則言非，無稍虛飾，堪稱「信史」。既屬信史，故所論斷，純係客觀，可供鏡鑑。惟本書不僅記述戰爭經過之事實，力求正確，且著意於研究發展，特將中日兩國之國家戰略、大戰略、統帥機構與兵力，並列記述，對照檢討，明其利弊得失；野戰戰略則依當時之時、空、力三個因素，檢討雙方之戰略構想，是否適切，並從學理分析，提出考案。抗日戰爭與第二次世界大戰結合之後，演變為同盟國對軸心國聯合作戰，中華民國在大戰全局中所處之地位，所負之責任，對同盟國合作所提供之貢獻，以及同盟國與軸心國在亞歐某一地區作戰之勝敗，對於彼此相互之影響，尤其對中國之關係，均予一一論述。以是本書內容浩瀚，非累月不能卒讀。為使同胞、袍澤，不待盡讀全史，而能確知中國為何能以弱勝強，日本為何強而戰敗，其故安在？處此列國紛爭時代，如何而能致國家富強，杜絕外患，如何而能免於國際糾紛，建立世界持久和平，其策為何？本書均有論列，特為提綱摘要，以饗讀者。

中國之能以弱勝強，國土廣大，人口眾多，固為要因素，而　領袖之睿智作為，實為其決定性之關鍵。例如：

不計個人毀譽，忍辱負重，換取戰爭準備時間全面抗戰之前，內則國人徒逞虛憍之氣，血氣之勇，請願遊行，侈言宣戰；更有假「抗日」之名，通電詆譭，稱兵作亂；外則日閥煎迫，淞滬甫告停戰，又向熱河侵犯，長城構兵。　領袖處此內外交攻之下，而不輕言宣戰者，絕非冀圖苟安，或個人有何畏懼，實以內亂待平，國力未充，不容以國家安危，作貿然之舉。措其苦心孤詣，應欽知之最審。誠如本書所言：若非　領袖不計個人毀譽，但求有利國家，忍天下之所不能忍，何能換得自「五三」至「七七」九年備戰時間，從事政治、經濟、心理與軍事建設！倘若無此九年國力建設，何能持久抗戰？抗日勝敗之關鍵，端視中國能否「持久」；而「持久」之根基，實奠於　領袖之忍辱負重，換得備戰時間。此為　領袖睿智作為之一。

洞察情勢可能之發展，策定全程戰略構想

早在民國十七年（一九二八），日本出兵濟南，造成「五三」慘案之時，　領袖即決心「十年生聚，十年教訓」洗雪國恥。為謀獲得生聚教訓時間，當民國二十四年（一九三五）日閥策動「華北自治」，要求中央軍及黨務機關撤離河北之時，不惜忍痛應允日閥要求，撤換河北省主席，並將中央軍及河北省市黨部、憲兵第三團撤離河北，嗣又結束北平軍分會，成立冀察政務委員會，處理冀察平津政務，以延緩戰爭爆發，而利戰爭準備。他如民國廿二年之「塘沽停戰協定」，亦係著意於此。　領袖復於民國二十四年三月在重慶發表演說：「四川人口眾多，土地廣大，物產豐富，文教普及，為各省之冠，故自古即稱天府之國。」指示建設四川為「復興民族根據地」，以謀一旦戰爭爆發，作為抗戰基地。又於民國二十七年（一九三八）一月在漢口指示：「以四川為持久抗戰後方，如武漢失守，即以四川為最後根據地，北固陝西，南控滇、黔、桂諸省，而將重兵扼守平漢、粵漢兩鐵路以西；再置相當兵力於浙、閩、贛諸省，穩紮穩打，以消耗敵人。同時促進國際變

化，以求盟友，如此則日本一定多行不義必自斃。」
綜觀以上所述，可知　領袖從「五三慘案」已決心雪恥抗日；忍痛應允日本無理要求；選定抗戰最後基地；掌握開戰時機；指示作戰方式；促進國際變化；覓求盟友，直到日本多行不義必自斃之預料，每一情勢可能之發展，皆早在洞察預計之中，故爾形成「全程戰略構想」。不論日後世局如何演變，處境如何艱難，均能「以不變應萬變」。亙全面抗戰八年之久，一本既定構想實施，未嘗稍亂步驟。此為　領袖睿智作為之二。

誘迫日軍改變作戰線方向，打破日本「速決」企圖

中國自淪為「次殖民地」之後，帝國主義列強，各自根據不平等條約，對中國有錯綜的政治、經濟關係，享有分外優厚利益，絕對不容某一強國，獨霸中國。「九國公約」所謂「門戶開放，線會均等」即是由此背景產生。由於列強對中國之關係如此，日本如欲獨霸中國，除非發動侵華之前，策定周密戰爭計畫，以絕對優勢兵力，在最短期間，一舉擊滅國軍主力，在列強不及干涉日本侵略，或不及援助中國抵抗之前，已使中國屈從媾和，始有達成所望目標可能。如果日本不能迅速結束戰爭，凡與中國有政、經關係之列強，為了保持其本身利益，必然援助中國抵抗日本。因此中國祇要能作到「持久抗戰」，必可促進國際變化，覓得盟友，共同對日作戰。　領袖為了打破日「速決」，作到中國「持久」，當戰爭爆發之時，其野戰戰略指導：立即集結重兵於山西高原，對可能沿平漢路南下漢口之敵，形成側翼威脅；同時以有力部隊進軍南口，以拊北平日軍之背，使日軍不敢貿然南下，更以大軍對淞滬日軍採取攻勢，不惜犧牲，迫使日軍將主作戰由華北移於華東方面。因此日軍將其原可由北平南下漢口最有利的作戰線，改採由上海西向漢口最不利的作戰線，使國軍獲得一年又兩個月時間。中國以此十四個月時間，將華東、華中凡可供建設抗戰基地——民國二十四年選定之

民族復興根據地──之人力物力，概行西遷。中國憑藉抗戰基地持續不絕之供應，作到力能「持久」，遂將日本「速決」企圖打破。日本既不能「速決」，因而導致與中國有政、經密切關係之國家支援中國。於是抗日戰爭勝利之基礎，確切奠定。此為　領袖睿智作為之三。

堅持抗戰到底，決不中途妥協，因而承接第二次世界大戰，聯合盟邦，共同擊敗日本

民國二十六年「七七」事變發生之時，　領袖在廬山宣佈：「如果臨到最後關頭，便只有拚全民族的生命，以求國家生存，那時節再不容我們中途妥協。我們只有犧牲到底，抗戰到底！」同年十二月十三日，日軍攻佔南京，　領袖發表「我軍退出南京告國民書」，重申「抗戰到底！」民國二十七年十月二十六日，日軍攻佔武漢，　領袖發表「武漢撤退告全國軍民書」，仍是「唯有拚全民族之生命，犧牲到底，再無中途停頓妥協之理。」同年十二月，汪兆銘受日本蠱惑，脫離抗日陣營。日本採取「以華制華」，進行誘和謀略，企圖結束戰爭。　領袖於民國二十八年（一九三九）十月，發表「中國抗戰與國際情勢」，特予闡明「抗戰到底」之真義：「我們這次抗戰一貫的目的，是要徹底求得國家民族獨立、自由、平等。如果國家民族一天沒有得到獨立、自由、平等，抗戰就一天不能停止！我們一貫的根本方針，就只有持久抗戰，抗戰到底。所謂『抗戰到底』，率直言之，就是要與歐洲戰爭──世界戰爭同時結束。亦即是說，中日問題要與世界問題同時解決。現在歐戰既起，促進遠東問題解決的中國抗戰，已與促進世界問題解決的歐洲戰爭，在東亞、西歐同時並進。我們已經獲得一個中國問題將隨世界問題之解決而解決的基礎。所以我們只有一心一德抗戰下去，以承接中

國問題隨世界戰爭結束而解決的自然機運。那時候水到渠成，敵人當然消滅，抗戰必達目的。中國更必然得到獨立、自由與平等。我所說『抗戰到底』的真義，也就是如此。」由於　領袖堅持「抗戰到底」，不為日本誘和謀略所動，日本乃進軍越南，企圖徹底切斷中國國際補給線，迫使中國屈服。中國改由滇緬公路輸入軍用物資，仍未屈服。而日本卻因進軍越南，引起美國禁止石油輸往日本，遭到經濟制裁。日本如無石油供應，則其凡需石油作動力之生產與戰爭工具，皆將成為廢鐵，必然喪失持續作戰能力！日、美談判，日本拒絕自中國撤兵，不願放棄在華奪得之利益，必須繼續對華作戰而繼續作戰。非有石油供應不可，因此決心奪取南洋戰略資源。日本為謀「南進」戰略側翼安全，須先擊滅美國太平洋艦隊，故於民國三十年（一九四一）十二月八日，奇襲珍珠港，發動所謂「大東亞戰爭」（太平洋戰爭）。從此中國抗日戰爭與第二次世界大戰結合，由孤軍奮鬥，演為聯合盟邦，共同擊敗日本，獲得最後勝利。當民國二十八年國人警覺懈怠，日本極力誘和之時，　領袖堅持「抗戰到底」，迫使日本為保持在華利益，不得不「南進」，走上「多行不義」之路，終於慘敗。此為　領袖睿智作為之四。

以上四端，說明中國之能以弱勝強，非賴土地廣大，人口眾多，而勝在　領袖之睿智作為。如謂戰勝係由地廣人眾，則甲午戰爭之時，中國何嘗非地廣人眾，為何戰敗？可知戰勝之主因：先是全面抗戰之前，領袖以忍人所不能忍之氣度，謀取戰爭準備時間，從事國力發展，奠定堪賴持久抗戰之基礎；全面抗戰爆發之後，　領袖再以卓越之戰略指導，打破日本「速決」企圖；繼之不論國際調停、日本誘和，或首都淪陷、徐州棄守、武漢撤退，　領袖一概堅持「抗戰到底」，決不妥協。日本認為中國之能堅持「抗戰到底」，力戰不屈，係因獲得國際援助，於是圖以切斷中國國際補給線，壓迫中國議和，乃進軍越南，因而導致日美交惡，演為太平洋戰爭。日本「南進」，發動太平洋戰爭，就其國家戰略論，可謂走上「自斃」之絕路。追根探源，

實受 領袖打破日本「速決」之戰略指導的影響所造成。試思：倘若日本「速決」企圖不被打破，日本當早已迫使中國屈服，自無進軍越南切斷中國國際補給線壓迫中國屈服之必要；則美國禁止石油輸日之舉，無從發生，何來太平洋戰爭？由此可知日本「南進」，係由 領袖堅持「持久抗戰」打破日本「速決」所造成。其戰略指導之正確與偉大，實世所罕見！

領袖締造以弱勝強之豐功偉業，本書不作空泛文辭之渲染。僅陳述 領袖睿智作為之史實與檢討，使讀者從史實與檢討中，自行體認 領袖之氣度、識見、意志、作為，何等恢宏、深遠、堅定、絕卓，由衷發生崇敬、仰慕、感戴之心；亦可使國人體認中國獲得獨立、自由、平等，躍登四強地位，得來不易，必須護持、珍惜。

以上係就本書所述中國為何能以弱勝強，其故安在而論。其次說明本書檢討日本為何強而戰敗之原因。日本在江戶幕府時代，採取「鎖國政策」，閉關自守。迄美國遣柏里(Pery)將軍率艦叩關，迫訂「神奈川條約」，日本「鎖國政策」，遂被打破。從此日本之處境，一如「江寧條約」後之中國，備受西方列強壓迫，簽訂種種不平等條約。日本遭受西方文明衝擊，促成明治銳意維新：所有政治、經濟、軍事制度，一切文教、技術之新知識，無不取法西方；乃至服飾、禮儀、建築，亦求西化。凡屬阻礙革新之守舊言行，概行剷除。於是維新政績，成效彰著，國力隨之飛躍發展，於一八九四年一戰勝中國，一九〇五年再勝俄國。從此成為世界列強之一。

日本既是世界列強之一，為何對華作戰反而戰敗？本書在總檢討與總結論中，均有論列。應欽於此僅述本書所論日本戰敗主因：本書認為日本雖強而戰敗，為對「國家利益」之真義，認識不足，導致「國家目標」錯誤。按「國家目標」依「國家利益」而策定；「國家戰略」又依「國家目標」而策定。如所追求之國家利益不當，則其所定之國家目標、國家戰略亦必隨之錯誤。從而用以達成國家目標之政治、經濟、心理與軍事等戰略，必皆連連錯誤。既然無所不錯，安得不敗！

更申言之：領袖從中日兩國歷史、地理和民族關係研究，應是生死相依，存亡與共之友，而非相扼相制之敵。故於民國二十三年（一九三四）發表「敵乎友乎」一文，對日本朝野提出忠告。剖陳利害，敦勸日本應與中國為友，不可與中國為敵。為友，則日本之所缺乏，在中國或見為過剩；日本之所以能供給，或適為中國之所需要。兩國民族生存發展之所需，可以平等互惠原則，相互供應，當可完全解決。為敵，從當時中國與列強間之政治、經濟關係看，或從日本國家戰略利害上分析，日本不論控制中國，或消滅中國，皆不可能，且有同歸絕滅之虞！無奈日本軍閥對此忠告，充耳不聞，一意孤行，既吞中國東北，又欲侵奪中國華北，中國為維護國家利益，不能不奮起自衛，因而爆發中日戰爭。當日軍攻佔廣州、漢口之後，日本發表「建設東亞新秩序」聲明。其國家目標，不僅在奪取中國東北諸省為其「生存空間」，且將進而圖謀併吞整個中國，一九四〇年，日本盟邦德國發動「西方戰役」，日本驚羨德軍之煇煌戰果，更將其國家目標，擴大為「建設大東亞新秩序」，國家戰略轉向「南進」。企圖以日、「滿」、華、越、泰、緬、馬來、澳洲、東印度群島、紐西蘭、以及印度等地，為其大東亞新秩序建設範圍，稱之為「大東亞共榮圈」，因而發動所謂「大東亞戰爭」。吾人必須指出，戰爭原是力量的較量，優勝劣敗，為不爭之鐵則。日本以一國之力，對華作戰，達四年之久，尚不能使中國屈服，何能再對美、英諸強國以及西太平洋眾多國家作戰？力量過度懸殊，最後必敗，僅屬時間遲速而已。故知日本之戰敗，乃其「國家目標」、「國家戰略」錯誤。而錯誤之鑄成，又係日本對「國家利益」之真義，缺乏正確認識所致。

所謂「國家利益」，概指維護一國之安全及其國民之福祉。任何國家之政府，皆有維護國家安全與謀求國民福祉之職責，不容他國侵犯損害；如遭侵犯損害，必然起而抵抗反擊。此種抵抗反擊行動，為國際公法允許之合法「自衛」。反之，侵犯損害他國國家利益者，則被指為「侵略」，為國際公法所不容；亦為愛好和平之國家所痛惡，必遭國際唾棄。故謀求國家利益，應以不侵害他國國家利益為範圍。一如個人自由，以不妨害他人自由為界限，是為同一公理。日本未明此理，先是侵害中國國家利益，遭到中國抵抗反擊；繼之侵害美、英等國國家利益，遭到美、英等國抵抗反擊。中、美、英等國同遭日本侵害，於是結為同盟，共同對日作戰。日本以一國對數國作戰，國力戰力相較，自己不再是強者。中國與美、英等國結盟之後，戰力轉強，業已不再是弱者。因此中、日強弱易勢，所以日本戰敗。而中、日強弱之所以易勢，又為　領袖「全程戰略構想」所促成。

以上為本書作者根據中、日、美、英四國之官方文獻，詳加分析檢討，所作中國為何能以弱勝強，日本為何強而戰敗之論斷。讀者如自行遍閱本書所列參考文獻，加以分析檢討，亦必有同感。

中日戰爭為第二次世界大戰之一環。故本書作者從整個大戰之慘烈事實，求出處此列國紛爭時代，如何而能致國家富強，以杜絕外患；如何而能免於介入國際紛爭，以建立世界持久和平，分別提出可循之途徑，則應採之政策，作為秉國者策定政、經政策與國家目標、國家戰略之參證，以免重蹈此次大戰之覆轍，其詳俱見本書總結論。茲摘舉一二，以見一斑。

作者從世界歷史觀察：人類文明，不論東方西方，皆在不斷變遷發展。凡能創造新知新技，或接納新知新技，可以適應世界變遷發展趨勢的國家、民族必強；反之，凡墨守故常，拒納新知新技，遠落世界變遷發展趨勢之後的國家、民族必弱。中國以往之所以連遭列強侵略，是中國在「江寧條約」之後，三次革新圖強運動，三次皆遭守舊勢力摧毀，國力戰力，無所更新，遠落世界變遷發展趨勢之後所致。日本之所以成為世界列強之一，是日本在「神奈川條約」之後，徹底剷除反對革新之守舊言行，所以明治維新，成效卓著，國力戰力，均能適應世界變遷發展之趨勢所造成。作者有鑒於此，故在本書總結論中，首先提「立國之本」，在革新圖強。確認惟有思想、知識、技術、制度革新，國家始能富強。國家富強，鄰國敬畏，外患自息。又鑒於德、日強盛之後，只圖本國國家利益，引起世界大戰，遭到反侵略國際制裁，最後慘敗投降，損人又復害己。因此提出國際政策應為：「具有不可輕侮之戰備，而不發動戰爭；享有國家自由，而不妨害他國自由；凡屬平等互惠國家，都是友邦。」再鑒於大戰，由於政治、經濟思想衝突，昔日反軸心侵略的盟邦，而今成為相互備戰的敵對者，隱伏另一世界大戰危機！因此在國際政策中又說：「政治、經濟、社會制度與生活方式，從己之所信所好，而不干涉他國之所信所好。」以免強行推展所信所好，引發大戰，使人類再罹浩劫。作者雖渴望世界和平，但對「人道」、「人權」更為珍視。對反人道、反人權的暴力政權推展所謂「世界革命」，強烈予以抨擊；主張聯合重人道、遵人權的國家，共張撻伐。其大戰略之構想仍不惜「以戰止戰」。以維護人權之尊嚴。

綜上所見，可知本書與一般撰寫戰史有別；不僅是作戰、會戰經過之記述與評論；更從此次戰爭之肇因與後果，探究國內應採何種政策，才能防止外患；國際應採何種政策，才能建立世界持久和平。因此舉凡立國，用兵而致國治、天下平之理論與政策，作者依據戰爭史實，參酌政治、經濟、社會與兵學等論著，均分別立說，以供秉政與統兵者策定戰略之參證。殆可稱之為「將相之學」。凡肩負國家重責大任者，不可不深切注意。良以國內政策不當，可能引發內亂而招致外侮；國際政策或國家戰略策定錯誤，則縱有德軍之兵精器利，日軍之果敢堅忍，仍不免最後失敗。

領袖於民國五十九年，面命蔣緯國將軍撰編《國民革命戰史》，而以抗日戰爭為優先，必有深意存在。當中日戰爭爆發之初，國際估計，認為中日戰力懸殊，中國必敗。詎知由於 領袖之睿智作為，戰略指導正確，終於化弱為強，獲得最後勝利。此一史實，國人共知共曉，當有極大啟示。因此，國人尤其政軍當局，倘能體認本書檢討中、日兩國國力發展之差異，造成一強一弱之根本原因；中、日兩國國家戰略、大戰略（聯盟戰略）與野戰戰略策定、運用、指導之得失，影響戰爭勝敗之教訓，必有助於復國大業之完成。如然，則本書編著之目的——當義戰再興之時，減少錯誤，增加成功之公算——可望實現；國民革命之勛業，亦必永垂不朽！

本書蒐集日本史料，盟邦文獻，與我國有關中、日戰爭著述，互相參證。凡屬臆斷之詞，非實之事，概不採取。而確有參考價值之記述，不因日本為戰敗之敵國，竟予忽視。例如：日本在發動「大東亞戰爭」（太平洋戰爭）前之戰爭準備，極為嚴密周詳，堪以攻錯。本書特引述，以供統帥機關、軍事學府，作業或研究之用。藉為研擬戰爭計畫，或發展兵學之助，亦為本書編著目的之一。凡此種種，至盼有為者善加體察參證，則編著本書六年之心血，必將換得所望成果。茲當本書完成之日，披閱其要，不勝感奮興發，髀肉復生之情，爰為之序，期與國人國軍共勉！

胡宗南上將年譜序

胡上將宗南弟逝世之十年，其舊屬羅君冷梅等，綜其勛業志行，撰為年譜五卷，屬余為序。余憶自黃埔創校，宗南弟由上海來就學，立志獻身革命。第一次東征，棉湖之役，余率教導第一團與敵苦戰，宗南弟以機槍連排長，掩護本團作戰成功，自是即嶄露頭角，深為　領袖所器重。北伐軍興，余率東路軍平定閩浙兩省，宗南弟奉命由贛入浙，側攻滬杭之敵，所至迭建戰功。中原事起，宗南弟率第一師轉戰津浦，隴海兩線，菜油場一役，尤著聲威。其後，共匪竄擾西北，宗南弟率部進駐陝甘，與匪周旋，達四年之久，對綏靖地方，推行政令，發展教育，改易風氣，頗多貢獻。西安事變，宗南弟以主力監視東北軍，使不敢蠢動，嗣討逆總部成立，乃奉命統一指揮在陝甘中央部隊，迅速東移，鎮壓叛軍，用能維護　領袖安全，厥功尤偉。淞滬戰起，宗南弟率部增援，與日寇苦戰亘三閱月，精銳盡殲，友軍或屢進屢退，而所部獨屹然不搖。南京撤守，宗南弟仍調駐西北，統率關陝諸軍，東禦日寇，北扼共匪，猶時分兵援甘、援晉、援豫、援冀，所向皆捷。洎乎抗戰勝利，共匪作亂，不兩年而中原淪胥，迨政府播遷入川，宗南弟率部拱衛渝蓉，惜時大陸民心渙散，勢不可為，於是率殘破之師，退守西昌，效死勿去，最後始奉命來臺，間嘗以「生於憂患，長於艱苦，成於戰鬥，終於道義」四語以自約，而以未得死所為慊；其忠於黨國與　領袖，愛護袍澤，推功任過，從不獵取浮譽，乃真能發揮黃埔革命精神，是為一世之楷模。故其臥病逝世之日，　領袖頻臨探視弔唁，慰卹有加；舊屬則每年有祭奠之會；同學同袍則樹碑立像，表德紀勳；凡此蓋莫非宗南弟精誠感人，有以致之。其生平志業，雖不待紀述而傳，節有此譜，俾讀者詳其忠義愛國之誠，而能景仰前賢，感奮興起，殆亦今日事之所不容已也。余忝為其師長與長官，歷四十餘年，於宗南弟相知最切，信賴最深，今讀此譜而緬懷往跡，如見堅毅之志，威肅之容，益使余懷念無盡焉！

中華民國六十一年一月何應欽序

河北事件中絕無所謂「何梅協定」

——請史學家及出版界重視歷史的真實性

一、前　言

應欽承《近代中國》季刊邀約，曾在本年六月三十日之抗戰四十週年紀念特輯中，發表「七七抗戰的歷史評價」一文，其中第六節談到解決日本軍閥發動的「河北事件」之經過。該節文字因篇幅所限，至為簡略；因而使我藉以澄清該次事件中絕無所謂「何梅協定」的意願，不易從字裡行間獲得鮮明的印象。個人重讀此文，益感意猶未盡。

近年來，每閱公私學術機構出版的有關中日關係或戰史諸書，看到紀述河北事件經過的文字，或詳或略，大都誤引當月日本軍閥造作的謠言，經常使用「何梅協定」字樣，致與史實不符，每擬為文，作詳細的說明，以糾正這些錯誤的紀載，都因為瑣事糾纏，且無適當機會，以致羈延至今。《近代中國》季刊抗戰紀念特輯出版，經詳細閱讀後，不料發現同期內又有幾篇文章，都談到所謂「何梅協定」，於是，更感到這一問題，必須鄭重的澄清，並籲請研究近代史的學者專家，以及公私出版界，一致重視歷史的真實性，予以糾正，才可以防止以訛傳訛，形成積非成是的嚴重後果，而使千百年後，有關此一問題，竟無信史。

這是我多年來的一樁心願，也是我的一項責任，希望《近代中國》季刊為我完成。

二、總統　蔣公的嚴正聲明

在未對這一問題詳細說明之前，我首先要引述總統　蔣公於民國廿五年一月十六日「接見全國中等以上學校校長及學生代表的講話」，對於絕無「何梅協定」的嚴正聲明。當時因篇幅所限，上期文中未能盡錄，茲照錄如下：

蔣公說：「我可以對各位說：絕對沒有這個『何梅協定』。這件事怎樣講起來的呢？就是日本向何部長提出要求中國撤退河北境內的中央軍隊，並撤銷所有平、津、冀、察黨部和特務機關；何部長回一封極簡單的信答覆他說：這些事不待你要求，我們中國已經自動辦好了。信中只說這幾句話而已；但是，他拿了這封信就無中生有，張大其詞，說是成立了什麼『何梅協定』。」

總統　蔣公所以在河北事件結束半年後作此聲明的原因，是因為當時日人在華北正陰謀倡導華北五省自治，全國各省市學生紛紛遊行請願，要求團結救亡，並反對偽組織的醞釀與發展，　蔣公以日寇與中共，互相策應，擬陷國家於腹背受敵的困境，為使全國青年，瞭解政府與人民共同救國之道，遂於是年一月，接見全國各省市中等以上學校校長與學生代表，開誠宣告政府外交方針，語重心長，感動了這些熱愛國家民族的青年學生，對於政府由憤激而瞭解，由瞭解而發出至誠的擁護。「何梅協定」絕無其事，在這一講話中鄭重宣示，確已發生了有力的說服作用。這一段訓示，古屋奎二所著的《蔣總統秘錄》（中譯本第十冊第四四頁）也予引用，並且以日本人的身份，指出：「用打字機打出來的一紙通知，日本方面則擅自為之取名為『何梅協定』，並且宣傳為就像是簽訂了正式性的軍事協定一般；實則完全不是那麼一回事，而是堅主『自主實施』，根本就沒有所謂『何梅協定』的存在。」

以上不過是一段概括的引證，現在，我要說明事實的經過，以及所謂「何梅協定」謠言的由來。

三、日人製造河北事件

自從民國廿二年我秉承中央指示，忍痛簽訂塘沽停戰協定後，日方即認為冀東撤兵區域為緩衝地區，凡此地區內，一切政治設施，莫不存越俎代庖的慾望，遇事加以干涉，使我行政官署，無法行使職權。同時日本陸軍部認為日本對華政策，應有更強硬的措施，才能獲致更大的利益，圖將緩衝區擴至冀察全境，一方面可以保護「偽滿」的安全，一方面欲使冀察特殊化，進而策動華北獨立，達成征服中國的夢想。於是一再尋覓藉口，製造事端；在河北事件之前，廿四年一月，即有「大灘」事件之發生，經口頭和平解決。同年五月，日軍藉口以下兩事端，製造成轟動全國的河北事件。

第一件事端，是廿四年五月上旬，天津日租界發生國權報社長胡恩溥及振報社長白逾桓被暗殺事件。胡、白兩人，都是接受日軍津貼的親日報人，白逾桓更兼任為「滿洲國中央通訊社」記者；這兩人的身份，雖然在戰後被揭穿，據說暗殺事件，就是當時天津日本駐屯軍（司令官為梅津美治郎）參謀長酒井隆所設計，但在當時兩案的兇手為誰，卻不得而知。日軍則認為案發在日租界，係中國的排外舉動，並為我特務人員所為，是向日本駐屯軍的挑戰行為。

第二件事端，是出入在熱河省南部的孫永勤「義勇軍」部隊，為日軍所攻擊，逃入長城以南之遵化一帶，日軍認為係中國官廳予以庇護，因而藉口將日軍開入塘沽協定停戰線以內，予以追擊。

這兩宗事件，差不多同時發生；五月十九日，我適由北平前往太原，訪晤閻錫山先生；商討清剿華北殘匪方策。五月廿日，駐北平日本大使館附武官高橋坦以書面通知一件送達北平軍分會，轉達關東軍為遵化縣長何孝怡庇護孫永勤部事，提出要求如下：

㈠此次遵化縣長等確有庇護孫永勤股匪之事實。從來國境附近，貴國方面之官吏，均有此庇護擾亂熱河匪徒之事，此為不可容許者也，故該軍問其責任。

㈡關東軍數月來，雖施行掃除擾亂熱河之孫永勤股匪，然因貴國官方之庇護，輒向貴國領土內逃遁，因而不得消滅之；故不得已擬自動將所需兵力進入遵化一帶，以期澈底消滅之也。

我在太原接到軍分會辦公廳主任鮑文樾電告後，遂於廿三日返平，當即將高橋來文函送河北省政府主席于學忠，並請他電報孫永勤情況。于主席報告到達後，遂即據此答復高橋，但是他竟不表滿意，顯然是藉此挑釁。日本駐屯軍遂於廿四日在天津開始擾亂行為，威脅于主席和天津市長張廷諤。廿九日，日軍更在河北省政府門前示威。

河北事件，遂在此時爆發，我一方面極端嚴肅的予以周旋，一方面與在成都親自指揮追剿共匪軍事的蔣委員長以及行政院外交部密切聯繫，注視事態的發展。

下面我要說明事件發展的經過，以及當時我秉承政府指示，所採取肆應的措施。

四、酒井初提無理要求

上述兩事端發生後，我於廿三日由太原返平，廿四日將孫永勤事件函復高橋坦；廿五日，于主席函復有關孫部進入遵化一節，實係日軍駐馬蘭峪警備隊長岩永大尉，通知我方，謂日軍在長城一帶「剿匪」，為避免誤會，要求我團隊須退至長城南廿五里遵化城以南。經再三交涉，商定退至長城南十五里；此後日軍東進，我軍換防，孫部乘隙入關。此項報告，我一方面轉知高橋，並將詳情於廿六日電呈蔣委員長及行政院，廿八日，我以獲悉日軍藉口胡、白被刺事件，劍拔弩張，必欲挑起事端，遂於是日致電行政院及黃膺白先生，先行計議。原電文稱：

特急。上海汪院長並請轉膺白兄：親譯，○密。邇來因津日租界兩報社長被刺事件，日方劍拔弩張，張大其詞。據聞曾擬於皓日發動第二次津市暴動，便衣隊之組織，準備均已完成，以梅津力持穩健，臨時中止，但隨時均有發動之可能。河北問題，不能有一妥善辦法，則華北之隱憂，亦終無已時也。如何祈賜指示。應欽。感申行秘。

五月廿九日，天津日本駐屯軍參謀長酒井隆及日本大使館附武官高橋坦，前來居仁堂我的辦公處所，向我提出口頭通知，說是轉達關東軍的意見。口頭通知的要點如下：

(甲)一、平津現為擾亂日、「滿」根據地，中國政府是否知情？

二、天津發生胡、白暗殺事件，查與中國官廳有關，政府是否知情？

三、中、「滿」國境仍有義勇軍受中國官廳委任接濟，如孫永勤部曾受遵化縣接濟，並指示逃走之途徑，政府是否知情？

(乙)因此提出以下之質問：

一、反日集團究由蔣委員長指導，或何部長指導？或由中國政府指導？

二、此種責任究由何人負責？

(丙)特預先通知兩點，請中國方面注意：

一、對日、「滿」之擾亂行為，如仍以平、津為根據地繼續發生，日方認為係破壞停戰協定及辛丑條約；停戰區域，或將擴大至平、津。

二、對於軍之關係者，白、胡之暗殺，軍認為係中國之排外舉動，及向駐屯軍之挑戰行為。如將來預知或有類此事件之情事，日軍為自衛上取斷然之處置；或直接發生庚子事件，或九一八事件，亦未可知。又照停戰協定，須中國方面無擾亂日、「滿」行為，日軍始自動撤退長城之線；如再發生擾亂日、「滿」行為，日軍可隨時開入戰區，中方不可不知也。

㈩酒井個人意見：

一、蔣委員長對日之二重政策，即對日陽表親善，暗中仍作種種抗日之準備，如此政策不根本改變，以後演至何種程度，殊不可知。

二、于學忠為擾亂日、「滿」之實行者，張漢卿之爪牙，僅遷保定，於事無補，中國政府應自動撤退。

三、憲兵第三團、河北省黨部、軍分會政訓處、藍衣社，似以撤退為宜。

四、最好將中央軍他移。

如上項諸點能辦到，中日關係，或能好轉。

我於接到此項口頭通知後，即於當日以「艷酉行秘」電，將詳情報告在成都之 蔣委員長及行政院，請示如何應付。次日，接行政院電復稱：

特急。北平何部長勛鑒：艷酉行秘電誦悉。〇密。㈠弟前已電雨岩（我駐日大使蔣作賓），促即往晤廣田外相，告以胡、白暗殺事件，在日租界發生，為我方警權所不及，自無何等責任。即使暗殺兇徒由內地來，我方亦只能盡協緝之誼。至於孫永勤事件，更與政府無涉；乃日方武官有此無理之要求，殊非雙方努力親善之時所宜有此，盼其設法制止。本日又加急電，促雨岩前往交涉。㈡該武官等口頭各項要求，全屬有意挑釁，但其癥結所在，仍為對付孝侯（于學忠）。關於此問題，正侯 蔣委員長復電。如孝侯能以大局為重，自動辭職最好，政府必鑒其公忠，特予倚畀也。其他各項，有絕對不能答應者，有即使可行亦宜由我方自動行之，絕不可作為妥協條件者，容分別續復。㈢該武官等固只係口頭要求，但我方如應付失宜，亦不難造成九一八事件，總盼吾兄鎮靜沉著以處之。謹先奉復。弟兆銘。三十印。

在此時間內，行政院迭令我駐日大使蔣作賓先生與日方商洽此一事件循外交途徑解決，未被接受；而日本外務省又表示對酒井、高橋的蠻橫態度，無法予以約制。日本天津駐屯軍又於三十日展開示威行動，日本飛機也在平、津兩市上空飛行。酒井隆又公開向外界宣告：「日軍一切已準備完畢，隨時均可動作，昨對政整會、軍分會之通告，係先禮後兵之意。如中國政府置之不理，旬日後日軍即自由行動。」我於獲知各種情況後，當即電報　蔣委員長及行政院，並說明日軍之佈置，雖係一種威脅，但或許由威脅，變為真面目之動作，亦未可料。

關於河北省政府遷移保定一事及河北省主席易人經過如下：冀省府遷保，原經上年即民國廿三年十二月四日行政院會議之決議，但于主席孝侯鑒於廿四年春，中、日關係漸趨穩定，未遵照院令遷移，及至五月三十日，日軍在河北省府門前示威，于主席始於三十一日倉促遷往保定。酒井廿九日口頭意見所謂「僅遷保定，於事無補」者，係事先聞得省府遷保的說法。于主席未能早日遵照院令遷保，頗引起汪精衛之不滿，汪在六月五日給我的電報中，曾錄上　蔣委員長的電文，請我參考。電文中有說：

……此次之事固不能專怪孝侯，然去冬遷保之令即下，孝侯有鑒於春來中、日關係之好轉，及惑於一二人之言，遂不復以遷保之令為意。直至最近日軍在省府門前示威，始張皇遷保，中央命令，不若強鄰恫嚇之有效，思之可為痛心。……

汪氏復於原電中，請求 蔣委員長速定河北省主席人選，以接替于學忠。並於六月一日兩電與我研商于之調職事，前電略稱：

……蔣委員長復電未到，而形勢迫切如此，弟擬提出院議，于學忠另有任用，以張厚琬暫行兼代。張廷諤另有任用，以政整會秘書長俞家驥暫行兼代。

次電則請我婉勸于氏，自動提請辭職。經我與于商談結果，于以來去均秉中央命令而行，只要中央有令，彼即絕對服從，但絕不自動辭職。當時我亦頗壯其所為，遂於當日電復行政院，代達于氏之意；並於六月二日再電行政院，並建議 蔣委員長，主張河北省主席繼任人選，以擇一北方人中，資望相當者充任為宜。

不料六月三日，又接汪電，謂連接 蔣委員長三電，主張河北省主席由我暫行兼代，商震任天津警備司令，王克敏任天津市長，于氏之出處則另行想定，同時發表。我當即於同日電復，堅卻暫代河北省主席的擬議，仍請汪照原來的過渡辦法，提請由張厚琬暫代，以便我有時間，專心致力於軍分會工作。

五、再度威脅臨之以兵

六月四日，酒井及高橋又來居仁堂見我。在此之前，我已奉准在職權範圍內將憲兵第三團他調及軍分會政訓處結束事已作預先安排；先將憲三團團長蔣孝先、團附丁昌，以及政訓處處長曾擴情予以免職。並接到行政院於六月二日之蕭未電，由汪告知，關於河北黨務，業經與葉秘書長楚傖商定：㈠河北省黨部偕省政府同時遷移保定，㈡天津市黨部停止工作，豫備解散，㈢將來以天津縣黨部兼辦市黨部工作。但對酒井作口頭答復時，仍採取保留態度，以作討價還價的基礎。我的答復大意如下：

㈠天津發生胡、白被暗殺事件，其地點在日租界，係地方臨時發生事件，我政府何從知情？但因租界毗連天津市，此間已嚴令河北省政府轉飭天津市政府協同緝兇。

(二)孫永勤部竄擾遵化、遷安附近，我政府當即令警團圍剿，業已將其擊潰。至謂曾受遵化縣接濟一層，此間已嚴令河北省政府轉飭嚴查，如果查有實據，自當照律懲處。

(三)于主席已經中央決定他調，現在斟酌其調後之位置，稍緩數日即可發表。

(四)憲兵團團長蔣孝先、政訓處處長曾擴情，已於六月一日免職。憲三團之特務處亦已令其撤銷。天津市黨部將由中央令其停止工作。藍衣社根本無此組織。如有妨害中、日國交親善之團體，即予取締。

酒井等對於此項答復，表示仍希望儘先辦到以下各項：

(一)于學忠之罷免。

(二)河北省、市黨部之撤退。

(三)軍分會政訓處及憲兵第三團之他調。

(四)類似藍衣社組織之抗日組織之撤離。

(五)五十一軍他調。

至於中央軍之他調與否，酒井謂：「端視　蔣委員長之對日方針如何而定；如　蔣委員長確定以日為友，則一切問題均可迎刃而解；否則不僅中央軍撤退之問題，軍部方面對華北及全中國，均有最大之決意及充分之準備。」

最後酒井又問應欽個人今後對日之根本方針，及上述五項如何解決。我則答以：「自當本中央既定方針，努力進行。至上述第(一)、(四)兩項，業已決定辦法；其(二)、(三)、(五)各項，可向中央報告，加以考慮。」

酒井又謂：「總之，中、日問題之關鍵，全在　蔣委員長是否真正與日親善；抑陽作親善，暗中仍準備抗日，華北問題，不過其枝節耳。」其繼續挑釁之意，溢於辭表。我遂於當日將談話全文，電報 蔣委員長及行政院。

就在同一天，酒井向美聯社記者發表談話稱：「如平、津亦變為非戰區時，在華北美國及外國僑商，無須懼其利益蒙受損失。……掃除平、津之中國軍隊，商務定可增進」；以及「彼亟應換用一真正首領如仍不適宜時，即應變更國策，接受日本之攜助」等等狂言，我也於六月五日電呈成都 蔣委員長，作為肆應日方進一步挑釁之參考。

果然，在酒井發表談話的第二天──六月六日，日本多倫特務機關人員四人，均著便衣過張家口，為我駐軍趙登禹部扣留檢查，日方認為有意污辱，乃由關東軍代表土肥原賢二，向我提出交涉，要求撤免察哈爾省主席宋哲元，並處罰責任者，否則出兵佔領察省，一時事態極為嚴重，所謂「察北事件」，遂在河北事件正在交涉中同時發生。同日，國民政府特派于學忠為川、陝、甘邊區剿匪總司令，張厚琬代理河北省政府主席。

日本軍方，此時更以十分嚴重的態度，計劃逼迫我國就範的陰謀。六月七日晨，日本駐華大使館首席武官磯谷廉介少將，為與華北駐屯軍商討所謂最後手段之決心，特由南京北上，抵達天津後，即於同日上午八時，在日租界日軍司令部會議廳舉行擴大軍事會議，由梅津司令官主席，與會者除磯谷外，尚有酒井、高橋、關東軍參謀長棠脅、駐榆關特務機關長儀我、華北駐屯軍高級參謀石井、偽「滿」總務廳駐津特務機關長青朽、及憲兵隊長池上遷等軍事人員多人。該次會議內容，經我方情報人員完全偵知，向我以「華密」電詳報，其要點如下：

㈠梅津首先致詞，並報告日本陸軍省之令，此訓令之大意為：

1.依目前情勢的演變，恐難避免不祥事件之釀成；在華日軍，應有粉身碎骨之準備。

2. 米潭之中國東北艦隊，有乘虛出擊之可能；天津華方保安隊實力強大，如戰事發生，可一舉消滅天津駐屯軍，佔領日租界。

3. 華北駐屯軍應有採取斷然手段之處置及必要之準備。

㈡ 酒井隆報告河北事件交涉之經過：

1. 聲稱何應欽不只否認藍衣社之存在，而且口出強硬之言，令人憤慨。

2. 並謂何應欽蓄意侮辱軍部，輕視日軍負責代表，至感不滿。

㈢ 池上憲兵隊長有關最近情報之報告：

1. 國民政府行政院長汪兆銘不能支持全局， 蔣委員長又有意迴避於四川山中，避不負責，日方絕不認可華方之拖延。

2. 華北在調防期間，秩序變亂，尤以東北軍走投無路，恐真應驗陸軍部之訓令。

3. 華北駐屯軍似應根據軍部之訓令，採取斷然手段。

㈣ 對華方交涉方式及軍事準備之決議：

1. 由華北軍部負責向南京政府提出嚴重抗議，華北排日問題，決非更換一二官吏即可解決；尤以于學忠免一省主席職務，而竟任三省職務，實無誠意。

2. 準備萬一之計劃，為以華北駐屯軍為主體，佔領津浦線黃河北岸及天津。

3. 關東軍出榆關，維持戰區治安，監視灰色軍之戰區保安隊劉佐周諸部。

4. 熱河駐軍迅速出古北口，佔領北平，同時下張家口及察東，壓迫駐北平之中央軍徐庭瑤、黃杰、關麟徵諸部隊。

㈤上述各項軍事準備完成後，由華北駐屯軍提出哀的美敦書，限廿四小時內答復左列全部要求：

1.根據辛丑天津條約，要求嚴懲暗殺案禍首，及接濟義勇匪軍孫永勤而破壞戰區治安之禍首。

2.取消華北藍衣社。

3.撤退華北黨部。

4.擴大非武裝地帶。

5.凡係抗日部隊即時實現離開華北。

事件演變至此，已至非以極端審慎應付不可之境地，尤以此時突然發生「察北事件」，情勢更為複雜。我除分電　蔣委員長及行政院密報所獲各項重要情報外，又迅急採取應付日方的策略。此時酒井隆與高橋坦已根據上述日方天津會議的決定，約期與我會見，乃約定六月九日在居仁堂與之作第三度的會談。

六、秉持決策審慎因應

六月九日，我在居仁堂第三次接見酒井隆及高橋坦。在此之前，我已秉承中央決定原則，自動於六月七日將軍分會之政治訓練處裁撤，下令將憲兵第三團調防，並下條諭給軍分會辦公廳，著即嚴令平、津兩市長、平津衛戍司令部、天津警備司令部及北平憲兵司令部，對於有礙中外邦交之秘密結社及秘密團體嚴加取締。以上各項，均於八日送中央社發表新聞，九日見報，藉以堵塞酒井等擴大事端的藉口。

酒井等到了居仁堂，我當即向他們口頭答復各項要求大致都已接受，並口頭說明中央對日的方針，其要點如下：

㈠對於日方希望之點，截至昨日：

1.于學忠、張廷諤已他調。
2.軍分會政訓處已結束，憲三團已他調。
3.河北省黨部已移保定，天津市黨部已停止工作。
4.日方認為有礙兩國邦交之團體（如勵志社、軍事雜誌社）已結束。
5.五十一軍已決定他調。

(二)　蔣委員長對於中、日問題之見解，於其今年二月十四日，對大阪朝日新聞記者之談話，可以見之。中、日必須親善提攜，方足互維東亞大局之和平；此乃我中央既定之方針，亦即　蔣委員長之方針，迄今並無變更。凡此皆有事實可以證明，非僅言語所能掩飾。

酒井隆、高橋坦對此答復，表示仍不滿意，又向我提出以下四項要求：

(一)河北省內，一切黨部完全取消。
(二)五十一軍撤退，並將撤退日期，告知日方。
(三)中央軍第二師（按即黃杰部）、第廿五師（按即關麟徵部）他調。
(四)排日行為之禁止。

並謂希望即日辦理，否則日軍即自由行動。又謂：(一)(二)(三)項均係決定之件，絕無讓步可言，並請於十二日午前答復等語。當時情況，異常緊張。

同時，酒井隆並交來繕寫之件一份（計三頁），其內容如下：

第一、中國方面迄今依交涉承諾之事項：

(一)蔣孝先、丁昌、曾擴情等之免職。

㈡于學忠及張廷諤一派之免職。
㈢第廿五師學生訓練班之解散。
㈣天津市黨部之解散。
㈤憲兵第三團之撤退。
㈥軍分會政治訓練處之解散。
㈦藍衣社類似機構之撤廢。
㈧勵志社北平支部之撤廢。（以上書在第一頁）
一、撤退之各機關，不得再進入；又足使對日關係有不良之虞之新人或新機關亦不得進入。
二、省、市職員人物之事項。
三、約束事項及監視糾察手段。（以上書在第二頁）
第二、未著手事項：
㈠河北省內黨部之撤退。
㈡五十一軍之撤退。
㈢中央軍之撤退。
㈣全中國排日、排外行為之禁止。（以上書在第三頁）

此項書面要求之第三頁第㈣項，與口頭要求不同者，將「排日」行為改為「全中國排日、排外行為」，範圍已予擴大，同時，酒井隆談畢而去，俄頃又重返，向我再加說明稱：「中央軍調離河北，係日軍部之決議，萬難更改」等語。

當天，日軍便在古北口、山海關增加步、騎、空各部隊的行動，作出向平津地區推進的態勢，以示威脅；酒井又於同日託人向我再度催告。我遂於九日速電　蔣委員長及行政院報告第三次會談經過外，並於當日晚七時上電在成都之　蔣委員長及行政院，報告酒井再度催逼之經過。略稱：

酒井隆頃託人來告，彼接軍部電，河北省內黨部取消及中央軍撤離冀境兩事，必須辦到，並須於文到日以前答復。又云如將今日所提各項辦到，則河北問題，即可告一段落。又謂：此事完全由駐屯軍負責辦理；如我方直向外交界進行接洽或其他策動，則恐事態益致擴大，不易辦理等語。

行政院長汪兆銘，在連接我各電後，即日以兩電復我，大意謂第㈠㈣兩項非中央命令不能生效（按即黨部撤退及全國排日行動之禁止兩項），第㈡㈢兩項請我即辦（按即五十一軍及中央軍之撤退兩項）。但　蔣委員長九日復電指示，則堅主中央軍撤退一節，決不能接受。原電稱：

北平何部長：陽酉行密電悉。〇密。中央軍南移問題，決難接受。應一面暗中佈置固守，以防萬一；一面多方設法，盡力打消其要求。其餘各節，准可速辦。事機急迫，一切仍請兄相機處理。至中央軍不能南移，及南移後不特不能消弭禍患反增棘手之理由，另詳復汪先生電中，已另錄奉達矣。中正。泰未行秘。十四點三十分發。

此時中央各有關方面，亦頻頻集議會商，詳加研討。十日晨，中央臨時緊急會議，基於忍痛維持和平的方針，決定了接受日方要求以避免戰爭的決議，除由國民政府發布禁止全國排日、排外的「敦睦邦交令」外，並由行政院致電給我。原電略稱：

今晨中央緊急會議，對於河北省內黨部已決議，由秘書處電達。對於全國排日、排外之禁止，已由國府重申明令。對於五十一軍及中央軍之撤退，無異議；惟撤退後如日軍仍進迫不已，則只有出於一戰，不能不戰而放棄河北。

中央執行委員會秘書處十日來電略稱：

在河北省境內各黨部，經決議一律即日起卸牌撤退，乞即分別飭知。

這種為國家民族命脈而忍辱負重的決定，確實是當年政府決心於適當時期抵抗日本軍閥以報仇雪恥的大政方針，使我感動不已。我即秉持此項決定，等候酒井等來訪，以此決定答復，看他們有何反應。

七、覺書爭議便函解決

酒井隆及高橋坦，果然不等到十二日的限期居滿，聽到了中國政府發布「敦睦邦交令」的消息，遂於十日下午五時三十分，由高橋坦四度來居仁堂見我，當由我口頭答復：

㈠河北省內黨部之撤退，已於今日下令，即日起開始結束。

㈡五十一軍已開始移動，預定自十一日起，用火車向河南省輸送，大約本月廿五日輸送完畢。但如因車輛缺乏，或須延長數日。

㈢第廿五師、第二師已決定他調，預定一個月運畢。

㈣關於全國排外、排日之禁止，已由國民政府重申明令。

高橋對我的答復，表示滿意，無異詞而去。我即於同時上電　蔣委員長報告並電知行政院。並即日發布將中央軍第廿五師調往陝西剿匪、第二師調往豫、皖邊疆剿匪之命令，及河北事件和平解決之新聞。

此事到此本已告一段落，不料第二天，六月十一日，高橋坦忽又到軍分會，會見我辦公廳副組長朱世勤，送來所擬的「覺書」稿，請我照繕一份，蓋章送交日方。這個荒謬的「覺書」，除不合口頭解決的原則外，更增加了附帶事項，其原文如下：

覺書

㈠中國方面，對於日本軍曾經承認實行之事項如左：

1.于學忠及張廷諤一派之罷免。

2.蔣孝先、丁昌、曾擴情、何一飛之罷免。

3.憲兵第三團之撤去。

4.軍分會政治訓練處及北平軍事雜誌社之解散。

5.日本方面所謂之藍衣社、復興社等有害於中、日兩國國交之秘密機關之取締，並不容許其存在。

6.河北省內一切黨部之撤退，勵志社北平支部之撤廢。

7.第五十一軍撤退河北省外。

8.第二師、第廿五師撤退河北省外，及第廿五師學生訓練班之解散。

9.中國境內一般排外、排日之禁止。

㈡關於以上諸項之實行，並承認左記附帶事項：

1.與日本方面約定之事項，完全須在約定之期間內實行；更有使中、日關係不良之人員及機關，勿使從新進入。

2.任命省市等職員時，希望容納日本方面之希望，選用不使中、日關係成為不良之人物。

3.關於約定事項之實施，日本方面，採取監視及糾察之手段。

以上為備忘起見特以筆記送達。

昭和十年六月十日

國民政府軍事委員會代委員長何應欽

北平日本陸軍武官高橋坦

像這樣一個不倫不類、狂妄至極的文書，我當然堅決反對，尤其高橋坦竟妄圖以我為他的對手方，藉此製造他在河北事件中的功勞，這種野心，顯然可見，當時我真滿腔怒火，激動不已；於是嚴詞拒絕，命朱世勤同志將原覺書稿退還高橋；並向其說明，以前日方所希望各點，均由我自動實行，無須再以書面表示等語；並將此一新情況，向　蔣委員長及行政院電告。次日及十三日，行政院及　蔣委員長先後復電，同意我拒絕在覺書上蓋章送還的決定。

六月十三日，我因急須赴京，向中央報告河北事件交涉經過，以及關東軍陰謀成立「華北國」計劃，俾對抗日禦侮軍事，作切實有效的準備，乃於是日晨乘專車由平漢路南下，轉隴海路東行，十四日薄暮抵徐州。在徐州旅次，即接到軍分會辦公廳主任鮑文樾的來電報告，高橋又於十三日午後五時到軍分會見鮑，仍提出書面文件，文字與前同，但改「覺書」為「備忘錄」，要求由高橋代表梅津，由鮑代表我分別簽字，經鮑婉拒，高橋初頗堅持，繼則請鮑向我轉達。我於十五日到達南京後，遂即出席國防會議臨時會，將來電提出報告，當經討論決議：「此事始終口頭交涉，且酒井隆參謀長，高橋坦武官一再聲明，由中國自動辦理。現中國均已自動辦理，且必能如期辦妥，是日方意見已完全達到，實無文字規定之必要，我方難以照辦，應請日方原諒。」我將此決議文上電　蔣委員長請示，蒙復電指示，「答復措詞甚妥」。遂即電告軍分會辦公廳照此決議答復高橋。

高橋坦鑒於我方態度之嚴正與堅持，情急之下，乃找我外交部駐平人員一再糾纏，一面出言威脅，一面謂此一備忘錄，是奉在東京的參謀總長閑院宮載仁之命辦理的，如不能實現，則無法復命。但由於我方仍然堅決拒絕，高橋終於自知其難以強迫手段達成其目的，遂放棄索取備忘錄，而只是央請中國方面至少請給予一個表示承諾的書面通知；並擬就通知稿一件，措詞如下：

由北平軍分會何委員長送致梅津司令官之通告：六月九日由酒井隆參謀長所提出之約定事項，並關於實施此等事項之附帶事項，均承諾之；並擬自動的使其實現，特此通告。

高橋並謂：「此為梅津表示好感，最後讓步，希望承認，作一結束。」鮑文樾同志將此通告稿轉至南京後，經與中央各方面會商，最後由行政院決定，為求事件免致僵持日久生變，仍命軍分會辦公廳與日方繼續交涉，能不出此通知最好，實不得已，必須刪除所謂「附帶事項」，當軍分會辦公廳在平與高橋交涉時，政府方面亦在京與日方人員折衝，最後高橋終於讓步，不再提「附帶事項」問題，於七月一日託軍分會副組長周永業，說明河北問題，前經酒井向我提出之各事項，業已施行完了，最近雨宮武官曾與唐次長有壬洽商為使此事件告一結束，由我方出一書面通知，並交付周副組長通知參考稿一件，刪除我所堅決反對之附帶事項，此稿經鮑文樾於同日電京告我，經請示行政院，於是在行政院研商後，略為更易文字，核定由我電知軍分會辦公廳在七月六日以便函紙打字，給予日方一個通知，其全文如下：

逕啟者：六月九日酒井參謀長所提各事項，均承諾之，並自主的期其遂行。特此通知。

此致

梅津司令官閣下

何應欽

這項通知，既未由我簽字，更未蓋章，既無前稿中「約定」字樣，又刪去了所謂「附帶事項」；高橋為了自下臺階，也就予以接受，於是，河北事件的餘波，到此乃告終止。從開始到結束，並無任何文字協定。

現在我要鄭重說明，所謂「何梅協定」這個謠言，到底從何而來，作為研究現代史學者的參證。

八、「何梅協定」絕無其事

在上述通知送出的前九天，也正是前文所述察北事件於六月廿七日由察省主席秦德純致土肥原賢二便函而結束之時，六月廿八日，日本天津駐屯軍司令梅津美治郎及日本駐華大使有吉明已先後對此二事件之結束發表談話。

梅津談話中有：「關於華北交涉，幸經中國軍警，受諾我之要求，行將見諸實行者，此乃同慶之至；蓋承認其具有誠意，暫行注視締約之推移，以期局面之好轉也。」由於梅津聲明中的「暫行注視締約之推移」一語，於是日本報紙往往將河北事件與察北事件中、日雙方互相諒解之事項，而故意宣傳為條約，於是遂有所謂「何梅協定」與「秦土協定」之產生，實際上乃是日本軍閥有意造作的名詞，以圖混淆國際視聽繼續華北動亂的謀略。

這種謀略，在當時業已為世人所漸知。譬如廿四年十二月六日，日本飛機十七架，連續到北平上空示威，並在我的住所上空盤旋。次日上海《新聞報》路透社電訊報導此一事件時，曾刊載記者詢問日軍發言人之問答詞，「記者問日機根據何種條約而有飛越中國領空之權？」日軍發言人答：「六月間何應欽與前日軍司令梅津談判時，曾允日機可飛往冀省任何地點」等語。我看到這一消息，立即發布新聞，予以駁斥，當時天津《大公報》於十二月廿三日刊載我發布的聲明，剪報尚存檔卷中，茲照錄如下：

【北平電話】本月七日上海報載路透社電訊，關於日機在北平上空飛翔事，有人詢問日機根據何種條約，而有飛越中國領空之權。日軍部發言人答稱：本年六月間，何部長與日梅津司令談判，曾允日機得飛翔冀省任何地點云云。現據北平軍分會某職員談稱，日人謂何部長曾允許日機飛翔冀省任何地點，決無其事。在本年六月間冀省事件，中、日雙方交涉，自始至終，並未談及此事。又日本報所載新聞，每稱所謂「何梅協定」云云，實係離開事實之名詞，因根本無此協定。……

此項聲明發布後，頗能澄清當時謠諑；但時日稍久，中國報紙卻又拾日人牙慧，重提所謂「何梅協定」一詞。民國廿五年六月三日，我曾因上海《大公報》社論中，又出現此一名詞，曾經致函該報總經理胡政之（霖）、總主筆張季鸞，請其加以更正，原函稱：

政之、季鸞兩先生道鑒：日昨上海出版貴報社論欄內，又有涉及所謂「何梅協定」之文字。查去年六月間，河北事件之發生，中、日雙方，自始至終，均係口頭交涉，至於交涉之問題，當時均已完全解決完了，此外並未簽訂任何協定。日本報紙所載新聞，每稱所謂「何梅協定」云云，實為日方故意曲解，我國報紙，若亦不加斟酌，如此記載，是何異自入日人圈套，而承認有此協定也？猶憶去歲在平，曾將河北事件交涉經過為兩兄詳告。十二月內弟再奉命北上，又曾由軍分會發表談話，力闢日報所謂「何梅協定」之並非事實。此項談話在十二月十三日天津出版之貴報，亦曾詳細登載；今若於有意無意之間，一再援用日人曲解之詞，公諸言論，將使全國人士，懷疑莫釋，以為政府果與日方有何秘密協定也。弟意擬請兩兄轉囑編輯負責人員，對於昨日社評，設法更正，以後若其他報紙有類此之言論，尤望貴社力予闡闢，以免輾轉傳述，疑非成是，藉正視聽，而釋群惑，毋任禱幸。專此順頌著祺。

弟　何應欽拜啟　廿五、六、三

胡政之先生於四日復函，向我致歉。原函稱：

敬之部長先生賜鑒：季鸞兄自京來滬，攜到尊示敬悉，無任惶悚。前日敝報社評，涉及所謂「何梅協定」；雖附有「」，以示引用日人之言，究屬失檢；容日內另文說明，以資正誤。並知照編輯部同仁，以後隨時注意遵示辦理。專此奉復，諸希諒詧，即頌勛安。

胡霖上。六月四日

民國廿六年七月，上海《申報》曾刊載上海《字林西報》短評譯文，駁斥日人不時援引所謂「何梅協定」之誤。原文稱：

《字林西報》昨載短評云：日本發言人不時援引一九三五年「何梅協定」中之條件，以指摘華北與中央當局某種行動，違背該協定中所含之諒解，中國當局則予以切實之否認。據情觀之，或者：㈠所謂該協定並無書面之存在；㈡純屬一種口頭而關於特殊時局與當時時局所涉及之特殊組織者，而今者此種時局業已過去矣。縱進一步論，謂該協定與目前華北糾紛案確有直接關係，然日本曷為不將該協定之實在條件或意旨公諸於眾，以釋雙方之疑乎？當知日人所稱華方簽字之何應欽，今方任南京之軍政部長；而日方簽字之梅津，今在東京任陸軍次官，即使日本所發關於該協定效力之言論，稍有正準者，然亦不免有嚴重之誤解存乎其間。蓋此種言論，似不與蔣委員長所宣佈而顯由何應欽贊助之政策符合也。無論如何，該協定之公布，足以大大澄清空氣焉。

此一外人之看法，雖然稍欠深入，但立論客觀公正，具見公理正義，自在人心，日本軍閥的心勞力絀，徒為國際正義之士所鄙棄。

民國五十六年五月一日，前日本駐南京武官處職員日人岡田芳政自日本與我來函，對於此一問題為日人所製造，更有具體的說明。原函稱：

何將軍閣下：

本人係陸軍士官學校第三十六期畢業生，昭和十年（一九三五年），曾在北京陸軍武官室拜會過閣下，未悉尚有印象否？同年三月，本人奉調在南京陸軍武官雨宮中佐指導之下，從事中國研究，例如當時所稱的「何梅協定」等事件。日前磯谷廉介閣下（按即河北事件當時日本駐華大使館首席武官）在千業一宮地方患病，本人前往探視，當時病況適值稍痊，乃談及中國的往事和追憶，在談話中磯谷親口對我說：「何梅協定」完全是日本單獨強迫中國而為的，何將軍根本沒有簽字或蓋印，而日本方面故意宣傳，使人發生誤會，似真有其事的印象。

目前日本防衛廳戰史室，正在編纂「大東亞戰史」，有關此點應該特別注意，必須明確的證實一下。他當面對本人如此說，並再三催促本人迅速與何將軍聯絡，且強調戰史必須要正確的編纂，才可流傳後世。

適因陳杏村女士返回臺灣之便，託其將此信代為呈閱。為中、日兩國著想，希望中國方面，將當時的「何梅協定」的觀點披露真相於世，以明史實。如有失禮之處，敬請諒恕。伏頌閣下康健勝常。

九、期成信史無違遺訓

關於所謂「何梅協定」絕無其事問題，經本人縷述經過，所引資料，皆根據本人由北平輾轉帶來臺灣之檔案，可以說將當時河北事件真相，全部公之於世。對於近年來所閱各種有關此段事跡之歷史性書刊，無論公私機構出版者，大多數習而不察，深感遺憾。日前獲讀國民大會代表沈雲龍教授所編二書，深佩其客觀正確的采擷和記述，略作引證，更足為本文充實其內容。

第一種書籍，是沈先生主編的近代中國史料叢刊續編中的《抗戰十年前之中國》。其中各文為中國文化建設協會諸君子於民國廿六年撰文成書。此書上冊所收吳頌皋著「十年來的中國外交」一文，論及河北事件時，記載我「鑒於當時情勢惡劣，不得不忍辱接受日方要求，然僅作口頭允諾；日方猶不滿意，強欲何簽定『書面協定』，經何斷然拒絕，並即離平赴京」。此項記載，至為正確。

第二種書籍，是沈先生所編的《黃膺白先生年譜長編》。膺白先生當河北事件發生時尚任行政院駐平政務整理委員會委員長，是與我在華北共同肆應危局的戰友，沈先生的大著中，引述有關我致膺白先生的文電不少。民國廿四年六月各節，記載河北事件頗詳，其中六月十日一條記事稱：「六月十日，北平日武官辦事處發出正式文告，謂中國當局接受日方五月廿九日關於河北事件之全部要求；是即世所盛傳之『何（應欽）、梅（津）協定』。實則僅口頭應允，並無文字紀錄。」沈先生的記述，甚為正確；尤其「世所盛傳」四字，用得份量甚重；料想沈先生也是由於坊間多誤而發出的感慨。其實，我的便函，是晚在六月十日日軍武官處發表結束河北事件文告後將近一個月的時間才送出，更足證明此一便函，事實上與結束河北事件的主題無關，而且我與梅津在事件發展過程中素未謀面，所謂「協定」云者，實為酒井隆等貪功、弄權的卑劣陰謀。

在此，我必須附記一段令我極為欣慰的事實。本年五月下旬，三軍大學校長蔣緯國將軍，因編著《抗日禦侮戰史》一書，囑我作序。我除為之草就序文外，因對此書寄望甚殷，特別將河北事件的真實情況，作成參考資料兩件，第一件為「河北事件中我方對日口頭承諾之事項」，第二件為「所謂『何梅協定』絕無其事」。列舉各項史料重點，希望緯國將軍參考，以期此書對這一事件的記述，成為澄清各方誤解的信史。並請其轉達研究中日戰史同志同仁及有關史政機關，檢校舊籍，如有類似錯誤，務期無違總統　蔣公指示，一一予以更正。此項建議，承緯國將軍採納，遂即致函國防部史政局辦理。並將所附資料列入該書第三章第七節「華北之紛擾」；另行印製複印本分送史政局、國史館及中央研究院近代史研所等單位。史政局已於本年七月廿三日以(66)菁茵字第五七八號函，分致中央黨史委員會、國史館、陸、海、空、勤、警各總司令部、憲兵司令部、各直屬學校以及國防部各一級單位，澄清此一事件，並將抗日戰史中有關「何梅協定」之記載刪除。本人對此，至表感謝，更盼海內外史學家及出版界，也惠予更正若干書刊中類似的錯誤，以保持歷史的真實性。

十、結語——感人的慰勉

這篇史料性的短文，至此必須結束；我深願國內外人士，在閱畢此文時，不但要回溯文首我所引錄　蔣公的講詞，更願引　蔣公在河北事件結束後，給我以及黨政高級同志的慰勉密電一通，其中有這樣沉痛的訓示：

對方之謀我無窮，未來之事變難測；此時惟有確立一定之方針，以待不可預知之變化。雖危亡能否挽救，非所敢知；而吾人此心，必可對天下後世而無所愧怍。尤要者，言忍讓則當勿忘革命之立場；持我壯志，行以審慎，不為任何之脅誘所搖奪；言犧牲尤當知委曲求全之必要，勿因避免疑謗，或為求諒一時，而逞其意氣，以求孤注之一擲。　總理以整個中國與國民革命事業，交付與吾儕中央諸同志，吾人丁此危難，生死且勿遑計，他更何所顧惜？由客觀形勢以言，正惟最後必須有吾人悲壯犧牲之一幕，故此時之委曲忍讓，決非苟求倖全，蓋未至最後應犧牲之時期耳。總之，犧牲之價值，必待至國脈民命之關鍵；否則徒逞一時之意氣，置國家民族前途於不顧，以增個人民英雄之虛名，此非吾人之所能為也。

當時，我曾為 蔣公此一偉大的訓示，而感動落淚，掃除了我自塘沽停戰協定以來的憂謗畏譏的心情，而更加奮勉，為國效命；如今，我更願以此短文，澄清多年來關於所謂「何梅協定」的錯誤記述，為國家保存一部份可資借鏡的信史，為這一代青年反共復國的奮鬥，來作必勝必成的歷史保證。

何應欽組閣與護憲——為國民大會紀念行憲三十年特刊作

中華民國民主憲政的實施，到本年十二月二十五日已居三十年。緬懷先總統　蔣公為推行民主憲政所創造的豐功偉業，以及我全國同胞為民主憲政而奮鬥的艱苦歷程，益感今日在臺澎復興基地所享受的自由、民主的福祉得來匪易。應欽追隨　蔣公，數十年戎馬倥傯，獻身革命事業之目的，即在於懍遵　國父遺訓，輔弼　領袖，為排除革命障礙，貫徹三民主義的民主憲政的理想而努力。今當紀念行憲三十週年，願隨諸君子之後，追懷舊事，略述我在行憲伊始，中共擴大叛亂的時候，臨危受命，組閣與護憲的經過，以為我全國同胞告，兼以闡揚先總統　蔣公忍辱負重、維護民主憲政法統的堅毅精神。

一、行憲伊始奉命入閣

我在抗戰勝利受降之後，即奉命結束中國戰區陸軍總司令部，於民國三十五年七月赴美，出任聯合國安全理事會軍事參謀團中國代表團團長，致力於「聯合國軍」組織的研討工作，因蘇俄的作梗，折衝討論無寧日。因此，雖然身為制憲國民大會代表，但並未能返國出席三十五年十一月十五日召開的制憲國民大會。當時，在美國策劃進行中的三人軍事調處小組工作已居失敗，美特使馬歇爾已無法遏止中共的叛亂行動，以致於華北各地，皆受到中共武裝挑釁與攻擊，中共復拒絕出席制憲國民大會。在中華民國憲法制定後，以至於民國三十六年憲政實施的一年間，政府一方面以全力進行憲政實施的準備工作，一方面又要壓制中共的統戰陰謀和在東北等地的擴大叛亂。三十六年十一月，我當選貴陽市第一屆國民大會代表，在國外對於中共軍事顛覆行動，憂心如焚。曾致函陳辭修、陳果夫、吳鐵城、陳立夫諸先生，詳述中共在美之宣傳，建議憲法既已公布，必須切實施行，以打擊中共對我散播「一黨專政」及「不民主」的惡意誣衊。並主張以武力打擊其武力，以思想打擊其思想，以政策打擊其政策，以維護我民主憲政，使之茁壯成長。

三十七年二月十日，國民政府頒發召集令，行憲第一居國民大會於三月二十九日在南京舉行。三月五日，我奉　蔣公寅歌府機電，囑「抽暇於本月底回國一行」；二十一日復奉　蔣公手令：「請回國一談」；乃於三月二十四日啟程經倫敦返國，四月一日抵京，謁　蔣公於黃埔路官邸；同日，報到出席第一居國民大會第一次會議。

國民大會第一次會議，　蔣公當選中華民國行憲後第一任總統，李宗仁亦於激烈之競爭後，當選為副總統。行憲後第一任行政院長翁文灝，呈准　蔣公任命我為行政院政務委員兼國防部部長。當時東北形勢突轉緊張，中共以一百五十萬人之兵力，分西北、華中、華東、華北、東北地區，分頭向我進犯，集中優勢，猛撲弱點，以致戰場上形成彼優我劣之勢。我於就職之日，即奉蔣公令，加強對中共之戰備，我軍秉承　最高統帥之指揮，集中主力，對黃泛區共軍陳毅、劉伯承所部三十萬之眾，進行機動之殲滅戰，擊潰共軍，殲滅其主力八萬，是為行憲後戡亂戰役一大勝利。

此時，中共以軍事與統戰雙管齊下之攻勢，破壞我社會安定，擾亂我經濟金融，以致物價高漲，通貨信用全失，政府雖發行金元券，亦無補時艱。中共更在東北、華北、大舉蠢動；十一月，瀋陽棄守，共軍以八十萬人之兵力，向我徐州進犯，而京滬兩地，又發生搶米風潮，行政院長翁文灝因幣制改革失敗而辭職，孫哲生先生任院長，我遂得稍卸仔肩。

二、中共叛亂動搖國本

副總統李宗仁，原為北平行營主任，當選之後，仍兼行營職務，日與知識份子相周旋，並與左派職業文人往來密切，早對戡亂前途失卻信心。徐蚌會戰我軍失利後，更冀圖與中共談和，以逞其個人私慾。三十七年十二月二十四日，華中剿匪總司令白崇禧，首先電呈　蔣公，主張與中共謀和，其上　蔣公之「敬電」中，提出下列三點：

(一)相機將真正謀和誠意轉知美國，請英、美、蘇三國出而調處，共同斡旋和平。

(二)由民意機關向雙方呼籲和平，恢復和平談判。

(三)雙方軍隊應在原地停止軍事行動，聽候和平談判解決。並望乘京、滬、平、津尚在國軍掌握之中迅作對內外和談部署，爭取時間。

緊隨白崇禧敬電的發出，二十五日李宗仁與其親信甘介侯等也立即宣布和平主張，提出五項要求：

(一)蔣總統下野，

(二)釋放政治犯，

(三)言論集會自由，

(四)兩軍各自撤退三十里，

(五)劃上海為自由市，政府撤退駐軍；並任命各黨派人士組織上海市聯合政府；政府與共黨代表在上海舉行和談。並主張總統下野後，由李副總統繼承大任。

十二月三十日，白崇禧再發通電主和，河南省政府主席張軫，亦於同日電呈　蔣公，要求　蔣公毅然下野。

湖南省政府主席、競選副總統失敗的程潛，亦於二十五日發表通電，要求　蔣公下野，響應李宗仁的主張。

蔣公處於此種情勢下，發揮其堅忍謀國之革命精神，決不在威迫脅持下而即時引退，遂在三十八年元旦，發布文告，表明對和平的途徑與做法。文告稱：

今日世局為和為戰，人民為禍為福，其關鍵不在於政治，亦非我同胞片面的希望所能達成。須知這個問題的決定，全在於共黨。國家能否轉危為安，人民能否轉禍為福，乃在共黨一轉念之間。所以我們同胞要先問明共黨，其對和平的意嚮究竟如何？只要共黨一有和平的誠意，能作確切的表示，政府必開誠相見，願與商討停止戰爭恢復和平的具體方法。只要和議無害於國家的獨立完整，而有助於人民的休養生息；只要神聖的憲法不由我而違反，民主憲政不由此而破壞，中華民國的國體能夠確保，中華民國的法統不致中斷；軍隊有確實的保障，人民能夠維持其自由的生活方式，與目前最低生活水準，則我個人更無復他求。中正畢生革命，早置生死於度外，只望和平果能實現，則個人的進退出處絕不縈懷，而一惟國民的公意是從。如果共黨始終堅持武裝叛亂到底，則政府亦惟有盡其衛國救民之職責，自不能不與共黨周旋到底。尤其是京滬戰區，為政府中樞所在，更不能不全力保衛，實行決戰，我深信政府不僅在此有決勝的把握，而且整個國家轉危為安、全體人民轉禍為福的契機，亦在於此。我同胞須知今日惟有軍民一致，堅持此自衛戰爭，而在決戰之中獲得勝利，才能爭取真正和平；更惟有忍受一時痛苦犧牲，才能免鐵幕重重暗無天日的地獄生活。

蔣公的此一文告，六項原則的指示與和戰的選擇，至為明顯；然而當時一般和平論者及共黨外圍份子，未能瞭解　蔣公此項警惕性的指示，反認為政府既已表示可以和平，即應立即採取向中共談判和平之步驟。此時，各軍政部門，多為中共所滲透，而各地民眾及學生團體，在中共及其外圍份子之策動下，更大肆呼叫和平，如中風狂走；表面上聲稱響應　蔣公元旦文告，實際上則是迫使政府向中共求和。

元月二日，　蔣公電復白崇禧、張軫，表示只要「對當前國是，能共商合理之解決，則中正決無他求；即個人之進退出處，均惟全國人民與全體袍澤之公意是從。」致白電中有：「言和之難，卓見已詳，如何乃可化除共黨赤禍全國之野心，以達成保國保民之利；如何乃可防共黨翻雨覆雨之陰謀，以免戰禍再起之害。」致張電中有云：「須知今日之事，可和而不可降，能戰而後能和，國族之存亡繫於是，兄等自身之安危亦繫於是。」真可謂苦口婆心，叮嚀備至；無奈失敗主義早已深植若輩之心，終未能挽回謀和者的幻想。

正當此時，共軍已逼長江北岸。毛澤東於元月十四日竟在陝西中共電臺播出所謂「和平談判」之八項條件：

(一)懲辦戰爭罪犯；

(二)廢除憲法；

(三)廢除中華民國法統；

(四)依據民主原則，改編國軍；

(五)沒收官僚資本；

(六)改革土地制度；

(七)廢除「賣國條約」；

(八)召開沒有「反動份子」參加的政治協商會議，成立民主聯合政府。中央及地方政權，由民主聯合政府接收。

是時，政府中謀和份子與若干民意代表，活躍非常，影響所及，人心惶惶不可終日。十九日，行政院通過立即停戰與中共進行「和談」案，中政會復對行政院之決議加以同意；二十一日，　蔣公乃約宴五院院長與中央常務委員，發布文告，宣告引退。當時在座中樞同志，莫不感情激動，聲淚俱下。

三、總統指示承當艱危

李宗仁於一月二十二日代行總統職權後，立即指派邵力子、張治中、黃紹竑、鍾天心、彭昭賢等五人為和談代表。並先後下令撤銷政府頒布之總動員令，停止戒嚴法之施行，改各地剿匪總部為長官公署，釋放政治犯，撤銷特種刑事法庭，二十七日，更致電中共，願接受毛澤東八項和談條款。決心與中共開始和平談判。元月二十五日，中共宣布願在毛澤東元月十四日聲明之基礎下談判和平。但認彭昭賢為戰犯，不予接待。

此時，共軍前鋒，更向南京進迫，除浦口外，國軍幾已盡棄江北一切據點。中共廣播，要求南京政府為表示和談誠意，必須先將戰犯扣留，即李宗仁亦不可免。李認為事態嚴重，乃邀請顏惠慶、章士釗等往晤毛澤東，探詢其態度，一行並無結果。二月二十五，李宗仁巡視廣州、桂林後回南京，立即準備調換行政院長，強我繼任；我因素不直李之所為，道不同不相為謀；且未經本黨組織決定，乃予婉拒。三月八日，孫哲生先生內閣總辭，李倉皇之間，無法找到過渡人選繼任，仍屬意於我，我聞訊遂於當日偕同內子前往杭州，藉避壽希擺脫李的糾纏。　蔣公時在溪口故里，得知我六十初度，特手書「安危同仗，甘苦共嘗」八字賜祝，我內心極為感動。旋吳禮卿先生來杭州，謂受李所託前來勸我接受提名；我以與李主張不同，仍予辭謝，禮卿先生乃飛溪口謁　蔣公請示意旨。三月十一日，　蔣公命禮卿先生帶下親筆函一通，諭知我應以保全革命碩果之基礎為念而出任艱鉅，原函稱：

敬之吾兄勛鑒：禮卿、文白二兄來奉，關於大局與個人之出處，均已詳討甚切，中以為只要於革命前途有益，使舊屬官兵有所依託，而不致散亂，以保全革命碩果之基礎，則兄應毅然應命，更不必論職位之尊卑與個人之得失。此為中對革命責任之基本觀念，亦望吾兄能以中之意志，承當此艱危之局勢也。餘託禮卿、文白二兄面詳一切，恕不贅述，順頌時祉。中正手啟。三月十日。

我接到 蔣公此信之後，深感 蔣公諄諄勗勉之殷；經再四思維，以為分屬黨員及革命軍人，既承領袖重囑，自應重加考慮；嗣又盱衡全局，默察和戰之計，認為國家已至如此危急存亡之秋，無論個人任何行動，必須秉承 蔣公元旦文告指示之方針，談和則必須以維護憲法及民主憲政法統為不變原則，和談不成則必須團結一切力量與中共作堅決的戰鬥。果能如 蔣公所示，在此一關鍵時刻，能使舊屬官兵有所依託，革命陣營與憲政體制不致破壞，則個人的榮辱毀譽，自當在所不計。經與禮卿先生一再榷商，託他將我的基本立場向李說明，此外並提出我對當時國家政策的主張七點，託禮卿先生詢明李是否同意，如李同意，當可秉承蔣公意旨，勉膺重任。此七項主張的重點是：

(一)根據中華民國憲法之精神，確守憲政制度，對政府各院部會首長之權限，皆應明白劃分；俾任何人任院部會首長時，皆有所遵循，負其應負之責任。

(二)目前必須舉國團結一致，尤其本黨各重要幹部更須精誠合作，始能革新改進，挽回危局。

(三)和平為舉國一致之願望，但必須公平合理；在此限度內，當不惜委曲求全，以謀永久和平，並應得本黨中央之同意。如超越此一限度，或未得中央同意，內閣即無法執行此一任務。

(四)目前金融財政已瀕崩潰，民生痛苦，國庫空虛，亟應充實國庫，穩定幣值，增加生產，改進稅收，釐訂良好辦法，以資挽救。

(五)現時軍隊番號雖多，人員並不充足，亟應採取精兵主義，切實整編，俾能發揮應有之戰力。

(六)我國現為民主憲政國家，行政院依照憲法規定，須向立法院負責，因此，行政院政策必須獲得立法院多數委員之支持。

(七)外交問題，應採取善鄰政策，對各友邦均須兼顧，俾能和協邦交，爭取外援。

我所以提出以上七點主張的原因，就是鑒於李宗仁私心自用，醉心和談，深恐其一意孤行，接受中共誘降條件，使我國脈民命，淪入萬劫不復之境。於是堅請吳禮卿先生先行與李接洽，待獲得答復後，再定行止。禮卿先生旋即返京，與李榷商後，給我的答復是李宗仁同意我的立場和主張，於是，我才應允接受李的提名。

四、勉允組閣試圖談判

三月十二日，李宗仁以代總統身份，依照憲法規定，提名我為行政院院長，咨請立法院同意。立法院接到此項咨文後即於同日下午三時舉行第二會期第一次臨時會議，出席立法委員二四〇人，由院長童冠賢主席，秘書處報告本案並宣讀咨文後，依規定改開全院委員會審查，旋即繼續舉行大會，進行投票，開票結果，我獲得同意票二百零九票，不同意票三十票，另廢票一張，我以高票獲得同意，以一軍人少涉政治如我者，竟獲得大多數立法委員的信任，殊出我意料之外。

三月十五日，我由杭州經上海到南京，籌劃新閣組織。是時，長江北岸戰雲密佈，共軍二十個縱隊集結江北沿岸地區，乘機而動，我組閣的消息傳出，中共新華社於十六日廣播，對我在抗戰期間奉命整飭中共新四軍叛亂一事肆意攻訐，並對我出任行政院院長，予以瘋狂抨擊，企圖煽動人民對新閣不予信賴支持；但我以沉著堅定之態度應之，不為所動。二十二日，新閣組成，精簡人事，設八部兩會，為當前行政院組織的濫觴。二十四日，我與全體閣員正式就職，當即宣布新閣的主要任務，在於革新軍事、維護憲政與安定民生。

一方面要順應當前情勢，準備與中共作公平合理的談判；一方面更要秉承　蔣公意旨，加強華南、西南各省以及臺澎、海南各地繼續戡亂的戰備。旋即舉行第一次行政院會議，討論李宗仁交下之「和談代表」人選。李於二十五日正式令派張治中、邵力子、黃紹竑、章士釗、李蒸為代表，並以張治中為首席代表。我於當日接見各代表懇談，將我的立場與和談不成後之做法，充分向代表們說明。二十九日，李又加派劉斐為代表，無黨派之立法委員盧郁文為秘書長，此外聘請顧問六人，指派秘書五人，組成「政府和平商談代表團」。

關於和談代表團的人選，我與李宗仁的意見，即有相當遙遠的距離，但當時形格勢禁，爭執也無用，最後權衡邵力子、張治中兩誰為首席代表較為相宜問題，我覺得張雖不可靠，但邵更左傾，與其用邵必將一面倒，不如用張或可予以影響；於是行政院會議仍建議以張為首席代表。關於李突然增派劉斐參加代表團，大出我的意外。劉斐原為李所推薦，蒙政府拔擢重用，負責參謀本部作戰重任，自共軍叛亂以來，軍機屢次外洩，令人對其極為起疑，並以言行鬼祟，經國先生在《負重致遠》一書中敘述其二月十九日在溪口晉謁　蔣公時，亦有深刻的印象。劉之參加代表團，我反對亦無效，中心至為不快。此時我即感與李絕難相處，但甫經就職，不便因一人一事之爭，而貽誤國事，所以力求隱忍，試圖所謂「和談」的進行。

五、堅守立場護憲護國

三月三十日，我列席立法院第三會期第九次會議，作施政方針報告。列舉政治、軍事、財政金融、經濟交通四項，說明新閣的政策方向與規畫。其主要者為政治方針十五項，重要主張為：建立國家的和平統一，在公平合理的原則下與中共進行全面和平商談。根據中華民國憲法均權原則的規定，調整中央與地方權限，以避免中央過於集權，使地方自治雖在非常時期，仍能切實推行。敦睦外交關係，不使我國本身地位或國內情況，危害國際間之和平與安定。歡迎一切有益於我國民生及社會經濟之外援，但以無損於主權為原則。以上各項重點，其主要用意在於維護我民主憲政體制於不墮，保持我中華民國憲法的尊嚴，並防止李宗仁集大權於一身，牽掣我自由地區憲政之推行，藉以多保一塊國家的乾淨土，免為共軍所蹂躪，而徐圖匡復之計。報告之後，頗獲立法委員的讚許。

在此期間，政府已預先擬訂方案，作為商談之用，方案分和談之原則、和談之基礎及和談之條件三大項，其重要之點如下：

㈠和談之原則，應互相尊重，彼此以平等地位，開誠商討。

㈡和談之基礎，雙方代表應以 蔣總統元旦文告所列六原則及中共聲明所列八條件為談判基礎。

㈢和談之條件，共列十二點：

1. 戰爭責任問題不予討論。
2. 簽署一項人權宣言，構成憲法之一部份。
3. 將來之政府除自衛外，不牽累全國人民加入任何國際戰爭。
4. 現行憲法之原則，大部份曾經參加前政治協商會議之各黨派同意，如須修改，必須召開全國各黨派新政治協商會議決定修憲原則及方式；但現有之國號、國體、國旗、國徽、國曆，以及人民之基本自由與經濟生活等，應予保持。
5. 鑒於歷史之連續性，中華民國之法統應予維持。
6. 整編軍隊，應分兩期辦理。
7. 人民之私有財產應予保障。

8. 土地制度以「耕者有其田」為最高指導原則。

9. 廢止或修改損害國家主權之中外條約。

10. 基於民主平等之原則，商定召開新政治協商會議之法。

11. 雙方停戰辦法，另議過渡時期條款。

12. 雙方締結之文件，應完成立法程序。

除以上準備之方案外，另由國防部擬具停戰協定草案一份，以備商談前先行商討停戰之用。

此時，本黨中央為指導談判之進行，由留京之中央常務委員集會，決定組織和談指導委員會。委員人選為李宗仁、何應欽、于右任、居正、童冠賢、吳鐵城、張群、孫科、朱家驊、吳忠信、徐永昌等十一人。

中共方面的代表團，已早於二十六日廣播宣布為周恩來、林伯渠、林彪、葉劍英、李維漢等五人，以周為首席代表，後又加入聶榮臻，並指定以北平為談判地點。

六、秉承意旨與中共周旋

四月一日，政府和平商談代表團張治中等一行，由上海乘機赴北平。起飛後，南京專科以上學校學生二千餘人，在中共策動之下，忽然舉行示威大遊行，散發反政府之宣傳品，在光華門一帶與收容總隊官佐發生衝突，雙方負傷者百餘人。

代表團到達北平後，尚未開始談判，即為中共分化愚弄。據張治中來電告我，周恩來提議於二、三、四三日分別交談，作商談之準備。五日起正式商談。但四月一日晚即由周恩來、林彪與張治中、邵力子交談，林伯渠與章士釗交談，李維漢與李蒸交談。二日起，更進行個別交談；由林伯渠與張治中、邵力子、黃紹竑、李蒸等分別談話，林彪、葉劍英與劉斐交談，周恩來與黃紹竑及其他代表團隨員分別談話；李維漢則與章士釗、李蒸等分別交談。中共所以採取此種方式者，一則借此進行其分化作用，一則可以探聽各人不同之意見，尤其劉斐之與林、葉二人密談，必將我軍事機密完全洩露，已早在 蔣公預料之中。

綜合前兩日各方面消息，中共在談判開始前，即已堅持懲治所謂「戰犯」；不同意雙方軍隊各守原防，並要求我江南憲警必須全部撤退；以及要李宗仁、白崇禧、顧祝同、于右任、居正及我皆去北平。中共並要求談判內容，須守秘密，以使我無法將情況隨時公於國民。

此時， 蔣公在溪口，對於談判事宜，異常關切，曾命經國先生對中央黨部轉達補充指示兩項：「㈠和談必須先訂停戰協定㈡共軍何日渡江，則和談何日停止，其破壞責任應由共方負之。」中央執監常務委員及中政委員早在三月三十日即在廣州舉行聯席會議，決定和談五項基本原則：㈠停戰須在和談之前實現；㈡國體不容變更；㈢修改憲法須依法定手續；㈣人民之自由生活方式必須保障；㈤土地改革首先實行，但反對以暴力實行土地革命。此五項基本原則早融入於前述預擬和談方案之中，而停戰協定草案亦已由代表團帶往北平。我個人堅守上述各項原則及指示，決定如不能合乎原則，決不惜談判破裂，以粉碎中共陰謀及投降主義者的幻想，無負 蔣公期許之殷。

四月五日談判開始，中共經由所謂「第三方面」代表，對李提出組織所謂「聯合委員會」的主張，毛澤東任「主席」，李宗仁副之，但李須前往北平，共同管理國共軍隊之移交，並限期答復；迫降態勢，於談判開始即行出現，中共手段之毒辣，可以想見。其後李要求隔長江而分治，共方亦予以拒絕，堅持無論和戰，均須渡江。

四月七日，中常會在廣州舉行會議，我由京赴穗出席，對談判之進行，提出詳細報告，並說明本人一日未離行政院長職位，則必為維護國家法統及憲政體制而奮鬥，決不依阿取容，失去基本立場。中常會一日之內，舉行會議三次，出席委員發言熱烈，反對「聯合政府」甚力。最後對 蔣公指示和談方針，一致通過；並決定成立和談特種委員會。常會在決議文中決定和談原則五點：

㈠為表示謀和誠意，取信國人，在和談開始時，雙方下令停戰，部隊各守原防。共軍在和談期間，如實行渡江，即表示無謀和誠意，政府即應召回代表，並宣告和談破裂之責任屬於共黨。

㈡為保持國家獨立自主之精神，以踐履聯合國憲章所賦予之責任，對於向以國際合作，維護世界和平之外交政策，應予維持。

㈢為切實維護人民之自由生活方式，應停止所有施用暴力之政策，對於人民之自由權利及其生命財產，應依法予以保障。

㈣雙方軍隊應在平等條約之下，各就防區，自行整編，其整編方案，必須有互相尊重、同時實行之保證。

㈤政府之組織形式及其構成份子，以確能保證上列第㈡㈢㈣各項原則之實施為條件。

此一決策，與我基本立場完全相符，我決堅決執行，不惜和談破裂而與共軍決戰。

七、神秘人物鎩羽歸去

在此一段期間，中共除根據其「八項原則」，壓迫政府作城下之盟外，前述所謂「第三方面」神秘人物的活動，在南京頗為各方人士所注視。當五日和談甫經開始，有朱蘊三、李明欣及劉子衡者三人，由北平來南京，自稱係周恩來所派遣，向李宗仁及我分別洽談。當時三人來歷並不瞭解，事後調查，朱為一安徽老人，國學尚有根柢。劉為山東滕縣人，中央大學畢業，行為怪異，自號「興聖大師」，到處「講學」，獵取古人冷僻之學自我標榜，藉以結納軍政人士，李濟深即為其東翁之一。李明欣則迄未瞭解其底細。此三位神秘人物，向李和我作說詞時，聲稱：「只要政府接受八條件中之廢除憲法、廢除法統之二條件，其餘均無問題。」李當時為之心動，曾向我表示，有意接受此二條件，我立即予以反對；並向三人鄭重聲明：「所謂廢除憲法、廢除法統者，即係將中華民國之名稱，改為偽『中華人民共和國』，將中華民國之青天白日旗改為『五星旗』，此與投降亡國何異？」堅決予以拒絕，三人語塞，遂不再與我深談，轉而請李前往北平。窺其來京的動機，完全是中共統戰的另一方法，一在企圖軟化政府對和平條款的態度，一在分化政府方面的團結。結果前者目的未達，後者確已發生作用，使我與李之間距離更遠。最後，由朱蘊三主稿，以李的名義致電毛澤東，於四月七日乘我在廣州出席中常會時，發交張治中轉達，其電文中有云：「凡過去種種足以妨礙和平所謂戰犯云云者，果或罪有應得，宗仁願身受之，縱受湯鑊之誅，宗仁甘自當之」等語，使我大不以為然，認為這一類的言詞，不應出於代總統之口。後來，我在四月二十日，列席立法院院會，報告和談經過時，即對此數語，有所批評，我說：「這絕不是個人的問題，而是歷史性的是非；不能因我們不惜自己犧牲，即輕於遷就。」李宗仁聞知，對我更感不快。

這是當時一個最神秘、最切要的一個關鍵；假若我不堅持，李宗仁定然接受中共的條件，不但使民主憲政早受摧殘，而且更使法統中斷，國家民族蒙羞；中華民國的國際地位，更要一落千丈，為 蔣公興復大計，增加無限阻力。今天想來，我當時護憲的決心，實為 蔣公一貫的期望；我能貫徹 蔣公的意旨，至今引以為慰。

八、粉碎和談急流勇退

談判進行中，中共於四月八日，由毛澤東向代表團親自談話，提出了五點主張，故意軟硬兼施，企圖威迫成立所謂「聯合政府」，以便兵不血刃而渡長江。四月十三日，和談第一次正式會議開始，中共即提出所謂「國內和平協定草案」，其內容為八條廿四款，也就是在前述八項條件之下，分列廿四款詳細條款。此種協定，不僅等於要求我無條件投降，而且在序言中更對本黨及政府加以嚴重污衊，使人看了，怒火中燒，不能自己。

黃紹竑於十六日攜帶此一草案返京請示，說明中共於十五日第二次會議中，限期於二十日前必須簽訂，十八日，中央執行委員會在廣州發表聲明，重申和平應以本黨通過的五原則為依據。四月廿日，和談指導委員會舉行會議，決定拒絕中共協定草案，並通過答復中共電文。同日立法院舉行院會，我列席報告中共協定草案的內容，分六點說明不能接受的理由，並報告答復中共電文，均經院會同意。當於同日下午以李和我的名義將電文發出，此電除痛詆中共協定草案的荒謬主張外，並指出中共利用和談進行之際，武力攻擊，愈演愈烈，課中共以破壞談判之責任。於是，和談乃告破裂，中共遂於二十一日發出向國軍全面進攻的命令，大舉渡江，首都乃陷於嚴重威脅之下。

總裁　蔣公，在此緊要關頭，為使李宗仁能安心主政，盡其職守，乃於四月二十二日，電召李及張岳軍，吳禮卿，王世杰諸先生與我，同至杭州舉行會議，對於此後政策，作成如下四項決議：

㈠關於共黨問題，政府今後惟有堅決作戰，為人民自由與國家獨立奮鬥到底。

㈡在政治方面，聯合全國民主自由人士，共同奮鬥。

㈢在軍事方面，由行政院何院長兼任國防部長，統一陸、海、空軍之指揮。

㈣採取緊急有效步驟，以加強本黨之團結及黨與政府之聯繫。

我於會議結束後，當夜回南京，即於夜間發表公告，申明團結反共、奮鬥到底之方針，並令新聞局發表和談破裂之公報。

公報稱：「政府為謀取全面和平，使人民獲得休養生息之機會，派遣代表前往北平，與共黨商談停止戰爭，恢復和平之辦法。經兩週餘之折衝，迄未能達成協議，最後共黨竟提出所謂『國內和平協定』，並限期答覆。全文八條二十四款，完全為征服者對被征服者受降之處置。其目的在施用武力，以消滅國家軍隊，造成恐慌，以摧殘人民自由與社會安全。一面發動全面攻擊，強行渡江。至此，共黨毫無謀和之誠意，而甘心破壞和平，擴大戰亂，與國家人民為敵，已大白於天下。」

當時我並主持政府撤離南京計劃。同時並致電我代表團，二十三日由南京派機赴平召回和談代表團南返，因航空公司電告北平機場待修，不能降落；二十四日，再派機由上海飛北平，並攜有本人致張治中及各代表函，二十五日，專機返滬，攜來張治中等五人的回信，謂被中共「留阻」，不能南歸，我知他們業已投共，遂於二十七日在廣州召開行政院院會，決議將政府和平商談代表團撤銷，並免除張治中西北軍政長官職務，另派副長官郭寄嶠代理。

五月十日，我列席立法院秘密會議，報告與中共和談破裂之經過，在結論中嚴正指出：

「今日是為國家的獨立，憲政的存續，領土的完整及人民自由生活方式之保持，而與赤色國際第五縱隊中國共產黨作戰到底，只要我們一德一心，群策群力，深信最後的勝利必屬於愛國者，而不屬於賣國者；必屬於民主自由主義者，而不屬於暴力獨裁主義者。」

立法委員諸公為之動容。

其後，民國四十三年二月十九日，總統　蔣公在國民大會第二次會致詞曾說：「當時行政院何院長應欽，堅決主張共軍若是過江，就是和談決裂；乃拒絕中共的條件，並發布召回代表團的命令。」並指出：「中華民國四十三年的歷史，完全是一部愛國者的鬥爭史，也可以說是一部護法者對毀法者的鬥爭史。」使我聆聽之下，感動不已。

自此以後二十天，形勢日非，李宗仁時而赴桂林，時而在廣州，更復致函　蔣公要求人事權與軍權，索取已經運至臺灣的黃金，並建議　蔣公出國，不要再問國事；種種行為，更加使我無限感慨，乃知事不可為，遂於五月三十日提出內閣總辭職，結束了我在國家最危難時期中的護憲工作。

九、結　語

今年行憲三十年，這段史實，已是二十八年前的陳跡；面對當前復興基地民主憲政的宏偉績效，與飄揚在寶島上空及自由世界青天白日滿地紅的國旗，回憶這一段組閣與護憲的往事，追懷　蔣公為國家民族奮鬥的革命精神，心頭的震撼，往往不能自己。現在國家局勢又值緊要關頭，尚望我全國同胞，鑒往知來，加強團結，一致奮起，為維護民主憲政的法統而戰鬥，爭取反共復國奮鬥光榮的勝利，完成　蔣公的遺志！

十項建設的效益與國家光明前途——民國六十七年十二月

一、前言

應欽等此次應行政院孫院長的邀請，再度參觀國家十項建設，自十一月二十七日至十二月六日，全部行程除休息兩日外，實際參觀凡八天。參觀的項目，除十項重大建設之外，另有中正國防幹部預備學校一所。由於十項建設有的業已全部完成，有的即將完成，有的完成了第一期工程，正在繼續下一期的工程，因此，這次參觀，大多看到了實際營運的狀況以及具體的績效，與上次參觀的感受大為不同，留下了極為深刻的印象。一致認為國家在這些偉大的基本建設完成後，已進入開發國家的行列，不但增進社會繁榮，改善國民生活，而且更促使國防建設日益壯大。無論從經濟發展與國家安全任何一個角度來看，都具有劃時代的重大意義。今當參觀行程結束，謹將觀感所得，向海內外同胞提出簡要的報告。

二、正確的決策為國家建設奠定基礎

應欽等於參觀結束之前，曾於十二月六日上午在礁溪旅舍舉行一次座談會，交換此次參觀的心得和意見。十位同仁兩小時的熱烈發言，首先對於國家建設順利的紮根與推展，共同獲得以下四項基本概念。

第一、建設為國家富強之道， 國父與先總統 蔣公畢生殫精竭慮，力求此一理想實現，以期民生主義早日達成。 蔣公生前，對於建設臺灣地區成為三民主義示範區，曾有完整的規劃，並且指示，必須詳密設計，循序推進，以適應反共復國大業的需要。蔣總統經國先生出長行政院以來，秉承　蔣公訓示，力行實踐，以遠大的眼光和無比的毅力，在國家財政並不充裕，人才並不完備，而國際風雲瞬息萬變的時際，決心推行十項重大建設，而且限期五年，計日程功。這種高瞻遠矚、正確決策的計畫與執行，終於為國家建設奠定現代化的根基，我們面對國家光明的前途，表示無限的欽佩。

第二、　國父「有志竟成」的學說，在十項建設的進行中獲得實際的驗證。十項建設，多為移山填海的大工程，而且在國內多無先例可循。但是，我們的設計人、科學家與工程人員，都能在工作中求經驗，克服一切天然的障礙與困難，不屈不撓，完成任務。使我們充分瞭解「天下無難事，天下無易事」兩句名言的涵義，而堅信「人定勝天」，加強了我們中華民族的自信心，與反共復國必勝必成的信念。

第三、十項建設進行中，有若干部份都曾發生意想不到的困難，然而政府都能全力支援，使工程突破障礙，在艱苦中完成，使我們對政府的大魄力、大擔當，無比欽佩。因此，我們有一共同瞭解，假如十項建設到目前仍未進行，我們的社會不能如此安定繁榮，我們的國力不能如此深潛雄厚，甚至難以接受國際經濟風暴的挑戰。基於此項寶貴經驗，我們認為國家建設的目標，今後更要從長遠處著想，在安定中再求進步，絕不浪費一分一秒的時間，絕不荒廢任何一項人力和機具，掌握關鍵性的分際，向均衡而整體的建設之途，繼續不斷的推進。

第四、在如此大規模的建設中，我們看到許多國軍中的幹部同志，在管理統率與執行政策上，盡了最大的心力；看到許多青年的工程師與勞工大眾，不計名利，經年累月，在酷暑、嚴寒、雨水、風沙中，赤膊赤足，不分晝夜的辛勤工作，為國家建設流血流汗，無不十分感動。對於千千萬萬為建設而獻身的這許多無名英雄，我們深表讚揚與敬佩。

三、十項建設直接間接的巨大效益

十項建設，其中六項有關交通建設，其他四項是國家基本建設中的重化工業。這些基本建設，雖然各有其獨特的功能，但都有其相關性。如果嚴格說來，各項建設都有密切關聯，甚至於不可分割，必須同時推進，才能收到相輔相成的效果。

不僅如此，就各項建設的共同效益來說，都是增進人民福祉，促進社會繁榮，強化國家安全，在實踐民生主義政策上，都具有相等的價值。也就是說：加強國家建設，才能使國家安全紮下根基；而國家安全，更可確保建設的成果與發展。因此，我們共同體認：安定與繁榮，是國民福祉的兩大支柱，缺一不可；無安定即無繁榮，所以經濟繁榮必須植基於國家安全之上。在當前非常時期，為了使國力更形充沛，社會更趨繁榮，國民更加富裕，必須先謀政治上的團結、安定，才能使國家建設對於民生——也就是食、衣、住、行四大需要的直接間接效益，充分發揮。

我們再度參觀十項建設之後，因為各項建設的功能，都已有具體成果，或者是已經預估到它的成果，我們在聽取簡報、看到實際營運的情況與統計數字後，對於各項建設直接間接效益，都已有了較以前更為深刻的認識。

南北高速公路，現在已全線通車，全長三百七十三公里的國際標準的國道，時速九十公里的平均速度，它的直接效益，不僅適應高速運輸能量的需求，促進國家經濟開發；而且可以與沿線各項重要經建設施配合發展，使它們脈絡貫通，突破時間與空間的限制，加強原料供應與運銷的便利。它的間接效益，更能夠造成衛星都市，使人口得以均匀的分佈減低大都市的人口壓力。更能促進地區文明的交流，加強政令的推行，使偏僻地區國民知識與生活水準提高，解除了因地理環境而造成的經濟與人文的各種障礙。這條大動脈，在目前開始營運，便已發生了巨大的影響力，首先激發鐵路交通營運的迅速革新與開展。

桃園國際機場，已定六十八年元旦開始營運。這座現代機場規模的宏偉，已超越日本新國際航空站成田機場之上。僅就第一期工程完成後預估，使用一萬二千英尺長、二百英尺寬的跑道，和二十二架客機的停機坪，預估在尖峰狀態下，每小時將有三十三架次，每年將有六萬六千架次客機的起降。其直接效益，將可突破空中運輸的瓶頸，促進觀光事業的發展。它的間接效益，是更將強化國際經濟文化的交流，更將提高我國的國際地位。

臺中港第一期工程業已完成開航兩年，裝卸量每月都有成長，預計在六十七年度結束時，將可超過年營運量二百八十萬噸的建港目標，目前已為中部廠商節省各項費用超過十二億元，降低了生產成本，增強了在外銷市場上的競爭潛力。這座國際聞名的人造港，先前所顧慮的漂沙問題，在精密的試驗、計算與控制下，業已完全解決，成為臺灣中部優良的國際港埠，其直接效益是緩和基、高兩港的營運，減輕鐵路、公路的運量負荷，繁榮中部的開發。間接效益，則是帶動了臺中港特定區新都市的形成，強化了中部工、農、漁、礦各業全面經濟活動力量。

蘇澳港的興建，與臺中港的直接效益相同；但臺中港是挖海填陸，蘇澳港則是移山填海。這一座天然港灣，完成後將是良好的商港和漁港。此一港口為先總統　蔣公手令規畫，有其獨立性，更有巨大的轉運功能，它的間接效益，將藉蘭陽隧道，使原本封閉的蘭陽平原，完全開放，將來環島鐵路運輸完成後，必可在開拓太平洋地區及澳、紐各國間的國際貿易上，發揮適當的吞吐功能。

鐵路電氣化，是一項新的創舉。它的直接效益，在於提供現代化的運輸服務，作為捷運系統的骨幹。間接效益，則是使能源多元化而且可以避免若干年後再開高速公路，以節約土地資源。目前電聯車，雖然小有缺點，但已由原售廠免費修復，並已完成試車，定於本月底恢復營運，無損鐵路電氣化本身的價值。

北迴鐵路是東部人士一致要求的重大建設，全長八二、三公里，其中隧道部份即佔三十公里，為十項建設中最困難的一項工程。它的直接效益，一在促進東部開發，一在構成環島鐵路網。間接效益，則是使本島東西部平衡發展，緩和西部人口壓力，並且增強了基地的戰備力量。北迴鐵路全線預定六十八年底完成通車，但和平站以北十一座隧道中，谷風隧道因穿過崩積層地段之地質穩定問題，與永春隧道穿過河床地段之湧水問題，工程人員正設法解決中。

中國鋼鐵公司是我國第一座大鋼廠，現已完成第一期第一階段工程，年產鋼鐵能量為一百五十萬公噸。第二階段擴建，預定至七十一年六月完成，年產能量可達三百廿五萬公噸。它的直接效益是促進重工業的生根，加強鋼鐵工業的現代化，作為國防建設的骨幹。間接效益更為巨大，它可以帶動汽車工業、機械工業、造船工業的發展，並且使民營鋼鐵加工業與建築業發生劃時代的改革。

中國造船公司興工開始，便已有建造四十四萬五千噸大油輪的實績，技術非常卓越。它的直接效益，是實際執行「國輪國造」政策，發展航運；間接效益則是大大提高了我們的國防建設地位與力量。

石油化學工業是製造石油化學基本原料的工業，它的直接效益，是帶動石油下游各種工業的發展，使我們塑膠業和紡織業者，擺脫外力的牽制，在國內取得原料。間接效益，則是引進新技術與新發明，養成更多的專業人才。

核能電廠是我國執行能源多元化政策的建設之一，三廠六個機組的第一階段的設計，到民國七十四年全部發電後，核能發電總能量，將達五百一十四萬瓩，發電量每年可超過三百億度，其地位非常重要。核電的直接效益是分散原油進口的依賴，創造新的電力結構，使電力更為穩定。間接效益，在於培養精密工業技術人才，發展高度工業技術，使我國尖端工業蓬勃發展。

以上各項國家建設，其共同的間接效益，都足以促進相關工業的發展，都足以創造更多人就業的機會，都足以加速臺灣地區的整體繁榮。這些無形效益，很難用統計數字來估量，但卻可使我國逐步邁進到開發國家之路。

四、國人應共同鼓勵重大建設繼續開展

應欽等在重行參觀十項建設之際，看到北迴鐵路隧道工程的艱難，港埠工程的宏偉，國際機場的現代化，以及其他各項建設的設計新穎與複雜，深為我中華民族優秀的智慧與強韌的耐力而感動。我們在此鄭重指出，世界上任何一個國家的重大建設在初創時期都難免遭遇一些難題，施工期間如果因而稍有瑕疵，國人應該以鼓勵代替責難，以激勵這些為國家冒險犯難、任勞任怨的無名英雄們克服困難的奮鬥精神，唯有如此，才能使國家政策貫徹實現，民生主義的目標迅速達成。

目前中共高唱「現代化」，然而就中共的政治意識、社會型態、經濟基礎以及教育本質等各方面加以評估，中共所謂「現代化」，除了妄想藉此套取開發國家進步科技以強化軍事力量之外，實在缺乏「現代化」的基本條件。因此，所謂「現代化」，就中共來說，決難實現。我們今天有正確的主義領導，民主憲政的政治基礎，雄厚的民間資金，在大有為政府領導推動之下，公民營各項建設的發展，就是帶動國力日益充沛的因素和條件。應欽等懇切期盼全國軍民同胞，攜手並肩，團結一致，充分發揮旺盛的意志與智慧，共同致力於國家重大建設繼續成長的奮鬥，藉此強化總體戰力，創機反攻大陸，勝利成功，乃是必然的結果。

五、建議政府更求精進恢宏十項建設功能

應欽等於再度參觀十項建設歸來又經數度會談，彙集觀感所得，就各項建設擬具了若干建議，提供政府參考，其目的是各就個人所知，對於十項建設更求精進，藉以恢宏功能。這些建議是：

(一)高速公路沿線應合理限制廣告牌的設置，以維護自然景觀，確保行車安全；並應加強行車管理，禁止排氣量不足，舊胎翻新的車輛，以及逾齡舊車、拼裝汽車進入高速公路，以避免車輛拋錨及連環車禍的發生。

(二)配合桃園國際機場高度的營運量，亟應加闢國際航線，輔導民航事業充實其設備，汰換逾齡客機，以促進航空運輸的整體發展。並充實航空工業的技術與設備，以強化高性能航空器的檢修與維護的功能。

(三)臺中港應從開闢中日、中美定期航線，擴大港埠利用並促進其加速發展。

(四)蘇澳港的蘭陽隧道寬度不足，應於第三期工程中加闢第二隧道。並策畫在蘭陽平原建立重工業及加工出口區，使此一港口的營運目標更為遠大。

(五)適當調節電化鐵路的行車速度，以確保行車安全。

(六)徹底克服北迴鐵路最後工程中地質上的困難，以便如期全線通車。

(七)輔導民營鋼鐵加工業，配合大鋼廠的功能，快速革新發展。

(八)貫徹「國輪國造」政策，使中國造船公司業務更趨開展。

(九)加速陸上及海域石油探勘，增加原油進口，使石油化學下游工業原料更趨穩定。

(十)核能電廠應再覓址增建。

(土)在西海岸增闢漁港三、五處，使環島漁港形成體系。

(士)各港口公路交通及環境設施，應作整體規畫，設計新都市計畫藍圖，使港埠成為觀光地區。

六、結論

國家建設，經緯萬端，欲求其蓬勃發展，必先有穩健良好的開始。我國十項重大基本建設，已為國家現代化開啟了榛莽；基於這一踏實的基礎，只要全國同胞，向同一遠大的目標共同努力，由於經驗的獲得，人才的養成，今後賡續進行的十二項建設，以及六年經濟建設計畫，必能在社會日趨繁榮、障礙日趨減少中順利推進。 國父在「孫文學說自序」中曾說：「吾心信其可行，則移山填海之難，終有成功之日」，應欽等今日重讀此語，益感此一真理之偉大。深信復國建國，同此一理，「有志者事竟成」，願與我全國軍民同胞共勉之！

美國的潛力及其前途

——民國七十年九月七日何應欽上將在總理紀念週講

今天，是我國抗戰勝利，接受日本政府及日本大本營無條件投降的前夕，應欽剛由美國作了四十天的旅行訪問歸來，中央特別約請我主持這一次聯合紀念週，希望我能將在美國的觀感所得，做一次扼要的報告。應欽覺得，在這一個光榮的九月裡，能有機會與各位同志表達我對美國的看法，具有重大的意義，因此，我很高興的接受了這一次的安排。

一、認識美國的三個前題

美國，是我們建國以來主要的友邦，第一次世界大戰，尤其是第二次世界大戰，更是我們共同對抗侵略的盟友。最近雖然因為國際共黨勢力的擴張，多元制衡幻想的興起，影響到中美兩國外交關係的中止。但是，中美兩國國民，依然基於兩國長遠利益而致力於實質關係的增進。在如此重要的關鍵時期，互相瞭解與互相協調合作，乃是中美兩國每一個國民應該努力的方向，這就是應欽本年六、七月間前往美國訪問的主要目的。

在座的同志們，對美國情形研究有素的一定不少。大家必然知道，像美國如此開發的國家，絕非短時間內所能深入瞭解；雖然應欽曾在聯合國擔任中華民國軍事參謀團長以及前後曾有若干次赴美考察，但都因為時過境遷，若干事物都已有所改變。於是，我在這次四十天的訪問之前，首先擬定了重點計劃，總目標是要瞭解美國的潛力，藉以研判它的前途。訪問的過程中，特別著重以下三點：

第一、美國是一個國家安全至上的國家，但現階段它的國防潛力究竟如何，它是否會由於國際共產勢力擴張以及蘇俄戰略武器的超前而維持較久的和解政策？這是大家特別注意的一個問題。

第二、美國是一個珍重國家歷史文化的國家，在當前赤禍橫流的形勢下，它的政府與人民對於維護傳統歷史文化的決心究竟如何，值得我們瞭解，以便對美國今後政治動向有正確的判斷。

第三、美國是一個資本主義的國家，但美國的社會福利事業卻特別發達，因而彌補了資本主義的缺點。現階段美國的社會福利事業是否因各種因素而有所改變，社會經濟制度是否會因此受到影響，這更是一個比較深潛的課題，我們也希望有一個瞭解。

當然，還有其他所要看的東西，不過，我今天的報告，因為時間所限，就以上述三方面作扼要的說明。

二、美國當前國防科技的發展

首先，我要說明美國當前國防科技的發展。

應欽此次訪美，歷經了全美十幾個重要都市，第一項要瞭解的，就是美國在與蘇俄軍事競賽中，它的國防科技發展的潛力究竟如何。

自從一九五七年十月四日，蘇俄領先發射史潑尼克一號人造衛星之後，美國才從迷惘中覺醒，發覺了在國防科技尤其在太空科技上，落於蘇俄之後。於是由甘迺迪總統下令，加速太空計劃的推行，要在長程火箭和投擲系統方面趕上蘇俄。經過美國科學家的努力，終於在一九六九年七月二十日，完成了農神五號火箭將阿波羅十一號載人太空船送往月球的壯舉，美國遂在太空科技方面超過了蘇俄；其後因為美蘇兩國實施太空合作計劃，美國將太空技術供給蘇俄，導致蘇俄有後來居上之勢。直到本年四月十二日，美國哥倫比亞號太空梭在佛羅里達州卡納佛角 (Cape Canaveral) 甘迺迪太空中心 (John F. Kennedy Space Center) 第 39A 發射臺 (Complex 39A) 完美升空，繞行地球軌道三十六週之後，安全降落在加州愛德華空軍基地，這一次飛行，使美國在太空爭霸中又佔了優勢。

因此，應欽此次在美國所看的，是兩個主要的太空中心——佛羅里達州甘迺迪太空中心和德克薩斯州休士頓詹森太空中心。

在美國國家航空及太空總署 (NASA) 之下，依照分工原則，設立了四個主要的太空中心：第一個是休士頓的詹森太空中心，負責太空飛行整個計劃，並負責太空船母船的發展、生產與交運，以及模擬訓練飛行。第二個是阿拉巴馬州亨斯維爾市的馬歇爾太空中心，負責固體火箭推進器，以及母船主要引擎的發展、生產與交運。第三個是密西西比州聖路易斯的太空技術實驗中心，負責太空船引擎的升火試驗。第四個就是佛羅里達州卡納佛角的甘迺迪太空中心，負責太空船的發射及收回。我們所參觀的是第一個和第四個，第二個和第三個因為完全是技術，所以沒有前往參觀。在此之前，並先參觀了華盛頓 D.C. 國家博物館的美國國家航空及太空科學展覽，對於美國航空萌芽時代，直到太空梭時代，先有了一個完整的印象。

在休士頓詹森太空中心看到了各式太空船包括阿波羅十一號，及各式火箭推進器的模型或實物。但控制室因係機密，謝絕來賓參觀。經導引人員的說明，獲知美國在與蘇俄太空競賽二十三年的過程中，其成功絕非偶然。它是結合了一萬多位太空科學家（其中包括中國科學家百餘人）、物理學家、醫師和技術人員的心血，使用高度進步的電腦系統，凝聚而成的科學結晶。

目前發射的太空梭 (Space Shuttle)，它的正式名稱是「可重複使用的載人太空運輸系統 (The Manned Reusable Space Transportation System)」，它將來的任務，是擔任地球與太空間的運輸工作，並可在太空中建立實驗室、工廠，以及人類在太空中永久居留設施，也可以作為導航、通信、氣象和偵察衛星之用。軍事方面，當然更有其重要價值；尤其此次飛行試驗的任務之一，包括了太空雷射武器瞄準與追蹤系統的試驗。因此，引起了蘇俄的震撼，一方面譴責美國，一方面宣傳蘇俄也有摧毀外太空飛行物的攻擊力量，暗中則加速「宇宙船」的研究與發展。

在卡納佛角甘迺迪太空發射中心，所看到的更為真切。所謂「甘迺迪角」，原來的名稱是卡納佛角，為了紀念甘迺迪總統對太空科學推動的成就，所以改名為甘迺迪角。此一三角形海灘，在佛羅里達州的西海岸，兩面瀕臨大西洋，東面為一形似香蕉的廣闊海灣，名叫「香蕉河」(Banana River)，因此將甘迺迪角三面包圍，成為極隱密地帶。角內沿海邊，建立了數十座發射站，美國歷代發展的火箭如泰坦 (Titan)、農神 (Saturn)、雙子星 (Atlas) 等，均係由此發射試驗及升空飛行。阿波羅十一號 (Apollo 11) 太空船登陸月球就在此角的北端第 39A 號發射站升空，此次哥倫比亞太空梭也在 39A 號發射站發射。因此，遊人前來此處參觀者甚多。

甘迺迪角太空中心的控制室，設在香蕉河的西岸，與三角地帶的發射場有「國家航空及太空總署堤道」(NASA Causeway) 相通，南端則靠「駁船運河」(Barge Canal) 連繫，北端到 39A 及 39B 兩座發射站，則陸路可以直達。哥倫比亞太空梭在 39A 發射站發射，運輸工具的裝配，是在發射站西方的「搬運車裝配大樓」(Vehicle Assembly Building) 完成作業，將太空梭推進到一萬五千英尺前的 39A 發射站燃火升空。發射站西邊的香蕉灣 (Banana Creek) 沼澤裡，放滿了毒蛇和鱷魚，並由安全部隊攜帶武器晝夜巡邏，以防歹徒破壞。

應欽參觀甘迺迪角時，先在展示中心看完各種資料及模型說明，然後乘參觀專車進入火箭發射區。參觀專車每五十分鐘按時開出，但任何人不能進入發射站五哩內，此時只能遠眺停放太空梭的廠棚，遙見定於本年九月底第二次發射的太空梭在廠內裝配，此時的心情，極為興奮，似乎四月間太空梭發射時甘迺迪角萬人矚目的盛況，個人也如同身臨其境。

當我走馬看花，概略的參觀了美國國家航空及太空總署各種設施之後，獲有以下四點感想：

第一、太空科學的發展，已進到一個新階段。這一新階段，是人類以集體智慧爭取生存的大時代；任何國家在科學技術的競賽中，如果落後，便將失去自衛的能力。

第二、美國重複使用載人太空運輸系統的成功，象徵著美國國防潛力的強大；尤其中子彈、雷射武器等太空武器的發展，足以使共產勢力有所警惕，有助於維持世界和平。

第三、美國雷根總統對共黨勢力的強硬立場，以及他劍及履及的明快作風，業已重行恢復自由世界對美國的信賴，使七十年代自由陣營分裂形勢有所轉變。

第四、全世界開發中國家，必須自立自強，運用天賦的智慧，加速研究攸關國家利益的科學技術，以免為時代所淘汰。

三、美國歷史文化的凝結力量

其次，應欽要談一談美國這個國家歷史文化的凝結力究竟如何，是否會很輕易的會被共產勢力所侵襲。

大家都知道，美國是一新興的國家，只有兩百餘年的歷史；美國又是一個多民族的國家，美國文化是融合各民族文化而形成的文化。但是，美國人民有一種觀念，那就是珍重美國傳統的立國精神和美國人民開國的動績。過去，應欽曾經數度在美國看到了這種堅定的民族意志，如今再度重遊，雖然時勢更易，社會結構變遷，又有各種思想的激盪，但是，美國人民的民族意志並未隨同若干政治人物一併迷失；相反的，大多數的沉默者，依然固守美國傳統的正義精神和道德觀念，將這個國家精神上的潛力，蘊積極為深厚。

應欽此次去美，就這一方面特別加以考察，尤其對美國的觀光事業、名勝古蹟、公共道德和交通秩序更作了深入的觀察，留下了以下的幾項深刻印象：

關於觀光事業的開發與名勝古蹟的維護，美國政府與人民，一貫的特別注意。美國自開國以來，便投注了大量的人力與金錢，更在聯邦立法之下，普遍推動發展。

二百多年來，美國「國家公園系統」(National Park System) 構成了美國觀光事業的骨幹。這一系統涵蓋了一切名山勝水、歷史遺跡、天然景觀、名人紀念館舍、古戰場、國家公墓，和一切讓人遊樂休憩的風景區；大都具有突出的特色，由國家興建、管理、並且妥為維護。到目前為止，這一國家公園系統，包括二十二大類，共二百七十八處，面積廣達二千九百五十一萬英畝。可見美國人對於歷史文物之保存的用心，在每一處有意義的景物上，一開始便有培植它成為國家文化資源的長程設計，其觀光事業的發展絕非偶然。以上二十二大類國家公園系統二百七十八處，分別坐落在五十州，連波多黎哥和阿拉斯加都各有五處之多。除不屬於公園系統的博物館外，凡是美國的歷史文物、名勝古蹟、風景區、遊樂區，莫不包括在內。

應欽此次在美，因行程所限，只擇重點參觀。如邁阿密的海灘，夏威夷的衝浪，奧蘭道的第二狄斯奈樂園，黃石公園的忠實噴泉和自然景觀，每一地區都有吸引廣大群眾的特色。這些國家公園道路四通八達，非常便利，近年來雖因修理費用太大，稍有失修情況，但仍然暢通無阻；而且公園觀光區內；消費價格均比一般地區低廉，值得我們特別效法。

美國國家公墓為國家公園系統的一環。此次在美，參觀了兩處極具特色的公墓。一為夏威夷軍人公墓，一為華盛頓 D.C. 阿靈頓國家公墓。這兩座公墓都選在鄰近市區的山坡地帶，可以俯覽全市；內部採公園佈置，景物非常優美。

夏威夷軍人公墓，凡獲准入葬的軍人，不論階級，自士兵以至上將，直系親屬亦可葬入。其墓地大小劃一，均為五呎乘七呎，墓碑大小相同，一律平鋪於地面，絕無墓頂有突出地面情形，並採重疊方式埋葬，整齊美觀。墓園內有管理機構，有專用警衛，有專用儀隊，民眾可以自由進入致敬。

華盛頓D.C.的阿靈頓國家公墓(Arlington National Cemetery)是美國最著名而最大的國家公墓，位置在維幾尼亞州的阿靈頓鎮，面積初為四百二十英畝。美國政府於一八六四年建立此一公墓，依法可以獲准入葬者為以下四類人物：第一、光榮戰勝者的楷模，第二、因執行特定任務而殉職的公職人員，第三、服役最久的陸軍退役軍官，第四、光榮退役的老將領曾任內閣職務者，其配偶及直系親屬亦可附葬；到一九六七年，凡是光榮退役的老將領未任內閣職務者亦准入葬。因此，阿靈頓國家公墓埋葬的，其中有無名士兵以至五星上將，有小公務員以至國務卿和總統。美國總統只有塔虎脫及甘迺迪兩位安葬於此。墓地規模逐漸擴大，現在約為一千一百英畝。墓園內道路通暢，林木繁茂，景色宜人。墓地大小一致，墓碑均係直立，不如夏威夷軍人公墓平鋪在墳地上較為美觀，但已為我國凌亂的公墓望塵莫及。

遊覽美國國家公園系統各地區，除其特色令人留連難忘之外，其餘如環境的清潔，衛生設備的完善，交通道路的便利，停車場的合理規劃，以及交通秩序的良好，更使名山勝景，相得益彰。我國如欲發展觀光事業，必以美國觀光事業各項優點作為典範。

於此，我們可以看出美國人民對於其傳統歷史文化名勝古蹟之珍愛，與公共道德交通道德的用心維護，具見美國文化道德的潛力極大，為共產勢力所難以破壞。

四、美國社會福利制度的新方向

最後，應欽更要將美國社會福利制度的現在和未來，就所見到的作一概括分析。

在前言中我曾說明美國是資本主義國家，但對社會福利制度推行不遺餘力，其目的是在以取之於資本家者，用之於社會福利。因此，全民保險、失業救濟、兒童、老人及殘障者之福利，照顧得面面俱到。譬如對老人及殘障者的照顧，各州均有立法。凡屬航空站、火車站、輪船碼頭、博物館、公園及百貨公司等都設有輪椅專用門，專用電梯，專用廁所。馬路人行道每隔若干距離都作成斜坡，以便利輪椅通行，民眾見到輪椅使用人都自動禮讓，公共場所都有劃一的輪椅符號，使人一看便知是輪椅專用路線；大門口也劃出輪椅專用停車位置，如佔用此一位置，罰款高達七十八元。其他各種優遇老人措施，也相當週到。此等優待老人及殘障者的規定，我國老人福利法及殘障福利法，似都可參照修正，以加速對老人及殘障者的協助。

目前美國雷根總統，鑒於美國經濟的衰退，正在執行新的經濟復興計劃。其實際政策是：第一、實施普遍而平等的減稅，削減聯邦預算，裁員簡政，以增加人民的購買力。第二、簡化法規，減少對於工商業的管理，激發工商業的創造性與潛力，以推動工商業的發展。第三、削減社會安全與福利支出。第四、對於高所得者和大企業，不在課稅上予以任何稅率的歧視，以使經濟繁榮，社會富裕，如此，則水漲船高，窮人亦可獲得富足的生活。

雷根總統這一自由經濟政策的構想，目前正在起步，是否順利成功，尚未可知；但如大量減少社會安全支出，當可矯正美國人民靠領政府失業救濟金而日趨怠惰的弊病。正與前總統尼克森的「工作道德論」大致相同，但雷根總統著手實施了。以美國如此財力雄厚的國家，實施過度的社會安全制度，尚有這些流弊，我國鑒往知來，似不宜貿然執行大規模的社會安全政策，必須以民生主義漸進的均富措施，來建立適合我國財力的社會救助制度，當可更符合　國父的理想。

但願雷根總統的經濟政策成功，以培養美國更大的經濟潛力，與共產勢力的集體經濟作一決勝的奮鬥。

五、美國的前途與我們的借鏡

由於以上對美國潛力的觀察，我們可以初步判斷美國的前途，在雷根總統的領導下，必然日漸開展：

第一、美國國防科技上的潛力至為深厚，如能善為運用，必能以強大的實力壓制蘇俄的擴張，進而扭轉「聯中共以制蘇俄」的態勢，領導自由國家，重振反共陣營。

第二、美國文化道德上的潛力至為深厚，此種民族力量的發展，必可排拒共產思想的滲入，強化自己的精神武裝，在無形戰爭中立於不敗之地。

第三、美國經濟財政上的潛力至為深厚，在合理調整其政策下，必能找出一條正確的道路，不但持續美國社會的繁榮，更能以節省的經費，來支應日益增加的軍事需求。

應欽於考察美國各方面建設及其潛力之後，曾擬具我國應行即刻實施的幾項建議：

第一、美國高級科技人員，頗多華裔美人，此類人才，如能優先遴聘返國，參與我國國防科技發展的行列最好；如一時難以為力，則應俟其退休後，積極設法羅致，以推動我國精密科技的突破性發展。

第二、我政府應擴大國防工業與民營工業的合作計劃，以加速我國防戰備武器自製能力的突飛猛進。

第三、積極發展觀光事業，採取美國觀光事業的優點，以及我國天然景觀，利用其特色，發展我們的國家公園或國家遊樂區，以中國固有文化色彩，吸引國際觀光客到來，以達成觀光事業的雙重使命。

第四、改進觀光地區公共衛生設備，使之合乎國際標準，由觀光局編列預算，分期完成。

第五、廣設現代化停車場，第一步以每一停車場容納汽車二百輛為最低要求。

第六、降低觀光區消費金額，建立商品標價制度，務使其價廉物美，以建立我國觀光事業的信譽。

第七、加強公私墓地管理，從速製頒「公墓條例」，採取美國夏威夷軍人公墓的標準，建立我國公墓制度，限期實施，以維護都市或鄉村的景觀。

第八、加強汽車駕駛人的訓練與管理，加重罰則；並且配合職業教育，根本上改善我國交通秩序。

第九、根據民生主義均富理想，妥擬現階段社會經濟政策，以經濟方法來解決經濟問題，並重視美國新經濟政策的發展，防止我國經濟行為的偏差。

第十、借助美國各項建設改進的範例，徹底檢討我國各項建設的得失，彈性運用適合我國國情的方法，使三民主義統一中國的任務，早日達成。

請闢建陽明山國家公園案

——民國七十年何應欽上將在中央評議委員會議提案

案由：為促進國家觀光事業，保護臺灣北部山嶽地區景觀資源，解決北部數百萬人口遊憩活動，建議以陽明山公園為中心，連接附近山嶽擴建「陽明山國家公園」案。

說明：

一、查臺灣北部地區，人口密集，僅臺北市即有數百萬之眾，苦無可供遊憩之地區；陽明山公園雖具相當規模，但因道路及停車問題未能徹底解決，兼以公園區域過小，每逢花季，遊客擁塞，國內外觀光人士每多向隅之歎，亟應予以擴大，增闢為國家公園以供觀光遊憩之需要。南部墾丁公園，雖已闢為墾丁觀光遊樂區，且正著手依法擴建中，但該地偏處南部濱海地區，距離國際機場港口以及主要都市較遠，交通不便，是以北部國家公園之增闢，當較墾丁公園更能促進觀光事業之發展。

二、應欽曾於民國五十八年二月五日第九居中央評議委員會第七次會議中，建議闢建五指山為國家公園，經大會通過，並經中央常務委員會決定，函請行政院蔣秘書長彥士同志研辦有案，嗣經中央委員會秘書處於同年五月廿一日轉來蔣秘書長臺（五八）字第三八八二號函復，略以本案據行政院臺灣北區區域建設委員會董主任委員文琦同志研復辦理情形略稱：「五指山附近適於闢建公園，本會於區域計畫中予以採納，請即由行政院令省政府著手規劃，惟該地毗連陽明山國家公園預定地，規劃之時，似可合併考慮」等語，是知陽明山公園早在政府計畫擬議之中，且保留有國家公園預定地，尤應從速促其實現。五指山國家公園計畫，雖因北區區域建設委員會結束，國家公園法當時尚未完成立法程序，以及臺北市改制等種種原因，中途擱置，但目前國家公園法已公布施行，建議中之陽明山國家公園總面積約為一萬公頃以上，較之總面積三千八百公頃之五指山地區，具有優越天然條件，且已涵蓋五指山在內（見附件一）。因此，依照國家公園法之規定，以陽明山公園為中心，連接附近山嶽，闢建「陽明山國家公園」既可貫徹本黨前所通過之決議，又可滿足國民之需要。

三、復查陽明山公園經多年之經營，已具相當規模，為國內外人士所嚮往，其附近山嶽，包括大屯山系的七星山（一、一二〇公尺）、大屯山（一、〇八七公尺）、小觀音山（一、〇七二公尺）、面天山（九七七公尺）、磺嘴山（九一二公尺）、紗帽山（六四三公尺）、及五指山、竹篙山、陽明山、七股山等山群，更有溪流、瀑布、溫泉、草原、湖泊等「特殊自然景觀」及「天然育樂資源」，足以代表國家自然遺產，陶冶國民性情（見附件二）；又有箭竹山、夢幻湖、火山口、竹子湖等名勝，而野生孑遺植物千餘種遍佈其間，皆未經人工培育而自然生長演進，其中主要者有水韮、箭竹、及各種野生杜鵑等三十餘種，皆為我國所獨有，成為全世界稀有之植物，凡此特殊自然景觀及天然育樂資源均符合國家公園法第六條第一、三兩款選定之標準；而原陽明山公園地區內，先總統　蔣公駐蹕、品題、飭建、手植之各種遺蹟，尤富有紀念意義及歷史價值，此外，大屯山之于右任先生墓園為國內外人士所瞻仰，足以激勵國人革命情操；中國文化大學之建築風格，尤為青年景佩，凡此人文景觀均富教育意義，且此後將為後世史蹟，須由國家長期保存，此亦符合國家公園法第六條第二款選定之標準。

四、建議中之「陽明山國家公園」，其範圍西至淡水鎮，南至臺北市士林區大部分山地，東至臺北縣萬里鄉標高五百公尺山地，北至三芝、石門及金山三鄉五百公尺以上山地，總面積約為一萬公頃，鄰近白沙灣及金山海水浴場更有高爾夫球場數處，距離桃園中正國際機場、基隆港及臺北市均不過半小時車程，區內道路已有相當基礎，如具體規劃「陽明山國家公園計畫」時，必須妥擬公園各方向之入口，擬定道路計畫，使公園內各景觀區相互連為一體，參照國際標準，使其達到現代化國家公園地位，自可收發揚觀光事業、陶冶國民性情及解決遊憩活動問題之效。

辦法：

一、建議中央以陽明山公園為中心，連接上述附近山嶽，擴建為陽明山國家公園，如蒙採納，請交行政院主管同志依照國家公園法之規定，擬定「陽明山國家公園計畫」。

二、上項國家公園計畫應由交通部觀光局會同中央及地方有關機關詳細勘察研商妥擬，依照國家公園法第四條之規定，循行政程序轉送內政部國家公園計畫委員會審議決定後，依法實施。

三、「陽明山國家公園」區域內之交通狀況及道路測量與設計，應由國防部協助實施航空測量，以利作業之進行。

四、「陽明山國家公園」面積廣闊，計畫中務須依照國家公園法第十二條之規定，按照區域內現有土地利用型態及資料特性，對於一般管制區、遊憩區、史蹟保存區、特別景觀區及生態保護區各作適當之規劃，並依照實際交通狀況決定東、西、南、北各方向之公園入口。

五、「陽明山國家公園計畫」中，應特別注重以下各項作業，務使其達到國際標準：

㈠各區入口及重要景觀區域各酌設停車場，每一停車場須可供二百輛車以上停用。
㈡各景觀區預估遊客人數，多設公共廁所，其地點須適當，水源須充沛，污水處理須現代化，建築須寬暢，通風設備須充足，內部一律用白瓷磚，絕對保持其清潔。
㈢必須設置野外露營區及烤肉區，最好仿外國觀光區先例，用電力或天然氣設備供作燃料，藉以避免火警，維護公園安全。
㈣對於公園內特別天然生物生態及其生育環境之學術研究，以及國外動植物之引進，必須依照國家公園法之規定列入國家公園計畫之內，以便促使公園景觀加速充實發展。
㈤對於廣告、招牌及其類似物品之設置，必須依照國家公園法第十四條第八款之規定，妥擬預防辦法，以免破壞公園內外景觀。

附件一：陽明山國家公園概況圖（略）
附件二：陽明山國家公園勘察報告（略）

石墨堂先生的書法及其忠勇精神——民國七十一年九月十八日

何應欽上將主持石堅先生遺作捐獻國父紀念館儀式致詞

石宛珠小姐、石掌珠小姐、各位女士、各位先生：

今天是九月十八日，也是日本軍閥以武力侵略中華民國，開始吞併我東北四省五十週年的紀念日。在這一個為全中國同胞刻骨銘心的紀念日，本人代表國父紀念館，接受了當年在東三省敵後黨務工作負責人石墨堂先生的遺作書畫精品五十件，由他的女公子宛珠和掌珠兩位小姐在此地捐贈。本人要向兩位小姐表示感謝。

石墨堂先生自九一八事變開始，便獻身中國國民黨在東北的敵後工作，在日本軍閥、特務、憲警的重重包圍和偵緝之下，發展組織，部署同志，刺探敵情，破壞日本軍閥的侵略陰謀，出生入死，整整的奮鬥了十四年。他不顧自己的身家生命，不怕敵人的追緝偵捕，在吉林、遼寧、黑龍江三省地區，為貫徹本黨的任務而奮鬥。他以一介書生，赤手空拳，在十四年間，使東三省雖然形式上成為日本軍閥統治的地區，然而在人心上仍然是我們中華民國的疆土，這種成就，使我們感到由衷的敬佩！

墨堂先生為致力抗日工作，使他的家庭一夕數驚，使他的慈母為他的處境日夜擔心終至一病不起，使他的夫人為他牽連入獄，使他的長女曼珠因他入獄悲痛身亡。而他本人於民國三十三年三月被日軍逮捕，在長春偽滿獄中囚禁了一年零五個月，又被日偽特別法庭判處死刑。墨堂先生有古俠士之風，臨難不苟，寧死不屈，在獄中依然吟詩寫字，談笑風生；在特別法庭聽到宣判死刑之後，隨即轉往地下室，不理日軍爪牙的監視，口授梁肅戎同志遺囑，只談黨務和工作的繼續發展，不談家事，這一種為國忘家的志節，充分表達了中華民族偉大的忠義精神！

本人對石墨堂先生的忠烈事蹟雖然略知一二，但在座的諸位先生，有的與他在一起工作，更有的與他在一起蒙難，比我所知更多。稍後再請梁副秘書長肅戎同志補充報告。

本人要在這裡特別說明的，國父紀念館所以決定接受墨堂先生的遺作，不只是為了書畫的收藏，而是為了表揚墨堂先生的民族正氣，使這些充滿血淚奮鬥經過的遺詩和書法，將來在本館輪流展出後，能夠激勵青年的民族意識和革命精神，當國家再有危難到來的時候，都能挺身而鬥，以生命來維護國家的安全！

各位女士、各位先生：現在正當日本文部省要修改教科書，日本部份人民要為偽滿建碑的時期。我們不但要抗議，而且要將我們當年備受日軍侵略的事實，尤其我們抗日忠烈之士的奮鬥情形，一點一滴，發表出來，告訴我們青年子弟和日本人民，以我們的團結一致，來打擊任何侵犯我中華民國權益與尊嚴的一切陰謀！

在今年九月九日，中華民國接受日本投降的紀念日，我特別將本人所著的《日軍侵華八年抗戰史》增訂第三版，交由黎明書局出版發行。希望大家能介紹給海內外同胞尤其青年子弟閱讀。並且要在本年光復節，將本人所著的《八年抗戰與臺灣光復》一書增訂第七版，特別增入日軍侵華暴行的真實資料，希望各位在該書出版後，普遍的介紹給海內外同胞和臺灣地區的同胞們閱讀。

最後，我要在此地特別舉出先總統　蔣公留給我們最後的名言，當我們國家民族遭逢艱危的時際，我們都要「以國家興亡為己任，置個人死生於度外！」這兩句話，石墨堂先生已經做到了。本人希望將來要有更多的石墨堂先生，那麼我們的國家，必然可以永遠挺立於世界；我們的三民主義必然能統一全中國；我們的後世子孫，必然永享自由、民主、繁榮、和平福祉。

美的旋律與中華民族精神——第三屆「大同盟日」活動週「中國歌謠之夜」何主任委員應欽祝詞

民族歌謠是一個民族的悠久文化熔鑄而成的生命力，代表一個民族散發的歷史性光輝。人類具有高度的理性與豐富的情感，每當外力衝擊其理智的時候，情感便立刻要求發抒、詠唱、讚美、諷刺、歡樂、悲嘆，立即組成了天籟式的旋律，表達於公眾之前，民族歌謠便由此而成長茁壯。

每一個民族都有其歷史文化，更有其獨特的人情、風俗和習尚，因此，每一民族都有其自己的民族歌謠。我們由世界各民族不同的歌謠中，常常發現一些古樸、淳厚和優美的旋律，更可看到與該一民族有關的歷史文化與風俗人情的寶貴資料，可以窺出此一民族進化發展的軌跡和它盛衰存亡的音符，對於激勵民族情操，鑒往事而知來茲，具有重大的關聯意義。

民族歌謠的產生，和這些流傳久遠的優美旋律，多是產生於自然力的培育，而不是個人的精心雕琢。英國民俗學家論民族歌謠是一種口頭流傳下來的古老歌曲，與我國學者論古老的《詩經》為「詩言志，歌永言」，具有共同的認知和理念。歌謠的原作者非一人，歌謠的整理者也非一人，在中國，孔子刪詩，將古老的民間歌謠，刪去拙劣、繁冗和意義不雅馴或用意不深長的作品，定《詩經》的風、雅、頌為三百篇，乃是中國歌謠整理成功最偉大的範例。歐陽修說：「詩三百篇中之國風，所作非一人，所作非一國，先後非一時，而世久失其傳。」孔子能以超人的眼光，及時將這些行將失傳的民族歌謠，加以整理，使其成為民族文藝作品，而流傳於後世，這便是中國智識份子發揮民族歌謠的移風易俗的效果，對世道人心具有極大的貢獻。

真正具有移風易俗效果的民族歌謠，是偉大的藝術品而兼具政治意義，其涵義或為愛慕，或為怨望，或為褒美。故治世之音溫以裕，其政平；亂世之音怨以怒，其政乖。這些偉大的歌謠，不僅旋律優美，而且其發生的根源，確是「觸事感物，文之以言，美者美之，惡者刺之，以發其揄揚怨憤」。「柏舟」美仁，「桑中」刺奔，「羔裘」講武，「女曰」戒旦。後漢循吏羊續為南陽太守，觀歷縣邑，採問風謠，然後乃進。正合乎《禮記・王制篇》「命大師陳詩以觀民風」的典實，可見中國民族歌謠對政治上的影響。

西方民族歌謠的論著中，稱民族歌謠，英國為"folk song"，德國為"Volkslied"，也都是著眼於人文因素。德國語言學家格列姆 (Jacobludwig Carl Grimm) 曾有一句名言：「民歌的作者是它自己。」(A folk song composes itself.) 與中國民族歌謠的發生與發展，見解相同。不過，西方民族歌謠家認為民族歌謠的旋律雖不講求至美，但其節奏必然單純而輕快，因此，它與宗教歌曲、搖滾樂曲可以合流。在中國則不然，民族歌謠有以中華民族文化作為深厚的基礎，雖然在工業化的現時代，仍然具有強大的安定潛力，極難為時代所淘汰。這正是中華民族文化磨而不磷、涅而不緇的堅毅精神。

中共雖然想利用民間歌謠的力量，對大陸同胞施以精神上的麻醉。但這是人為的，而非自然的，違背了民族歌謠發生發展的定律，不但一定遭到快速淘汰的命運，而且連暫時的功能都不易發揮。因為，中華民族精神在中國人的腦海中是永生的，中共人造的民歌，決無取代中國民族歌謠地位的力量。

今天舉行的「中國歌謠之夜」，唱出中國民族之聲的優美旋律，在三民主義統一中國運動正向中國大陸加速推展的時際，這次的演唱會，象徵著中華民族精神放射的利劍，普遍刺入中共統治者的胸中，加速中共外來邪惡思想的崩潰，進而摧毀暴力政權，完成以三民主義統一中國的時代使命。應欽謹此祝賀各位演出者的勝利成功。

民國七十六年十月十五日。按上將於是月二十一日逝世，享壽九十九歲，此為其最後致詞。

劉瑞符讀史兵略序

自來治史之難，難在求史才、史學、史識、史德兼備之士；而史籍之評釋，其優劣之判，亦基於此。王安石譏《春秋》為斷爛朝報，固不足以貶《春秋》；然自《左氏傳》出，《春秋》始顯其光芒。顏師古之註《漢書》，胡三省之註《通鑑》，雖殫精竭慮，而歷代讀史者猶多摘其缺失。良以我國五千年民族史蹟，治亂循環，若千頭萬緒，整理歸納，已不易竟其功；況闡幽發微，使能收鑒往知來之效者，若非有過人之才識，尤難畢其役。此章學誠、梁任公諸先生所以有才難之嘆也。

戰爭為人類活動無可避免之行為，先賢以之與祭祀並列為國之大事，蓋因戰爭為排除外患、維護國家安全之必要手段，非宋襄公之仁所可權其輕重。克勞塞維茨謂「戰爭為政治之延長」，福煦元帥識一八八六年普奧戰爭奧軍之敗為「僅進行戰爭，而不研究戰爭、理解戰爭」；於此可見戰爭與政治關係之密切，而研究戰爭，實攸關國家之興衰，謀國者不可不慎。

我國歷代對兵學之研求，頗不乏人，素書陰符，固已炳耀千古；而孫武、孫臏、魏武、諸葛之書，又夙為後世奉為圭臬。降至近世，戚繼光之《紀效新書》，曾胡之《治兵語錄》，更為世之治軍者所景從。然而我國戰史學，在民國前一向流於沉寂，未能若兵學同放異彩，殊深遺憾。前人研求戰史，惟有自紀事本末史籍中略窺涯際，或於紀傳編年諸史摭拾點滴，然實難作有系統之分析研究，較之西方古今各國戰史之豐碩，足為後世將帥揣摹者，實不可同日而語。

遜清湖北巡撫胡文忠公林翼，為訓練湘軍將領，命其幕友汪孝廉士鐸等，據《春秋左氏傳》、《資治通鑑》、

《續資治通鑑》、《明史》等書，摘其有關軍事之紀述，輯錄而成《讀史兵略》、《讀史兵略續編》兩書。其輯錄之要旨，誠如其自序所云：「憂世風之日下，而思整武以豫為之防，以無悖於臨事而懼、好謀而成之義。」兩湖總督官文亦為之序云：「今日之務，戎政尤急，因與績學好修之士，刪取其資於忠貞而有方略者為若干卷，寘諸座右，以時循省。」蓋因時值太平天國變後，胡氏有感於戰史研究之重要而有斯作也。

先總統　蔣公服膺曾胡兵略，而尤重此書，曾命國防研究院重行整理編印，其序云：「先總統　蔣公以為《讀史兵略》乃我先哲精神智慧之嬗繼，亦即中華民族武德之源委，足為今日致力反共復國革命戰爭，謀為修持研幾切劘之典要。」然應欽閱新編，刪原書四之一，並無評註以發其微而申其義，嘗思建議於再版時重加審訂而未果。

新鄭劉瑞符先生，績學士也。以先總統　蔣公之逝而悲痛逾恆，為實踐　蔣公整編是書之遺訓，奮其一人之力，以四載又半之時間，將《讀史兵略》及其續編，合編為《讀史兵略評釋》一書，都三百萬言，對原書中之文字、人名、地誌各點，不舍巨細，均詳加註釋。並以其史學、史識、史才、史德之修養，將全書分段標點，評述兵略之運用及得失，不僅使原書中古文艱澀之辭句與奧曲之涵義顯豁易解，且將文中突然出現之人物、地名及事蹟，逐一註明其來源，而評語則簡明扼要，掌握戰爭原理與法則，使讀者領會其得失之理，可讀性既高，又足為研究兵略者之最佳臂助，堪稱為良好之評釋作品，開治戰史者之先河。經送請中華文化復興運動推行委員會審定，預卜書成之日，必將洛陽紙貴。

應欽以研究戰史之本旨，不在對前人功過之褒貶，而在獲取前人之經驗與教訓，減少臨事之過失與損害，俾能盡掃戰爭中迷茫不明之界限，變盲昧為清明，以期必勝。克勞塞維茨曾云：「兵術上經驗之重要，更勝過哲學上之真理」。先總統　蔣公由戰史研究中確認諸葛武侯以至曾胡諸氏用兵之成功處，乃在「戒慎恐懼」

四字之法則。第二次世界大戰同盟國重歐輕亞以及過度扶植蘇俄之戰略，已為世界戰略家譏為「贏得戰爭而失去和平」；當前美國「聯匪制俄」、「多元制衡」政策，如不避免二次大戰培植蘇俄之故技，勢將重蹈二次大戰養虎遺患之覆轍。此應欽閱瑞符是書有感，足證是書於當前刊行之重要也。

瑞符先生與應欽於國民大會為同僚，承不棄以原稿送閱乞序，爰書所感，並以表揚瑞符立意之佳，用力之勤，貢獻之鉅，先總統 蔣公有知，亦必以斯編之出為慰矣。

謝鴻軒美意延年新編序（代陳資政立夫撰）

昔王船山讀《尚書》，析往古聖哲「文、思、恭、讓」之義，而悟聖人必因其所待而授之。「樸者授之以文，率者授之以思。玩者授之以恭，亢者授之以讓。」然後各得其安而無所困。船山以此論文，殊能發前賢之所未言。而誡人去「浮明」，務「實明」，文質並重，體要兼備，尤為切中論文竅要。船山謂「浮明」為道之賊，麗於文，則集形聲以炫其榮華。麗於思，則窮纖細以測夫幽隱，故必求務於「實明」。又謂：「統文為質，乃以立體。建質生文，乃以居要。體無定也，要不可扼也。有定體者非體，可扼者非要，文離而質不足以立也。」

於是，船山譏戰國遊談以下之文，體趨卑而失要，文趨靡而離質，並謂：「文之靡者非其文，非其文者非其質。」故陳琳、阮瑀之流，船山固視如「健訟之魁」、「怒鄰之婦」，更謂：「揚雄、關朗、王弼、何晏之徒，日猖狂於天下。」又諷韓昌黎、蘇東坡之起衰，則「文之無窮者盡廢，漠然無當於興觀，使人一往而意盡。」故船山論文，盛稱文王「追琢其章，金玉其相。」以及孔子「草創、討論、脩飾、潤色」之言，蓋求體要之兼備也。

吾人今日體察船山之論雖近苛虐，然綜觀我國歷史上之文學革命，雖數易其勢，終無法將前代體要兼備之文，排除於後世人胸臆之外。此無他，體要兼備之文，與道與物合一，沉潛以觀化，涵物以得情，各稱其經緯，曲盡其精微。作者以辭為樞機，使文與質相輔，雖千年萬世，均仍應之如響。故無論其為駢儷、為古文、為文言、為語體，如有文質彬彬之美者，均能深入人心，歷久而不磨。

我國駢文，自魏晉六朝以至於初唐，典麗宏偉，代出高人。其間雖有文重質輕之作，然亦多文質兼備之佳構。左太冲之賦「齊都」、「三都」，司馬長卿之賦「子虛」、「上林」，固可為無上藝術珍品。而曹子建之「洛神」，王仲宣之「登樓」，庾子山之「哀江南」，則均麗都典雅而言之有物，尤勝於古文之言簡意賅者。初唐四傑為文，尤非徒以綺麗為長。王子安之奇瑰，楊盈川之敏贍，盧昇之之哀感，駱賓王之英發，皆能震撼人心，傳之千古。「請看今日之域中，竟是誰家之天下！」今日讀之，猶覺虎虎有生氣，殊高於唐宋八家之遊戲文章多矣。

國民大會代表謝鴻軒先生，績學士也。秉革命報國之志節，迴翔於議壇廊廟之上者數十年。除讜論匡時之外，更復致力於六朝駢儷之學。執教國內各大學講席，循循善誘，門下多一時雋彥。近年輯其大作成編者已積四集，藉宏文化復興之效。今歲復收其近作，刊行《美意延年新編》。立夫獲觀其文，深感其忠厚宅心，正己無求，而忠藎之節，溢於辭表。誠如船山所謂「養天下之和平，存千秋之大義。立誠修辭，感之者雖在俄頃，固可以昭告萬世而無慙。」是鴻軒為復興文化之當代巨擘。實獲我心。因序卷首，以資景佩。願三年後樂觀其更有新著問世焉。

中華民國七十七年四月四日

謝鴻軒美意延年增編序（代李副總統肇東撰）

我國駢儷之文，始自秦漢，魏晉之世，名家輩出。魏文帝《典論・論文》稱：「文章，經國之大業，不朽之盛事。」舉建安七子，評論其短長。取文章四科，闡明其神韻。主張理辭並勝，遂開後世衡文「文質兼備」之基。其後陳思王〈文章序〉謂：「君子之作也，儼乎若高山，勃乎若浮雲，質素也如秋蓬。摛藻也如春葩，氾乎洋洋，光乎皜皜，與雅頌爭流。」陸士衡〈文賦〉則曰：「其為物也多姿，其為體也屢遷，其會意也尚巧，其遣言也貴妍，暨音聲之迭代。若五色之相宣。」凡所論列，皆師其意。

六朝以降，風格演變。輕質重文，稍別吳晉。元微之杜子美墓志，曾指「宋齊之間，教失根本。士子以簡慢歙習舒徐相尚，文章以風容色澤放曠精清為高。」又云：「至於梁陳淫艷刻飾佻巧小碎之詞，則又宋齊之所不取。」而以子美詩文「上薄風雅，下該沈宋，言奪蘇李，氣吞曹劉，掩顏謝之孤高，雜徐庾之流麗，盡得古今之體勢。」並以當時以奇文取勝之李白相較。謂：「余觀其壯浪縱恣，擺去拘束。模寫物象及樂府歌詩，誠亦差肩於子美矣。至若鋪陳修始，排比聲韻，大或千言，次猶數百。詞氣豪邁而風調清深，屬對律切而脫棄凡近，則李尚不能歷其藩翰，況堂奧乎？」元稹此論，力言文質並重之美，既薄刻飾佚麗之失，又不直壯浪豪放之偏。後之屬文者，均以稹論為是。

有唐一代，文風多變。《唐書・文藝傳序》曰：「唐有天下三百年，文章無慮三變。高祖、太宗初，沿江左餘風，絺章繪句，揣合低昂，故王、楊為之伯。玄宗好經術，群臣稍厭雕琢，索理致，崇雅黜浮。氣益雄渾。則燕、許擅其宗。大曆、正元間，美才輩出。擩嚌道真，涵泳聖涯。於是韓愈倡之，柳宗元、李翺、皇甫湜等和之。」排除百家，法度森嚴，上承孟軻、司馬，下啟北宋諸子，唐宋八家，法古非今，一時稱盛。昌黎雖以法古為一代文宗，然韓文之放浪壯恣，亦貽後世之譏。衡陽王船山已諷韓、蘇之起衰，則「文之無窮者盡廢，漠然無當於興觀，使人一往而意盡。」會稽章實齋則謂：「蘇氏之學出於縱橫，其所長者揣摩世務。」新城王漁洋更引皇甫湜評韓文稱：「韓吏部之文，如長江萬里，一道衝飆激浪，瀚流不滯，然而施之灌溉，或爽於用。」後之學者，亦舉〈師說〉、〈諱辯〉各文為不能盡其義。實齋又稱：昌黎「記事必提要鉤玄」之論。不但今不可見，抑且當日絕無流傳。蓋亦必為「尋章摘句，取備臨文摭拾者耳。」人或問實齋：「如子所言，韓、蘇不足法歟？」答曰：「韓、蘇用其功力，以為文辭助爾，非以此謂學也。」應為公正之論。

歐陽修〈謝知制誥表〉論制誥之文稱：「其為言也，質而不文。則不足以行遠而昭聖謀。麗而不典，則不足以示後而為世法。」是古文家並重典麗之例也。陸機〈文賦〉則曰：「若夫豐約之裁，俯仰之形。因宜適變；曲有微情，或言拙而喻巧，或理樸而辭輕。」是駢文家並重質樸之例也。是故文質並美，理辭兼備，為衡文者所共鑒，古今所同也。魏文帝所謂：「夫人善於自見，而文非一體，鮮能備善。」世人謂昌黎文起八代之衰。昌黎固未嘗自言之，後人言之也。唐楊敬之曾為〈華山賦〉示韓愈，愈稱之，士林一時傳布，昌黎固未嘗以駢文為輕也，後人輕之也。杜工部以豪邁情深之筆，於天寶中獻〈三大禮賦〉，而獲明皇之激賞，是子美固未嘗棄駢文也。文質並重，既為今古同概，今人又何必斤斤於今古文之爭也哉。

章實齋《文史通義》，於此點頗多發揮。章氏於〈辨似篇〉曰：「夫言所以明理，而文辭所以載之之器也。虛車徒飾而主者無文，故溺於文辭者，不足以言文。」又於引述《易》、《詩》、《禮》、《傳》論文辭之言後綜論之曰：「蓋文固所以載理，文不備則理不明也。」是以章書內篇四〈說林〉，以極鉅之篇幅，暢論志識與文辭之相輔相成者，舉喻甚多。謂文辭猶三軍，志識其將帥。文辭猶舟車，志識其乘者。文辭猶品物，志識其工師。文辭猶金石，志識其鑪錘。文辭猶財貨，志識其良賈。文辭猶藥毒，志識其醫工。又曰：「義理存乎識，辭章存乎才，徵實存乎學。」「所謂好古者，非謂古之必勝於今也；正以今不殊古，而於因革異同求其折衷也。古之糟粕，可以為今之精華，非貴糟粕而直以為精華也，因糟粕之存而想見精華之所出也。古之疵病，可以為後世之典型，非取疵病而直以為典型也。因疵病之存，而可想見典型之所在也。」最後乃下結論稱：「夫聲色齊於耳目，義理齊於人心，等也。誠得義理之所齊，而文辭以是為止焉，可以與言著作矣。」此論與船山「統文為質以立體，建質生文以居要，體要兼備，而文質始可並美」之論，若合符節。前賢衡文之思想至公至平，駢文之未必衰者在此，駢文之未可絕者亦在此。固不可以六朝無病呻吟之文，而抹煞千古鉅製也。

當前社會變動劇烈，中華文化之絕續，又面臨一大危機。回憶五四文學革命之得失，有識之士，每懷悚懼。尤以初學為文者，繩墨盡失，薄古非今，根基丕喪，無論為散為駢，均未能略解其道，以致文章統緒，不絕如縷，良足浩歎！

繁昌謝鴻軒先生，治駢儷之學垂五十年。魯殿靈光，巍然獨存，桃李門牆，已樹百年材木；松筠軒冕，尤著一代清輝。元簇與先生論交有年，與之接如坐春風。今歲先生集其大作，輯為《美意延年增編》。囑序其端。至友雅命，雖腹儉而曷敢辭？爰就所知，試抒管見如上。夫以皇甫湜之好古，王船山之卓識，章實齋之博雅，王漁洋之謹嚴，均為駢文踵事增華。足為先生勉學力行慰，先生豈亦一笑而許之乎。

中華民國八十二年九月

楊仲揆儒家文化區初探序（代李資政肇東撰）

由孔子集大成的中國儒家文化，兩千多年來已成為中國人心的主宰，中國政治與社會生態的潛在動力。在治亂循環的歷史軌跡中，發揮了宏偉的撥亂反正功能。

自從西方科學與文明的擴展，在東方引起一次次的衝擊，曾使儒家文化遭遇若干劫運，中國社會首當其衝。所幸，物質與功利主義的侵蝕力較精神和正義力量究竟略遜一籌，才使中國社會在儒家文化的護持之下，化險為夷，轉危為安，排除外力威脅，屹立不墜。

從近代史上的現象來看，企圖以船堅炮利的物質文明，戰勝儒家精神文明的想法幻滅了；企圖以唯物主義的共產暴力戰勝民主政治的策略失敗了。真理擺在世人面前，仁政與正義的價值觀仍然主宰人心，違反人性任何偏差的理論和方法，都必然為儒家文化的巨大潛力所擊潰。

人類經濟行為的豐嗇，社會的繁榮或衰退，一向為某種潛力所左右。直到二十世紀末期，國際經濟榮枯的因素，才開始為各國學者瞭解，乃是中國儒家文化中的工作倫理與工作道德。因此，不但《論語》成為企業家研求的目標，即使是《孫子兵法》也被西方國家學者認為是商場上的戰爭哲學。

中國社會兩千年來雖然歷經動亂，但因為歷代王朝都不願摧毀傳統儒家文化，所以社會亂而不危，險而能安。可惜，兩千多年後的中華民國肇建之初，專制與民主尚未妥善交替的時期，意外的出現了五四運動，中國儒家文化，再一次為「民主」與「科學」的攻擊力所凌虐。於是，維護儒家倫理道德的志士，再度奮起，終於解除了儒家文化面臨的劫難，導引倫理、民主、科學三者，齊頭並進，重新穩固了儒家文化的根基。

在這波濤洶湧的年代中，儒家文化逐漸向鄰近的國家或民族浸潤發展：日本漢學的勃興，成就了明治維新的偉業；馬來西亞和新加坡，儒家倫理建設的宏揚，奠定了社會富足安定的基礎；大韓民國勤儉建國的模式，充分顯示了吸收儒家文化內涵的成果；香港所以能成就為亞洲四小龍之一，也是奠基於儒家文化的工作倫理。尤其在西方工業大國經濟成長率年年低落，外匯存底逐漸短缺的時際，中華民國的臺灣，卻能年年維持百分之五以上的經濟成長率，國民所得已達一萬美元，外匯存底維持在美金七百萬元左右，更能在國際經濟衰退中，實施六年經濟建設計畫，引起全世界工商業者的關注。以上各地區，所以能有如此成就的原因，當代學者共同認為，乃是受儒家文化之所賜。

早在一九七八年七月廿五日，《基督教科學箴言報》曾以「明日的大國」為題發表專欄，將中華民國列為世界上十二個軍事大國之一；指出中華民國、韓國、香港、新加坡，是向現有工業超級強國挑戰的「明日強國」，並評論這四個地區「與日本共享孔子的工作倫理，認為孔子工作倫理，是使他們躋身於世界工業前茅的推動力」。因為「孔子的工作倫理，與協助建立西方現代資本主義國家的基督教工作倫理一樣，包括辛勤工作、節儉、效率與敬業等美德」。

這些事實，具體顯示出中國儒家文化，業已在東方各地區生根而快速發展。但由於缺乏學者專家有計畫的深入研究，這些儒家文化區的基本生態、特殊品質，以及與中國儒家思想有何不同，在人們心目中並無整體觀念，不容易截長補短，再求推進。若干年來，業已為有識之士所關切。

最近，當代名政論家楊仲揆先生，以其多年來對儒家文化及發展軌跡研究的深厚基礎，從事探索「儒家文化區」的形成，並予以實質上的界定，進而作深入的比較研究。仲揆能以簡潔的文字，豐富的證據，表達了初步探求儒家文化區的心得，對於當前國家社會新生機運注入動力之功績，實不可沒。

元簇素重仲揆對學術研究致力弗懈的精神，今蒙索序，乃就一己之見，略述數語，一則以慰仲揆辛勞，再則深幸儒家文化區藉此得能快速發展，成為中國統一的動力，進而結合全中國人民的力量，推展儒家文化區及於全世界，則二十一世紀，真正成為中國人的世紀，豈不懿歟！

張亞澐芳草晚晴樓存稿序（代李資政肇東撰）

古來詩傳之作始於〈離騷〉。班氏謂：屈平事楚，其志潔，其行廉，正道而行，竭忠盡智，以事其君，然兩為讒臣所譖見疏，故作〈離騷〉，其文約，其辭微，傷老嘆逝，緬懷往跡，遂為楚些詩傳之先河。嗣後漢、魏、晉、唐，詩家輩出，曹子建欲以「洛神」一賦，聊舒求達未遂之胸臆，反貽宓妃千古之誤譏。杜子美擬以「北征」長歌，申述困頓，亦擬成編，然因行色倉皇，詩傳實未有成。良足憾之。

近世以還，畢生以詩為傳者，厥惟居正覺生先生一人。覺老好學深思，尤精內典，紀錄大小史事家乘，頗厭煩囂，於是藉年譜方式，每歲以一絕句，略誌其事，詩後則以較詳文字補述之，名為「梅川譜偈」，全始全終，頗堪頑索。來臺後，由其婿張鳴鸑聲先生刊印，分贈友好，誠當代第一部詩傳也。

湘江張亞澐先生，積學士也。余以出長國立政治大學，聞先生困學篤行，誨人不倦，而課餘之暇，雅好吟詠，詩詞諸作，多為士林傳誦，於是先生與余，益相交親，公私諸務，迭獲嘉言，衷心甚慰。然余自出入廊署，瑣務蝟集，對於先生藝事之精，屬意之殷，雖略窺吉光片羽，竟未能深入領略其經略之忱。於今獲讀其《芳草晚晴詩詞聯文存稿》，並囑為序，始識大雅之什，無遜先賢，宜乎士林望重也。

先生新著計十四卷，第一至第五卷，似以詩傳為主，宛若居覺生先生「梅川譜偈」體例，惟梅川一歲一絕句，其下繫以短解。先生詩傳，大抵以事為經，亦繫詞而長短不拘，益可觀也。

先生詩傳第四卷，竟以余之半生行誼，予以一席之地。詩凡五十章，雖遺辭用字，已盡閑雅之能；然以余自壯及老，平生奉公，雖力持恭謹簡約，究難免於歉憾，因於此章，與先生約，特再斟酌，則既謝君誠，益佩君諒矣。

本書自第六卷至第十一卷，多為兩岸環遊誌趣之作；尤以大陸之行所紀各詩，宗少文臥遊五嶽，孫興公遙賦三臺之餘意存焉。故鄉煙水，三楚風光，如在目前，讀之令人神往。

書之第十二卷為倚聲逸興，步故創新，萬紅友應為之沈吟。聯海微波，堆金砌玉，王漁洋亦宜乎倘佯。終卷散文五篇，歸結於精誠祝願。先生此書，敦厚溫柔，頗獲風人之旨。故喜而為之序。

謝鴻軒近代名賢墨蹟續編三集序

聯語之興，始自漢魏，降及南朝，乃入於詩。律詩之典麗，率賴頷頸二聯，出奇制勝。其後楹聯之作，源於五代孟昶桃符之叶，謳歌春陽，遂開楹帖之濫觴。明清之際，日見宏廣，文友酬唱，名士逞才，聯句合鐘，各盡其妙。蓋以楹聯典雅大方，含意無窮。古製自作，各擅勝場。是以數百年來推行至廣。朝廷顯宦，儒林宗師，閨閣才媛，方外逸士，既抱高懷，皆有佳製。爰抒精魄，復騁藻翰，曼衍魚龍，可以傳之千古。尤以近代名賢，或為革命先知，或屬英雄烈士，豪氣干雲，寄託深遠，每有所作，輒出塵壤。散漫沉沙，誠為國家寶藏巨大損失。

繁昌謝鴻軒先生，早歲存心，畢生研求，珍重蒐存，典藏日富。尤以來臺數十年，交遊既廣，學驗益宏，不惜以千金市骨而良馬輒至。先生益奮其氣，志在千聯，遂以千聯名其齋。平江李元簇肇東先生曾贈聯云：「鴻辭藻翰千聯集，軒冕松筠一齋融」，蓋記實也。詎料近歲先生所藏已至二千聯，足見其老而彌篤，不厭不倦之精神，有為人所難及者。故摶九曾以「皕宋樓」故實，建議先生改「千聯齋」為「仟聯齋」，先生笑而應之，尚未知何時可以睹其事也。今歲冬，先生籌印《近代名賢墨蹟續編》第三集，連前正續編各集所收者已達九百聯，漪歟盛哉！摶九承先生命，為此集以指書作小序。即以淺見出之。願先生以松柏鼎盛之年，再以全力保全中華精萃焉！

甲戌冬山左弟倪摶九指書。

丑輝瑛畫集序

中華民國自行憲以來，在立法史上，音樂界內，書畫藝術領域裡，以及全國性社團活動中，能全力投入數十年而不憚繁鉅，卓然有成者，第一居立法院立法委員、甲辰詩書畫會榮譽會長、前詩書畫家協會理事長、前著作權人協會理事長、前中華民國音樂學會理事長、女畫家翹楚，青海丑輝瑛女士，應為最傑出人士。她所創辦、組織、領導的各種社團，都因其周詳之擘畫，勤奮之努力，團體活潑健全，組織活力充沛，為國內音樂、文藝運動和著作權的奠基，提供不可磨滅的貢獻。今天，她的畫集，終於在朋友們千呼萬喚下出版，我們有義務為這位藝術界典範行誼和成就，向國人作一次深入的評介。

輝瑛女士為青海省西寧市人，生於一九二三年十二月二十四日，父親瑞安公原籍陝西省富平縣，青年時遠赴青海，經營皮毛出口生意，再以京、洋雜貨綢緞食品進口，業務鼎盛，與西寧市李氏望族李太夫人敏貞女士結婚，遂定居西寧市，生兄進頤，妹輝瑗。瑞安公於女士七歲時病逝，李太夫人時正三十二歲，一面經營商業和遺產，一面撫養三個未成年子女，含辛茹苦，終將女士等三昆仲撫育成人。

輝瑛女士自幼聰敏活潑，極具美術、音樂天賦，小學時期便演出歌舞劇「小麻雀」、「月明之夜」，都為學校爭來比賽第一的美譽。一九三七年日軍侵華，七七盧溝橋事變爆發，燃起全國人民的怒吼。是時女士隨兄就讀甘肅省立蘭州女子高級中學，為班中自治會會長，遂與蘭州市各中學、大學學生合組抗敵後援會，當選為代表，走上街頭，宣揚抗日理念並展開編製畫報、演出街頭劇等民族自救行動，為抗日戰爭提供了積極直接的貢獻。

女士自幼喜愛藝術，舉凡中外小說、詩詞、音樂、美術、戲劇、烹飪和刺繡，莫不深入研究，具有根柢。一九三〇年，抗戰方殷，中央政府在重慶創辦了一所國立重慶音樂院（即今北京中央音樂院前身），院長由當時的教育部長陳立夫先生自兼，所有教授皆為國內名音樂家擔任，如應尚能、劉雪厂、陳田鶴、李抱忱、張洪島、林聲翕、易開基、黃友葵、蔡紹序、戴粹倫、胡然、吳超（後任院長）等，皆一時之選。女士在青木關校園幽美環境和高水準教學的薰陶下，經由輔導教授陳田鶴先生的循循善誘，由一般曲藝深入探討，逐漸進入專攻西北民謠研究的園地，師長和學生共同將西北民謠注入新的生命，從採集、整理、製譜到和聲，一步步的循序漸進，先由女士吟唱，老師伴奏；然後由老師修訂，女士度曲。因此，西北民謠遂在女士的辛勤努力下，於抗戰期間便日益推廣，走向全國。

女士畢業於國立重慶音樂院後，曾任青海省政府教育廳督學、秘書等職，同時從事推動全省婦運工作，創辦了一所回族女子小學，自任校長。先後當選青海省婦女會理事長、中國國民黨青海省黨部執行委員，兼婦女運動委員會主任委員。一九四四年當選青海省第二屆省議員，同年與北平籍的羅　平先生結婚，羅先生畢業於軍校十期，歷任參謀、縣長、蘭州市長，來臺後任蒙藏委員會委員，婚姻家庭生活極為美滿，生子孝勤。

女士於一九四七年當選行憲第一屆立法院青海省區域立法委員，直到退職。在五十年問政期間，始終參加財政委員會，對國家財稅立法深入分析研究，為維護全民利益而奮鬥。曾於各種稅法之制訂與修正，皆以召集人立場，力持公平正義之原則，為國人所稱頌。尤其她的外國語文能力卓越，經常前往世界各國訪問，考察各國內政、財稅制度，回國後作成詳細報告，提供政府作為財政、金融立法及執行技術的參考，成果至為宏偉。

女士以熱愛文學繪畫歌曲藝術，因而在立法院中，對文教問題特別專注，曾多次於向行政院提出質詢時，主張設立專司推廣文化藝術之機構，於是促成在行政院下設立文化建設委員會之立法。對於文化事業之發展，深具貢獻。

一九五六至一九六一年，女士蒐集西北各地區民間歌謠，加以修訂整理，就其流傳之旋律，譜成《西北民歌集》自費出版，提供海內外各級學校作為音樂教材，今已發行第四版。此書頗為當時立法院院長、文藝界領袖張道藩先生之欣賞，曾命筆者代其作序，女士欣然刊諸卷端，極獲文藝音樂界重視。

女士在文化藝術歌曲等方面之努力，獲得政府之重視，乃於一九七四至八〇年，行政院編列預算，由新聞局發動，邀請女士及國內六位名音樂家呂泉生、汪精輝、李中和、許常惠、劉德義、黃瑩等七位專家組成編輯委員會，由女史擔任召集委員，歷時五年餘，完成《中華民族歌謠集》兩巨冊，五線譜及簡譜並列，以英文將歌詞譯意，分送世界各大學圖書館及博物館收藏。此書收集全國民謠加以整理，曲調優美流暢，歌詞去蕪存菁，極富文學意味，有系統、有次序的將全國民謠依次整理，再版四次，一時洛陽紙貴。因此於一九六一年膺選中華民國音樂學會常務理事，八九年膺選該學會理事長，為音樂藝術長期奮鬥，不遺餘力。

女士來臺之初，即由唐國楨立法委員介紹投身黃君璧先生門下，學習山水。羅　平先生協助鼓勵為她代購故宮名家作品影印本，女士備受支持，努力不懈，後又從喻仲林、胡念祖先生遊，兼習花鳥，十年耕耘，寫成作品百餘幅，一九六一年秋，展出於臺北市臺灣省立博物館，山水、人物、花鳥，林林總總，佈滿了整個畫廊，獲得藝林及媒體的肯定，堅定了女士習畫的信念。

一九六四年，歲次甲辰，是年由文藝界領袖立法委員周樹聲先生倡導，集合詩書畫家、學者、教授等五十餘人，組成「甲辰詩書畫會」，其宗旨以民間社團與自由世界各國文化界溝通藝事、宣揚中華文化為職志。

公推周樹聲先生為會長，聘請丁治磐先生及輝瑛女士為副會長，沈達夫先生為秘書長，從事詩書畫藝術界之聯誼及各項有關活動，頗為士林所推重。後來樹聲、治磐二先生均以高齡相繼捐館，女士乃被推舉為甲辰詩書畫會第二居會長。

女士自接掌甲辰後，在既有之基礎上，吸收會員，健全組織，積極推行詩書畫藝之研究，舉辦展覽，出版專集，除在國內各地區擴大詩書畫聯展外，更不憚辛勞，親自率團前往世界各地如美、法、日、韓、南非、約旦各國展出，備受國際人士及僑胞歡迎和珍愛。嗣為遵照人民團體法的頒行，乃於一九八七年向政府主管機構申請立案，成立「中華民國詩書畫家協會」，女士膺選首任理事長，但甲辰詩書畫會仍在她的領導下繼續活動，直至一九九七年底，因年事漸高，堅辭會長一職，由本人接掌會務，女士遂被公推為永久榮譽會長。

女士領導中華民國詩書畫家協會期間，仍本其一貫推廣中華文化傳統藝術精神，吸收新會員，延攬望重士林詩書畫家入會。推動會務多元化之開展。先後聘請王廷柱、楊大乾先生為副會長，陳漢山先生為秘書長，金一如、張炳煌先生為副秘書長，參加會員共三百餘人，組織系統除行政部門外，另設四個委員會：詩學委員會由名詩人李猷、莊幼岳為正副主任委員，國畫委員會由名畫家張德文、張俊傑為正副主任委員，書法委員會由名書法家李超哉、彭鴻為正副主任委員，國際交流委員會則由女士本人兼任主任委員，分別推動國內外展出活動，尤其致力加強與國際藝文界人士之聯繫，以期宏揚中華文化藝術於世界，先後與二十多個國家文化藝術界互相交流。輝瑛女士最難忘的一次是在約旦展覽後，全體團員送給約旦皇家美術館二百多幅精品，請他們設專館陳列。最具意義的，是在美國華盛頓 D.C. 國會大廈圓廳展覽。我國書畫作品在美國國會展覽，為歷史上首次，贏得美國人士的歡迎，並為我旅美僑胞帶來驕傲和喜悅。女士更於一九九五年應青海省文化團體的邀請，返回大陸，在西寧市美術館與當地青年女畫家王穎女士舉辦一次國畫展覽，深獲鄉親們的欽佩讚美。她領導中華民國詩書畫家協會先後又十多年，有聲有色，成績是輝煌燦爛，曾獲教育部頒發「藝術貢獻獎」。女士總是以成功的果實，歸功於協會會員和工作同仁的大力配合，對他們表示由衷感謝。而她更在業務餘暇，又擔任中華民國著作權人協會理事長，短短數年間，又鞏固了中華民國音樂界人士的版權，建立了使用音樂著作者依法付費的制度，不但在國內樹立了權威，而且與國際間也建立了交流與合作關係，為音樂著作者的權益提供了極大的貢獻。

輝瑛女士在當代藝術史上，處理了一件大事，值得在此鄭重記述。這就是一代藝壇宗師溥心畬先生遺作保管的問題。當溥大師媳婦姚兆明女士在家中，為意圖偷竊大師遺作書畫及珍藏品未遂之盜賊殺害之後，這件事的後續工作，便落在輝瑛女士的身上。原來溥大師的原配夫人是羅　平先生的堂姑，大師的哲嗣溥孝華是羅　平先生的表弟，孝華因重病長期住院療養，溥大師遺留給其子的書畫珍品多件，竟因藏在住宅夾壁中，未被盜賊竊走，歹徒為了滅口，乃將孝華妻子姚兆明加害，輝瑛女士時為立法委員，又是藝術界的名流，和溥家為近親，孝華便在病中，當著刑事警察局人員，請律師出具委託書，將他的財物及父親遺留的書畫文物，均請女士全權負責處理。當孝華一病不起，兆明女士凶案未破，孝華夫婦又無子女繼承，輝瑛女士乃以古稀之年，為了達成保管這些價值連城的書畫文物，於一九九三年邀請了堂姐羅淑琴女士、溥大師的門生曾　其女士、兆明的朋友陳毓琇女士、孝華的朋友王鳳橋、陳明卿、戴中一諸先生和女士的表弟溥毓岐等，組成八人小組，費時半年，作了有系統的整理、編號、列冊、登錄；又經會商決議，將這些文物交由國家保管。其中六百多件交國立故宮博物院，數十件交文化大學美術館，數十件交國立歷史博物館，一件交國立藝術教育館。移交時均由雙方約定如下：㈠所移交之字畫、著作、文物應由受託保管院館確實加強保管維護。㈡所有代為保管之各項文物，保管院館不得任意處置。㈢一旦溥氏合法繼承人決定時，保管院館應無異議將保管品歸還繼承人。㈣國家統一後，所有保管院館，將保管文物全數移交給中央所在地中央故宮博物院保管。根據此項決議和約定，溥大師遺作文物乃得有完善的典藏，無一件流失。輝瑛女士此一義舉，不但獲得藝文界人士讚歎，也使全國同胞對她處事的精神共同敬佩。

輝瑛女士五十多年為國家、為社會、為立法、為藝術的宏偉貢獻，不但超越了她個人體力的負荷，更超越了平常人能力的極限。如今退隱林園，總算可以享受僑居地的閑暇，讀書、吟詩、作畫，排除煩囂，靜下心來重提畫筆，繪出內心的寧靜之美。今年，她整理新舊作品，印行她古稀之後回顧畫集，我們將又在這一燦爛的巨作中，看出一位婦女政治家，公務之餘，為藝術而創作的優美情操，和豐碩的成果。

在女士巨作出版、作者寫此序前夕，正值女士華誕令辰，甲辰詩書畫會、中華民國詩書畫家協會以及中華民國著作權人協會的朋友們，不但希望這本畫集洛陽紙貴，垂芳百世，更要共同祝賀輝瑛女士六合同春，美意延年！

戊寅冬十二月二十四日山左倪摶九謹序於臺北介壽北亭，時年八十有四。

王君懿畫集序

吾家先君子雲林倪瓚，生未逢時，流徙四方，無錫帶經堂所藏鼎彝書畫，盡鬻商賈，散金親舊。扁舟往來震澤三泖間，埋名以書畫自娛。平遠疏林，世推逸品，乃為元四大家之首。雲林雖工平遠，然以家破國亡，河山遠隔，平遠山水之外，「一河兩岸」意念，時時縈之夢寐；偶拈微意，即出筆端。如至正五年，於船上為友人盧山甫所作「六君子圖」，弓河兩岸風光，宛若金廈之咫尺相對。雲林自題云：「大癡老師，見之必大笑也。」其後黃公望果見之，為題一詩讚之云：「遠望雲林隔秋水，近看古木擁坡陁，居然相對六君子，正直獨立無偏頗。大癡贊雲林畫。」此畫現藏上海博物館，大癡名其為「六君子圖」者，以圖中長河此岸，古幹六株，依其枝葉，為松、柏、梓、楠、槐、榆，皆為良材，而彼岸則遠山一抹，榛莽俱無，激勵後學，溢於畫表，遂為千古傑構。

為君懿女史作序，讀者或訶余信筆揄揚吾家先賢，其實不然。作者雖對君懿詩書畫知之無多，然於今歲八月，於甲辰詩書畫會假國立國父紀念館中山國家畫廊聯展時，君懿女史展出精品數幀，其中貞桐二株，枝幹凌霄，仕女輕盈，尺寸合度，水墨空靈，而輕勒細染，妙相紛呈，雖非「六君子」，亦可稱「雙玉樹」，觀此筆鋒，觀眾多為女史藝力所傾倒，殊屬可貴。

君懿為青島世家，喜愛繪事，轉益多師，山水花鳥仕女，無不涉獵。避秦來臺，獲入白雲堂君璧大師門墻，探索嶺南奧秘，藝事益進。行有餘力，兼攻詞章書史，蘊蓄既豐，佳作益富。古人詩書畫兼善者，難得什一，而女史竟能於侍翁姑，教子女，尤於其夫婿黃縣王徵士先生病足，不良於行，多年以來，身兼護理扶持之勞，而不誤本身藝事及學子課業，茍非堅毅聰敏之資，忠義貞純之愛，曷克臻此。

近年以來，國際合作舉行藝術品大規模展覽，甚為流行，殊屬可喜；尤以電腦網路進步之神速，更具推廣國際藝事之潛力。摶九此次赴美，居小女 Ruth 及婿唐君家，見外孫 Michael 書架藏有《大英百科全書》卅巨冊，乃問其寫報告作業時，常須查及此書乎？渠答曰「否」！謂此種類書均已輸入電腦網路，只要推動「滑鼠」，即可迅速查出所需資料。無須檢閱之勞也。今甲辰道長陳霖女史已闢書畫網站數載，徵士先生亦設佛學「貝葉林」網站有年，因思如能共同妥慎安排，迅速制定電腦網路犯罪防制法、或電腦網路版權侵害等特別刑法，則大師精品可安心輸入電腦網路，足供國際人士欣賞中華書畫藝術之精華；否則亦可轉益後學，更可使無力遠赴國外展出之藝壇人士一抒懷抱。願君懿女史、徵士先生與陳霖女史同心協力，積極圖之。

南海黃君璧先生早年曾習西畫，國畫則師法明四僧，兼習宋元諸家藝事。由於明四僧之不宥於傳統，故君璧先生亦能出入嶺南，自成白雲堂宗風。君懿於相夫教子之餘，獲列門墻，先生雅愛雋才，傾囊相授，女史更能不負師門重望，詩書畫才藝並進，而為一時之選。

今歲故宮博物院與各界熱心人士李海天、黃天才諸先生共同籌辦張大千、貝加索二大師百年紀念聯展，奇珍異寶，美不勝收；而傅申教授巨著《張大千的世界》尤為觀者所葆愛。士林盛傳君璧先生曾與大千先生四登峨眉，三訪名瀑，未知是否？然觀傅氏所述黃、張二大師同登峨眉金頂，似不止於一二次。著者引用君璧先生有關大千著作中精品二幅，一幅為大千於民國二十八年為君璧所作之「峨眉山佛光圖」，然據圖上大千題識，此次登山，君璧欣見佛光，而大千竟與佛光緣慳一面。原題云：「二十八年歲己卯六月十一日，日午，佛光現，君璧道長歡喜讚嘆，合掌誦佛號；余以口腹之累，留臥雲庵，無緣追陪，為寫此圖，以志愧怍。大千弟蝯」。未鈐印，惟君璧押角「白雲堂」藏印而已。此圖於山腹雲氣中有圓光如滿月，並未若大千先生一九八二年於摩耶精舍中重繪贈君璧先生之「峨眉金頂圖」，未再繪佛光，然題詩竟云：「非雲非霧起層空，異彩奇輝竟不同。試向石臺高處望，人人都在佛光中。峨眉佛光，南海老畫師黃君璧同見之，二人影均攝入光中，今不可復得並遊也。寫此悵然。八十四叟爰。」足見二大師確又同登峨眉，然而迴思之作，畢竟不同，可供畫家懷想。

君璧先生寫雲山瀑水，勢若奔雷掣電，無盡無窮。即曠達如大千，亦自嘆弗如。嘗觀大千遊尼加拉瓜瀑布（大千改譯為「納嘉納福」）時曾有用日製絹本水墨設色所繪瀑布局部之圖，靜流深瀉，直下千尺，然而下端一片蒼茫，如霧如煙。反觀傅著二二二頁所附君璧先生「怒瀑飛聲」之作，寫尼加拉奔濤捲岸，巨壑驚雷，氣勢之壯，不同凡響。大千先生讚之曰：「雲瀑空靈，吾仰黃君璧。」如今君懿女史既獲君璧先生真傳，佳作必多，自應刊印行世，以飽士林眼福，更應再創新銓，光大前修，則嘉惠後學，尤非淺鮮。

先賢何紹基子貞曾云：「凡書畫當觀韻。往時李伯時（公麟，作者註）為余作李廣奪胡兒馬，挾兒南馳，取胡兒弓，引滿以擬追騎，觀箭鋒所直發之人馬皆應弦也。使俗子為之，當作中箭追騎矣。余因此深悟畫格與文章同一關紐，但難入人神會耳。」君懿之作，思過半矣。

詩書畫相通之理，盡人皆知，而畫家如兼能之，則更佳妙，鄭虔三絕，為時所重；子昂繼之，尤稱奇絕。流風所被，近人亦多此雅致。君懿女史幼承家學，作畫必自題，詩詞別有奇趣。茲錄其一二如左：

眼兒媚（題畫仕女）

曉日輕風景色好，燕子又來了。清幽深院，碧桃放透，遍地芳草。羅衫綠襦裹娉婷，靚妝照人明。風餅茶香，氤氳煙裊，幾許閒情。

滿庭芳（壽于右老舊作）

復夏功高，亡秦志壯，曾提靖國貔貅。卅年烏府，勛業孰堪儔？走筆龍飛鳳舞，遍中外爭事蘄求。春光好，欣逢國老，八十歲椿秋。　是仙翁南遊。人間遊戲，藜杖扶鳩。更卿雲海屋，靈鶴添籌。多少蓬瀛勝侶，進杯酒，恭祝千秋。看今日，普天同慶，不醉總無休。

君懿女史，春秋鼎盛，詩詞書畫，成就卓越；而惜墨如金，雖經多次展覽，而專集未出，引人關注。預料此時巨著問世，必將洛陽紙貴也。謹以小文，聊申微意，希大雅正之。

戊寅孟冬之吉，倪搏九於介壽北亭。

天人書畫道無窮——郭燕橋先生其人其藝

三湘詩書畫家代有達人，而桂東郭燕橋先生實為當代困學成功之士。摶九聞先生之名，乃在馬木老家，木老素嗜平劇，與我同好，因此凡有名劇上演，我必持券往邀，因得縱談人文藝事，所獲良多。記得是民國四十六年某月，又去木老家請益，見他正為燕橋先生畫像題詞，曾問他郭先生的藝事，木老欣然介紹，這是當前三湘多才之士，其畫其藝，應可作為開宗立派希望之所寄。那時我對郭先生尚無一面之緣，然而從陳丹誠先生的大筆描繪之下，郭先生磊落不凡的英姿，至今尚在目前。今天在燕橋先生書畫展這本書裡，突然看到木老及丹誠先生合作的這副畫像和贊語，使我又驚又喜，因為，現在的老友郭先生，竟是四十年前眼中的青年，實在感到榮幸。

詩書畫在中華文化中，是三條血液流通的管道，中華文化藉此可以循環流轉，貫通百脈，與經史子集融合，成為各種精神源頭而縱橫發展。燕橋先生的詩書畫，充分代表了一種自然之美及其通靈境界，誠如他自己所介紹的畫意說：「非求刻畫形似，亦不全然離真背實，構景布局，從千山萬水，孤峰獨樹，一花一葉，一草一木，以及人物呼應顧盼，總以吸引觀賞者感情移入，如臨真境，得天人合一之趣。」這種襟懷，不但獲得白雲堂的神髓，也開創出個人藝術更高的境界。

燕橋先生有此內涵，他的詩書畫藝，也隨之前進開展，終於民國六十八年，理念圓融，便與志同道合人士，共同創立了「天人書畫學會」。他在「天人書畫學會會歌」中指出：「天人書畫真善美，藝術宏揚任自然，修身養性饒逸趣，志同道合樂結緣」。吾家雲林公曾自題畫曰：「摩詰畫山時，見山不見畫，松雪亦纏綿，飛鳥亦閒暇。我初學揮染，見物皆畫似，郊行及城遊，物物皆畫笥。為問方崖師，孰假孰為真，墨池挹涓滴，寓我無邊春。」燕橋先生畫藝進程，實與雲林類似，逐步趨入天人境界。先生曾有詩云：「千山萬壑不辭勞，遠看初知去處高。溪澗豈能留得住，終歸大海作波濤。」他又說：「宇宙間萬物萬象，都在生生不息的變動和生存，吾人在生活上運用美術的功能，潛移默化，變化氣質，改善人類生活，藉使地球上每一角落都能協調，俾人類萬事萬物都能安和樂利，達到世界大同的理想生活；這是弘揚中華美術、發揮國畫功效最高境界的目標。」此種精神上的修養，以及「天行健，君子以自強不息」的抱負，實由他精研易理中得來，具見先生胸有翰墨和丘壑，乃是弘揚中華文化的真功夫，自然有獨樹一幟的基礎。

我國當代名家鄭曼青先生，以詩書畫醫琴棋拳七絕享譽海內外，燕橋先生除精於詩書畫外，更對易學、拳學、以及近年來「香功」均有精湛之研究，可以並稱六絕，而其胸襟之磊落，尤具曼髯風概，後先輝映，相得益彰；不但其藝業光昭後昆，即其哲理拳功，亦是壽人壽世，「天人」之道，豈僅止於書畫也哉！

吾會詩書畫金石大家石上老人徐人眾先生，摶九指書之師也，亦為燕橋先生多年至友，曾於天人書畫學會成立十週年時贈以祝詞，其中有云：「夫藝事乃真實不朽之業，德功言長存之所憑依也。其所以能不朽不磨以壽斯世者，以其通鑄覆載天人之道於無窮也。」此項論析殊合燕橋先生詩、書、畫、易、拳及香功六絕哲理，因知燕橋先生其人其藝，足以垂為藝術家規範者，良有以也。

茲值先生杖朝壽慶前夕，敬以此文，為仁者壽。

耿欽謝畫集序

數年前筆者參觀嶺南名家聯展，見有耿欽謝女史所繪蘆雁水墨巨製一幀，平沙落雁，蘆荻飛空，淡雅蒼茫，對他鄉遊子感動至深。因憶余於抗戰期間，于役重慶，協助張予昕先生之夫人朝陽大學教授南雲內史梁溪朱修庸女史舉辦水墨書畫個展時，曾有水榭歸帆、平沙落雁一幅，大筆揮灑，意境超脫。時抗戰已進入第七年，異鄉孤客，眷懷故里，旅泊情懷，無異平沙之雁。然南雲未畫蘆花，當其囑余執筆題此巨幅時，不禁熱淚盈眶，援筆為題「清平樂」詞一闋於其上曰：「空江霽雨，山色清如許。水榭留人人不住，目送孤帆歸去。頻年旅雁無家，寒濤捲盡平沙；商略煙波深處，安排幾片蘆花。」四座長者，為之泫然，南雲內史於是立補蘆花，成為當時佳話。

欽謝女史此幅則不然，圖中雙雁並依蘆蔭之下，俯仰自然，極富生趣，仁者襟懷，躍然紙上。當時筆者與欽謝女史尚未熟稔，詢之乃嶺南派畫家國大代表，亦挹翠山堂歐豪年大師之弟子也。自是始與女史及鄧育英、王慕信三女史時相談論畫藝，乃知所謂歐門三劍客者，均非凡品也。

更憶日本政治家岸信介先生米壽大慶時，余隨陸軍一級上將何敬之將軍率團赴日祝壽，適逢歐大師偕同道聯展於東京，魚龍曼衍，極一時之盛。余曾贈歐大師七律一首云：「歐碧競傳上國香，豪情挹翠滿山莊。年華未許嶺南老，先手已爭塞北強。生有鳶肩飛食肉，畫賡劍父躍登堂。展眉喜見風雷動，頌罷木桃報李忙。」此詩雖不佳，然隱嵌「歐豪年先生畫展頌」八字，中日人士先未看出，稍加注視，乃見其詞，當時多人稱為雅話。今大師年事漸高，而門弟子數代傳薪，大師目睹耿女史之畫藝日進，亦當為之欣然。

欽謝女史，字林風，古上谷郡宣化府，原察哈爾省、今河北省宣化縣人。抗戰時就讀於遷校蘭州之國立北平師範大學，畢業後任教於甘肅清水國立十中、宣化師範、張家口女師等校。行憲初，膺選教育團體之第一居國民大會代表，夫婿童俊明，亦河北省宣化縣人，國立北京大學物理學系畢業時，適逢中日戰爭，乃投筆從戎，捍衛國土，致積勞成疾，英年早逝。

女史來臺數十年，議壇謇諤，為時所重，而女史公餘之暇，習六法以遣興，以其艱苦之奮鬥，終於獲得高人之箴規，循序以進。早歲作品曾參加十五居全省美展，經濟部美展並得銀牌獎。

女史學習繪畫，初拜王令聞女士為師，習工筆仕女，此一畫派著重端莊嫻靜之美，女史於研摩之餘，廢寢忘餐，畫藝日進。令聞女士去國後，又隨水墨畫家徐谷庵先生習四君子及寫意花鳥，師法自然，獲益良多。

女史嗣因工作關係與家庭變故，遷居臺北，隨鷗波館陳雋甫先生學，亦獲研習吳詠香女史遺稿，藝事亦進。民國六十二年，因慕嶺南派之亦古亦今、創新自然，拜入嶺南派大師歐豪年、黃磊生二先生之門。至今跟隨歐豪年老師二十餘年，自感影響深遠，受益良多，尤以在水與色彩之領悟上深受啟發，作品更見生趣，觀女史之畫作，益信其言。女史近年作品，松竹梅之蒼勁，芰荷之清靈，仕女之雅致，山水人物之高遠，歐豪年先生稱許其作品，幽雅天趣，有其獨到之處，信然。

女史儒雅溫和，謙抑過人，師友同好，莫不為其仁者胸襟而傾倒。曾憶女史與鄧育英、王慕信女史三人，合作歲朝清供圖贈蘇　隄伉儷，鄧寫瓶梅，王鐫玉如意並種牡丹山茶，女史則補竹、柿、水仙、佛手，囑筆者題之，乃書二十八字云：「牡丹一品伴山茶，如意平安事事佳。有酒學仙無酒佛，手揮飛玉上梅花。」並譽三女史為「歲寒三友」，相與大笑，此詩收入余之《棲樓吟草》，至今樂為三女史所頌唱。

戊寅春月，欽謝女史畫集即將刊行，囑為撰序，不揣菲薄，書此以報雅命，八三衰年，不計工拙，女史其恕之。

山左倪摶九於介壽北亭，時年八十有三歲。

鄧育英畫集序

張彥遠《名畫記》曰：「夫畫者，成教化，助人倫，窮神變，測幽微，與六籍同功，四時並運，發於天然，非由述作。」郭熙〈山水訓〉曰：「林泉之緻，煙霞之侶，夢寐在焉，耳目斷絕，今得妙手，鬱然出天，不下堂筵，坐窮泉壑，豈不快人意、獲我心哉！」

西康鄧育英女史，西南聯大畢業，行憲初，膺選第一居國民大會代表，與其夫婿蒙古立法委員薛興儒先生，為西南聯大同學，結褵後，伉儷從同，迴翔於議壇，於民主憲政之肇基，貢獻良多。公餘之暇，潛心六法，居留大陸期間，即收藏名家書畫，展觀研摩無虛夕。來臺後，從邵幼軒大師習花鳥，頗得大師薪傳，所有創作，均有師門氣韻生動及布局輕靈之美。

筆者在立法院及國民大會前後服務三十餘年，與興儒、育英賢伉儷為通家至好，因得親見育英女史習畫之勤進步之奇，每見佳作，輒為之讚嘆不已。女史雖謙抑過人，不肯以大幅精品示人，然所見雖吉光片羽，各有丰神，乃知女史天賦之質資，與後天之磨煉，實為其在藝壇巨大成就之根源，進而開水墨畫之新境界。嗣後女史廣事頂禮，轉益多師，得登嶺南派大師黃磊生、歐豪年先生門牆「堂奧」，以早歲困學有成之基石，薰染嶺南派宗風，益使其畫作，融入瑰麗奇偉之新生命。

嶺南畫派，開始於遜清中葉，高劍父、奇峰昆仲及陳樹人先生實為巨擘。此派畫風，上承惲南田、居巢等大師之薪傳，其後逐漸演變創新，使國畫衝破前人傳統思想之拘束，跳出摹古之階段，採取大自然，而又不一味服從大自然，以自己之主見，經由心靈化合提鍊而成之作品，充分發揮繪畫之美與深長之神韻。

育英女史自投身於挹翠山堂門下，二十年來，耳濡目染，對於歐老師作畫時磅礡之氣勢，瀟灑之神韻，以及運筆之渾厚，頗能心領神會，每於下筆時，於意境之創造，以及筆墨之情趣，格外用心，因此其作品至獲歐老師之稱許，謂鄧女士之作品墨濃筆強，表現出強烈之嘯傲飛騰神韻，在婦女畫家中實不多見。雖然鄧女士對於師長讚美之詞，表示極端謙虛，然而從她各種作品可以看出，確實在筆墨上能充分表達靈活之創意及清新之風格，尤其是她用筆之厚重，畫意之雄渾，確實能點染出她秉性之醇樸，使人一望而知其功力，代表大西南地方文化之豪情，絕非平常人所能企及。

歐豪年先生對門生有如下之期許：第一，寄望弟子們之作品能充分表達中國繪畫之人文精神；第二，提示弟子們能將中國書法、中國哲學以及中國文學三者融入於水墨繪畫之中，自成體系。第三，進而調整個人創作步驟，邁步前進，合乎二十一世紀飛騰奔放之時代文化精神。

育英女史畫集出版在即，囑筆者為文以序，筆者於繪畫為一知半解。然而鄧女士之畫藝及風範，為筆者素所景佩。而薛故委員興儒先生對筆者之愛護提攜，尤為銘感。因此，爰就作知，成此小文，然無法表達女史作品之成就於萬一。

己亥歲暮，曾以冠首長句歌贈育英女史，並懷薛興儒先生，兼酬二十年前舊誼，以見交期：「蒙疆大漠著英風，古往今來一世雄。薛家虓將稱三箭，與邦立業氣概宏。儒門高節由也勇，西去昆明道中庸。康衛欣逢青春伴，鄧氏銅山闢洪濛。育才共欽「聯大」美，英豪淑女兩心同，國風大雅頌關雎，家室咸宜雙星紅，碩學共證詩書畫，彥倩好合濟和衷。議論堂堂立法制，壇坫飛黃看雙聰。長年憂勞心力瘁，城府不藏見淵沖。無奈天不假公歲，我受德澤感無窮。最憾耆賢西遊早，和衷永念今范公。先憂後樂遵古德，生有俠情兩心通。夫子栖栖一代哲，人間難覓公孫弘。蘭馨終見天意厚，桂枝連翩入碧空。盈盈一水隔河嶽，門牆永仰長者容。

誠意篤行家祚盛，盛業維新多豐功。事業飛黃翰墨舞，也從嶺南看鵠鴻。詩成深意沖膈起，以頌以歌海之東。
美人香草情何限，之江山水凌蒼穹。」
戊寅春吉，女史畫集將付梓，謹以此詩附小序後以紀之。
戊寅春三月山左倪摶九於介壽北亭，時年八十有三歲。

王慕信畫集序

三河王慕信蘭馨女史，中原婦女運動之先驅也，與夫婿李安子平先生，同為第一居國民大會代表，賢伉儷連理同枝，並好文學藝術，為士林所仰望。子平先生精史學，來臺後尚拜高師，專攻岳武穆王史蹟之研究，搜奇徵隱，不遺餘力，著作等身，為此一代武聖精忠報國之豪情及冤獄，作尋根蒐底之闡述，可謂前無古人者也。

慕信女史除相夫教子、議壇建言之外，在大陸時即潛心繪畫，素喜惲南田、趙夢珠之翎毛花卉，於二大師雙鉤、沒骨繪成之花鳥，每因其色彩之天然，水墨之輕勻而心嚮往之，揣摩臨寫，頗得其中蘊涵之神韻。來臺後，女史為期藝術之精進，公餘之暇，曾入臺灣省立師範大學美術系，選修喻仲林先生之工筆花鳥，兩年有餘，進益良多。嗣復投身鷗波館，為吳詠香教授入室弟子，吳師畢業於北平藝術專科學校，曾於北平故宮博物院臨摹古大家名跡，藝境高超，人咸稱其畫無不能，能無不精，尤工花卉，其中洋蘭、牡丹，極有生意，為士林所共仰。女史追隨吳師三年，尤愛牡丹，筆法墨意，頗獲師門宗法，陳雋甫先生復經常指點，女士藝業，於焉大進。

嶺南畫派，近代畫壇劃時代之宗派也。自高劍父、奇峰昆仲及陳樹人先生等創始以來，其「折衷中外，融合古今」之宗法，及超越往昔仿古積習，開拓師法自然、重視寫生之創新精神，獲得國人普遍推崇，而青年習作者莫不嚮往。慕信女史為婦女界革命前鋒，於獻身藝術之進程中，自然接受嶺南畫派之革命洗禮，於民國六十二年，欣然投入嶺南大師歐豪年、黃磊生二先生之門，研求嶺南藝術奧秘，無間寒暑，為時逾二十載。聆益與時俱增，因之所作山水、花鳥、蟲魚等動物，莫不各富生機，為其特色。早年參加全國第七居美展，即曾以佳作入選，參與壬戌畫會，由歐豪年教授指導之聯展，參觀人士，更多予以佳評。近年以來，女史畫作益邁向開擴活潑境界，花卉色澤豔麗，果實誇大鮮美，動物生態活潑，蟲魚生動，萬象一新。行有餘力，更向山水著力，自潑墨至工細，均表現無窮力量。歐大師曾評女史畫風，認為剛健婀娜，有柔有剛，章法嚴謹極富大家風味。惟女史平日作畫謹慎，不輕易示人，更不願對外播揚，其謙謙之風，雅樸純厚，令人景佩。

宋歐陽修論畫意云：「蕭條澹泊，此難畫之意也，畫者得之，覽者未必識也。故飛走遲速，意近之物易見；而閒和嚴靜，趣遠之心難形。若乃高下向背，遠近重複，此畫之藝耳，非精鑒之事也。」此種論斷，吾人於歐豪年先生蒼鷹野獸，慕信女史之奔馬水牛之用筆用墨處，深悟其意。

十餘年前，慕信女史惠我「歲朝清供圖」一幀，蓋為我七十生日壽也。此歲清供，不同一般佈局，而以瓶插牡丹、山茶數品，案頭紅柿三顆，荸薺數粒，草菇一雙，大罈黃封御酒及寶劍一柄贈之，古意盎然，生面別開，殊勝因緣，為之開懷大喜，爰乘酒意，信筆題二十八字其上曰：「市井酒徒亦自豪，灌園抱甕醉春醪；歲朝伴我多仙品，笑對名花拭寶刀。」懸之樓樓齋中，友人輒擊節讚賞不已。

女史今參與甲辰詩書畫會活動，同仁等極表歡迎，茲值畫集付印，囑以數言為序，謹述所知，未悉能洽女史之意否？是為序。

戊寅夏山左倪摶九於介壽北亭。甲申重陽日附記：以上三女史畫集，為同時出版，均邀余作序，豪年先生謂，三篇太多了，作一篇通用好了。余不敢從，堅圭每集各作一篇，此時寫出，心有餘甘焉。

追求文質彬彬的辭章之美——陳錫蕃咬文嚼字話翻譯序

文章是表達人類思想、記錄人類活動的工具，文字則是組成文章的骨幹與環節。文字的構造及其運用法則，中西雖有不同，然而在組成文章時，都具有重要的功能。在中國文學理論上，自古以來，便以「文」與「質」兩種特性，作為判斷文章良窳的價值標準。孔子在《論語》中說：「質勝文則野，文勝質則史：文質彬彬，然後君子。」乃成為後世衡文的千古名言。

《論語》〈憲問〉篇，又記述孔子闡明鄭國當年凡發表一項文告時，都須經過周詳縝密的程序，說：「為命，裨諶草創之，世叔討論之，行人子羽修飾之，東里子產潤色之。」鄭國這一項文書的體制，便是依照「文」與「質」的特性，凡一篇文告，都必須經過裨諶、世叔、子羽、子產四位大夫的參與，各就其所長而加以起草、研討、修訂和潤色，以期此文在應對諸侯的時候，不至於發生誤差。這裡應該特別注意，子羽是鄭國的「行人」，是掌理外交的官員，文告必須先經子羽的「修飾」，而「修飾」與「潤色」不同，在性質上應該是特別重要的一個過程。因此，可以看出古代的外交官，肩負著修飾政治辭章的重任，現代的外交官必須注意。

中國文學自遠古經秦、漢、魏、晉以迄於唐、宋、民國，已經有好幾度重大的革命行動。但韓愈等八大家，排斥魏晉南北朝駢儷文體，提倡復古，所謂「文起八代之衰」的成就，卻受到當時的皇甫湜、後世的王船山、章實齋、王漁洋等學者所評譏。尤以王船山既斥陳琳、阮瑀之流為「健訟之魁」、「怒鄰之婦」；更謂：「揚雄、關朗、王弼、何晏之徒，日猖狂於天下」；又諷：「韓昌黎、蘇東坡之起衰，則文之無窮者盡廢，漠然無當於興觀，使人一往而意盡。」總之，船山論文，既譏駢儷之文偏於文，更斥唐宋八家之文偏於質，而總結於文王「追琢其章，金玉其相」，以及孔子「草創、討論、修飾、潤色」之言，堅決要求文章的文質並重，體要兼備。

民初以來，文學要求「真善美」，而翻譯則要「信達雅」，這兩種標準，說起來就是從前文質並重的化身。五四運動之後，中國文學接受時代潮流的衝擊，產生了若干新興的理念，在「文學革命」的過程中，揚棄了若干文章中的體例，以及傳統的遣詞用字，乃至於使文章的構造，在「文」與「質」之間發生變化；其間固然有正面的啟迪，但也有不少的負面影響，亟待有心人士特別注意，結合眾人的力量，予以隨時糾正，以求整理改進。

這項時代責任，不僅是文學家、文字學家、教育家和大眾傳播界的時代使命，更是在當前國際關係多元化的發展下，中國涉外事務、語文學者共同努力的方向，使古代子羽修飾文學的任務重現於今日，以助長中國文化與西方文化的匯通，使中國人在國際社會上更能文質彬彬，廣受各界的重視。

近年來，我們很欣喜的，看到一位講究文質並重的外交官，自動投入這個時代文字修飾的脈動。那就是致力外交工作數十年，前任總統府副秘書長，現任中華民國駐美代表的陳錫蕃先生。他在繁忙的公務餘暇，夜以繼日，手不釋卷，研究中西文字的正確運用，使它兼具真善美的表達功能，並且論評西字中譯或使用方法的模式，在報章和期刊上以「小仲」筆名發表一連串的「咬文嚼字」專欄，目前，已積存一百五十三篇，即將由「天下文化出版公司」出版，料想此書發行之後，必將洛陽紙貴。

筆者因公務關係，與錫蕃先生時相過從，承小仲兄不棄，每以《咬文嚼字》草稿，交付相互切磋，其間中西交錯，萬象紛呈，每讀一篇，不覺手舞足蹈，拍案叫絕，有時淺見偶蒙參採，私衷更覺欣愉；每感孔子「草創、討論、修飾、潤色」功能的啟發，於公元二〇〇〇年來臨之際，竟然出現如行人子羽般飽學的外交官，全心全意為修飾文字而努力，益感孔子確是「聖之時者」，絕非徒託空言。

錫蕃先生文集中，解釋中文部分固然博採周諮，探驪得珠；而他對西文使用正誤的見解，更是目光銳利，靈犀照水。譬如他對「第四權」和「政務官」的英譯、「骨灰」"ashes"與"cremated remains"的可以交互使用等之研究結果，均極用心而精準，確可作為國人尤其是青年學子們參考。

個人對西文中譯也有極大興趣。譬如二十年前曾在「中副」為文，發生了與司馬笑先生的一場筆戰；又曾介紹抗戰期間 蔣公以盟軍中國戰區統帥的身份，發布史迪威將軍為中國戰區統帥部參謀長的命令原件，先譯為「史蒂威爾」，經 蔣公批改後，才使用「史迪威」之名。又如美國副總統尼克遜訪華， 蔣公歡宴時所發的請柬，中文部分不用通常的「尼」字，而改用「倪」字，以求雅訓。更有感於當年美國雷根總統的名言"Leaving Marxism-Leninism on the ashheap of history"被國內報刊倉促間誤譯為「將馬列主義棄置於歷史的灰燼之上」。我們認為"ash"固然是「灰燼」，但「歷史」無論好壞，都不能燒除得了；而"ash"一字之後，如再加一個名詞，其意義就變了。例如"ash bin"，"ash can"都是「垃圾箱」，"ash cart"是「垃圾車」，"ashheap"則是「垃圾堆」；因此，將"ashheap"譯為「灰燼」，也是極大的錯誤，個人早有釐清的意願。如今，錫蕃兄的《咬文嚼字話翻譯》一書，業已打開一條通路，相信此書之問世，必然為國人研究或使用中西文字，注入一股活力與清流，帶動中國文學走向更璀燦的時代。

張大千先生泥蕩圖題記跋

民國六十八年春正月望日，余至牯嶺街何上將敬公官舍，見敬公正摶泥為戲，訝而問之。公笑曰：「今歲余年九十，張大千先生約繪興義泥蕩村故居圖為壽，故堆泥而擬之」。余曰：「堆泥匪易，公曷告我形勝，代為鉤勒成稿，送大千先生參酌」。公許之，乃承指點，以草圖進，公再四修改，數易其稿，始愜公意，爰送之摩耶精舍。未匝月，斯圖成，岡巒起伏，懸崖百丈，公舊居後，一峰高聳，挺拔崔巍，若巨象之鎮重關，即鄉人所稱之「點將臺」也！其上積水成湖，名「琵琶海子」，峰前大道，東通黃草壩，為貴州督軍劉顯世故里。此圖經大千先生兩度題識，後題謂：「昔杜少陵陪鄭廣文遊何將軍山林詩，曲盡林壑之美，惜廣文未作畫」。蓋先生取少陵詩意，以泥蕩山林寫此幀以祝　敬公與河山並壽，蓋胸中亦另有懷抱也。於是名將大師，遂以此圖並傳千古，敬公獲此圖後，又獲貴州同鄉會，獻大千先生巨製「黔靈獻瑞圖」，於是九秩嵩壽之慶，二美並陳，人多羨之，公樂甚。五年後，命摶九代擬「何園記」一文，刊石立於北海何氏墓園，為地方景觀留勝蹟。今敬公暨德配王夫人靈骨，已遷大直國軍示範公墓，而何氏墓園，敬公衣冠塚旁，此碑猶存，供人憑弔。敬公逝世後其女公子麗珠，以公所藏圖書、文物捐贈國立故宮博物院，故宮乃複製此圖行世。去歲，承秦院長心波先生惠贈此圖一幀，見而生感，爰記此圖之緣由，更說明大千先生第二次題詞借杜少陵陪鄭廣文遊何將軍山林故事之巧而雅，以資紀念。

按鄭廣文名虔，字弱齋，工書畫，有「鄭虔三絕」之名。唐玄宗天寶九載，為廣文館博士。「何將軍山林」，《通志》載：「少陵原在樊川北原，自司馬村起至何將軍山林而盡，俗呼為塔陂」。蓋亦杜老之故里也。鄭虔宅即在其東鄭莊，均與少陵居處相鄰。原詩前十首，後五首，均載少陵集中，茲錄數首，以見一斑。

不識南塘路，今知第五橋。名園依綠水，野竹上青霄。
谷口舊相得，濠梁同見招。平生為幽興，未惜馬蹄遙。

百頃風潭上，千重夏木清。卑枝低結子，接葉暗巢鶯。
鮮鯽銀絲膾，香芹碧澗羹。翻疑柂樓底，晚飯越中行。

萬里戎王子，何年別月支。異花開絕域，滋蔓匝清池。
漢使徒空到，神農竟不知。露翻兼雨打，開拆日離披。

旁舍連高竹，疏籬帶晚花。碾渦深沒馬，藤蔓曲藏蛇。
詞賦工無益，山林跡未賒。盡捻書籍賣，來問爾東家。

剩水滄江破，殘山碣石開。綠垂風折筍，紅綻雨肥梅。
銀甲彈箏用，金魚換酒來。興移無酒掃，隨意坐莓苔。

餘不盡錄，聊以存記，未悉有人讀之完篇否？一笑！

丙子春節後七日山左倪摶九敬書於介壽館三樓北亭，時年八十心有餘而力不足矣。（該圖之畫塘承秦院長心波先生裱妥後惠贈，附誌並謝。）

中國書法學會三十五週年紀念集序

中華文化源遠流長，而中國文字更為中華文化之泉源。《說文》曰：「依類象形之謂文，形聲相益之謂字，著於竹帛之謂書。」故中國書法，變化繁簡，森羅萬象，因而造成中國書藝之美，與宇宙萬象同流，後世研究書法者，能窮其妙固難，而創新求變更屬不易。二千年來中國書藝之有成者，不逾數百人，士類論列，每不出各大家規範。因此，古人研求書法者，遂有形而上之說法。如唐敘書錄引太宗有云：「吾臨古人之書，殊不學其形勢，惟在求其骨力，及得其骨力，而形勢自生矣。」《法書要錄》則曰：「深識書者，惟觀神彩，不見字形。」米元章《海嶽名言》曰：「學書須得趣，他好俱忘，乃入妙，別為一好，縈之便不二也。」今賢如弘一法師，獨出塵壤，自成佛體一家；于右老亦能於漢魏之外，開啟一門宗風。總之，古往今來中國書法之成功者，均為融貫各家，苦心孤詣，從不斷努力中獲得卓越成就，絕非易易。

六藝結社，自古已然，而書畫之結社，至今尤盛。惟畫社社友之成就，顯然較書社成功之顯著，乃知書法之研摩，較畫藝為尤難，研求者必須盡畢生之力以成之。自政府遷臺以來，結社之風，更趨茁壯，而有志於書法藝術諸君子，乃勃然興起於海甸。

民國五十一年九月廿八日，由丁念先等四十二位書法學者，為繼承傳統書學，達成宏揚光大書藝之使命，發起成立中國書法學會。其間大陸來臺之書法家如丁治磐、馬壽華、程滄波、姚琮等諸先生，及臺灣名書法家曹容等濟濟多士，率多投身其中，從事書藝之研討，一時聲譽鵲起，臺海士子，聞風景從，極一時之盛。時至今日，凡三十五年，會務駸駸日上，對於臺員書藝之弘揚，厥功至偉。

中國書法學會自民國八十四年第十二屆理監事會，由連勝彥先生膺選接任理事長。就任以來，力謀振興會務，除各界書法家紛紛入會，並擔任重要幹部之外，另聘書法界耆宿，博物、藝術、社教院館領導人為顧問，另由連理事長倡導墊款、勸募會所經費，於臺北市歸綏街購置永久會址，作為會務發展之基地。對內，籌組多種委員會，尤重書法之展覽、活動及研究發展。並創刊《中國書法學會會訊季刊》。對外，積極展出會員書法作品，並協助其他書法會之展覽活動。行有餘力，另行籌辦全國高中國文教師書法研習會，一時會務大張，群賢畢集，三十餘載，於茲為盛。

連理事長勝彥先生，東臺傑出士也，其尊翁清傳先生，以經商致富，輸家產興學，創設私立清傳商業職業學校。勝彥青年時，即致力書法，投身曹容秋圃先生門下，凡四體書法均勤學精研，於澹廬書法得其真傳，而為書會之中堅。壯年又結集同好，首創換鵝書會，除精研書藝外，更致力教育事業，對於清傳之事務、教務，莫不精心規劃，努力以赴；其間雖曾膺選國民大會代表，宣力議壇，然先生不汲汲於功名利祿，自清傳先生逝世後，即以掌理清傳商職校長為主要任務，不再經略仕途，可以見勝彥先生之風概。

摶九於國民大會中獲識勝彥先生，當時先生正值壯年，而雅度休休，絕不似仕宦中人，因之互相切磋，結為至友。曾有古詩一首贈之。約其於收京之日，偕其同觀龍門石刻，泰山經石峪、西安碑林、滇中二爨等語，今日則勝彥兄已連番至大陸觀光，秦碑漢简，摩挲遍矣，而個人尚未成行，今日承勝彥兄之請，代為此序，大有感慨；為此更盼先生以春秋鼎盛之年，盡其全力，領導中國書法學會，大收豐碩成果。如此則不獨當年創會諸君子同感盛情，即秋圃曹先生，亦將含笑泉臺，稱吾道之不孤矣。

民國八十六年光復節於介壽北亭。

曹秋圃先生書法展紀念集序

我國文字，始於上古，伏羲氏畫八卦，命臣飛龍氏結繩紀事，乃成龍書。傳至倉頡，改古人各家造字者之粗獷，專心獨運，乃成文字初祖，而天雨粟，鬼夜哭，龍乃潛藏。周史籀師，摹倉頡古文，損益而廣，謂之篆；又作籀文，折直勁迅，有如鏤鐵，端姿旁逸，尤兼婉潤，而書道興焉。李斯為小篆，承秦皇命，推廣九州，乃成書同文之業。程邈幽縶雲陽獄，覃思十年，益大小篆方圓為隸書三千字。其後先聖先賢，研求者眾，而楷書行書備出。尤以蒙恬成筆，蔡倫造紙，書法與書具相結合，乃成我中華民族至高無上書藝之美。

我國書法藝術所以能迅速擴大發展，端賴先賢創造變革之精神，乃能推陳出新，各開先河。梁庾肩吾《書品論》曰：「隸既發源秦史，草乃激流齊相。抜篆籀於繁蕪，移楷真於重密。」唐張懷瓘《文字論》則稱：「僕今所制，不師古法。探文墨之妙，有索萬物之玄精；以筋骨立形，以神情潤色；雖跡在塵壤，而志在雲霄；靈變無常，務於飛動；或若擒虎豹有強梁拏攫之形，執蛟螭見蚴蟉盤旋之勢。探彼意象，如此規模，忽若電飛，或疑星墜；氣勢生乎流便，精魄出於鋒鋩。」吾人以此種研究精神，當可上探各朝書藝宗師成功之跡，皆從立志創新，由千辛萬苦中得來。上自鍾、衛二王之聖跡，張旭、懷素之狂草，下至顏、柳、歐、趙之嚴整，蘇、黃、米、蔡之奔放，莫不自懷妙諦，各成一家，遂啟後人無限揣摩開創之空間，隨時可以自啟書法之新境界。

臺灣地處中國大陸之邊陲，自秦漢乃至於隋唐，文化藝術之源流，均與中土血脈相連，不可分割。尤自明鄭入主東寧，義烈來寓此鄉，文化流布，遍及海甸。甲午之役，宰相割地，義士回天，乃在於民族精神之弗替，以及文化詩禮之固守，詩賦辭章，遂於此半世紀間，肩負剝復重光之重任。如今遺老雖逐漸凋零，而此一輩先賢風範，遂永昭於後世，秋圃曹容先生，為其中佼佼者也。

秋圃先生於國運晦明之際，不慕名利，立志授道傳經，以其所精研書道而蘊積之浩然正氣，作為澹廬萬世弗替之化育精神，賦予其門生弟子旺盛之創造力與生命力，處處與庾肩吾論書品、張懷瑾不師古之說，若合符節。觀其為字運筆之「迴腕法」，教弟子習隸書之「運氣法」，可知老人畢生精力之凝聚，有雷霆萬鈞之勢，乃臺海百年來最足崇敬之經師人師，此為筆者親炙於老人前所見所聞；及出入澹廬書會，獲交連勝彥傑閣兄等諸賢，所親身領會者，無虛譽也。

回想當年開羅會議，同盟國決定於戰勝日本後，將臺灣、澎湖及東北各省失地歸還中華民國，摶九於民國三十四年春，在重慶蒐集明鄭史事，排除資料上之艱難，寫成「鄭成功」平劇本一種，於重慶大東書局出版，並由國立政治大學前身之中央政治學校平劇團，在重慶市「國立青年館」公開演出，一則以收入用作勞軍，再則贈送入場券與「臺灣幹部人員訓練班」受訓全體學員，供作探索臺灣史事及明鄭復臺之參考。其時連雅堂先生之《臺灣通史》尚未出版（該書初版於三十四年八月十五日，日本政府宣布無條件投降之日）。當時摶九遍閱各書，史蹟所存之居臺先賢，在文學、書法、詩詞、藝術有所成就者，包括《臺灣通史》在內，僅見顏思齊、沈東陽等諸公而已，未能如古史文苑傳之所紀述者。尤以近年來臺灣省文獻會所編印之《臺灣史》，即少數士林先德遺老之跡亦均未刊載，實乃憾事。國史館有心蒐集而尚未成秩，野史家雖有著力處亦未具宏遠規模，乃令書道先進，事功偉烈之如秋圃先生者，僅見其作品偶而展出，傑閣先生亦盡心力為其成立紀念館或基金會，然猶屬草創時期，未能光大老人之遺範。吾人輒思，在此時際，澹廬諸君子，允宜與國史館、省市文獻機關，鄭重商酌，再修臺灣史，必列文苑傳，以在臺碩彥宗師如秋圃先生者，昭然列入臺灣史乘之文苑傳，其價值當在書法大展紀念之上也。

猶憶數年前，李總統登輝先生及副總統肇東李元簇先生就職前夕，秋圃先生書贈兩位身負重任者墨寶各一幅，如今均為二公懸之客廳，引為雅言。附贈傑閣兄照片各一幀，供作澹廬典藏之資料，老人泉臺有知，亦必引以為慰。

摶九以傑閣兄之介，有緣獲接秋圃先生之亮節高風，此心已自感成為澹廬未能登堂之弟子。欣逢老人百零五歲誕辰紀念之期，為大展特刊作數語以為序，豈僅為個人之榮寵，亦可發抒敬禮先賢之心聲也。唯澹廬諸賢達教之。

己卯夏月之吉，山左倪摶九序於介壽北亭，時年八十有四。

松柏書畫第二輯序

我國遠古先民，傳以結繩紀事，咸謂始於伏羲氏。聞古《三墳》佚句有「伏羲始畫八卦，命臣飛龍氏造六書。」荀卿云：「作書者眾，而倉頡獨傳，用心一也。」於是倉頡造字，乃為文字學界之定論。至許慎之《說文解字》則稱：「依類象形之謂文，形聲相益之謂字，著於竹帛之謂書。」乃知中國文字，自結繩以至於六書，均以象形為初圭，而象形即為畫；所謂文字，實均由圖畫演進而成。先民初創文字，見鳥即畫一鳥，見魚則畫一魚，然後擴大及於萬事萬物，上觀日、月、星、辰、風、霜、雨、露之形，下察山、河、草、木、禽、獸、蟲、介之跡，兼及動作與意念，而形成科學的象形、形聲、指事、會意、假借、轉注之「六書」。

吾人深究我國文字及書法，雖稱書畫同源，然究竟應以圖畫先於文字。數千年來，由甲骨、鐘鼎、大小篆、漢魏隸書乃至於楷書、行草，無一體無畫意，無一體無圖案，此中國文字所以能永保以象形為初祖境界之特色，非拉丁化之西方文字棄象形初祖而改為字母拼音架構所能企及者也。

源於圖畫之中國文字，自古至今，厚重者有之，古樸者有之，嚴整者有之，輕靈者有之；尤其自行書至於狂草，各霸一宗而曲盡其妙。誠如梁武帝觀鍾繇書法曰：「子敬之不殆逸少，猶逸少之不殆元常。學子敬者，如畫虎也；學元常者，如畫龍也。」又孫過庭〈書譜〉曰：「觀夫懸針垂露之異，奔雷墜石之奇，鴻飛獸駭之姿，鸞飛蛇驚之態，絕岸頹峰之勢，臨危據槁之形，或重若崩雲，或輕如蟬翼；導之則泉注，頓之則山安；纖纖乎如初月之出天涯，落落乎猶眾星之列河漢。」此等編列，不僅使人意會書為文字之基，更又直指字字皆如畫，足以說明中國文字時時代代，創意輩出，大有文字圖畫完全競合之美，懿歟盛哉！

吾等中國書畫愛好者，尤其藝壇各派巨子，頗有為今後書畫之前途憂者，厥有二端：一為中共推行濫製之簡字而非約定俗成之簡筆字，破壞中國文字使用性兼具藝術性之特質，將使中國古典文字喪失其珍貴統緒。再則面對電腦科技與時俱新之鼎盛時代，使中國文字繪畫，不須動手書畫，即能整整齊齊傳播於公眾之前，足令中年以後國人，不須練習文字書寫及繪圖，便可運作電腦使其表達於海天相隔之外。此種前進之機具，雖可代替書寫繪畫人力之勞，然而斲傷我國書畫之傳宗接代，已屬絕大災難。務希有心人士，協同負責當局，設法阻遏此一危機之發展。

松柏書畫社乃屬中華民國老人福利協進會，鑑於會員多為退休軍公教人士，其中不乏書畫方家，為倡導傳統文化，提高老人生活品質，走上休閒正當活動，遂於六十九年秋創立松柏書法社、松柏國畫社，因二社性質相同，又經常共同研習，故簡稱「松柏書畫社」，當前社友約一五〇人之多，書畫聯展已達廿五居。社友個人書畫展亦多，成效素獲各界好評。為保留作品紀錄，始於八十六年六月印製《松柏書畫輯》分贈親朋好友珍存，並分送全國鄉鎮以上公私立圖書館、縣市文化中心、社教館、美術館、博物館及公私立大專院校、三軍院校圖書館、中央各文教機關典藏。社友鑑於畫冊精美，且又分贈各圖書館，對宏揚我中華文化提倡社會美術教育，改正社會氣質不無貢獻，遂有籌印第二輯之議，以之恭祝本年十月三十一日紀念先總統 蔣公一百一十三歲誕辰，並紀念九月間於中正紀念堂懷恩藝廊舉辦之第廿六居松柏書畫聯展，繼續恢宏書畫藝術，分享大眾，保存國粹。松柏社友之熱心美意，殊堪景佩。頃承占靈宗兄過訪，囑為本輯撰序，情未可卻，爰綴數語，以應雅命。並祝貴社全體道長藝術精進，健康愉快！

己卯重陽節前夕山左倪摶九序於介壽北亭，時年八十有四。

跋沈映冬著倪雲林隱跡記

映冬先生，雅度休休，江南耆宿，粥會班頭，近歲往來於兩岸間，車塵馬跡，遍歷煙波舊遊之地，每遇先賢遺蹤，輒往探尋，罔辭勞瘁。曾有《尋碑》、《石鼓》二書行世。戊寅仲秋，映老招飲市樓，出示其巨著第三種《倪雲林隱跡記》目錄，謂書稿已付梓，囑筆者加跋數語。摶九為畫藝門外漢，未敢輕言為跋，然以雲林為吾族先德，流韻江南，既有此因緣，亦未敢無一言以附驥尾，藉慰先人在天之靈。

倪氏出於小邾，小邾出於邾，邾為周武王封顓頊帝裔挾之封地。至春秋，邾儀父有功於周，進爵稱子，為邾武子。復封其次子友於郳，又號小邾，均為子爵。子孫以國為氏，後以郳、邾為楚所滅，均去其邑，郳氏氏兒，邾氏氏朱，其地同屬昌慮縣，即筆者故鄉滕縣之一部份也。摶九即滕縣鮑叔鄉人，與叔牙為鄰，亦云幸矣。

戰國名將兒良，漢朝內史令兒寬，均為兒氏先世祖。後因山東廣饒縣境有兒、孫二村，因姓氏笑謔成仇，械鬥連年。至唐，某賢宰蒞任，遍邀二氏士紳，曉以大義，將兒氏加人為倪，械鬥乃息。

唐代刺史若水公，為吾族唐代始祖，子孫居河洛之間，光州、固始，為吾族大宗。至宋，為官為儒，家風鼎盛，金華龍門一宗，以龢公為始祖，至七世，歷官顯要，時稱「七第」。六世祖公遇公，有俠士風，留抗元詩篇於世，（《金華縣志》有傳）七世祖普公在朝，主張抗元，與賈似道不能相容，被劾歸。築亭山椒以望臨安，國亡北向慟哭，無他語，惟誡後人不可出仕，（《金華縣志》有傳）公遇公之子七世崇義公，宋咸淳十年後因元軍入侵，受薦於閩提舉學事司任官，入閩居福州鳳池，不久，普公被劾歸，崇義公隨之退隱業儒終身，故有處士之稱。曾有名聯「龍池家聲遠，鳳池世澤長」，永垂不朽。

馬端臨《文獻通考氏族略》，以倪、兒一宗，無二氏，然雲林先生終生隱密，不以世系語人，是其恪遵祖訓，永居清流，而三十年前扁舟來往湖泖之間，篝燈木榻，肅然晏坐，雖有士林至友，常相過從，清溪泛舟，即船作書，畫存煙水，詩吟松筠，但仍不時為武人酷吏所擾，於是盡散清閟閣藏書及鼎彝重器，散金親舊，雖有雅致豪情，終未免張士誠之強及其弟士信之辱，嗚呼，如此名士，竟不能脫武弁手足之要脅，真可為天下名士貞流一哭也。

雲林先生書畫奇絕空靈，無待後學多費一詞，然余喜其「秋林野興圖」上之題語及小詩，為之神往不已。其詞云：「余既與小山作秋林野興圖，九月中，小山攜以索題，適三月望日，經鉏齋前，木犀盛開，因賦下章。今年自春徂秋，無事有好興味，贈賦此一長句于左方。歡喜秋生研席涼，卷簾微露淨衣裳。林扉洞戶發新興，翠雨黃雲籠遠床。竹雨因風晴靡靡，杉檐承月夜蒼蒼。焚香底用添金鴨，落蘂仍宜副枕囊。己卯秋九月十四日雲林生倪瓚。」而他的座右銘更有生氣。詞為：「勵志務為學，守義思居貞，閉戶讀書史，出門求友生。」此陳柏曾稱其為「南上之清者，無與倫比」者也。

余嘗參與中國譜系學會，並未查出全宗倪氏家譜，僅聞日本東京帝國大學圖書館典藏一部，尚未及前往借印。頃閱本書目錄有「雲林先生譜系」，大喜過望，亟欲先睹為快。祇恨去美月餘，遲未完稿報命，草書此跋，未悉能當先生雅命否。

戊寅冬山左倪摶九謹跋於介壽北亭。

跋董良碩藏董作賓先生函札卷

良碩世台此卷所收董作賓彥堂先生家藏函札計四十二通，彥老公子玉京為當代心臟內科名醫，對封翁遺澤，素極珍慎維護，未料仍流出坊間，可為一慨。

經檢點此帙所藏函札，計梁寒操三通、曾紹杰二通、呂佛庭五通、黎玉璽一通、王德溥一通、齊如山二通、譚旦冏九通、莊　嚴十六通、張伯謹一通、蔣東孚一通、曾克耑草書條札一通。其中除黎玉璽（海軍總司令）、王德溥（內政部長）二先生函為幕僚代筆者外，餘均為親筆所書，名家手蹟，自可藏之不朽。

余於此帙，詳加檢覽多日，愛不釋手，謹就所知，列舉以下心得，錄奉

良碩賢世台參証：

㈠本帙內首三札為高要才子均默梁寒操先生致彥老函，雖無重大事件，然均為梁先生來臺後任職中廣前期所書，墨酣筆妙，足稱佳品。尤以今歲農曆六月十二日為均老百年誕辰，此時拜讀手澤，益增眷念。先生農曆百年紀念時，臺北粥會曾集會祝壽，並出專集紀念，余曾為小文祝之。國曆百年誕辰時，中國廣播公司於七月十八日在該公司音樂廳集會紀念，由故宮秦院長心波報告均老事略，始知心波之能獲侍先總統　蔣公者，為梁先生之推薦，亦近年所聞之佳話也。

均老大作《驢德頌》，享譽士林，然末句「力竭何妨死道旁」結語，雖然豪邁，頗覺未必如此決絕。逝世前所書「溪聲入耳猶聞樂，山翠娛魂勝讀詩」一聯，尤為時人認係詩讖，傳誦一時。其實均老此聯為粥會在

碧潭集會時期，所作「碧廬補壁詩」二絕句前一首之首聯。余遊比利時，於布魯塞爾我駐比代表舒梅生大使書齋，曾見均老書贈此聯，距其逝世時尚早數年也。

本年七月十八日，余曾以楷書小詩屏贈中廣，紀念均老百年，其詞曰：「曾從氣概見襟期，漱石枕流一代奇。時勢英雄啟後進，慎思明辨佩先知。塵沙遍染天山路，書翰猶存上苑池。力竭識成《驢德頌》，百年忍讀娛魂詩。」蓋「力竭何妨死道旁」可稱詩讖，「山翠娛魂」未可視為非吉語，否則，蒲留仙之「料應厭作人間語，愛聽秋墳鬼唱詩」，真有陰森氣矣，此三函願世台永葆之。

(二)王德溥部長致彥老函，雖非親筆，大有歷史關鍵。蓋因開臺先賢延平郡王鄭成功像，世存僅二幀，一為日本流傳之「國姓爺」立像，戎裝無鬚；一為國人繪坐像，明官服有短鬚。政府遷臺後，因不願用日人所繪之像；又以明裝有短鬚持書坐像，為我國家祠中祖先像一般畫法，與成功年齡（卒年僅卅九歲）及性情均不相符，故內政部委託中央研究院代為研究，然窮年累月，迄無結果，王氏乃有此函。自此函出，鄭成功真像之謎，遂永淪海底矣，此函之具有歷史性者在此。

余於民國三十三年，在重慶就讀於中央政治學校，是年欣聞中美英三國元首在開羅會議決議於戰敗日本後，由中華民國收回臺灣、澎湖及東北九省國土，我政府為準備接收臺澎，預作人才之培育，乃於重慶浮圖關（即復興關）開辦臺灣幹部人員訓練班，一時閩省雋彥黃朝琴、謝東閔、羅萬俥、黃國書、連震東、薛人仰等一百廿餘人奉命受訓，群英畢集，一時稱盛，其時連雅堂先生之《臺灣通史》尚未問世，朝野人士對淪日六十餘年之臺灣史事，尤其鄭成功之悲壯事蹟，均未甚明瞭，余因友人督促，乃蒐集史料，編為「鄭成功」平劇劇本一種，並籌劃在渝公演，藉戲劇之力量，助各界人士瞭解臺灣。經半年之努力，遍閱《明史》、《明紀》、《貳臣傳》、《思文大紀》、《小腆紀年》、《南明野史》及《鄭成功年譜》各書，完成風雨樓平劇創作第一種《鄭成功》一書，交重慶大東書局於民國卅四年二月出版，（連雅堂先生《臺灣通史》於同年八月始在重慶問世，張溥泉之序文末云是「倭寇正式無條件投降日」）並由中央政校平劇社聘名師劉肖夫、邵松年二先生主排導演，於卅四年秋七月演出於重慶市國立青年館，余飾前部鄭成功，插唱崑曲二支，一連演出九日而賣座不衰，各界人士觀賞者甚眾。（蓋重慶市民多喜歡川劇、平劇、話劇，而不喜歡電影也。）余贈臺幹班同學入場券一百廿張，學員皆來觀賞，並當場買余劇本。前外交部部長朱撫松，時任中宣部專員，偕其夫人到場外窗口找我索票，乃贈之即訂交。（夫人徐鍾珮，文學家與國代）當時物價已貴，六十餘人在重慶十日衣食住行及演出費用耗資頗多，收入法幣壹百零九萬元，除開支及勞軍費用外，尚欠稅金數萬元，又到璧山縣公演三日，始得收支相抵，今日思之，亦屬大膽矣。

鄭成功原名森，字大木，為當時海盜首領鄭芝龍子，其母日籍，姓田川氏。甲申之役，思宗殉國，福王繼位南京，旋亦敗亡。鄭芝龍迎立唐王聿鍵於福州，號隆武，鄭森時正英年，侍帝左右，帝愛之，謂：朕如有女，定以汝為駙馬，於是賜姓朱，字成功（後延平即王位於臺，日本人稱之為「國姓爺」而不名，以其為日本籍故也）。嗣後芝龍頗有異志，成功諫父不聽，未及，清兵破仙霞，帝被執，后自殺，芝龍迎降被迫北去，成功一人返南安故里；至，清兵已大掠三日，母田川氏被污自刎死，成功見之大痛，出利刃，剖母腹，洗腸及屍而葬，誓報國仇家恨，連夜攜儒衣冠，入孔廟，焚儒衣冠而告於至聖靈前曰：「成功昔為『儒』子，今作孤臣，從此向背去留，各行其是，望先師昭鑒之。」（連氏《臺灣通史・建國紀》中，無成功洗屍葬母事，哭廟之言，與余書不同，為：「昔為『孺』子，今作孤臣，向背棄留，各有所用」，似不若余所引者順暢也。）於是聯諸鄭，起義兵，佔金廈，下潮閩各郡縣，奉永曆帝正朔勤王，後率舟師入長江，下瓜州，圍金陵，聲勢之大，京師為之震動。乃以輕敵，中南京清軍守將梁化鳳緩兵乞降之計，屯兵城下而不攻。一日，大風雪，清援軍大至，夜出堯化門襲破鄭兵於下關，成功奪江引舟師東撤，直取臺灣，逐荷人而開臺，以成不世之業。

成功事不贅述，惟當其哭廟焚儒衣冠起兵乃至卅九歲逝世時，均未再著儒衣或文官服，以志未酬也。余在渝寫此劇本，曾尋其遺像，僅獲明文官服有短鬚者一幀，聞有戎裝者未見，乃請當時名畫家李維兄重臨製版刊入劇本內，每覺與成功精神不合，更與其哭廟誓言不符，而持書端坐，太學究氣與祠堂化，時為憾憾。

來臺後，始於延平郡王祠中見日人繪戎裝無鬚之像，乃知清人所繪者為非，而政界中人頗不願以日圖為是，故有爭議，及其研而不決，乃有內政部王部長函中鄉愿式之結論，心尤憾之，顧良碩賢台續研之，中研院實未能盡其責也。今在考試院院長書內見之。

㈢齊如山先生致彥老二函，均為其手跡，至為可貴。余與齊老為忘年交，尤於平劇，余更受益良多。齊老為河北高陽世家，壯年在京師與諸名士遊，平劇界名伶梅、尚、程、荀，對其均敬禮有加，齊老與清遺老樊樊山、黃癭瓢、易順鼎諸先生均於梅畹華特著青睞，畢生為梅氏效力不疲。梅氏之「古裝花衫」各劇，實為諸老代為創造。每一新編大戲，均由齊老先打「提綱」，樊山粗寫戲詞，癭瓢考証後精心撰寫唱詞，徐蘭沅琴師譜新腔，齊如老安排「場子」，彩排時再由各大師臨場修訂，最後由齊老刪改增加完稿，一經演出，必能傳世，如梅之「霸王別姬」，本名「楚漢爭」，二日演畢；彩排時齊老以其太鬆懈，決定刪為一日演畢，乃成千古絕唱。以上所述，均為名家合作，乃成巨構。在臺時，齊老以自力寫成「征衣緣」一劇，交大鵬排演，竟未演紅；此無他，撰寫優美唱詞，決非齊老所長，故齊老引為憾事。

齊老第二函，為答彥老詢問平劇臉譜事，娓娓道來，滿五紙而未盡其意。然對老友之請益，絲毫不倦，前賢風範可為典範。齊老逝世前，曾出版《齊如山全集》六巨冊，時價六百元，其中論臉譜一章，即近三萬言。余曾購買一部贈送立法委員薛興儒（夫人為國代鄧育英）之女公子薛絢，以其在美研究中國藝術史撰寫碩士論文之參考。余在重慶演出鄭成功一劇時，曾向張恨水先生借用北京齊老創作之京劇研究所印行之臉譜卷二百幅，不幸，為雅賊竊去，無法歸還，恨水恨恨不已，然余只能賠罪，無法賠償，恨水亦苦笑而罷，附此誌憾。

來臺後，鄭成功一劇請齊老指教，齊老不厭煩瑣，細加研究，月餘後送回劇本，並將其修正意見以小行書寫出十餘條，貼在書上作為眉批見示：盛情感人，至今難忘。附印二則，以見一斑。

> 皇帝此段唱似乎太早，不但白唱，且稍佔時間。
>
> 鄭成功似可用倒板上唱流水板，因下邊白中有「可恨我滿懷義憤」等語，絕對不能唱「四平調」，尤不可持書，因此二事太消閒，不合下邊話白之義也。

老人於九十二高齡，於大鵬劇團演「小放牛」一劇時，坐第一排，以手杖滑落地上，低身拾杖時突然去世，時人每謂：「臺大校長傅斯年逝世於臺灣省參議會講臺，中央研究院長胡適之逝世於立法院講臺，齊如山逝世於平劇劇場，皆屬死得其所」，話雖如此，然國家社會之損失亦大矣。良碩其珍之。

(四)其餘多札，為譚旦冏、莊慕陵、張伯謹、蔣東孚、曾克耑諸先生手札諸函，均甚精彩，尤以曾氏狂草一條札為佳。其中有關蔣彝別號之問答，兩函併存，至為可喜。彥老於旦老函上之批示，均極可貴；尤以慕陵先生賀彥老獲獎後祝其六十大慶二札，均用紅帖工筆書之，前輩禮數，堪作後生典範，未可輕易視之也。

(五)書至此，閱報始知本日為莊慕陵先生百年誕辰紀念，手書此篇，又讀今人紀念慕老文字，深覺良碩所收此幀，竟有二名士期頤紀念之義，為書此跋，亦覺百福駢臻，與賢世台有同沾喜氣之感，不亦快哉！

戊寅夏國曆七月廿七日山左倪摶九於介壽北亭，時年八十有三歲。

蔣夫人期頤嵩壽頌詞

萬象春回，海甸同期澤霈；百花誕降❶，寰宇咸慶莘榮❷。大邦有子❸，永言配命❹；俔天作儷❺，維岳通靈❻。中華民國八十六年三月二十日，歲次丁丑花朝，欣逢夫人期頤嵩壽榮慶，謹抒悃忱，恭祝上壽，並獻頌詞曰：

太姒文王　萬世所尊　維宋有方❼　維岳降神❽
懿歟夫人　系出高門　博學明辨　明德新民
革命建國　伉儷同心　經略內外　惠施三軍

❶古以每年農曆二月十二日為百花生日，名「花朝」，夫人是日誕降。
❷《詩經・大明》，文王娶有莘氏之女太姒。
❸《詩經・大明》四章，「文王嘉止，大邦有子」，「子」即「女」也。
❹「永言配命」，出《詩經・下武》。
❺「俔天作儷」，《詩經・大明》五章「大邦有子，俔天之妹」。「俔」，譬喻詞，美太姒如天帝之妹。「俔天作儷」，出《南史・后妃傳》論：「宋氏因晉之舊典，聘納有方，俔天作儷，必四岳之後」。
❻「維岳通靈」，見註❺。
❼「維宋有方」，同上。
❽「維岳降神」，同上。

保育撫孤　愛及遺群　弘揚婦運　旋乾轉坤
白宮報聘　折衝獨任　兩院執言　義正詞醇
匡輔領袖　開羅宣勤　譽留國際　撥亂解紛
恢弘憲政　備歷艱辛　忠藎垂型　簡冊流芬
景福介壽　萬載長春　為邦百年⑨　偉哉夫人
謹頌

⑨《論語・子路》第十三：「維善人為邦百年，亦可以勝殘去殺矣。」

代李總統撰祝俞大維九秩晉七華誕頌詞

伊呂文韜　孫吳武庫　瑜亮風徽　聲華兼具
心杏傳宗　散原貽度　握機運兵　雲臺獨步
遺大投艱　鼎新革故　紓難匡時　金湯以固
諍友司直　黨國是護　天錫純祜　勳榮永駐

中興大學教授蔡立剛先生譯義

民國八十一年八二三砲戰卅四週年前夕，執政黨主席李登輝先生親自登門拜訪砲戰當時擔任國防部長的俞大維先生。為了表達對俞先生的敬意，李主席親贈鐫有刻辭的銀盤，銀盤上刻有這樣的文字：「伊呂文韜，孫吳武庫，瑜亮風徽，聲華兼具。心杏傳宗，散原貽度，握機運兵，雲臺獨步。遺大投艱，鼎新革故，紓難匡時，金湯以固。諍友司直，黨國是護，天錫純祜，勳榮永駐。」這段銘辭，文字精奧，為使大眾皆能了解其中涵意，試析解於後。

「伊呂文韜，孫吳武庫。」：伊呂即商伊尹、周呂尚。伊尹佐商湯伐夏桀，被尊為阿衡（宰相）。呂尚即太公望，佐周武王滅殷朝。二者皆為開國元勳，常並稱以頌揚人的地位和功業。《漢書・刑法志》：「故伊呂之將，子孫有國，與商周並。」；唐杜甫〈詠懷古跡之五〉：「伯仲之間見伊呂，指揮若定失蕭曹。」「文韜」，本為《六韜》之篇名。《六韜》乃記周文王武王問太公兵戰之事，為武學七書之一。「韜」字有弓套、謀略之意，引申之，「文韜」遂指人之足智多謀者。「孫吳」即孫武、吳起。孫武，春秋時齊人，以兵法求見吳王闔閭，用為將，西破強楚，兵威齊晉。吳起，戰國時衛人，魏文侯用為將，攻秦，拔五城，為西河守以拒秦。孫吳並精兵法，世言善用兵者輒稱「孫吳」，荀子議兵：「孫吳用之，無敵於天下。」「武庫」本指儲藏武器之倉庫。《史記．高祖紀》：「蕭丞相營作未央宮，立東闕、北闕、前殿、武庫、太倉。」。後引申為稱人之富有才識、幹練多能者。晉裴頠弘雅有遠識，博學稽古，自少知名。御史中丞周弼見而歎曰：「頠若武庫，五兵縱橫，一時之傑也。」（見《晉書》本傳）。——此二句即指先生足智多謀、幹練多能，有伊尹、呂尚之文韜，有孫武、吳起之武略。

「瑜亮風徽，聲華兼具。」：「瑜亮」即三國時吳周瑜和蜀諸葛亮。周瑜，廬江舒人，字公瑾，少時吳中呼為周郎，與孫策善。策東渡，瑜率兵迎之。策死，弟孫權繼位，瑜與張昭共佐之。建安十三年，曹操率軍南下，瑜與劉備合兵，大敗曹操軍隊於赤壁。諸葛亮，陽都人，字孔明，輔佐劉備取荊州、定益州，與魏吳成鼎足之勢。曹丕代漢，劉備稱帝於成都，以亮為丞相。備死，亮輔後主，整官制、修法度，鞠躬盡瘁，忠心報國，志復中原。風徽，風範、美德之意。《文選》南朝宋宣遠於〈安城答靈運詩〉：「綢繆結風徽，煙熅吐芳訊。」聲華，聲譽光耀；蓋有美譽則有光采，故又稱美好名譽為聲華。《淮南子．俶真》：「今夫德惠厚重，累愛襲恩，似聲華嘔符，嫗掩萬民百姓，使知之訢訢然，樂其性者，仁也。」。先生自幼以天才成名，精通數國語言，涉獵廣泛，學識淵博。歷任政府要職，宵衣旰食夙夜憂勤，足智多謀、知人善任，因而政績及戰績皆十分顯赫。——此二句即指先生忠心報國，敬業樂業，有周瑜、諸葛亮的風範美德，名實相副，聲譽與光采二者兼備。

「心杏傳宗，散原貽度。」：「心杏」即「心杏老人」之謂。先生令堂，乃曾文正的孫女，善詩文，別署「心杏老人」，先生自稱其母為傳曾氏家訓之人。「散原」即「散原老人」。先生之夫人陳新午為大詩人陳三立先生之女公子。陳三立別號「散原老人」，為江西詩派之代表詩人，重氣節，清末革命志士多出其門下。——此二句即指先生家學淵源，為曾氏家訓之傳人；先生書香傳承，有散原老人所遺留下來的風骨典範。

「握機運兵，雲臺獨步。」：握機，掌握機先；運兵，武士運用軍隊。「雲臺」，臺名，漢宮中之高臺，在南宮中。後漢永平中，明帝追念功臣，畫鄧禹等二十八將像於其上。獨步，獨一無二，一時無兩，常用以比喻傑出人才。《慎子・外篇》：「先生，天下之獨步也。」——此二句讚揚先生統兵用兵之卓越能力，能掌握機先，靈活運用軍隊，是中興復國絕世難逢的奇才。

「遺大投艱，鼎新革故。」：遺，留。大，大責任。投，給。艱，艱難事業。《尚書・大誥》：「予造天役，遺大投艱於朕身。」傳：「我周家為天下役事，遺我甚大，投此艱難於我身，言不得已。」鼎新革故，即去故取新，指國家之制度有所變革。《易・序卦》：「井道不可不革，故受之以革；革物者莫如鼎，故受之以鼎。」注：「革，去故；鼎，取新。」——此二句指先生身負先人所遺留之重大艱難責任；施政行事皆能去故取新勇於改革。

「紓難匡時，金湯以固。」：紓難，解除禍患。《左傳・莊公三十年》：「鬥穀於菟為令尹，自毀其家，以紓楚國之難。」匡時，挽救艱危的時局。《後漢書》卷六二〈荀淑傳〉論：「平運則弘道以求志，陵夷則濡跡以匡時。」金湯，指金城湯池之省稱，喻嚴固之甚，金以喻堅，湯以喻沸熱不可近。《後漢書・武帝紀下》贊：「金湯失險，車書共道。」，〈唐杜工部詩史補遺五有感之三〉：「莫取金湯固，長令宇宙新。」金湯，在此隱指復興基地之臺澎金馬。——此二句特指先生在國防部長任內八二三砲戰之具體貢獻。先生解除禍患，挽救艱危時局，使復興基地能固若金湯。

「諍友司直，黨國是護。」：能直言規勸的朋友。班固《白虎通・諫諍》：「《孝經》曰：『士有諍友，則身不離於令名。』」。司直，主判正邪曲直之人，後世謂之裁判官，亦美將才也。《詩・鄭風・羔裘》：「羔裘豹飾，孔武有力，彼其之子，邦之司直。」——此二句指先生以無黨籍之身、總統府資政之尊，屢向執政黨直言規諫，為執政黨之諍友與司直；因為先生的奉獻為國，而使黨國獲得救助與衛護。

「天錫純祜，勳榮永駐。」：錫，與、賜、賜給。純祜，大福。勳，功勳、功績。——此二句為祈祝語，盼天賜大福，讓先生之功勳光榮得以永駐人間。

此文刊於民國八十一年九月三日《中央日報副刊》

李肇東先生七秩華誕頌詞

壬申秋九月之吉，為今副總統前本校校長李元簇肇東先生七秩覽揆佳辰。本刊同仁，幸列帡幪，仰宮墻之肅肅，欽勳名之杲杲；恭值令辰，曷勝嚮往。謹佈腹心，共申華封之祝；敬獻蕪詞，藉作天保之頌。頌曰：

大理垂胤　成紀揚庥　李唐裔糸　繼起鄴侯
揆文奮武　砥柱中流　平江衍慶　豹飾羔裘
藝祖興宋　三世與謀　翊建一統　鼎盛春秋
齊家步武　多士休休　詩書傳化　忠厚藏修
皐皇族第　簪纓盈頭　耆彥並茂　譽滿楚丘
降及元哲　輒上層樓　大儒先正　昆季同儔
維公踔厲　早歲敏求　篤行困學　後樂先憂
杏壇垂治　棠蔭化囚　德施眾庶　乃積鴻猷
元首肱股　勳望悠悠　溫良恭儉　典則長留
三湘靈氣　大我中州　千秋歌誦　道佐岐周

國立政治大學法律學系暨法律研究所全體同仁謹頌

中華民國八十二年菊月　穀旦

代李總統撰臺灣省立博物館題詞

三臺風物　源遠流長　中原修睦　上溯隋唐
鄭王開府　沈撫啟疆　抗日終戰　海甸重光
爰收斯館　乃積乃昌　文化資產　社教津梁
新猷丕展　績效孔彰　臺灣經驗　大我宗邦

總統　李登輝

中華民國八十一年十月　穀旦

筍江觀音大士像記集王右軍書碑拓本考證

清周星蓮《臨池管見》稱：「古今集王右軍書凡十八家」。然自民國績溪胡氏商巖、鍾吾父子出，應為十九家。而傳世者僅唐懷仁〈聖教序〉、大雅〈吳文碑〉、後梁周興嗣《千字文》、宋跌跌望〈絳州夫子廟碑〉及胡氏父子之作五家，餘均未能考其崖略，學者憾之。民國八十年辛未秋九月，余遊臺中市，入夜漫訪藝品肆，忽見明萬曆年間筍江〈觀音大士像記集王右軍書碑〉整幅拓本懸壁間，魚龍曼衍，耀目生輝，驚為珍品，急出金鸞之而歸，取右軍各帖，逐一印證，益覺此碑文字古樸，書法行草楷兼用，雄奇秀媚，不在集王各家之下，詫為稀世神品，余竟於無意中得之，為之狂喜。

此碑高一百十八公分，寬五十六公分，共二十一行。除篆額及首行碑題外，正文十行半，行約五十字左右不等。偈語五言三十六句，每句間空一字，併撰者題名共五行半。另起集字者跋語五行，合計全文一千零六十四字。撰記者李光縉，集字、潤色、摹勒者張允棻、允藻、允葉三昆季。全文除「筍江」二字外，餘均不知其淵源。爰就方志中詳加查考，終於《泉州府萬曆壬子志》及《晉江縣志》中獲其端倪。嗣復轉託晉江友人葉君於彼岸查詢，知此碑幸未毀於秦火，藏而復出者為近二十年間事，茲考證其崖略如次。

筍江為晉江支流，源出南安、永春諸溪之水，東流經福建晉江縣故城西南之臨漳門，又東流經德濟門，稱浯江；更逆流西北，環城東南行，至於岱嶼，與蚶江合流，統名為晉江而入海。臨漳門外一里之柳通舖，有石筍及石龜、石塔二山，連峰壁立，為邑中勝地，而江水在其下，筍江以此而得名。《晉江縣縣志・寺觀類》載：「觀音大士亭，在臨漳門外柳通舖，李光縉為記。」據晉江葉君實地查訪來函稱：「柳通舖在今泉州市近郊，俗稱『三仙壇』，係山川壇之誤。按志載，古泉州臨漳門外有龜山，建山川壇，以祭風雨雷電山川之神。西北靠官道，為歷代府縣官迎接上司之地。建亭休憩，名『接官亭』。此名沿用至今，內供觀音大士像，近正整修中。大士像此間稱為『接官亭媽』。其門額則書『泉郡接官亭』，地與石筍古蹟相距約三十米。」「觀音大士像記碑，文革時為妨奸亂破壞，市管理委員會收藏多年，幸未破損，近因該亭大興土木，予以歸還，現嵌於主殿右側」等語。希世文物，歷劫猶存，益感欣慰。

碑文稱大士亭年代已不可考，明神宗萬曆二十九年辛丑，（公元一六〇一）夏，江水泛漲，漂大士像以去。允棻等昆季三人，醵金以大栴檀重造大士像，倩李光縉為記。允棻集右軍書，允藻潤色，允蕖摹勒，陳訓禹鐫字，立石像左，期年而成。時為萬曆三十年壬寅（公元一六〇二）中秋望日，距今已三百九十年矣。沈寂人間近四世紀之拓本，不但歸之余手，且使集右軍書者第六家經余重顯於世，誠異數也。

撰記者李光縉，《晉江縣志．列傳門本傳》載：光縉字宗謙，萬曆十三年乙酉解元，師事邑人廣西參政紫峰先生蘇濬，潛心經史，藻鑑品類人士，郡人士束身修行，均求當於其意，因而望重全郡。著有《景璧集》、《四書要旨》等書數十卷，尤喜序述忠義節烈事，其文悉嘔心而出，不輕下一語。嘗應泉州知府陽思謙徵，與同邑致仕尚書黃鳳翔、蘇茂相等重修《泉州府萬曆壬子志》，同事請為其父立傳，縉固辭曰：「班馬著書，談彪止附自序；淳父載筆，景仁留待後時。先人誠令德，無以小子故，使人猜有阿私。」眾服其卓識。卒年七十有五，學者稱為衷一先生。

光縉父李仁，字靜甫，事在《晉江志．仕蹟傳》。憲宗成化間貢生，曾任婺源訓導，三十餘年後，始登世宗嘉靖七年戊子舉人榜。歷任惠州推官，終戶部主事。斷獄平允，廉慎強毅，卒年五十，囊中僅書數十卷，衣數襲，授妻江氏曰：「以遺吾子，時設吾衣足矣。」其清白如此。時光縉年尚幼，賴其叔貞撫之，至於成立。

貞早歲力學不售，隨兄之官，兄卒於京，間關扶喪歸里，撫其孤，百十指同居共爨。接人質直慈祥，工尺牘，晚歲猶作蠅頭小楷，筆力遒然，年八十九卒，事在《晉江志・篤行傳》。貞子光綬，字宗英，與從兄縉同登萬曆乙酉舉人榜。歷官長垣教諭國子監學正、禮部司務，陞戶部員外郎。會邊士索月餉急，且脫巾，司徒仰屋莫應，光綬指畫緩急，給倉庾與之，得不譁。卒年六十五。父貞以子貴，獲封禮部司務，贈戶部員外郎。光綬傳在《晉江志・仕蹟類》。

光縉文名遍全郡，邑賢序傳誌銘及志觀碑記多出其手。唯《晉江志・雜志・門寺觀類》僅載其「第一山青帝宮記」一文，餘則僅記其名，〈觀音大士像記〉即屬一例，蓋亦修志凡例之所限也。泉晉郡邑，頗多光縉遺蹟。《晉江志・坊亭類》載：「乙酉魁元坊，為萬曆舉人李光縉立。」〈宅墓類〉載：「解元李光縉宅，在府學前。」又「解元光縉墓，在仙景山。」具見光縉在郡中物望之隆，有超出達官顯宦之上者；而同時邑人晚明四大書法家之一、依附魏閹之大學士張瑞圖，其後降清之大學士洪承疇，均為府縣二志列傳所不載，其相去又何能以道里計耶！

此碑集字者張允棻則頗難查證，經余窮搜冥索，終於萬曆七年己卯舉人榜中得之。蓋余初查《晉江志》，凡張姓人士之傳記科名所收錄者均查閱，未見允棻昆季三人之名，大為詫異。嗣因允棻碑記跋語，稱所集右軍墨蹟，皆「先通議公」所藏云云，又稱撰記者解元李光縉為「李君」，自非一般鄉紳口吻。復查明室封秩，通議大夫列正三品，在邑中應為顯宦，何以志中竟未見其祖若父之名，亦未見其本身事蹟？乃復將志中張姓人士姓名下，凡有小字註者逐一核對，果於萬曆己卯舉人榜「張國祥」名下獲見旁註：「治具子，榜名允棻，石西知州」。喜而重讀列傳〈張治具傳〉，見〈治具傳〉末，書其子為「國裳」，仍不見「國祥」或「允棻」名。

初疑允棻為治具次子，乃取《泉州府萬曆壬子志》核對，見〈治具傳〉末雖仍書「子國裳」，然下有「己卯舉人」四字，乃知「國裳」、「國祥」同為允棻之別名，料因入鄉荐時，以「國裳」諧音「國殤」而更名「允棻」，更以從俗準備會試再易一吉祥名字為「國祥」，遂使後世人撲朔迷離，未知是否？其弟允藻、允蕖，府縣志均無之。

張治具及弟治樞，《晉江縣志》均有傳，治具在〈列傳〉而治樞在〈仕蹟〉。《泉州府志》則僅有〈治具傳〉。查治具為世宗嘉靖四十三年甲子舉人，穆宗隆慶五年辛未進士。治樞為隆慶四年庚午舉人，萬曆八年庚辰進士。與當時名士戊辰榜眼南京禮部尚書黃文簡公鳳翔、癸未榜眼禮部尚書兼東閣大學士參機務李文節公廷機、王辰進士僉都御史巡撫浙江及戶部、刑部尚書蘇茂相、丁丑進士廣西參政及按察使紫峰先生蘇濬等，其科名，或同時，或先後，均為世代通家，交相輝映，動望重於邑郡。邑有「兄弟進士坊」，以旌治具、治樞兄弟聯魁之盛。

治具字明遇，成進士後，任廣西永淳令，閱歲移令臨海。臨海多仕宦，且邑賦日繁，殊多弊藪，治具悉為釐正。徵入，拜貴州道監察御史，補湖廣道，奉命按南畿，旌廉汰貪，如別黑白目。復按湖廣，卹下情，鋤豪強，慎聽讞，張弛在不激不隨之間。嗣遷江西副使，治贛州，除奸民養砂之術。復晉其省參政，治饒州，節裁瓷器製辦，終其任無一役一票到瓷所。擢四川按察使，以曾侮贛州豪強意，江右疆吏狀京誣之，朝廷擬調其官，治具不奉命，遂致仕歸。治具篤行長者，外夷中嚴，於倫情甚厚，嘗自言平生所為，惟此念不欺，人咸信之，謂為慥慥君子。著有《尚書會解》、《四書初說》、《諸儒辨旨》、《初東集》等書。父嶢，事蹟在〈篤行傳〉，稱其以義方教子均有成。甲寅，遊外省，一日心動，促裝歸里，適父病，浹旬而歿，因得送終，人稱孝感。以子治具貴，封主事，贈監察史，與子同入祀鄉賢祠。

治樞，字明勵，官戶部四川司主事。《晉江志・仕蹟類》本傳載其任官時，邊餉告匱，治樞上言，改進漕運策，尚書納其議而行之，使運官豪右無從侵沒，悉洽輿情。以疾上疏乞歸，弗獲請，乃卒於官。柩過越，吏民道祭哭之。

允棻中舉後，官石西知州。查明制石西州有二：一為上石西州，屬廣西太平府；一為下石西州，屬廣西思明府。允棻所知之州，未悉為何州，〈仕蹟〉亦不詳，其弟二人亦不可考。近接晉江葉君查詢後函稱，張氏後人今均不明，惟知張允棻昆季重修大士亭於一六〇一年，道光丙午（公元一八四六）年又經重修，一九八三年由華僑黃鵬祥捐資第三次重修，立有碑記。唯一可資查考者，為新嵌大士像碑記之外框，刊有「同治十二年孟冬，裔孫張文汀、文猷同移石碑」等字二行，是亦僅存之張氏後裔餘韻矣。

此碑集右軍書，楷、行、草三體俱收，章法及選字並美。其中「觀」、「音」、「是」、「世」、「或」、「為」、「之」、「居」、「矣」各字之巨細飄逸，變體之瑰奇雋峭，歎為觀止。尤以「王羲之書」四字草書相連，更為前人所未睹，實不讓〈聖教序〉專美於前。更以允棻稱羲之官為「右軍將軍」，與晉制及史傳均符，足以證〈聖教序〉沙門懷仁稱「右將軍」之誤，尤足徵唐太宗、高宗父子及奉旨潤色諸大臣之不察，良用欽慰。鐫字者陳訓禹不俗，刀法俊逸瘦勁而不失其真，飛白更能傳神。拓本用紗綿松煙，作蟬翼拓，墨色不重，洵可貴也。

允棻三昆季，自造像、撰記、集字、潤色、摹勒、鐫字至立石，用時僅一年有奇，而不失莊嚴工細。按懷仁集聖教，內出太宗、高宗序記時，為貞觀二十二年戊申（公元六四八）八月三日，立石為高宗咸亨三年癸巳（公元六七二）十二月八日，則集字、潤色、鐫字至立石，為時長達二十四年之上。雖盛朝鉅製，不宜速成，然時間遷延如是之久，竟未能正「右將軍」之誤，潤色諸大臣唯諾之情，可以想見。

東坡居士曾奉敕審定〈聖教序〉集字原稿，雖有跋云：「錦背金標，檀函玉軸，冠諸梵典，藏於西京翻經禪院，至高宗咸亨時，續以《般若多心經》摹勒立石」等語，然允棻等以三數人士之力，用時之少，立石之速，竟能凌駕盛唐帝力之上，而不失之率，謂為偉業，不亦宜乎！因知此一拓本，豈僅法苑珠林之幽光，實中華文化之瓌寶也。

拓本右全而左缺「萬曆」、「覲伯」四字之半，但仍可辨識。料因時受東海颶風暴雨塩沙侵蝕其左角而稍有剝落。據葉君來函稱，此碑藏而復出後，未再有毀損之處，亦邀天幸。據以估之，此本雖非初拓，應亦不出立石後二三十年，否則拓本各字最細處，當無此秀勁丰神，料亦三百七八十年左右物矣。惜拓本左下角殘白處，舊鈐徑寸古印一方，其文約六字，右輕而漫漶不可識，更為裝池俗工以綾掩其字之左，僅餘中行「大〇」二字，略可斟尋。查集字者張允棻氏，於跋文中自署別號「大觀主人」，倘為允棻所鈐之印，則更足珍矣。

本文正校核間，以奉六合俞俊珠磊如方家召，赴內湖依竹山莊觀其藏書。乃於其所藏清陳棨仁《閩中金石略》一書中，查獲此碑全文。但陳氏釋文，多有舛誤，如「沿海」誤為「沿海」，「夫惡知」誤為「夫奚知」，「偏微塵土」誤為「偏嚴塵土」，「不等佛諦」誤為「不等佛號」，「申入」誤為「由入」。「言言殊」誤為「無言殊」，「自消化」誤為「無消化」等處，乃知陳氏不精於草書，任意釋錄，徒誤後人。又陳錄此碑後有跋語稱：「像在石筍橋南，香火頗盛，祈禱者趾相錯，記文集右軍書，其字大半出於〈聖教序〉，聖教所無，始佐淳化等帖。所據既狹，故真楷錯出，不能如懷仁之一律圓足。然規模尚在，終勝俗書。好事者椎氈，往往及焉。」查陳氏此說，殊失輕率。蓋張允棻集此碑時，已決定楷、行、草並用，以期靈脫而不泥於聖教。所用字千餘，多為聖教所無，觀其採及〈玉兔靜居詩〉帖，尤為難得。陳氏稱其「真楷錯出」，不知何指，蓋亦囿於聖教聲名之流亞者歟！此次依竹山莊之行，獲益良多，不僅於清高郵夏寶晉《山右金石錄》中查獲山西浮山縣故城宋仁宗明道二年張仲尹撰、僧靜萬集王右軍之〈玉兔靜居詩〉，乃釋余對允棻跋語中「玉兔」之疑；

並尋出安邑縣宋仁宗天聖十年張仲尹撰、跋跌望集王右軍行書之〈解州鹽池新堰箴并序〉一碑，並於〈絳州夫子廟碑〉夏氏跋語中獲悉集字者跋跌望姓氏之淵源。更於清孫星衍《京畿金石考》中查得唐德宗貞元十四年正月王洽撰、王承規集右軍之〈僧道源發願文〉，益增余蒐求集王書碑帖之信念。

余既獲此拓，復承高苑張孝慶希賢先生之介，另獲山東新城瑯琊王氏宗祠迴廊內所刊明萬曆間兵部尚書王象乾集右軍、大令、鍾繇、虞世南、褚遂良、歐陽詢、柳公權、顏真卿各家所書志傳，表揚其先世勳烈碑帖。惟以歷經文革之變，各帖殘缺至甚，猶待從容整理訂正。是則自唐迄今集王之作十九家，繼允棻所集者之後又有第七家入余手，願假以時日，廣作探索，以期我國古文物歷劫重新。尤以右軍書法，自〈蘭亭〉湮滅於太宗昭陵後，能再顯露其光芒於當世，則豈僅一己私藏之幸也哉！

民國八十一年歲次壬申農曆八月七日，山左倪摶九識於臺北天母棲樓，時年七十又七。

觀音大士像記　集晉右軍將軍王羲之書

筍江之滸，石梁連亘，故有亭供養觀音大士像，四方善男女皈依受命如響。萬曆辛丑夏，江水泛漲，溢入大士亭，漂像以去，或云沿海歸補陁落迦山故處，疑是也。里人張升伯偕仲季捐金募緣，取大栴檀依唐相國閻立本畫像作莊嚴妙相。像既成，首臂指目具慈悲性，都人作禮，屬光縉記之。謹按楞嚴經載，觀世音菩薩從世尊座中起，頂禮白佛，座列於阿那津陁、憍梵鉢提、普賢、優波離、大勢至王子五十二菩薩後，豈亦其世尊學弟子耶。但據其所白，於時有佛出現於世，名觀世音，教我從聞思修入三摩地，則所師之佛，亦名觀音，疑今世世所尊奉大自在之身即此，其佛而未必為受記釋迦與諸菩薩同時頂禮者，相傳以為古正明法如來，近是。或云，如來分尊，菩薩地近，如來欲廣行其教，今眾庶易以皈依，故進處菩薩權位。或云大士色身為女身，又或云非女身。佛有身無身，法身是身，身即非身；觀音亦如來，如來亦觀音。同是佛性，同是佛法，在世離世，性法空寂，是名如來。離世救世，性法慈悲，是名觀音。心無如來不滅，無觀音不生，法生法滅，不生不滅，道有體用，權無尊卑，一而已矣。今大士像於此，指語人曰大士像，眾皆然之；指語人為過去之大士像，眾未之然也。夫惡知現在之像非過去之像乎？今居大士像於此，指語人為大士像居，眾皆然之；指語人為大士像補陁之居，眾未之然也。夫惡知補陁之居非徧微塵之居乎？佛等佛性，非等佛諦，五十二位，元是一位；三十二應，元是一應；以觀音見觀音，非觀音；以如來見觀音，即是觀音。本之世尊，亦復如是。是為偈，

偈曰：

觀音如來身，真身本無二，何以振潮音，申入三摩地。潮音天籟響，有聲無言意。萬竅生萬劫，世音言言殊。苦難逐音聞，忽然度一切。觀音以觀觀，非目亦非耳，聖性無不通，實以聞中入。聞入流亡所，思修空覺滅。潮音應世音，所應無住心。心生念不生，觀聽滿十方。臂首千萬億，亦以無身故。寂滅無滅滅，閻浮自消化。救世出世法，牟尼亦復是。會得慈悲性，乃證波羅蜜。如是聞法者，但願降慈悲。心地即佛地，劫盡是須彌。莊嚴名佛像，大士元無相。南無有真言，摩訶唵修利。　里人翔雲主人李光縉宗謙甫頓首和南撰。

今之奉大士者遍東土而是，但敬佛像，不見佛性。能名觀音，莫能名觀音之所以然。六根相攘，起於聞聲不以耳聽，而以目觀；音而可觀，眼耳界無矣。佛以此自空，亦以此為人說法，眼耳可無，千百億身可有；惟其無之，所以有之，非有非無，是名觀音，慈悲之道，莫尚乎此。余既莊嚴是像，李君宗謙復衍明是法，余乃伐石，勒之像左，今頂禮者瞻之，知自人自性之有觀音。不然，豈不徒以是像

為觀音者幾希。字集　先通議公所藏宋本聖教序、淳化帖、洛神賦，佐以薦福、玉兔諸碑，大氐皆王右軍墨蹟，儻亦敬佛之一端云。

時

萬曆壬寅中秋望日，　里人大觀主人張允棻升伯甫頓首和南識。張允藻晉伯甫潤色，張允蘖覲伯甫摹勒　立石。

三等嘉禾章甘肅甘涼道尹馬公漁樵墓碑校註

中州全省道區，豫東為最大。其人倜儻尚義氣，有魏無忌❶、侯壯悔❷之風；至當官立朝若蓋次公❸，若湯荊峴❹，若張儀封❺，清廉貞正，舉足以勵末俗而風當世。蓋春和秋肅，相與相成而不必其相兼也，兼之者其馬漁樵道尹乎？歲壬午❻，余居夷門❼，其子培桓，介伏樵大令，以所為行狀丐余為墓碑。伏樵、道尹弟也。道尹昆季九人，余交其三：曰蓮樵、振濂，曰伏樵、振波，一即漁樵，漁樵於輩行居次。伏樵造余曰：「先兄之卒十三年矣❽，時局杌隉，蹙蹙鮮暇，前無誌，後無碑，及今不圖，何以示來茲？欲伐石樹碑，鐫之墓道。子相知深，乞為文記之」。余與漁樵始訂交於北平官菜園上街，余寓光州試館❾，與漁樵居相望也。

---

❶ 魏無忌：魏公子無忌，封信陵君，為戰國四公子之一。秦圍趙，公子曾竊兵符，殺魏將軍晉鄙，自將兵卻秦救趙。後為人讒，日近醇酒婦人，抑鬱以卒。

❷ 侯壯悔：即侯方域，明末河南商邱人。字朝宗，明亡不仕，初放意聲伎，已而悔之，發憤為古詩文，與同時之魏禧、汪琬齊名，有《壯悔堂文集》。

❸ 蓋次公：漢魏郡人，名寬饒，宣帝朝取方正，對策高第，累擢司隸校尉，刺舉無所迴避，公卿貴族皆恐懼，莫敢犯禁。

❹ 湯荊峴：清睢州人，名斌，字孔伯，一字荊峴，號潛菴。順治進士，沉潛易理，累遷江寧巡撫，官至工部尚書，學出孫奇逢，主刻勵實行，講求實用。

❺ 張儀封：河南人。

❻ 壬午：民國三十一年。

❼ 夷門：在今河南開封之東北隅。夷門，即古大梁之東門。

❽ 先兄之卒十三年矣：按即卒於後文之庚午歲，計為十三個年頭，而非整十三年也。

時漁樵已以京秩出宰遷江[10]，牧賓州河池[11]，聲施爛然矣。居京師，勝流耆宿，交相推挹，漁樵相與往來酬酢，詩酒聲伎連日夜不休。余視其鬚眉間、唇吻間皆有豪俠氣，蓋在民國甲寅[12]之歲，未幾而柳江道[13]尹之命下矣。漁樵馳赴任，余蹉跎連蹇，槖筆走南北，梗斷蓬飄，音問阻絕者蓋有年歲。庚午[14]復遇於大梁[15]，而漁樵已病矣。執手累欷，灑灑道往事如夢寐。蓋漁樵於倦遊後，偕弟蓮樵、松樵，僦居汳[16]清靜街，陋室矮屋，簡逾寒素，雖一時親知問訊，戶外屨常滿，然智益斂，神益恬，無復當年貴遊之習。別未幾，遽聞其作古人，為嗚咽者久之。今墓木已拱，撫今追昔，益增愾喟。蓮樵辟地走魯陽，余與伏樵羈汳上，顛沛流離中而伏樵續修家譜成，余既序之矣；今又以墓碑請，伏樵蓋孝友肫至人也，烏敢辭？按狀：公諱振濱，字漁樵，睢縣伯黨集人也。先世居考城，辟河患遂家焉。漁樵幼攻讀，偶從群兒嬉，父容庵公給耒鉏，趨就田，漁樵長跽請罪，益力學。年十五，丁母楊太夫人喪，哀毀如成人。十九補縫掖[17]，旋食廩餼[18]，舉光緒二十三年丁酉河南鄉試[19]。戊戌春闈報罷[20]，入粟[21]為內閣中書[22]，隨扈長安，升授四品銜內閣侍讀[23]。回京後，

---

[9] 光州試館：作者萬自逸，為光州固始縣人，故在京寓此。

[10] 遷江：廣西縣名，屬賓州。

[11] 河池：廣西縣名。

[12] 民國甲寅：民國三年。

[13] 柳江道：廣西一道。

[14] 庚午：民國十九年，按即漁樵公卒年。

[15] 大梁：即開封。

[16] 汳、汳上：均為開封，汳為汴字古體。

[17] 補縫掖：補縣學生員。

[18] 食廩餼：領縣學生員膳食津貼。

以知州分發廣西，補河池州知州，署遷江縣，調署賓州。賓地多溪洞，民猺雜處，素稱盜藪。有黃龍亭者，巨盜也，稔惡十餘年，流毒數郡。公計誘於來賓縣之牛尾巖，圍困七晝夜，生擒之。以功保升直隸州知州，在任候補。創辦錫鑛公司，平民工廠，清厘錢糧獄訟，在任三年，政通人和，群稱為馬青天云。值容庵公喪去任，紳民知，臥轍攀轅不可留，乃脫靴懸閭閣為紀念；東人之戀袞衣，南國之愛甘棠，不是過也。共和建，奉大府檄，任光州五屬官塩局長，治私販嚴而有恩，商民愛戴。方公去賓未久，值國變，去光州，以白狼陷城，其在賓州任，尚存稅款萬餘兩；在光州塩務任，尚存塩款四十餘萬元。自權利之說中於人心，以官為常者，繩營狗苟，辟瘠就肥，平時壅斷朘削，遇警席捲捏報；可受比，可奪官，可棄名譽，可拚生命；分香履，顧妻孥，廣田宅，彌留之際，尚厭厭刺刺語不可了。夫人情至愛賦不愛死，則無所不至矣。公於賓任之萬餘金，鼎革後，命弟竹樵浮海補繳。光五屬塩局任四十餘萬元，事平後，如數賠補，不足則罄私財以濟。粵督張公鳴岐[24]、豫督張公馨庵[25]，交章薦當道，特資倚畀，為超擢。故清廷雖禪，項城雖物故，而政府寵任不少衰，且加隆焉。其兩任道尹，敭歷半天下，振災患則范純仁[26]，興水利則召信臣[27]，絕苞苴則曹彥約[28]，

---

19 舉鄉試：中舉人。

20 春闈報罷：考試進士落第。

21 入粟：捐官。

22 內閣中書：明清官名。

23 內閣侍讀：明清官名，正四品。

24 張鳴岐：兩廣總督，入民國為廣東都督。

25 張馨庵：河南都督，查證中。

26 范純仁：即范仲淹次子，宋名臣，以忤王安石，貶慶州。秦中饑，擅發常平倉粟振貸，僚屬請報，純仁曰：「報則無及，吾當獨任其責。」

識大體則張士遜㉙。古之人有一於此，則為名臣，為循吏，百姓尸祝，史冊榮褒，矧公以一身迭奏異績耶，而其清廉貞正，足以救弊扶衰者，則在此而不在彼。嗚呼！是可傳己。老子曰：「儉而能廣」，列子曰：「嗇於己不嗇於人」，漁樵其有焉。其他事蹟皆可稱述，見於行狀暨伏樵所為傳，不備書，書其犖犖大者，系以銘曰：

廉吏可為而不可為，和洽㉚粥田聊充飢，魏舒㉛歸來無宅基。廉吏不可為而為，元崇㉜辭金慕四知㉝，日休「七愛」元紫芝㉞。清任和，百世師，公以一身兼有之。我銘此碑無媿辭！

㉗ 召信臣：漢壽春人，任盧陵太守，遷南陽太守。好為民興利。開通溝瀆，起水門堤閘凡數十處，以廣灌溉，歲歲增加，至三萬頃，民得其利，呼為「召父」。

㉘ 曹彥約：宋都昌人，淳熙八年進士，知澧州。時金人入寇，彥約攝漢陽軍事，屢敗金人。遷大理少卿、戶部侍郎。理宗初，擢兵部侍郎。授兵部尚書，力辭，改知常德府。陛辭時，上言：「下情事通，橫斂未革。」帝問其病，彥約曰：「臺諫專言，人主不及時政，下情安得通？苞苴公行於都城，則州郡橫斂無可疑者」。

㉙ 張士遜：宋陰城人，淳熙進士，官同中書門下平章事，封鄧國公，為相識大體，謚文懿。

㉚ 和洽：三國魏之西平人，仕明帝，務節儉，任太常時，自守其約，至賣田宅以自給。明帝聞之，加賜穀帛。

㉛ 魏舒：晉任城人，仕武帝為司徒，能斷大事，為時人所宗仰。祿賜散於九族，家無餘財。舒少養於外家甯氏，甯氏起宅，相者謂曰後必出賢甥。舒曰：「當為外氏成此宅相。」

㉜ 元崇：姚崇，唐硤石人。本名元崇，改名元之，後又因避開元諱，改名崇。任睿宗、玄宗相，成玄宗開元之治。

㉝ 四知：東漢楊震，人有夜遺其金者，震拒之。人曰：「事未有人知也」。震曰：「天知、神知、子知、我知，何謂無知之者」？其人羞愧而去。

㉞ 日休「七愛」元紫芝：皮日休，唐襄陽人，性傲誕，能文章。嘗以真純自稱，每謂「立大業者，必有真相，如房杜。定大亂者，必有真將，如李太尉晟。傲大君者，必有真隱，如盧徵君。鎮澆俗者，必有真吏，如元魯山。負逸氣者，必有真放，如李太白。為名臣者，必有真才，如白居易」。因作「七愛詩」。其中第四愛「元紫芝」者，即元魯山。魯山指元德秀，河南人，字紫芝，為魯山郡守三年，清貧如故。秩滿南遊陸渾，結廬山阿，歲饑，庖廚不繼，而彈琴讀書，怡然自得，卒年五十九，門人謚為「文行」，

校註後記

右萬自逸撰河南馬漁樵先生墓碑也。漁樵先生為山東省制憲國民大會代表暨第一屆國民大會代表殷君采先生夫人馬次佛女士之封翁，《天下》雜誌創辦人殷允芃小姐之外祖父也。來臺後，殷夫人即以碑文手抄稿影本多有錯漏，而所用典故，不易徵考，交余校註。余因公務冗繁，且考證需時，藏之篋中，蓋有年矣。癸酉春，余突發心疾，幾瀕危殆，病起後憶及此稿，尚在余手，如不再校證交還故主，則必將悔之無及。乃於公餘鉤殘補缺。查證典實，務使大關大節處通曉碑文要旨，使殷夫人及其子女皆能徵漁樵先生之故實，日後返回故里，再續立志銘於丘壟，亦可以無憾矣。

癸酉春暮滕縣倪摶九謹記於臺北。

士大夫稱為「魯山先生」而不名。

35 固始萬自逸：本文作者，生平不詳。漁樵公至友也。

風雨樓平劇創作「鄭成功」有關文件三章

「鄭成功」自序

平劇的取材，大部份以演述各朝代的興亡大事或民間掌故的稗官野史為主，而補以正史；但是南明數十年的事跡，卻很少搬上舞臺。鄭成功是南明一代的民族英雄，其一生的事業，誠然可歌可泣，然而始終沒有人把他編成平劇來上演過，實在是平劇界的憾事。

鄭成功的事跡在平劇中被遺棄到現在的原因，不外下列三點：一、平劇發生的時代是清末，那時候當然不准許有這種民族革命性質的戲劇存在。第二、民國以來，平劇的發展，完全走上了畸形的道路，把元朝以來以「生」為主的戲曲，一變而以「旦」為主；因此，以「生」為主的戲曲，除保留了若干種老劇本之外，很少有人從事編纂的工作。第三、民國以來平劇劇本的編製，並不以創作為本旨，而是以上演為本旨。編劇的動力，不是故事，而是演員。劇本的編纂完全為了某演員的演出。因此，在民國年間以「旦」為主的戲劇中，產生的新劇本，完全是旦角重頭戲。由於以上三個原因，鄭成功的事實便為平劇界忽略了。

抗戰已進入了第八年度，文化界的活動，都應該以抗戰為背景；一切創作，都應該以抗戰作主題。在這兩個原則之下，為了使平劇更盡一部份應盡的責任，才決定把鄭成功的故事，寫成一個平劇劇本。

鄭成功是南明一代的民族英雄，也是中華民族中不可多得的偉人。他的幾件足令後世紀念不朽的偉業：第一、是孤軍抗清，延續明朝正朔至數十年之久；第二、是殖民海外，收臺灣為我國領土，其當年殖民事業的成功，遠過於若干年來南洋殖民的成績之上；第三、是培植民間反清勢力，直接襄助了辛亥革命。尤其令我們敬佩的，鄭成功的忠，不忠於一人，而忠於國家。孝，不孝於父母，而孝於民族。所以他能作到既不隨其父投降，又不隨其君殉國，終至飄泊海上，盡瘁而死。這種精神，正是目前 總裁所日夕昭告我們的大忠大孝，所以在抗戰勝利行將來臨， 總裁的知識青年從軍運動正在風起雲湧，而臺灣的光復指日可期的時候，編者願以至誠將這本小冊子鄭重的貢獻出來。

平劇究竟不是小說，不是話劇，為了適合平劇的演唱以及大眾的瞭解，唱白不能太文雅了，而且有時非用平劇中慣用的口語，不足以傳其神。編者在這一方面，力求其雅俗共賞，但有許多地方，仍然不能合乎理想，有待排演的時候改正。

故事的本身，完全根據《明史》、《明紀》、《貳臣傳》、《思文大紀》、《南明野史》、《小腆紀年》、《鄭成功年譜》諸書，整個都是史實，多少有一點穿插，有幾個地方因為舞臺上時間、空間以及情緒的問題曾將事實稍加變通，——如成功母為日人「田川氏」，劇本作「鄭田氏」。成功母被污自刎地點在安海，劇本則在福州，張名振本為病死，劇本作戰死等等，都是不得已的措施。

劇中人物的個性，如鄭田氏之糊塗，鄭芝豹之昏庸，博洛之驕悍，成功之剛毅，董氏之慧敏，顏氏之淫惡，狗兒之猥懦，隆武帝之寬厚，曾皇后之賢淑，鄭芝龍之自私，張名振之忠勇，郭必昌之諂媚，編者都曾作概括的確定。不過劇中人個性的表現，大部份要到舞臺上才能發揮盡致，希望導演這個劇本的同好，儘可能的使這幾個個性充分發揮出來。

平劇劇情的發展，完全依靠文武場面，編者在唱白中加註以鑼鼓經，雖然擾亂了讀者的心情，可是稍能有裨於彩排。

為了使劇中唱腔不單純，採用了皮黃、吹腔、崑曲三種調子，除了普通的唱詞之外，有幾段崑曲，吹腔，和最重要的唱詞，都附以自製曲譜，以作參考。

劇本材料的蒐集，時間雖在本年六月，但著手編纂卻在十二月初旬，到中旬便完成了；倉卒的編製，當然疏漏甚多，希望劇界諸先進多多賜教！

本劇的寫成，完全是翁禮煐先生的策勵與鼓勵，張恨水先生和朱震球兄的指導與督促，劉肖夫、邵松年二先生更是煞費苦心，在身段鑼鼓及聲韻方面都細加斟酌，予以修正，皆使編者銘感不忘。

本劇承一手創就長沙大捷光榮戰史的李玉堂將軍惠賜序文，苦守衡陽四十七天的方先覺將軍賜題封面，周慶祥、孫鳴玉二將軍惠題宏詞；以當代民族英雄題昔日中華名將，為本劇的無上光榮，編者謹向四位將軍敬致謝意。

此外承李維兄代繪鄭成功圖像並設計佈景，張予昕先生題詞，舅父黃桴庭先生製曲，周異斌先生、魏棣九先生、常慎吾先生、曹子善先生及李成功、李成勤二兄在出版發行方面惠予協助。張天鑫、嚴子祺、孫佐民、王熙華、周玉珊、劉錫炳、郭臨功、王九齡、劉廣德、張聿級、方有恆諸兄協助整理劇稿，亦一併在此致謝。

中華民國三十四年元旦摶九誌於東川花灘溪。

「鄭成功」本事

明室既屋，福王據南京，旋敗。鄭芝龍迎立唐王聿鍵於福州，遺臣多歸之，一時稱治。

芝龍字飛黃，南平人，幼為海盜，至日本娶妻田川氏，生子森（即成功，一六二三—一六六二），迎歸福州，攜子覲帝，帝奇其貌，賜名朱成功，封忠孝伯。芝龍夙懷異志，乃命成功入宮，承侍御前，蓋窺帝動靜也。

隆武二年秋，清將貝勒博洛率師迫仙霞，閩中震恐，芝龍乘機強索巨餉，因與大臣忤，復以揮扇殿上，為左都御史何楷劾斥，經帝親加排解乃罷。

帝返後宮，論芝龍之驕肆，與曾后相對太息，語為成功聞，乃叩首自誓，盡敘衷曲，且願面諫其父，帝后感之。

泉紳郭必昌，與芝龍善，博洛知之，陰令人召郭至，遣其往說芝龍，芝龍固有降意，乃如所請，盡撤仙霞守軍；時成功已返家，聞訊大駭，牽衣哭諫，芝龍拂袖起，成功窘，乃請其母妻赴南澳避賊鋒，母不肯，功懇其叔鴻逵送其妻董氏出奔，已則離家返宮，扈駕移幸汀州。

帝后之出奔也，欲與成功俱；成功以八閩地利人和，未奉召，送車駕至永安九龍溪始返。是時清兵已入福州，博洛知帝后遁，乃遣將喬裝繞道至永安擒帝，后死焉。

成功返家，清兵已大掠三日，母被污，自刎死。功痛之，剖母屍，洗腸潔而納之，始葬。復至孔廟，焚儒衣冠，向至聖長揖而告之曰：「成功昔為儒子，今作孤臣，從此向背去留，各行其是。」於是夜奔南澳，整師旅，不數年，軍威大振，永曆中，封延平郡王。

定西侯張名振，宿將也，慕其名而歸之，成功不為禮。名振袒背所刺「赤心報國」四字示成功，功降階謝過，相處甚歡，名振勸成功取南京，其策固與參謀潘庚鍾同也；因興師渡海進擊，清兵不能敵，連克名城，遂薄南京。京守將梁化鳳，與戰不利，乃据守不出戰，復以書紿成功，緩兵計也，成功以軍威大震，稍縱之，圍城逾兩旬，軍心驕怠，士卒日夜飲酒高會。梁偵悉，乘一夕大風雪，出輕騎，夜襲神策門，眾方醉臥，大破成功軍，俘其部將余新。成功馳援，中宵混戰，亦敗績，張名振死之。乃從庚鍾議，徙南澳軍渡海取臺灣，逐紅夷而自立。修政令，列百官，復組天地會，為後日三合會、哥老會之根源。

芝龍既降清，為博洛劫赴北京，盡奪其軍，龍鬱鬱不得志。會其妾顏氏與家奴鄭狗兒通，共謀芝龍。某日，成功有書至，為顏所獲，遣狗兒控之，芝龍全家因被棄市，顏氏狗兒亦與焉。芝龍老奴謝表，義僕也，逃赴臺灣，盡述鄭氏死事，成功家仇國恨，痛不欲生，乃激勵軍民，誓師北伐，時辛亥革命前二百四十八年也。

「鄭成功」演出的話

中央政治學校平劇團，此次上演「鄭成功」，給予編者無上的興奮，因為抗戰幾年來，話劇界確是突飛猛進，平劇雖然發展，但除了幾個劇本之外，缺少新的姿態出現。鄭成功在編著時是創作，在上演時也是創作，我們想採取平劇和話劇的長處，使它們熔為一爐，以產生一種新的作風。譬如佈景、燈光、效果，都儘可能的採用，而平劇中的「檢場」、「飲場」等等破壞劇情的措施，都一概避免。當然這種創作，很難很圓滿的成功，然而我們決定集中精力作下去，還請劇界諸先進熱烈指導。

此次導演及舞臺監督的任務，承劉肖夫、邵松年二先生在百忙中慨然應允，笛中聖手陳昌樫兄為筆者所製崑曲二折擫笛，張天華、李仙傳二小姐及尹相衡、王福林、酈興邦、曹連舫諸先生以及鄭孝本小朋友參加演出，實使同人等無任感奮。編者謹以十二萬分的熱誠，希望「鄭成功」上演成功，並祝全體職演員健康，愉快！

附㈠　張予昕先生為本劇填詞

滿庭芳

明將芝龍，潛窺神器，迎藩監國南閩。陰懷異志，索餉起廷爭。卻賴成功承侍，叩宮闈痒厲忠貞。臨大節，牽衣諫父，扈駕幸長汀。焚儒冠哭廟，義師重整，進薄金陵。一夜風狂雪虐，功敗垂成。更率樓船渡海，取臺灣，志在存明。誓軍旅，收京復國，浩氣塞蒼冥。

附(二) 筆者舅父黃桴庭先生為本劇製曲

題鄭成功刻像

南仙呂　解三醒

圍金陵孤軍奮勇，取臺灣萬世奇功。報國仇不顧全家痛。志未竟，恨填胸。看雄姿常映山河壯，浩氣永昭日月宏。休歌頌，嘆兒孫不肖，愧對遺容。

題鄭成功劇本

雙調　沈醉東風

瞻儀表萬人景仰，聽歌喉一派雄壯。譜成絕妙詞，留待今人唱。看忠良粉墨登場，耿耿丹心日月光；好一個延平郡王。

摶九甥以先賢鄭成功編為歷史平劇，發揚愛國思想，用意至善，囑為敘文，因填詞二首以附篇末，并祝其上演成功，於抗戰宣傳，不無貢獻也。甲申冬日黃桴庭識於朝陽學院。

總統府戰略顧問、陸軍一級上將劉安祺褒揚令

總統府戰略顧問、陸軍一級上將劉安祺，資質豪雄，器識閎遠，請纓黃埔，作革命之前驅；效力戎車，為國家之干城。如雷如霆，既敬既戒。自東征北伐，以迄抗戰戡亂，靡役不于，振旅搴旗，迭建殊勳。歷任排、連、營、團、旅、師、軍長，兵團、綏靖區司令官等職；伐鼓刻蔫，轉戰四裔，定邊蕩寇，戰功彪炳。尤以魯陽揮戈，兩挫敵鋒於淞滬；伏波奏凱，允壯大漢之聲威。吉甫方叔，蜚聲中外。而北狩蘭封，南援黔桂，擊日寇強弩之末，開抗戰必勝之勢；懋績豐功，永昭簡冊。中原板蕩，於第十一綏靖區司令官兼魯東行政長官任內，攜魯青軍民及戰備資源，樓船渡海，來歸臺灣；成空前之偉業，存百年之遺愛。嗣任澎湖防衛司令官、第二軍團司令官、金門防衛司令官，洊升陸軍總司令，整軍經武，靖獻多方；奠臺澎金馬於磐石，起龍虎風雲於海甸；鴻猷修廣，勳華鼎盛。繼出長三軍聯合參謀大學、國防研究院副主任，絳帳傳薪，功深化育；榮晉陸軍一級上將，轉任中央信託局理事主席，以將帥之質，綜懋遷籌策；引孫吳兵法，成食貨規模，進退攸宜，獻替益多。比年齒德駢增，匡輔望重，遽聞殂謝，軫悼良深，應予明令褒揚，以示政府崇禮元良之至意。

谷資政正綱褒揚令

總統府資政谷正綱，資稟忠純，性行剛介；服膺革命，夙具勁節。壯遊德俄，倡反共運動於赤都；返勵精忱，育政治菁英於白下。洊任立法院立法委員，嗣膺實業部次長、社會部部長、內政部部長。奠社會建設之丕基，開勞動政策之統緒。偉績殊勳，群流共仰。抗日軍興，迭膺艱鉅。拯難救死，視民如傷。督戰地政務於江浙；撫南荒災黎於黔桂。神州板蕩，益勵貞烈。正色立朝，作閣部之奮呼；搴旗臨海，扼春申之孤注。義膽忠肝，為時所重。樞府遷臺，守法護憲。任國民大會秘書長，為國家民主憲政拓新局；作亞盟世盟創始者，開國際反共組織之先河。以實踐三民主義作鵠的，為維護人類自由而奮鬥。主持大陸災胞救濟總會四十餘年，推展亞洲國會議員聯合會二十餘載。晚歲襄助歷任元首，主理國民大會憲政研討委員會，致力憲政建設之籌謀。內外咸欽，聲華益懋。比年膺聘總統府資政，老成謀國，深資依畀，遽聞凋謝，震悼曷亟。應予明令褒揚，以示政府崇禮勳者之至意。

愛國藝術歌唱家鄧麗君褒揚令

愛國藝術歌唱家鄧麗君，譜名麗筠。蕙質春明，瑤華濟美；幼蘊才慧，早擅新聲。天縱仙呂藝能，頭角崢嶸於海內；胸懷英雄肝膽，熱情洋溢乎軍中。砥礪奮發，育成大家範型；柔美婉約，深得風人意旨。高潔沁潤眾心，勇奪最佳女歌星榜首；英發楷模當代，榮登十大傑出女青年班頭。美譽傳乎四裔，清歌騰於國際。參與勞軍活動，鼓舞士氣，柳營傳千古絕唱；推廣民族歌聲，伸張正義，神州享超鄧高名。乃復義不帝秦，行止弗入中土；忠以作孝，僑居永愛宗邦。風骨嶙峋，不讓鬚眉。平居熱心公益，頻為善行，藉紓時艱；每值局勢邅迍，輒捐鉅款，蔚為國用。大節凜然，輝耀千古，先聖有言，志道、據德、依仁、遊藝，斯人有之。迺以英年遽逝，悼惜良深，應予明令褒揚，以資矜式。

樓樓吟草自序

搏九少年時，從師習古文辭，蘭亭先生顏蕙山表舅授以《詩經》，口誦心維，進而淺涉漢唐古近體詩，然吟詠之道未之學也。抗戰初，避居山村，攜詩詞數卷及韻書自隨，蓋欲以之破岑寂者。及朝夕研讀，頗悟詩之體例音韻及格律，試之有所得，輒欣喜。於是逐漸揣摩，循序以進，偶有習作，多求教舅父黃仲範、桴庭二先生，唯以山居書籍不多，兼以飄泊不定，時作時輟，隨作隨棄，故不能開拓胸襟，神交前賢，學詩因緣，雖厚而未成，蓋當時情勢使然也。

未幾政府西遷，青年多憤而投筆，抗日禦侮；余亦於魯蘇戰區，效力軍門。幕中友人，有熱愛吟詠者，戰鬥之餘，每有挑燈鬥句之什，雖無大雅之音，但有逸情之句，日積月累，乃成篇章，迴環吟嘯，自覺進步逾昔，意境亦較往日為高，有時狂喜，然其實則仍為詩之門外漢也。

癸未、甲申之歲，自戰區往就重慶小溫泉花灘溪中央政治學校讀，獲師長教導，傍及音律，輒深崇敬，拜求指引。更因與桴庭舅父重聚巴山，獲識蘄春張予昕先生及朱修庸教授伉儷，成忘年交，並蒙授以詩詞，由是習作，皆承批改，兼以得讀先賢專集，於各大家略窺其旨歸，乃於詩詞之道，漸通門徑。洎棲遲蓬島，率多寧居，日與諸君子相接，詩詞詠唱之作，無日無之，偶有所獲，錄置篋中以俟整理。今搏九八十之辰倏焉已至，爰檢舊牘，詳加甄理，於本年秋，以小楷錄為《樓樓吟草》十四卷，前十二卷，古體詩一百零九首，近體詩八百二十二首。十三、十四兩卷為《樓樓詩餘》及《花溪偶唱》詞各一，均屬小令及中調詞，前者四十五闋，後者四十二闋。綜集在臺期間詩詞作品及由重慶攜來臺灣《花溪偶唱》詞集，共計一千零二十三首，付之剞劂，作為個人生活之紀念。

古人選集，多有規例。胡鈍俞先生選唐詩，自律更嚴。然大凡刪除之作，多為酬應性文字。摶九自編此集，非詩人之留詩集，乃常人之留生活紀錄者，除刪卻若干酬應性文字外，其具有真實情感之酬贈作品，仍錄入之，以存鴻爪，幸方家勿以淺陋笑之。

斯集之編印，首由楊恩生兄創意，規畫協助，不遺餘力。石上師題耑賜詩，肇東先生及振楚兄賜序，鼎新、岱君、德容、步石、錦燦、昌盛、彤亮及華新、生態藝術諸友好鼎力支持；尤以步石於公餘之暇，整理裝裱，手自從事，艱鉅弗辭，均在此申致誠摯之謝意。

民國八十五年十二月三十一日倪摶九序於介壽北亭

傑閣書法集序

傑閣連勝彥先生，本省書法大宗師秋圃曹先生之高弟也。摶九因任職國民大會，乃獲與傑閣兄訂交，進而由傑閣之介，獲接秋圃先生清風，因與澹廬諸君子遊，目睹澹廬、換鵝各書會之活躍於三臺。近年來，又以傑閣主持中國書法學會、澹廬基金會之蓬勃發展，耿耿精誠，貫注於文化、教育事業中，而不為政治、功利所羈絆，於是益敬其為人。

曾憶初識傑閣時，偶爾詩文往還，互託神會，余贈以長歌，傑閣回贈家藏《靈飛經》，一笑互珍，至今未能忘。前詩作時，傑閣尚未赴大陸各地遊覽，余於詩中有意來日作嚮導，陪傑閣環遊神州名山勝蹟，循序陪觀龍門二十品、泰山經石峪、秦皇嶧山碑、曲阜天鳳、五鳳殘石，西安碑林等故都珍粹，乃至於秦磚漢瓦、滇中二爨等等狂想；但如今時移事易，傑閣已遍觀大陸各地區墨林千古無上神品矣，而摶九竟迄未返大陸一遊，傑閣室內所懸拙作，似應取而擲地矣！一笑。

中國書法學會自創立以來，歷經書法界先進慘淡經營，雖奠悠久宏基，然至傑閣之積極經營為尤盛。此固多賢心血之累積，而傑閣之全心意投入，則使其光輝益發燦爛也。今傑閣以耳順之年，為書法藝術貢獻心力，樂此不疲，實家風之胤化，與師道之薪傳，有以致之。

中國書法之演變，先賢先進各家闡述記載，燦然大備。往者無論，近世書壇如羅振玉、王國維、葉恭綽、傅增湘、吳稚暉、于右任諸先賢前後振興創造，益成翰墨鼎盛之更始。秋圃曹先生諸弟子，從師命，慕古烈，挺拔於其間，乃有三臺書道之弘揚，前於何創時書法展中獲觀在臺前賢遺墨之吉光片羽，衷心景佩，不能自己，然回觀臺灣史乘，無論私人著述或政府文獻機關所編纂者，均未列有文苑傳目，乃至此一地區同胞歷經荷蘭、日本各國之殖民統治下，於艱難困阨中，奮力保存我中華文化瑰寶人士事蹟，多湮沒而不彰，殊深浩歎！

秋圃曹先生在臺振興中國書法藝術之成功，貴於其不慕名利，不好浮名，以孤臣遺老之懷抱，保存我國固有之文化；並以仲尼有教無類之精神，陶鑄三臺青年碩彥，使能在其春風化雨之下，承接此一文化歷史責任。於是澹廬書會出，換鵝書會興，從此秋圃先生之苦心孤詣，成就三臺書林之盛。傑閣先生雖以繼志承意，光大清傳先生輸資興學之偉業；更復涵濡翰墨，賡續其師弘揚書藝之志節。尤能於稍涉政事，迅速跳出樊籠，開張天岸；輸資奮力，主持中國書法學會，遍歷國際墨壇，揚我崇高文化盛蹟於各邦。如非「志道、據德、依仁、遊藝」賢者胸襟，曷能於二三十年間成此偉業，傑閣之可愛可敬者在此。

據日前報載，新加坡學術界集議對於中國文字有一新的共識。經調查，新加坡青少年智商之所以高，乃因學習中國文字而激發。良以中國文字之六書，由象形乃至於假借、轉注，蘊有足以激發青少年腦細胞活動之效用；與英文、拉丁文或其他各種羅馬字均不相同。其原因在於拼音文字之單純，缺乏腦細胞刺激性也。此種發現，新加坡專家亦延伸至亞洲各中國文字使用之地區，吾人不可不善自珍惜此一結論，並重視其功能之發揮。

雖然，當前由於電子資訊科學之快速發展，一切文字都將運用電腦軟體輸入及滑鼠尋覓所取代，導致文字之書寫逐漸為青少年所摒棄，如無適當方法加以維護保存，則不久之將來，世界各種文字均將藏之於電腦而不為人類所書寫，如此則書法僅成為藝術品，而無實用價值矣，此點願閣傑兄偕同學會諸先生加以研究之。

本年為二〇〇〇年前夕，照往例《大英百科全書》應於本年重編十年一次之新版出書，然報載，該全書已決定不再出版印刷版，而於本年十一月改製電腦磁碟片，提供免費上網由讀者自閱，據稱首日即有一千七百萬人上網，嚴重塞車，尚待改進。大英百科全書公司破斧沈舟，冒破產危險，以求在電子資訊中保存未來生機之舉，足證人類文化已面臨電子科學滅絕之空前危機，傑閣兄及書法學會諸君子，應與世界各國有志於文字保存者共圖之。

以上所論，似乎超出傑閣先生個展專輯之範圍，然筆者藉先生個展，期望先生於展覽外，毅然負起書法界更新更大之責任，傑閣兄以為然否？又報載：臺灣省文獻委員會等機關因所纂之《臺灣史》一書已絕版，擬將重新修訂。更盼傑閣掌握此一機會，促請修史者增列文苑等傳記，以存本地耆賢之豐功偉蹟，洵為當前之要務，並誌大陸來臺書法家事蹟於文苑士類，不可因其流寓而忽略其對臺灣書法發展之貢獻也。

筆者為寫此序，特專攝名書法家吳稚暉先生八十八歲以周篆榜書「介壽堂」橫額，現懸於總統府大禮堂上者，圓渾均勻，誠為鐵劃銀鉤之精品，並題拙詩一章，求正於大雅之前。其詞曰：「巍巍吳稚老，篆書世所宗。蟠龍立壁壘，展翼出雲龍。筆下千鈞重，墨間古意濃。堂前瞻介壽，共仰大夫松。」傑閣兄法書四體俱工，中歲乃有創意。然創意決不離經，秋老亦然。于右老創而成為大家，秋老守亦成為大家，稚老亦守亦創，更成為大家矣。傑閣其勉之。謹以此照附此序，並希傑閣兄珍之。

民國八十八年十一月十二日　國父誕辰，山左倪摶九於介壽館北亭，時年八十有五。

谷正綱夫人王美修女士事略

故總統府資政、前中國國民黨中央評議委員會主席團主席、中央委員會常務委員、第一居國民大會代表主席團主席兼國民大會憲政研討委員會副主任委員谷正綱先生之夫人王美修女士於中華民國八十七年五月二十日病逝於臺北市國立臺灣大學附屬醫院，享壽九十一歲。

王夫人原籍福州，系出名門，尊翁求定公，為清華大學第一期留美學生，專攻礦冶，曾在新加坡經商。二次大戰日本投降後，奉派來臺接收臺灣煤礦公司。大陸撤守後，遂偕家人定居臺灣。夫人長於天津，於天津中西女中畢業後，南遊京滬，滬江大學音樂系畢業，淑德清雅，成績優異，與同學相處，備受欽仰。民國二十三年，來歸正綱先生，能以大家閨秀，融入革命家庭，歷經艱辛，安貧樂道，相夫教子，人咸稱之。

正綱先生與長兄正倫、季弟正鼎，同為　國父中山先生信徒，分別在軍政二途為國家建設而努力。正綱先生致力社會工作，不遺餘力，以是家計不豐，抗戰期間為尤甚。當時中央政府遷都重慶，日機轟炸，傷亡慘重，正綱先生正由浙東第三戰區調往中央，出任中國國民黨社會部部長，兼負黔桂戰區難民及重慶被日機轟炸災民救濟重任；時而冒轟炸危境，走遍重慶災區，救死撫傷；時而遠走前線，濟助各省難民，谷夫人身負主中饋、育子女多層重任，八年間處理家務有條不紊，使正綱先生處艱履危而無後顧憂，夫人之力多焉。

抗戰勝利，日本政府無條件投降，而中共發動全面攻勢，攘奪政權，一時兵戈四起，海宇沸騰。正綱先生時任行政院社會部部長，嗣調內政部部長，任重時艱，憂勞備至。嗣於政府與中共和談期間，堅辭內政部部長，並發表「寧作史可法，不作洪承疇」之名言，棄職赴滬，協助湯恩伯將軍防守淞滬，身懷砒霜巨毒，以備隨時殉國。預訂太平號輪船，擬送夫人及子女等先期來臺，而太夫人與正綱先生患難相從，顛危共濟，不肯登輪，而太平輪竟於來臺中途，沈沒海底，谷府一門忠義，乃得免於斯難，雖云天佑吉人，亦夫人懿德貞行之報也。

大陸撤守，正綱先生於攜眷來臺之後，因家無餘資，艱苦異常，而個性廉介，不願專謀家計。乃由夫人精心籌思，紓艱解困，奉養王府雙親，教育五子二女，披荊斬棘，歷經艱苦，而上下和睦，家道以興。尤以正倫先生不幸逝世，由正綱先生夫婦迎嫂同居，乃至長嫂棄世，奠葬以禮，供養無缺，親友鄉人莫不對夫人懿行，讚佩有加。

正綱先生在臺，黽勉奉公，勞怨弗辭，於黨則耿介立言，作自由鬥士之前驅；為政則耿介力行，作國民公僕之表率。不願作大官，只求作大事。此正綱先生畢生之理念，與夫人均能堅守不渝者。因此，夫人雖在政界中無赫赫功，然襄助正綱先生於所創立之世界反共聯盟、亞洲人民反共聯盟、大陸災胞救濟總會等國際性社團活動中，夫人皆迴旋於世界各國領袖間，助正綱先生作推廣融合之主力，三十餘年無暇日，亦女中菁英矣。

正綱先生長兄正倫來臺後逝世，季弟正鼎及其夫人皮以書女士又相繼去世。先生晚年既忙於國事，復痛失雁行，兼以於海外奔波，數十年無休息，乃於九十三歲遐齡，國民大會代表引退後三年謝世，美修夫人節哀盡禮，更復奉侍老母，以至其期頤時棄養盡禮，夫人之淑德孝行，於此可見。

夫人自母氏壽終內寢後，始無家累，而諸子女均成立，任職於國內外，方期含飴弄孫，而不幸攖胃部腫瘤疾患，雖以手術治癒，然又復發，住院延名醫內外兼治經年，終於本年五月二十日與世長辭。

夫人與正綱先生鴻案相莊者六十餘年，生子五：長家泰，國立成功大學畢業，美國匹茲堡大學電機博士，曾任臺灣吉悌電信公司總經理，現任遠傳電信股份有限公司董事長高級顧問。次家華，國立政治大學畢業，美國紐約大學州立大學商學碩士，曾任中興電工機械公司總經理，現任臺灣建業公司董事。三家嵩，國立臺灣大學畢業，美國賓州州立大學化工博士，現任中油公司業務處處長。四秀衡，國立臺灣大學畢業，美國卡內基麥龍大學化學博士，現任臺灣氰胺公司總經理，及美國惠氏藥廠臺灣分公司董事長。五家恆，國立臺灣大學畢業，美國聖母大學機械博士，現任國立高雄第一科技大學校長。女二：長多儀，銘傳商專畢業，現任職聯合國郵政局會計主管。次多齡，國立政治大學畢業，美國紐約州馬力士大學電腦碩士，現任美國加州IBM程式設計師。適程振賢博士。滿門蘭桂，枝葉繁茂，卓然有成，具見正綱先生及夫人濟世救人，德比天齊而垂裕及昆也。

諺云：「成功之男人背後，必有一位偉大女性」，旨哉斯言。而美修夫人於畢生宣勞、復經病榻長期煎熬後，終能安詳入滅，子女均含淚以告親友曰：「母親不但有菩薩的仁慈心，而且還有佛的大智大悲；因此母親協助父親事業成功，使兒女受到完善的教育為國服務，我們的母親，是天下最好的母親！」

今者，美修夫人與正綱先生同歸真如矣，然賢伉儷之偉烈情操，將永存於簡冊天壤之間，願治史者採擇焉。

劉安祺上將傳

前陸軍總司令、中央信託局理事主席，現役陸軍一級上將戰略顧問劉安祺先生，字壽如，山東省嶧縣人。詩書繼世，忠厚傳家。祖秉讓公，德望孚於鄉里，祖母王氏，賢淑丕著典型。父聿修公，家素封，習儒術，母程太夫人，與聿修公鴻案相莊，劉氏基業，至茲益振。聿修公有子二人，長即 先生，仲安愚，稚齡共承庭訓，而 先生益穎悟。聿修公教子嚴，閒嘗督責二子，勿恃祖先產業，勿以自己於鄉里間高人一等，諄囑言行舉止，均須一絲不苟。且不可受人憐憫，而自求多福。 先生至大至剛之氣質，於焉養成。

先生生於民國紀元前九年（公元一九〇三年）五月十五日。七歲啟蒙，從本籍舉人孫茂居先生讀，依序遍讀群經及古文辭。民國九年，自韓莊鎮立高等小學卒業後，考入私立山陰中學，旋因時勢邅迍，軍閥混戰，華北數省青年，難獲安居讀書，遂輾轉入徐州中學，以勤奮好學，為孫樹成先生激賞，受三民主義思想及革命救國理論薰沐，乃奠立投筆從戎志節。時 國父委 蔣公介石創辦陸軍官校於黃埔，陳果夫先生駐滬招生，先生赴滬轉穗，獲錄取入官校就讀，奠立一生輝煌勳業。

先生於民國十三年十二月入黃埔，為軍校第三期學生，接受革命軍人之嚴格訓練。是時廣東革命策源地，內有楊希閔、劉震寰二軍伺機異動，外有陳炯明叛軍盤據於東江，而中共黨人復從中構煽，藉口兩黨合作擴大其力量，因此危機四伏，賴 國父及 蔣公剛柔相濟，艱苦支撐，始免於亂。是年冬， 國父應段祺瑞之邀北上，共商國是，而粵省內外反革命武力相互勾結，企圖奪取廣州，校長 蔣公乃決定率校軍兩次東征。先生均躬于其役，於首次東征時，小試鋒鋩，旋復回師靖難，挫敗楊劉，鞏固廣州革命策源地。

第二次東征，奮勇先登，拔陳炯明主力據守之惠州堅城，底定東江，奏凱返校，始卒業於黃埔，然已身經戰火洗禮，成為革命鬥士矣，此　先生初出茅廬勳業奠基時也，　先生每以此為榮焉。

北伐軍興，　先生參與東路軍松口之役，時東路軍總指揮為興義何應欽將軍，奮其偉略，於松口之役採迂迴戰術，盡出精銳，敵後包抄，大破孫傳芳所轄之閩督周蔭人部於永定，成為北伐戰史用兵之佳話。時先生任教導第三團第七連連長，每以直前衝擊，屢挫敵鋒，為上峰所愛重。於是東路軍將士用命，旌麾北指，下福建、定浙江、越淞滬、克金陵，乃與北伐軍中路之江右軍，共成底定江南之革命大業。

民國十六年八月，寧漢分裂，北伐軍退守江南。總司令　蔣公為促成寧漢合作，宣告引退。孫傳芳部捲土重來，以強勢軍力，乘狂風大霧，偷渡長江，攻擊棲霞山、龍潭我軍江防，與北伐軍一、七兩軍發生激戰，時　先生任第五十八團特攻隊長，衝鋒陷陣，迭奏奇功，造成龍潭大捷，一舉殲滅孫傳芳渡江七萬之眾。先生升任五十八團第二營營長，尤因勇救代團長桂永清將軍，受傷不退，乃蒙　蔣公讚譽有加，調任警衛團第二營營長，拱衛中樞。　先生威名，自是鵲起。

其後，　先生歷任西征討逆之役及中原之戰，均為我軍主力。每臨戰陣，迭創勝績，層峰嘉之，擢升上校團長，所部亦獲列勁旅之林，此　先生勳業之發軔也。

民國二十一年，上海一二八事件爆發，　先生奉命由京馳援，浴血奮戰，屢挫凶鋒，旋經奉調江西剿共，並平定閩變，　先生以功洊升少將旅長。

二十六年七月七日，盧溝橋事件爆發，長期對日抗戰開始。是年八月十三日，淞滬會戰展開，　先生率二六一旅與日軍周旋於江灣、廟行地帶，搏鬥衝殺，日軍為之膽落。相持至十月初，我軍戰力，蜚聲國際，先生亦調升為六十一師少將副師長，兼代師長職務。轉戰多年，將略益富，通曉兵家戰守之道，在政府全盤戰略運用下，能攻善守，終於完成上海保衛戰後，奉令轉進敵後。旋復北渡長江，支援開封，蘭封之戰，蒙調升八十七師師長。嗣應胡宗南將軍之請，任陸軍官校西安第七分校兼任第二總隊長，培育軍中幹部者凡六閱月，旋又奉命率部守潼關及風陵渡，再升第五十七軍軍長，抵禦自洛陽、鄭州西犯靈寶之敵，血戰五晝夜，卒將日軍擊潰。

抗戰後期，日軍以強弩之末，竄擾我貴州獨山、都勻各地，貴陽及重慶均受震撼。先生時在西安，奉命率部空運雲南霑益，為湯恩伯將軍作戰略支應。行動之速，出敵意外，安定大局，功不可沒。貴局穩定後，先生奉命參與十萬青年十萬軍之行動，受命任青年軍第二〇五師師長，繼升任第六軍軍長。訓練新軍，卓著辛勞。

三十四年八月，抗戰勝利，青年軍復員，　先生奉令赴瀋陽，籌辦中央訓練團東北分團，培訓軍政幹部。旋以共軍勢熾，　先生再統陸軍第七十一軍以擊之，守四平，援瀋陽，轉戰遼西，均能達成任務。洊升第七兵團司令。三十七年，更升任第十一綏靖區司令，駐節青島，兼行政長，主持魯東政，進而穩定華北局勢，並支援太原等地區各戰役，厥功甚偉。

民國三十八年四月，共軍渡江，大局逆轉。　先生密赴溪口，謁先總統　蔣公，促膝懇談。　先生以時局惡化，非保全革命實力，無以談興復之計。乃與層峰密定青島撤軍之計。　先生返青後，奉命秘密部署綏靖區人力及資源相機撤離青島孤島，轉進臺灣待命。　先生乃與秘書長孫懋、副秘書長徐人眾及各有關單位主官秘商「明修棧道，暗度陳倉」計畫，先以精兵重擊敵軍弱點，求勝以欺敵；再以徵調之軍民船隻七八十艘，集中青島秘密海域待命。　先生於三十八年六月三日，親率海陸軍部隊，掩護十餘萬軍民撤離孤島，並發表「告全體官兵書」及「告青島市民書」，舳艫千里，率同魯青軍民近二十萬人，連同軍事戰備資源及民間工商資財，有計畫的撤來臺灣，不但贏得魯青民眾一致感謝，且為我國軍政史開一新紀元，成為空前偉業。

先生率船團於民國三十八年端陽節後一日，到達基隆港，旋奉令開往海南。行前應臺灣省政府主席兼臺灣省警備總司令陳誠之請，酌留部隊由陳氏指揮， 先生則率部份兵力進駐海南，參與海南剿共及廣州保衛戰，於任務完畢之後奉命來臺，初任臺灣中部防守區司令，繼任澎湖防衛司令官。民國四十四年，出任陸軍預備部訓練司令部第一任司令。旋接長第二軍團。四十七年八月二十三日，金門砲戰發生， 先生臨危受命，繼胡璉接任金門防衛司令官，並晉升二級上將。是時共軍謀金門甚急， 先生蒞任時，遍訪大小島嶼戍地，鼓舞士氣，激勵民心，取法孫子兵法「善守者藏於九地之下，善攻者揚於九天之上」之法則，一方面指揮作戰，一方面擘劃經營地下工事，終能挫敗來犯敵軍，並將金門建設成為固若金湯之海上花園，為國際人士共同嚮往。

民國五十年九月， 先生以勳績益懋，晉升陸軍總司令，兩年任滿後，奉令連任，四年間， 先生奮其忠義，展其韜鈐，對陸軍軍制、兵源、後勤設施及戰略物資之儲備，籌畫經營，極著辛勞。舉凡建立忠誠軍風紀、調整軍制、精簡部隊、更新裝備、強化軍隊教育訓練、興建士兵營房及眷舍，莫不詳加規畫，徹底執行。用是四年之內，國防戰備益加強固，而飛彈部隊之建立，尤為任內之劃時代成就。 先生之長才睿智，因而益顯其光輝，統帥依之如左右手者以此。

先生於民國五十四年九月，陸軍總司令秩滿之期，復奉派出長三軍聯合參謀大學。五十七年八月，接任國防研究院副主任，培育軍政幹部，桃李多出其門下。積功晉升陸軍一級上將戰略顧問，佐最高統帥，參贊戎機，乃得稍卸仔肩。

先生於民國六十年三月，轉任中央信託局理事主席。在任凡八年，以臨淵履薄之精神，力謀局務之健全發展。於採購軍實，穩定金融，靡不審慎研摩，多所建樹。先生以將帥之資，綜懋遷之計，猶能逞其智勇，綜覈名實，節流開源，益弘績效，此 先生熟研兵法而施之於經營之道者也。

民國七十年六月八日，先生八秩壽慶時，中央信託局同仁囑摶九代撰祝嘏頌詞有云：「昔黃石公論將禮，論與士卒同安危，蓄恩不倦，而後能以一取萬。此治道之極致也，豈唯兵略，亦洽政理，而懋遷尤是賴焉。」 先生實至名歸也。

先生偉軀幹，美丰儀，護國忠，處世義，晚歲大隱朝市，不忘國事。每有機緣，頗多獻替。雖功業彪炳，名高衛霍，翊贊中樞，位列元輔，然恆以「人我之際看得平，功名之際看得淡」，為立身之箴。故能進退得宜，無怨無悔。而事親純孝，友于兄弟，望之儼然，即之也溫，器度雍容，為儒將之楷模。凡與接識者，無不仰其雅範。民國八十年六月， 先生九秩大慶，元首稱觴，舉國獻壽， 先生之備受朝野禮遇，良足敬佩。

先生德配黃經達夫人，湖南長沙世家也，於民國二十五年婦女節，與 先生結褵於南京。相夫教子，隨先生轉徙流離，而能孝慈親，主中饋，操井臼，和妯娌， 先生所以能轉戰南北而無內顧之憂者，夫人之力多焉，不幸於民國七十年十二月廿八日仙逝， 先生悼亡痛甚，終其身未再論婚娶，足見其伉儷情深也。

先生有子二人，女五人，長子之中，美國麻州大學農學、環保碩士，現在波士頓經營環保工程顧問公司，媳何瑞華。次子衛中，陸軍官校畢業現任國防語文學校校長，媳劉式巧。長女淑文，適山東梁培儒。次女淑雅，適湖北黃鵬九。三女穎，適湖南何華錚。四女渝待字。五女寧，適河北魏芷生。孫四，孫女一，曾孫一，外孫子女同氣連枝，蘭桂齊榮。 先生盛德格天，宜其福祿壽考，動靜咸吉也。

先生體素健碩，居常喜愛運動，葆性培元，故能臻上壽。民國八十四年初，偶攖微恙，幸告回春。七月，又以疾住榮總調攝，旋復還家休養。不幸於九月九日晨七時二十分，於睡眠中安詳逝世，享壽九十四歲，國失師保，時論惜之。

綜　先生一生，忠勇謀國，勳華鼎盛。虎變文炳，具大人之威儀；豹飾羔裘，作上邦之碩彥。為國家之干城，留青史之型典。千秋萬世，永銘殊績。茲值　先生歸窀之期，爰為行述，以告國人，誠不知其涕泗之何從也。

白雲梯先生傳

中華民國六十九年八月二日，中國國民黨中央評議委員、第一屆國民大會代表、總統府國策顧問、蒙古革命耆宿白雲梯先生逝世於臺北。

先生字巨川，內蒙古卓索圖喀喇沁中旗人，卓盟地近故都，於中華文化涵濡至深。父玉崑公，教子有義方。先生幼承庭訓，卓然有奇節，少慕任俠者風，復為　國父革命思想所薰陶，國家民族意志夙蘊懷抱，於是奠一生革命事業之始基。

民國前一年，　先生為求新知，往遊京師。時蒙古地方，在貢桑諾爾布先生領導下，力謀革新，此種運動，予　先生啟示良多，居嘗以蒙古為國家邊疆，然外遭強鄰威逼，內有奸人構煽，欲團結蒙族全力，於國族有所作為，非廢除封建制度宏揚民主政治不為功。於是乃銳意結納蒙古青年，入北京國文專修班專攻漢文，並對三民主義作深入之研討，為期一載，學力大進。

辛亥義起，全國光復，　先生於民國元年入蒙藏院創辦之蒙藏專門學校第一班，與　先生同時入學者有郭道甫、富明泰等，均為青年有為之士，嘗共論蒙疆興革之道，復研求當時國際情勢，　先生以長才卓識，同儕多敬服之，於是群相景從，若合符契；旋經樂山、張樹桐二先生之介，加入中國同盟會。同年八月，國父應袁世凱之邀赴北京，　先生參與歡迎，蒙　國父召見，深為嘉許，面囑為蒙古地方革命事業努力；先生感激殊遇，益堅革命報國之志，對於青年之聯絡，主義之宣傳，奔走呼號，不遺餘力。不數年，蒙古革命同志人數激增，三民主義思想之傳播益廣，鄉里賢達，無不知　先生其人者。

民國七年，　先生偕北方各同志南下淞滬，參加國民黨，復至廣州出席護法國會座談會，席間　先生慷慨陳詞，語驚四座，自此追隨　國父，從事內蒙古各盟旗革命工作，推展各項革命活動，遂為蒙古革命黨人之翹楚。

民國九年五月，　國父派　先生為內蒙古、熱河、察哈爾、綏遠黨務特派員。九月，又派　先生偕同李烈鈞籌備軍政府遷滇事宜。民國十年，　先生奉　國父特任為內蒙古國民革命軍總司令。十三年一月，中國國民黨第一次全國代表大會在廣州舉行，　國父親自提名　先生為中央委員候選人，　先生當選為候補中央委員，旋遞補為中央執行委員。時　國父為建立內蒙古革命根據地與廣東遙為呼應，藉以威脅北京，乃命先生在內蒙古另行組織內蒙古國民黨為中國國民黨之一環，號召蒙古青年為實現此一革命理想而奮鬥。　先生受命後旋即北上，謁貢桑諾爾布於京師。遂以北京為建黨根據地，積極展開黨務活動。

民國十四年三月一日，內蒙古國民黨第一次代表大會舉行於張家口，出席代表一百廿五人，皆為　先生所羅致。時　國父臥病北京，特派李烈鈞、徐謙等為中國國民黨之代表參加盛會；自外蒙前來參加者有丹巴多爾濟、阿木爾、根敦、那遜巴圖、博彥諾穆祜等五人。此次會議決定內蒙古國民黨之政治主張：㈠為爭取蒙古民族之永久自由、獨立、生存而奮鬥。㈡廢除封建制度，建立民主政治，以各盟旗之固有區域為區域，由各旗代表組織全蒙議會，選舉政府委員並監督之；各盟旗亦均由人民選出代表組織各該盟旗議會，選舉各盟旗政府委員並監督之。㈢與中國國民黨合作，共同努力，建設一聯邦的、三民主義的、富強康樂的中華民國，維護世界人類永久自由、幸福、民主與平等；打倒帝國主義，並與和平相處之民族共同奮鬥。並決定創辦《蒙古民報》，以宏揚三民主義思想於蒙疆。

內蒙古國民黨之組織，分中央黨部及地方黨部，中央黨部設中央執行委員二十一人，內中央常務委員七人，其中一人為委員長；地方黨部按盟、部、旗各設黨部，旗以下分區。第一次代表大會選出中央執行委員白雲梯、郭道甫、包悅卿、樂景濤、金勳青、李丹山、福明泰、王德尼瑪、蒙和烏勒吉、包楞布、沙克遠爾、達崇阿、博彥諾穆都祜、伊德欽、吳冠卿、吳子興、阿拉林格根、新啦嘛、卓德巴札布、吉雅泰、額爾根巴圖等二十一人， 先生及郭道甫、包悅卿、樂景濤、李丹山、金勳青、福明泰等七人為中央常務委員，並選 先生為委員長，分部授職，規模大備；於是蒙古青年志士，紛紛來歸，遂開蒙古黨務之先河。

先生既受國父命為內蒙古國民革命軍總司令，乃於十四年設總司令部於張家口，廷伊德欽為參謀長，以樂景濤為卓、昭兩盟保安司令，卓德巴札布為察哈爾各旗保安司令，王德尼瑪為伊、烏兩盟保安司令。復創辦蒙古軍官學校，於昭烏遠盟克什克騰旗及包頭、寧夏各地先後訓練三期，以騎兵為主，養成蒙古革命軍事幹部九百餘人，成立騎兵二十五個團，馳騁大漠草原，為捍衛邊埵、肅清軍閥，維護地方安寧而戰鬥；又與內蒙古國民黨相呼應，使內蒙古革命實力日益鼎盛，此 先生有大造於民族者也。

民國十六年清黨後， 先生以內蒙古國民黨，已達成所負之任務，而第三國際，則決心肅清 先生及內蒙主要同志；乃於次年春，於中國國民黨第二屆四中全會提案，建議將內蒙古國民黨併入中國國民黨，所有內蒙同志，均納為中國國民黨黨員，另於中央設邊疆黨務處，主辦蒙古地方黨務，為大會通過。先生乃釐訂計劃，調整組織，或轉入地下，或歸還中央；因此，所有內蒙同志，均未為蘇俄及中共分化利用。於時局混亂之際，而 先生舉重若輕如此，足以見 先生之偉略矣。

先生定居南京後，意氣凌雲，豪邁尤勝於往昔，中央依畀之殷，與日俱增，因之膺選為中國國民黨中央常務委員、中央政治會議委員及國民政府委員， 先生政治地位，日漸崇隆，論者謂為堪與北京時期之貢桑諾爾布相伯仲。十七年四月， 先生奉派為蒙藏委員會籌備處主任委員，同年六月，北伐完成；十八年一月五日，蒙藏委員會成立， 先生出任該會委員。

民國廿二年，內蒙古德王在百靈廟倡導自治，　先生識其公忠，曾激勵在京之蒙古青年前往效力。廿三年二月廿八日，中央政治會議通過「蒙古自治原則」八項，蒙古代表欣然接受，國民政府乃派德王為蒙古地方自治政務委員會主任委員，　先生為委員。是時日本軍閥謀我日亟，華北風雲，一夕數變，德王首當其衝，頗為中央所關注。　先生為瞭解日本在內蒙活動之實際情形，乃不顧艱險，北上百靈廟與德王會晤，共謀對抗日軍之計。居一月，終以日軍西進之銳，非蒙古一地人力所能阻止，遂返南京復命。廿六年夏，對日抗戰爆發，　先生隨政府西遷重慶。是時　先生奉簡派為國防最高會議委員，並為國民參政會參政員，每逢各項會議之召開，莫不竭盡忠悃，踴躍建言，尤以在國民參政會歷次會議期間，對於憲法憲政問題，尤多獻替。當局對　先生優禮有加，知遇之隆，同儕中無出其右。

民國三十三年，　先生奉先總統　蔣公命，籌組蒙古宣撫團於重慶。抗戰勝利後，　先生率團北上，經北平轉赴內蒙古各盟旗宣慰蒙胞，宣達政府對內蒙古關懷之德意。三十五年二月，中國國民黨第六屆二中全會，　先生與蒙古代表提案，主張恢復原設於百靈廟之蒙古地方自治政務委員會，並明白劃分盟旗與省縣間之權限，經大會通過，為對內蒙古有力號召，惜以熊式輝、傅作義等未能注意實施，論者憾之。

制憲國民大會於三十五年十一月舉行於南京，　先生膺選蒙古地區代表，出席會議，並當選為大會主席團主席。於大會中曾偕同白海風、金志超等二百一十人，提出「請補訂中華民國憲法草案修正案以維邊疆人心而固國政案」，對所有維護蒙古民族地位平等、蒙古地方自治權益者多所爭取。現行憲法中蒙古盟旗地位之確立，蒙古產生國大代表及立法委員名額之增加，「省縣制度」一章之修正為「地方制度」，「基本國策」之另列專章，並增列第六節「邊疆地區」，明定保障邊疆各民族地位、扶植地方自治事業及積極舉辦邊疆地區各項建設之專條（憲法第一六八、一六九條），尤其憲法第一百十九條「蒙古各盟旗地方自治制度，以法律定之」

之增加，對蒙古地方自治予以憲法保障，至為重要。今日邊疆同胞之所以望中央之若大旱望雲霓，中華民國憲法政治號召之力也，而　先生實成之。

民國三十六年四月，國民政府改組，許世英先生出任蒙藏委員會委員長，　先生副之。同年十二月二十二日，許氏辭委員長職，　先生繼任蒙藏委員會委員長，並為行政院政務委員。是時共匪擴大叛亂，赤禍燎原，　先生率該會全體同人，對蒙藏地方之反共部署及蒙藏人士之聯絡安置，在情勢萬分艱困下力謀補苴，及先總統　蔣公引退，　先生辭去委員長職務，定居臺北。

先生在臺，對中央黨務之改造，力予匡助，奉聘為中央評議委員、總統府國策顧問、國民大會憲政研討委員會委員、光復大陸設計研究委員會委員，於歷次中央重要集會及國民大會歷次會議中，莫不盡其才智，踴躍建言，慷慨激越，未減當年，國人譽為革命之典型，國家之楷模，　先生當之無愧焉。

德配倪夫人純義女士，江蘇世家也；民國十二年與　先生結褵於廣州，　先生奔走革命，歷經艱險，倪夫人均與之俱，並協助　先生推行蒙古婦女運動，與　先生鴻案相莊者五十年，並於民國三十六年同膺選第一居國民大會代表，讜論匡時，與　先生頗收呼應之效；惜以辛勞致疾，於民國六十六年一月十五日逝世於臺北。　先生為之營奠營齋，務求盡美，伉儷情深，於此見之。

先生秉性和平，胸懷坦蕩，仁愛誠篤，與之接如沐春風。見不平輒拔刀助，而於私恩私怨，　先生則憪然不以為意，國人對　先生咸愛重之，而　先生至老如是，不易其度，一代賢豪之感人者深矣。

先生體素健，自民國六十七年後，患高血壓症，經診療後平復。六十八年夙疾復作，再醫再愈，家人咸為之慶幸。詎料六十九年八月二日上午九時三十分，偶感不適，於送醫途中不幸辭世，距生於民國紀元前十八年二月二十八日，享壽八十有七歲，一代革命者宿六十年之忠勇事蹟，從此永留青史。

代張道藩院長為丑委員輝瑛著「西北民歌集」序

任何一種藝術的發生與發展，都基於人類共同需要，民間歌曲亦復如此。人類具有高度的理性與豐富的情感，每當外力衝激其理智的時候，情感便立刻要求發抒；詩言志，歌詠言，民間歌謠便由此發生。

每一民族有其傳統的文化與歷史，更有其獨特的人情風俗與習慣，因此各民族也各有其自己的民歌。由各種不同的歌謠中，常可以發現與該一民族有關的歷史文化與人情風俗的寶貴資料，所以世界各國對於民歌都極為重視。英國人稱之為"Folk-song"，德國人稱之為"Volkslied"，便是著眼於刺激民歌發生的人文因素。

民歌的發生多有其古老的淵源，英國民俗學家論民歌是一種自然口頭流傳下來的古老歌曲，其創作者與傳播者都是不識字的人。並且說民歌雖然隨時代而發展，但並沒有新舊之分。其古老的部份譬如一株參天古樹，其發展的部份譬如這株古樹每年生長的新葉、新花和新果。雖然逐漸蛻變進化，卻仍然脫離不了古老的根源。這個比喻固然貼切，但卻否定了前述定義的一部份；就我國古代民歌發展的情形而論，民歌的傳播者並不一定完全是不識字的人。孔子刪詩，其所採的三百篇中之國風，大部份是古代列國流傳的民歌。歐陽修說：「詩三百篇，所作非一人，所作非一國，先後非一時，而世久失其傳。」孔子使這些行將失傳的歌謠，加以整理，使其流傳於後世，而生移風易俗之效，這便是智識份子對於民間歌曲的偉大貢獻。

德國語言學家神話作者格列姆(Jacobludwig Carl Grimm)，曾有一句名言：「民歌的作者是它自己。」(A folk-song composes itself.) 這話具有無限的權威性。我們只知道各民族有許多優美的民歌，而不知道有一個著名的民歌作者，可見民歌的發生是自然的，其發展是在自然之中摻和了一些人為的因素。因為它是自然產生，所以能適合大眾的需要，廣為流佈於後世。如果民歌也有其創作者，那便具有了時空的限制力，而不成其為民歌了。中共政權如今在大陸創造了各色各樣的民歌，甚至開會報告口號標語，都以民歌的形式出之。但我們可以斷言，這種民歌是人為的，製造的，違背了民歌發生發展的天然法則，其結果不過是曇花一現，絕對不會流傳久遠的。

中共的民歌，是政治工具而非藝術，其製作的失敗已屬必然。真正的民歌，是偉大的藝術品而兼具政治意義，其涵意或為愛慕，或為怨望，或為諷刺，或為褒美。故治世之音溫以裕，其政平；亂世之音怨以怒，其政乖。以我國《詩經》中的「國風」來說，這些偉大的民間歌曲，其發生的根源，確是「觸事感物，文之以言，美者美之，惡者刺之，以發其揄揚怨憤。」「柏舟」美仁，「桑中」刺奔，「羔裘」言武，「女曰」戒旦。《禮記・王制篇》記載：「命大師陳詩以觀民風」；後漢循吏羊續為南陽太守，觀歷縣邑，採問風謠，然後乃進，可見民歌在政治上的影響。隋代名將來護兒，幼而卓詭，好立奇節，初讀《詩經》至「擊鼓其鏜，踴躍用兵，」「羔裘豹飾，孔武有力，」捨書而歎曰：「大丈夫在世應如是！」又可見民歌對於氣質改變的力量。民歌在社會上的影響力，既然如此宏大，對其研究整理與改進，自然是藝術家應盡的責任。

中國各地民歌，與各國相同，多係歷代口傳，向少文字記載。丑輝瑛女士，近將陝、甘、寧、綏、青、新各省民歌蒐編，匯為巨冊，較過去任何民歌集均為豐富。最難得者為對於民歌文字加以整理，使能適於歌誦，貢獻甚大。此等民歌，雖有其歌調，但傳播久遠之後，漸與原調不同，即因無曲譜之故。輝瑛女士，擅長音樂，將所集民歌中少數已有曲譜者加以校正，多數尚無曲譜者，依據原調配以曲譜，俾愛好此等民歌者便於研習，不致失真。在民歌發展的途程中，更具有極大的價值。

輝瑛女士對西北民歌的這番整理，既不違背民歌發生的天然法則，又可以收到民歌發展改進的效用，就民歌藝術上來說，是極有意義的一件事。西北為我中華民族的發祥地，但願這冊歌集出版之後，能使這些旋律柔美、詞意優雅的民族心聲，在哀而不傷樂而不淫的曲調中表達出來，以發生移風易俗的偉大功效。果如此，則輝瑛女士的整理工作，其教育與政治的意義，又遠駕乎藝術價值之上了。

于寶彥先生傳

先生諱寶彥，字士真，山東萊陽人也。于氏為萊陽望族，忠厚傳家，詩書繼世，而代有賢達。祖父隆麒公，為遜清進士，因參加康梁戊戌政變之役，亡命走南洋，賚志以歿，鄉里惜之。父之斌公，時任灤縣縣丞，懼受族誅，棄官隱居於煙台，與友人創辦煙台生明電燈公司，獲利甚豐，富甲煙市，仍念念不忘新政，陰將經營所得，資助維新志士。民國肇造後，思擴大經營，以謀大有於造福國家，不幸於海參威航程中，遇海嘯引發大病，群醫束手，遂致英年早逝，時先生方四歲，與母趙太夫人相依為命。太夫人系出名門，剛毅勤敬，教先生至嚴而有義方，雖於門祚沒落中，猶能樂善好施，知者無不稱賢焉。

先生天性聰慧，三歲時承母教而識字逾千。五歲始讀書，過目即能成誦。七歲入小學，因根基深厚而進步神速，未六載已能略窺經史，師長咸器重之。趙太夫人尤善教誨，躬親課讀，考試不列前茅，則閉戶痛笞，叮嚀訓誡，必至名列第一而後已。因此，先生自幼及長，學業為儕眾翹楚，而孝思彌篤，每見太夫人聲色失和即悚然驚惕，母氏家法，殊不亞於斷機畫荻之教也。

對日抗戰前三年，先生就讀於濟南齊魯大學文科，以家遭兵燹、接濟中斷而輟學，憤日寇之欺凌，而有投筆從戎之志。乃入國民革命軍第五十一軍于學忠部為記室，以學有素養，頗受長官青睞，民國二十六年盧溝橋事變爆發後，先生因母病返鄉省視，致與部隊相失，遂加入敵後游擊部隊，任山東省第八區行政督察專員兼保安司令公署主任科員，在專員兼司令張天佐先生領導下，負責民眾組訓工作，一時青年志士，聞風景從，第八區保安部隊聲勢大振，先生之力多焉。

民國二十八年夏，魯蘇戰區總司令于學忠率部由蘇北入魯，召先生任總司令部少校秘書。期年擢升中校，掌理文電機要，頗獲于氏嘉許。旋以魯境形勢逆轉，承于總司令之介，任陸軍暫編第十四師司令部中校副官主任，於日寇、中共交互侵襲中，計畫籌謀，克敵致勝，輔助作戰，功績卓著，然猶以未展其長為憾。乃於民國三十一年，辭去第十四師工作，遠赴蘭州，考入軍事委員會蘭州特警班，畢業後奉派至重慶軍委會調查統計局本部任少校股長，期年升任中校主任科員，承辦策反業務。此一高度機密性謀略工作，非思慮週密、慎謀能斷者難以勝任。先生任職期間，經辦案件甚多，均以真知灼見，達成任務。戴雨農將軍賞其才幹，迭予召見，勗勉有加；先生涉世未久，能獲戴將軍特達之知，殊屬不易。先生亦以此益勵獻身黨國之志。

抗戰勝利，日軍投降。先生於民國三十五年由局本部派遣至交通部濟南區接收委員會辦事處警務處任行政課長，嗣調交通部津浦鐵路局警務處警事課長調管理課長。時值復員伊始，百廢待興，局長陳舜耕、處長賀叔昭對鐵路警務安全工作，自非事事嫻諳，特命先生負責策畫全盤可行方案。先生受命後，既無成規可循，又無參考資料，但憑聰敏之體察及綿密之思考，審度當時實際情勢，對與共鬥爭之謀略及手段等，辛勤擘畫，日夜不息，迅速完成方案，經逐步實施後，績效卓著，屢建奇功，深獲層峰嘉勉。自此，陳局長事無大小，悉於諮詢先生意見後，分交各省司辦理。先生時雖負一課之責，實則為鐵路局警務行政安全等業務之總參謀，非有先生之異能長才，決難膺此艱鉅重任。

先生曾於其自傳中略述此一時期難忘之大事稱：當民國三十七年中共叛亂、濟南撤退期間，為指揮泰安、張店兩警務段抵抗共軍破壞和平談判之軍事攻擊，曾遭受共方和談代表濟南調處小組之嚴厲指責與迫害，幾遭不測。然以深悉政府之苦心及中共竊國之陰謀，故對來犯之共軍，決心予以持續之反擊而痛殲之，共軍「兩廣縱隊」、「快速縱隊」等，聞警務段之名而聞風喪膽，不敢再越雷池一步，對當時戰略形勢，裨益無窮。至和談破裂後，其重大意義尤為明顯。先生曾以此役深獲軍事當局之嘉獎，並蒙頒授國民政府甲等光華獎章。

民國三十七年秋，先生奉交通部第一交通警察總局調任督察兼人事室副主任。未及，大陸情勢逆轉，先生應召來臺，初任中央警官學校臺灣警官班教官，嗣調臺灣省警察學校秘書，此後即進入臺省各警局服務。在此數年間，先後奉調至臺灣省防空幹部訓練班第三期、革命實踐研究院第二十三期、國防部動員幹部訓練班第六期、石牌訓練班研究班第六期及政工幹部學校戰地政務班第十二期接受專業訓練，成績優良，學識猛晉。其後歷任高雄縣警察局秘書及第二課課長、高雄市警察局、嘉義縣警察局督察長、基隆市警察局港警所所長、桃園縣警察局副局長及高雄市警察局副局長。每一任期內，均著有卓越政績，而於高雄市警察局副局長任內，因公正廉明，勤政愛民之作風，深獲全體市民之愛戴，支持參與競選高雄市議員。先生乃於民國六十年十一月八日申請自願退休，六十二年，膺選為高雄市議會第八居市議員，一展其另一階段之為民服務工作，至今卓然有聲。而於吳基福先生創辦《臺灣時報》初期，先生以熱心文化事業，出任該報創業之總經理，華路藍縷，艱苦備嘗，而功成不居，於報務漸入佳境後，審酌情勢，毅然辭去總經理職務，亮節高風，益增親友等之景佩。

先生任職警界，本儒家仁恕之旨，行信義之道，二十餘年間，曾獲記功嘉獎百餘次，先生均一笑置之。唯居常堅守擇善固執之原則，做人做事，均求無愧於心。擺脫公務之後，恆秉旺盛之企圖心，經營大小企業若干項，終以宅心忠厚，不擅權術，無以獲其利。用是清風兩袖，依然故我，知者惜之，而先生不以為意焉。

先生於民國三十六年，與褚中亞棣華女士結褵於濟南。褚氏，滕縣望族也。棣華慈惠勤淑，為先生之賢內助，結婚四十載，伉儷情篤，親友咸稱譽之。生子二、女四。長子靖武，業工。次子乃衡，在日留學。長女乃蓉，適李時昌，在美。次女乃明，任教國立政治大學，適王德剛。三女乃鳳，經營國際貿易，適姜尚琳。

四女乃玫，業商，適丁振聲。芝蘭玉樹，並列庭階，豈僅先生之德澤，亦棣華夫人之坤教有成也。

先生體素健，少近醫藥。前歲心臟不適，偶作調息，而經營事業，不以為意。兼以先生古道熱腸，每有親友委託，輒盡心力奔走，用是疾深而不自知。民國七十七年五月，在臺北籌畫新創公司業務，勞累過度，於十七日入榮民總醫院療養，醫師診斷，謂須作心導管手術。先生以親友多繁勞，家人又遠在高雄，遂不告家人親友，逕允醫師於六月六日施行心導管手術。術後尚言談自若，下午忽手中麻痺，醫斷為腦溢血，經移加護病房，越日二度中風，病情加劇，延至同月十一日上午九時卅分，溘然長逝，易簀無遺言，夫人及子女四人隨侍在側。嗚呼！一代瑰奇之士，竟於一週之間，痛歸泉臺，蒼天之不恤忠貞亮節之士，何至於斯耶！

先生逝後，子女檢視其書齋，獲遺囑一紙，囑逝後火化，達人之節，可見一斑。然先生性至孝，奉母趙太夫人來臺，曲意承歡者未十載而仙逝，卜葬於高雄市，先生每憶萱堂，輒生白雲悠悠之念。於是棣華夫人集諸子女集議，忍拂先生火化之囑，敬備棺衾，安窀穸於高雄市燕巢鄉三信公墓，以侍太夫人之靈。異日故國光復，當奉太夫人及先生之靈，首丘於萊陽故里。以先生之德，庭前芝草，必可光大其門楣也。先生可以安息矣。

褚棣華女士傳

女士姓褚，閨諱中亞，字棣華，山東省滕縣人也。褚氏為邑中望族，世居滕邑微山之陽殷微子采薇不食周粟處，亦為西漢留侯張良故里；至今微山湖微山之巔，微子墓及張良墓巍然並存，萬世而不朽，為褚氏千年族居盛地，代出忠孝節義瑰奇義行之士，聲望振於魯南，無不知褚氏祖孫數代物故者，省縣邑志多列於仕宦、義烈傳，殊難以墨楮宣焉。

女士祖敬鐸公，業儒，詩書繼世，忠孝傳家，於遜清皆務農耕，讀書史，善貨殖，積財至富，樂善好施，義行遍及鄉里，士大夫咸重之。父思玖公，字子璞，繼祖業宗風，財富義行，上溯數世，為人忠厚誠樸，與之接，如沐春風。大陸淪陷後，隨子女來臺，民國五十七年十二月十五日，逝世於高雄寓邸，享壽六十有三歲。叔父思琨公，字漢峰，北平中國大學法學士，入仕途，所至皆有聲。抗日戰起，華北變色，公起而糾合微山等區義民，組織敵後游擊部隊，自出槍枝彈葯，參加復興社，隸屬康澤部，從事敵後抗日對共雙面奮鬥，遇挫益奮，兵力漸眾，山東省政府主席沈鴻烈時居敵後，乃派漢峰公為滕縣縣長，轉戰八年，至日本投降，始將縣政歸之光復後新縣府，悠遊度歲。民國三十六年，公避難來臺，卜居高雄，任教高雄工專（高雄科學技術學院前身）二十餘年，於民國七十一年病逝臺北。

女士生於中華民國十六年九月十七日，自幼聰穎過人，為祖父母掌上珠。居家，就嚴親及家塾讀，經書上口，朗朗不絕，里人不但喜其秀逸，亦更重其才華。民國三十年，于歸山東萊陽縣于寶彥先生。先生亦魯之世家，代有賢達，至寶彥先生更能光大其門楣。抗戰前三年，卒業濟南齊魯大學文科，憤日寇之披猖，投筆從戎，入國軍第五十一軍于學忠部，以素有學養，頗受長官青睞。民國二十六年七七事變，先生任山東省第八區行政專員兼保安司令公署委任科員，於專員兼司令張天佑之領導下，負責組訓民眾，一時青年志士，聞風景從，第八區保安部隊聲威大振。

民國三十八年夏，先生升任魯蘇戰區總司令于學忠部少校秘書，洊升中校，轉任陸軍暫編第十四師司令部中校副官主任，於日共二軍交互攻擊下，計劃籌謀，克敵致勝。三十一年，遠赴蘭州，考入軍事委員會蘭州特警班，卒業後奉派至重慶軍事委員會調查統計局本部任少校股長，繼升中校主任科員，承辦策反業務，戴雨農將軍以其累建豐功，數度召見，夙勉有加。

三十四年日軍投降後，先生奉命前進至濟南，辦理山東省交通部門接收工作，任津浦鐵路局警事及管理科科長，對共軍之破壞戰後建設陰謀，時予痛擊，豐功碩果，深獲層峰嘉勉。

同年秋，大陸時勢逆轉，先生奉命來臺，入臺灣省防空訓練班第三期、革命實踐研究院第二十三期、國防部動員幹部訓練班第六期、石牌訓練班第六期及政工幹部學校戰地政務班第十二期受訓，均以特優成績結業。歷任高雄縣警察局副局長、高雄市警察局副局長，均有卓越政績。以受市民之愛戴，於六十年十一月自動退休，競選高雄市第八居市議員，展開市民服務工作，卓然蜚聲於議壇。嗣以吳基福先生創辦《臺灣時報》，以先生熱心公益及文化事業，力邀匡襄，先生乃轉任該報創業之總經理。篳路藍縷，艱苦備嘗，而功成不居，於報社業務漸入佳境後，毅然辭去總經理職務。

女士於三十六年來歸寶彥先生後，親主中饋，戚友稱賢，雖患難屢經，而相夫教子，內助之力至鉅，因而寶彥先生奮身報國而無後顧之憂，勞瘁終生而無所積蓄，終於民國七十七年六月十一日，因創業勞累過度，以致心臟疾發病逝於臺北榮民總醫院，棣華夫人哭至泣血，大事告終，撫育六子女，雖乏資產，終各使學業有成而光大其門楣，殊非人所能及也。

女士為人恤孤寡，惜老弱，對父母孝，對親友義，對子女愛，乃至於流浪犬，亦竭一己之力以救之。子女感其恩，親友懷其德，甚至於凡受太夫人數十年救助撫養之孤兒弱女，成人後獲得高級學位歸來，逢年過節必攜果品來敬太夫人，至太夫人之逝，里巷道哭，莫不淚下，太夫人之盛德，其感人者如是。

女士數十年未受飢寒，數十年未坐公車，數十年未富而不乏供養，數十年雖病而時遊大陸探視親友；雖家無餘產而對親友一擲千金然後借貸以自全，因此里人鄉黨，同仁友好，與之相接，均如春風入座，子女更對痛失雙親之哀戚，以及對母親之懷念，終其身不能忘。

女士初患心疾，於七十八年手術後復元。八十二年左腎壞死，切除而癌症暫緩。八十七年因結腸經診斷為直腸癌，手術後加裝人工肛門，同年四月開始析腎。八十八年十二月卅日入院，醫稱癌細胞擴散。八十九年一月一日，開始昏迷，不幸於元月十日上午三時，溘然仙去，享壽七十四歲。一代奇女子，從此音容頓杳，未遂首丘之願，聞耗親友故舊，莫不潸然淚下，咸謂蒼蒼者天，曷不施捨於太夫人耶。

女士育四女二男，長女乃蓉，卒業美國密尼蘇達州技術學院電腦系，曾任職美國 B. Dalton 發行出版公司人事部，適李時昌，曾任駐美芝加哥、休士頓及駐泰僑務專員，現任僑務委員會僑生輔導室主任。次女乃明，日本國立筑波大學法學博士，國立政治大學日本語文學系教授兼系主任，適王德剛，東吳大學經濟研究所碩士、美國懷俄明州立大學碩士，曾任經濟部國營事業委員會投資計劃科科長，現旅居加拿大經商。三女乃鳳，輔仁大學德文系畢業，瑞士 ABB 集團臺灣區副總經理，適姜尚琳，國立臺灣大學國貿系畢業、法國巴黎大學經濟學碩士，現任經濟部國貿局稽核。四女乃玫，逢甲大學企管系學士，任韓商三星建設公司臺灣區執行長秘書，適丁振聲，國立成功大學電機工程博士，現任國立虎尾技術學院副教授。長子靖武，任職首席保全公司。次子乃衡，日本國立東京水產大學水產學碩士，現任國立高雄海洋技術學院兼任講師並自營水產養殖。媳翟瑩，奧地利國立維也納音樂學院聲樂系畢業，現任聖光神學院、臺南神學院、鳳新高中、新興國中音樂講師。以女士之淑德懿行，自應上承天庥，造福于氏一門蘭桂，冥冥中自有因果存焉。

茲值女士靈輀已駕之際，謹略述其行誼，以告于、褚兩府之戚友故交；知天生之奇女子，雖以弱息治家，亦能光大門庭，流芳萬世。嗚呼！褚氏有令女、于氏有賢母矣！

吳鴻麟先生傳

先生姓吳氏，諱鴻麟，春秋吳公子季札延陵季子之裔也。世居閩之永定，百餘年前其先人渡海遷臺，卜居桃園中壢，篳路藍縷，建基啟宇，乃為臺員望族。父榮祿公為遜清秀才，文名德性，素孚桑梓，設教興學，化育童蒙，絃歌盈門，益增物望。復創組「以文吟社」，期能以文會友，於是各方賢達，慕公風格，咸來與會，於發皇漢學，厥功至偉。

先生幼而岐嶷，淳厚聰敏，長者咸愛重之。昆仲八人，公行居三。其兄鴻森，次兄鴻麒及諸弟，或迴翔政壇，或掌理法曹，或從事懋遷，或樂育英才，皆能承庭訓，篤友于，詩書繼世，忠厚傳家，棠棣聯輝，素為鄉里景佩。

先生夙懷救人濟世之大志，及壯，入臺北醫專就讀，畢業後懸壺縣邑，造福鄉里。嗣負笈東渡，於日本九州大學研究，獲醫學博士學位，學術益進，著手回春，鄉人咸視之如傅保焉。

習醫救人，從政濟世，經商裕國，為先生一貫志節。臺省光復後，實施地方自治，先生應桑梓父老敦促，先後膺選任桃園縣第二屆縣議會議長、第四屆桃園縣縣長，從事地方基層建設，以力行、服務、廉正、勤樸自期，並督教所屬，以收端肅政風、重視民利之效。尤對促進地方團結，發展教育設施，倍加努力；認民智為民治之本，團結為固邦之道。桃園縣政於先生之正確理念及宏謨遠見推動下，日益光大，形成今日地方自治之丕基。

先生服務桑梓，獻身社會，數十年如一日；而勤儉持家，義方教子，尤為一方表率。早歲襲門第之書香，半工半讀，力振家聲；第以事業有成，乃更務本行素，恆以身教教人，以澹泊自矢。每於晨曦中，擁篲街衢，躬親洒掃，以為鄰里整潔美德倡。而愛惜物力，切戒奢侈，碩德高風，與先生相處者莫不受其薰沐。

先生自政壇榮退後，益懍人生以服務為目的之精義，雖春秋已高，然以餘力出任新竹區中小企業銀行（現改制為新竹國際商業銀行）董事長、新國民綜合醫院院長，凡所經營，莫不以先生德望領導，業務蒸蒸日上。而先生慷慨好義，熱心公益，尤對清寒學子，慷慨資助，造福桑梓七十餘年，受惠青年均卓然有成，先生每引以為慰。其嶙峋之風骨與淳厚之德行，感人深矣。

先生體質強健，養生有道，故壽逾九十而精神矍鑠，人咸以為先生福德之報。民國八十四年三月二十九日晚，先生偕子女於寓所閒話家常，談笑自若，至十一時，安祥中溘然長逝，經醫診斷為心臟衰竭，誠所謂無疾而終者也。家族遵先生生前遺命，喪禮依簡樸莊嚴之佛教儀式，不組治喪會，不發訃聞，婉辭寵錫；而出殯之日，仍有五千餘親友聞訊前來拈香，備極哀榮。而遺體火化，發現舍利近百，子女並捐贈四千萬元於縣政府設立獎學金，嘉惠鄉里子弟。嗚呼！一代賢哲，遽歸道山，鄉邦人士，如失師保，莫不悼念。

先生德配林夫人訪蘭女士，系出苗栗頭份望族。夫人昆季為恭、為寬、為樑諸先生，先後分膺苗栗縣長、臺灣省議員、頭份鎮長，一門蘭桂，蔚然並起。夫人端莊賢淑，夙嫻母教，來歸先生後，鴻案相莊，伉儷情篤。育男女公子六人，均受高等教育，服務社會，所至有聲。長公子運雄，臺大水利工程系畢業，高考及格，留學日美，歸國後任教上庠。次公子世雄，臺大土木工程系畢業，高考及格，留美獲工學博士，在美國主持工程顧問公司，惟不幸於八十三年底間因病辭世。三公子伯雄，成功大學畢業，心懷服務桑梓之熱誠，獲選臺灣省議會議員、桃園縣縣長，政績斐然，與先生喬梓聯芳，前後輝映，為我國地方自治之佳話。轉任公賣局局長、新竹企銀（現改制為新竹國際商業銀行）董事長、中國國民黨中央黨部秘書處主任、兩任內政部部長、臺北市市長，於國家政治革新期間，從事中樞及地方政務重任，鼎新革故，卓著勳勤，為層峰所依重。旋任總統府秘書長，入贊樞衡，迭創新猷；嗣任中國國民黨中央委員會秘書長，規畫經略，改進政黨政治，奮勵以赴。現任總統府資政，同時以佛光會總會長及伯仲文教基金會董事長身份，全力投入心靈改革及公益慈善活動，績效卓著。先生晚年，於子弟督教無倦，尤於政治競逐，每囑行以義方，其爭也君子，其有所為有所不為之精神，與諄諄之教誨，伯雄奉行唯謹，不敢有失。八十三年間臺灣省首任民選省長黨內提名之退讓，亟獲朝野人士之景佩，實先生教忠教孝之力。

長女公子芳英，適宋瑞樓博士，宋君為臺大醫學院教授，我國消化系統醫學權威，以其學術成就，獲膺中央研究院院士。次女公子雪梅，畢業於中興大學農學院，適行醫日本之鄧文岳博士。三女公子瑞枝，成大畢業後，赴美深造，獲電子計算博士，適留美化工博士陳君哲銘，男女公子芝蘭競秀，梓里稱頌。尤有進者，孫輩中亦人才濟濟：孫女佩玲，曾於美國自一萬三千多競爭者中脫穎而出，榮獲西屋科學獎，現在美行醫。孫男志偉，完成留美學業後，現任新竹國際商業銀行總經理。志揚，臺大法律系第一名畢業，律師考試及格，並獲研究所碩士後，赴美國哈佛大學深造，取得碩士學位，現主持志揚國際法律事務所。志剛，亦以優異成績獲美國菲力狄克森大學管理資訊碩士，現任職新竹國際商業銀行。外孫女陳青林，亦當選美國白宮學人獎。此誠先生與夫人厚德載福，積善之慶，漪歟盛哉！

先生生於民前十三年九月二十八日，享壽九十有七歲。綜先生平生行誼，醫國醫世，愛人愛國，盛德大年，千古不朽；而子孝孫賢，承志繼世，了無遺憾。是知先生必含笑泉臺，看子孫等麟鳳齊輝，為延陵吳氏再增多福，豈非天之所以報施善人也歟！

吳母林太夫人訪蘭女士行誼

吳母林太夫人閨諱訪蘭，係出苗栗頭份望族。父清文公，母黃太夫人，各以賢聲淑德，為鄉里所敬重。而詩禮傳家，義方教子，林太夫人及其昆季滿庭蘭桂，聯翩秀發。為恭、為寬、為樑諸先生，先後分膺苗栗縣長、臺灣省議員、頭份鎮長，林氏門楣，蔚然鼎盛。

太夫人生而穎慧，賢淑端莊，氏胤書香，好學敏求。自小學而至臺北第三高女昭二期畢業，均以優異成績，名列前茅。于歸吳鴻麟先生後，內主中饋，外和親族；鴻案相莊。伉儷情篤。鴻麟先生後於國內及日本專研醫學，獲博士學位並懸壺濟世，仁心仁術，望重鄉梓。二次世界大戰末期，美軍飛機炸射臺灣，鴻麟先生基於醫師職責，仍留中壢市區服務病患，太夫人則率六子女暫避鄉下，一則躲警報，再則務農，種蔬菜、養雞鴨，在物質極端缺乏之時，得以使子女取得較佳營養，客家女性堅忍耐勞之特性，表露無遺。臺灣光復後，鴻麟先生受父老擁戴，膺選桃園縣議長、桃園縣長、廉政親民，於地方自治，卓著勳績。政壇榮退後，先後出任新竹區中小企業銀行董事長、中壢新國民綜合醫院院長，繁榮地方，服務社會，扶危濟困歷六十年而不易其操；然先生得一心奉獻國家社會無後顧之憂者，實賴太夫人操持家務，撫育兒女，臂助輔佐有以致之也。太夫人平日不喜拋頭露面，唯因鴻麟先生從政，故先後被推舉為婦女會理事長、婦聯會主任委員，均能表現雍容大方之親和力及凝聚共識之領導才華，甚受鄉里敬愛。

鴻麟先生與林太夫人育有男女公子六人，均受高等教育，服務社會，所至有聲。長公子運雄，臺大水利工程系畢業，高考及格，留學日美，歸國後任教上庠。次公子世雄，臺大土木系畢業，高考及格，才華出眾，在美國主持工程顧問公司，為著名之橋樑設計專家，不幸於八十三年底間因病辭世。三公子伯雄，國立成功大學畢業，懷服務桑梓之熱誠，獲選臺灣省議會議員、桃園縣縣長，政績斐然，喬梓舅甥，聯輝並耀，為我國地方自治之佳話。伯雄嗣任公賣局局長、新竹企銀董事長、中國國民黨中央委員會秘書處主任。兩任內政部長、臺北市長，於國家民主憲政革新過程中，從事中樞及地方政務重任，勳績彪炳，為層峰所倚重。旋任總統府秘書長，入贊樞衡，迭創新猷。民國八十五年又銜命出任中國國民黨中央委員會秘書長，規畫經略改進政黨政治，奮勵以赴。

長女公子芳英，適宋瑞樓博士。宋君為臺大醫學院教授，我國消化系統醫學權威，以其學術成就，獲膺中央研究院院士。次女公子雪梅，畢業於中興大學農學院，適行醫日本之鄧文岳博士。三女公子瑞枝，成功大學畢業後，赴美深造，適留美化工博士陳君哲銘，男女公子芝蘭競秀，梓里稱頌。孫輩中亦人才濟濟：孫女佩玲，曾於美國自一萬三千多名競爭者中脫穎而出，榮獲西屋科學獎，現在美行醫。孫男志偉，完成留美學業後，現任新竹中小企銀總經理。志揚，臺大法律系第一名畢業，律師考試及格，並獲研究所碩士，現赴美國哈佛大學攻讀博士學位。志剛亦於本八十六年以優異成績獲美國菲力狄克森大學管理資訊碩士。外孫女陳青林，曾榮獲美國白宮學人獎，獲雷根總統親自頒獎之殊榮。此皆吳府義方垂訓，太夫人厚德載福積善之慶也，猗歟盛哉！

太夫人一向精神矍鑠，福體康健，惟五年前不幸中風，而致行動言語不便；八十三年底次公子世雄不幸病逝，鴻麟先生亦於八十四年三月捐館，太夫人以六十餘年之伉儷情篤與撫育劬勞，頓遭喪夫失子之痛，健康大受影響，雖經延醫診療與家人悉心照顧，奈以高齡體氣衰竭，難期康復，卒於民國八十六年二月五日棄養。距生於民國前二年四月二十三日，享壽八十有八歲。

綜觀鴻麟先生伉儷一生，自奉甚儉，家居簡樸，惟出自佛教徒慈悲心懷，行醫時，對窮苦病患不收分文，於公益慈善則慷慨解囊，目前桃園縣政府尚有鴻麟先生夫婦捐贈之獎學基金餘額達參仟餘萬元，即為其行善積德之一例。而其對宗教之護持，淨化人心活動之捐輸更不遺餘力，故能庇蔭子孫；吳氏門風，雖經濟富裕而生活簡樸；且能克己復禮，普獲鄉里及親友敬重。尤以伯雄先生兩任內政部長，倡導端正禮俗，減少奢侈浪費，更身體力行，如為其子志揚、志剛完婚，皆在法院公證，不發柬、不宴客。而八十四年鴻麟老先生往生，此次林太夫人辭世，均不組治喪會，不另發訃聞，懇辭一切鼎惠，遺體火化，並以莊嚴簡樸之佛教儀式舉行，對端正社會風氣已具正面影響。曾文正公有曰：「風俗之厚薄奚自乎？繫乎一二人心之所嚮而已。」誠哉斯言！而吳氏子孫騰蛟起鳳，家庭和樂美滿，報效國家、貢獻社會，太夫人與鴻麟先生相偕泉臺而有知，應了無遺憾也。

王雲五先生九秩壽序

昔陽明先生論鄧林渥洼之地，必有瑰奇之材；絕逸之足，干青雲而躡風電者，出乎其間。今世於粵之中山尤見之。是邦鍾靈毓秀，代出人豪，鄭氏危言，倡變法立憲之先聲； 國父革命，成民主共和之偉業。後之君子，莫不以立心立命、繼學開平為務。然求能游於學，隱於市，志於道；得其時，則以所學之道，施之當世；不得其時，亦以所學之道，著於書以教後世，若富韓公之所規者，惟岫廬王雲五先生一人是已。 先生資兼人之稟，負經世之才。困學博聞，淹貫中西。於人文及自然科學之書無不窺，而其志初不在仕宦。然自弱冠參化育於滬瀆，迄耄年猶不倦於勤，中經七十載世局紛擾國事蜩螗之會， 先生迴翔其間，歷經兵革劫難而不稍易其節；每於國家艱困之秋，出膺重寄，盡展所學，以期力圖興復，弼成郅治。雖緣受 國父及總統 蔣公特達之知，亦 先生書生報國之夙願焉。 先生早歲風發，望重士林，莊敬日強，任事嘗置身於利害之外，汲汲乎其時而勇為之。故能博通諸務，而成不朽之業。 先生之於文化也，盛開閬苑，廣肆群言，振百年學術風氣之衰。 先生之於教育也，循循善誘，解惑傳經，而多士爭出其門。 先生之於政事也，則歷長財經，一襄考政，兩佐樞衡，凡所主張獻替，皆能內審國情，外察時勢，兼採中華典章，與西方制度之美，從而融會貫通，獨創新知，以為國家立法之助。臨事格之以誠，而盡協眾心，不苟且以塞責，不依阿以取容，用是動定咸宜，智珠在握，一言而排難解紛，使爭者讓而疑者決，誠所謂集大智大仁大勇於一身，忠於所志、忠於所信者矣。

先生於憲政之推行也，尤有造於國家。慨自國民會議以還，我政府秉 國父建國程序之遺規，於民主建設方循序以漸進。詎內憂未靖，而外患日亟；俄帝中共復互相勾結，上下其手，挑撥構煽，為厲之階；既阻我憲政之實施，更陷我國脈於阽危。 先生獨持大義，力闢邪說，而學術救國之論，尤遭日寇之忌。用是抗戰前後五年內，商務印書館與東方圖書館兩度燬於敵火，平生事業，盪焉幾盡；乃能攘臂當先，東山再起，既致力館務之播遷，復參國民參政之議。於是益展長才，每本超然之立場，慷慨陳詞，凡所論列，無不切中肯綮，時論崇之。自是對憲政之推行更全力以赴，於憲政期成會及憲政實施協進會中，發為讜論，激勵群倫，使國民大會屢經展延召開之陰霾，為之一掃；而國人對憲政實施之信心益堅，苦心孤詣，益為當局所重。抗戰勝利，中共叛跡日彰，美國惑於蠱謀，故作解人，強為調處，我政府委曲求全，乃有戰後政治協商之舉。 先生以國民參政員參預其列，對於國民大會及擴大政府組織二問題，殫精構思，時紓所見，碩盡藎籌，語驚四座。於前者更力排中共及民盟代表圖以政治方法變更制憲代表法律地位之議，卒為大會採納，弭中共離間分化之計。政協閉會後， 先生於憲草審議會，宣力孔多。政協原則所定之無形國大之所以易為有形國大者， 先生周旋翊贊之功也。自憲法制定至憲政實施， 先生轉歷兩曹，中攝副揆，維時神州板蕩，政府播遷， 先生獲卸仔肩，韜光臺員。居嘗以民主法治憲政思潮為題，發為宏論。復譯述各國批判共產極權政制之典籍行世，一時「龍倦飛」之名，不脛而走；而華國文章，亦駸駸然承「涵芬樓」之餘緒矣。 先生於行憲初，膺選第一居國民大會工業團體代表，三十年來，歷次會議均被推為主席團主席。嗣復為國民大會憲政研討委員會常務委員，一老翩然，聲華獨懋。每於大會中振臂高呼，輒收晨鐘暮鼓之效。每遇歧見，無不以 先生一言以為斷。 先生之笑語作而祥和之氣萌，同仁等亦翕然景從，爭端亦迎刃解。用是團結和洽，法統之基礎日益固，國家之領導中心日益強，而民主憲政之發皇一日千里，此固我總統 蔣公盛德之所召，亦議壇多士和衷共濟謀國之忠也，而 先生實成之。民國四十九年， 先生以考試院副院長，奉派為出席聯合國第十二屆大會代表，兼負考察美國胡佛委員會行政改革執行情形之責。歸國後，主臨時行政改革委員會，六閱月，成建議案八十有八，率多奉准施行，開我國行政革新之先河。由是大命重膺，再佐樞府，老成碩望，依畀更殷。五年中周旋於行政、立法兩院間，從容中道，析疑辯難，雖勞怨而弗辭焉。比及得還初服，重主商務印書館事，仍以餘力，嘉惠後學，創設多項文化基金，以獎掖青年為己任。近復建館捐書，創雲五圖書館於臺北，尤為士林之盛事，足以楷模昭代者矣。　先生著作等身，康強逢吉，梁孟齊眉，蘭桂並茂，崇德、豐功、上壽，鮮有其儔，國之人咸愛戴之。今歲七月十六日，為　先生九秩覽揆之辰，景福駢臻，遐齡共祝，同仁等久挹清芬，同欽鴻藻，爰獻瓊醪，藉博拈花之笑，仍待期頤，重頌天保之章。詩云：「樂只君子，既壽爾康。」　先生聆之，豈亦莞爾而晉一觴乎！

第一屆國民大會第五次會議主席團主席同敬祝

中華民國六十六年七月十六日

王世杰先生九秩壽序

蓋聞學之之博未若知之之要，知之之要未若行之之實；故君子多識前言往行，以蓄其德，則剛健篤實而輝光日新。是知　崇陽雪艇王世杰先生之臻上壽、致景福者，信有徵焉。　先生早歲為學，不徒博誦而貫以道；丁年革命，罔避鋒鏑而行以身。是以新硎初發，聲華早著，歐遊歸來，珠璣在胸，乃能開風氣之先，宏憲政之教，治三千桃李，成一代宗師。爰復珞珈尋幽，武漢建校，發抒懷抱。嘉惠士林。三楚國士，多出其門。數十年議壇諤諤，促民主憲政而日進者，　先生風行草偃之效也。及學優而仕，重寄屢膺，　先生迴翔政壇，勳績丕著。主教育則嚴考核，厲改革，倡科學，備寇亂；使全國學子及故都文物，得於匪倭肆虐間免於流離散亂。主外交則審時勢，察機宜，慎進退，維權益，於強權脅凌下折衝樽俎，不辱使命。尤以抗戰中期，　先生受命籌組國民參政會，奮其才智，協調黨政關係，促進朝野團結，達成舉國一致抗日之效，厥功至偉。勝利後，中共竊國，樞府遷臺，　先生入贊密勿，協衷輔弼，於國事蜩螗中，執簡馭繁，竭智匡襄；對外則策進重建中美合作，對內則紓籌恢弘憲政績效；凡所建白，皆中肯綮，朝野重之。晚年學力益進，海內外人士交相欽仰，乃於民國五十年膺選出主中央研究院。是時院務興革，百端待舉，而需才孔急，延攬維艱。　先生辛勤擘畫，力克困阻，集中經費，簡聘多士，擴充設備，開展組織，加強中外學者研究之合作，促進中美科學文化之交流；非僅提高國內研究水準，且收敦睦中美兩國邦交之效。凡八載而院務燦然大備，　先生則功成身退矣。　先生為憲法泰斗，於我國憲政締造，宣力孔多。自國民政府成立後，即出任法制局長，旋蒙簡派為首任立法委員，國家典章制度之草創，莫不躬預其事；尤以參與制憲國民大會，憲法章句，皆先生心血之所寄，先生每以此為慰焉。今歲三月十日，為 先生九秩覽揆之辰。一老翩然，蔚為邦珍；清標淑世，讜論匡時。而蘭桂爭榮，一門福慶，得天之厚，無以加焉。爰製蕪辭，以介眉壽。並為之頌曰：

蓬萊水碧楚山蒼，南極星輝國之光， 先生之壽壽爾康。

中華民國六十九年三月十日

魏棣九先生傳

先生諱名希鴻，字棣九，以字行。生於清光緒三十二年農曆九月十五日（公元一九〇六年）山東省滕縣西岡村。先世居江蘇沛縣魏家營。由始祖振東公於清初遷居滕縣。隨家焉。耕讀為業，七傳至先祖藎卿公，家乃道昌。

祖父諱化臣，字藎卿。祖母趙太夫人，生子四：長子士英，字伯才；次子士彥，字仲雲；三子士珍，字叔聘；四子士科，字竹菴，先生父其季也。藎卿公治家嚴謹，除設家塾聘名師教育子弟外，並約拳師傳技擊，請樂師授音樂、京劇等，以健身心。魏氏子孫數代以來，溫良恭讓皆有素養，先生祖父遺訓之力也。

父諱士科，字竹菴。母王太夫人，系出名門，來歸後，生先生昆弟二人，弟希敏；女三人，長無學名。次希蘊，三希真。王太夫人奉祖父命，統管家務，至祖父母逝世後，至昆仲四人析居止，幾達二十年，辛勞備至，毫無怨言。家中內勤，則由母妯娌四人，輪流主持，有條不紊。民國十五年春析居後，大家庭變為小家庭，由二弟希敏協助，各有所進。十六年夏，國民革命軍北伐克滕縣，先生以參加黨務活動，因國民黨寧漢分裂，北伐軍轉進南京，先生亦隨往。軍閥之縣長王育才乃大肆摧殘國民革命同志之家屬，逮捕用刑者有之，罰款者亦有之，先生家因之遭罰款兩千餘銀元，負擔極重，悉由先生之父張羅籌措，乃得渡過難關。致家中生活每況愈下，深為拮据。抗日戰爭勝利後，因國共和談破裂內戰復起，政府軍連年失利，先生隨政府來臺。先生家在黑三類之列，先生父以鬥爭致死。弟希敏亦被逮捕，瘐死獄中。土地被沒收，房舍被拆除，先人墓地被剷平。母亦因父及二弟之慘劇及二妹希蘊之餓死，痛甚亦病死家中。

先是，先生六歲入家塾，民國二年入西岡小學，後改為私立魏氏西序小學，先生二伯父仲雲公為之長。民國八年八月，與堂兄希同、希勇、希江四人躐等考取山東省立第二甲種農業學校，分習蠶農科。十二年夏畢業，赴濟南考取山東公立工業專門學校機織科肄業，十五年夏畢業。民國十三年二月，先生加入中國國民黨，參加國民革命陣營。在校三年吸收許多青年入黨，並組織參加國父逝世山東各界追悼大會、山東學生會、上海「五卅」慘案後援會、反日遊行大會及北京「三一八」慘案後援會各項活動。因而結識全省同志及外省友人。文官至特任者固有之，武官至將軍者更不乏其人。至其他各階層者則更多。如山東來臺之各民意代表，幾無人不識。率皆為民國十三年至二十六年之革命同志，及抗戰軍興八年之艱苦奮鬥之老友，非酒肉徵逐之徒可比。來臺結識之新友不少，多係在工作單位所接觸者，均能相待以誠，相敬如賓。

民國十五年六月先生於工專畢業，七月任滕縣實業局技術員，局長為倪宗道貫一先生，金陵大學農學士，對先生極器重。督先生時赴鄉村進行業務指導。同時並奉山東省黨部命令，負責滕縣黨務地下活動工作，任常務委員。至十六年北伐軍到滕縣後，僅六天即轉進南京。龍潭大捷後，十七年繼續北伐，何應欽上將用兵如神，乃又克復魯南各縣，黨務乃得公開活動，當時登記黨員一百餘人，成立三個區黨部，並辦理黨義務教育訓練班及農民訓練班，以及成立農民協會、婦女協會各民眾團體。山東省黨部以先生對發展黨務頗有經驗，乃於民國十八年及二十年先後調即墨、膠縣兩縣黨部任常務委員，並兼即墨縣師範講習所訓導主任，協助教育局辦理黨義務教育訓練班；在膠縣並兼任私立瑞華中學黨義教員，藉以擴大黨的宣傳，發展黨的組織。兩縣黨務均見進步。二十一年六月，受滕縣諸友之約，回縣任教育局長兼師範講習所所長。任期三年以來，先後創辦縣立鄉村師範學校一所，以培養小學師資。協辦私立滕文初級中學，以利青年升學深造。同時創辦縣立城頭小學、臨城小學，以普遍發展鄉村高級小學，提高農村文化水平。此外，並鼓勵私人興學，又相繼創辦懋榛小學、一介小學、培英小學三校。同時協助津浦鐵路局創辦滕縣扶輪小學一所。整理全縣公有學田四處。專案呈報教育廳轉呈省政府，爭取增加教育經費不少。後任天津扶輪中學及滕縣鄉村師範學校教員，為時甚暫。民國二十五年任山東省政府教育廳義務教育視察員，並保送教育部舉辦之全國短期義務教育講習會進修。聆聽教育部高級官員及全國知名之教育學者講授，獲益甚多。期間曾參觀全國童子軍雙十節大檢閱，及 蔣委員長五十大慶全國獻機祝壽大會。回省後，即奉廳令派赴菏澤、鄆城兩縣輔導短期義務教育教員訓練事宜。並於次年到汶上、嘉祥、嶧縣三縣視察短期義務教育。省教育廳之此項舉措，實係反日侵略教育之前奏，對於嗣後抗日戰爭獲益頗大。

抗戰軍興，先生奉第五戰區司令長官之令，擔任滕縣抗日動員委員會常務委員，協助川軍在滕縣作戰，並作勞軍工作。翌年春滕縣淪陷，川軍師長王銘章將軍殉難。

先生退入徐州，繼而深入敵後，入游擊第五縱隊秦司令啟榮部，秦之番號為軍事委員會別動總隊游擊第五縱隊司令。先生遂偕梁寶圭君同往，越昭陽湖而趨津浦路，白天不能行，乃托地方紳士胡邡臣先生派員於夜間導行於滕縣、界河兩站之間，安全通過，於次晨到達鄒縣田黃村秦司令部。時秦司令已率一部分部隊先到萊蕪縣開展抗日游擊工作。繼調司令部全體人員北上，先生亦隨之而往，相見後，蒙其慰勉有加，委為司令部上校秘書。以後轉任曲阜縣長。當時該縣所轄地區幾乎全部為日軍佔領，僅在曲、鄒兩縣交界處之羊場作為縣政府臨時根據地，開展抗日工作。後因根據地被日軍進攻時焚毀，乃遊走於鄒縣、泗水之間活動，只作抗日宣傳工作。當時所有抗日宣傳文件，均呈報省政府，曾蒙省主席沈鴻烈先生一再嘉獎。

民國二十九年夏，向省政府辭曲阜縣長職，蒙秦司令委任為三民主義青年團山東支團部高級組員兼代組訓組長，後改任視導，至魯中、魯東、魯西二十餘縣視察。民三十二年夏，抗日局面惡化，國共矛盾日益尖銳，魯蘇戰區總司令于學忠自山東敵後撤退至安徽阜陽整編，山東省政府主席牟中珩，亦奉准隨行。省政府乃派秦啟榮為留守辦事處主任。山東支團部亦留魯未動。不幸秦於安邱縣輝渠召開會議時，遭共軍夜襲自戕殉國。先生適在魯西視察，進退失據，乃與梁繼璐、褚漢峰諸先生商酌，共同暫隨省政府到安徽阜陽，聽候消息。恰在途中與支團部龔書記舜衡由渝公畢歸來相遇。遂在阜陽設支團部辦事處，由龔負責，先生佐之，並調省會分團職員服務。

三十四年秋，日寇投降，全國歡騰，中央即派李延年將軍為第十一戰區副司令官，兼魯省游擊挺進總司令。時省主席何思源先生已先入魯到濟南辦公。在阜陽之主要單位人員及臧元駿先生等亦乘專機飛濟南，佈置工作。繼李副司令率兩個軍及在阜各單位工作人員及支團部人員亦隨行，浩浩蕩蕩入魯，先步行至河南商邱，繼乘隴海路火車到徐州，休息數日再轉乘津浦鐵路車北上，沿途在滕縣、兗州、泰安各大站停留一、二日，至雙十節平安到達濟南，全市皆懸掛國旗，夾道歡迎。時山東支團部已早由臧元駿、宋憲亭佈置完竣，辦公地點設在舊歷城縣公署內。翌日即由龔書記率領各同志到部歸隊辦公。先生就第二造紙廠總經理職，接收日寇之華興造紙廠。又當選為中國國民黨濟南市黨部執行委員，並由省府委派為濟南市臨時參議會參議員。三十五年，奉省黨部及省政府命令，籌組山東省商界全省代表大會，選舉全省商會理監事，先生當選為常務理事。又推選為代表，出席全國第一次商代會於南京。二年後，又在上海召開第二次大會，先生更當選為全國總商會理事。以上所兼職務，皆經上級同意所推薦者，足見先生聲望之重。

先生自民國三十八年來臺後，即面謁臺灣省政府教育廳長陳雪屏先生，請其安插工作。陳以先生品學經歷不差，且有實際工作經驗，乃即內定為省立高雄工業職業學校校長，希可與高雄市長劉翔先生相配合。當時大陸來臺人員甚多，工作一時難以安排，而先生未費力氣即承委以校長職務。因此，先生曾於行憲初退讓國大代表之一念，若有所失，但能得之於此。由此以觀，天下事並非純以相爭為愈也。

先生在臺，曾兼任高雄市黨部委員及山東省旅高同鄉會理事長。四十二年調臺北後，服務於國立臺北工專（現改為國立臺北工業科技大學）。六十年十二月退休。退休後，繼任臺北市私立大誠高中校長。總計在臺公、私立學校服務共三十年，在服務教育辦學過程中，每前進一步，均曾遭困難與艱辛。但先生始終鍥而不捨，樂此不倦，竭誠為教育奉獻心力，偉矣！

先生體素健，春秋高，退休而手不釋卷，治史乘，喜寫作，時在「山東文獻」為文，人多喜讀之。不幸於中華民國八十九年元月廿八日下午一時，以腦溢血疾，安詳中逝世於臺北市中心診所，距生於民國前六年，享壽九十五歲，里巷哭之。

先生原配鍾氏夫人，知禮儀，孝公婆，和睦妯娌，不愧大家女。民十九因病去世。續絃李蘊真夫人，山東即墨縣人。省立濟南女子師範學校畢業。曾任小學教員多年，民七十一年由子達賢接美供養，不幸達賢早逝，李夫人堅持獨立生活，住美佐治亞州亞特蘭大南部沃納羅賓斯。因取得美國公民，住入養老院，故生活無虞。並參加基督教，每週二日補習英語，讀《聖經》，星期日做禮拜，與當地美人及華僑相處極為融洽，群以「媽媽李」稱之，以示尊敬。民七十八年春因宿疾發，先生趕赴美國，將其接回即墨，與大陸家人團聚，旋於同年五月十九日逝世，葬於即墨第一公墓。

續室顧鳳仙夫人，浙江鄞縣人。上海市私立東南體育師範學校畢業。在大陸曾任中小學教員多年。來臺後，服務工礦公司及水利局甚久，現已退休，與先生同住臺北科技大學宿舍，對先生生活照顧極為周到，堪稱賢內助。

長子立賢，鍾夫人出，國立山東大學水產系畢業，現退休。在大陸曾歷任技術員、工程師、副研究員、

研究員、研究室主任及中國水產科學院學術委員會委員、副主任委員等職，並曾兼任中共中國農業部科學技術委員會委員、農業部水產技術評審委員會專業組委員、國家科學技術委員會發明獎評選委員會特邀評審員。中國水產學會池塘養殖專業委員會副主任委員、中國鱒魚類研究會主任委員、黑龍江省水產學會副理事長及鮭、鱒魚漁業雜誌編委會主任委員及主編，以及黑龍江省科學技術委員會專家組成員及省政協委員等。享國務院頒發的政府特殊津貼，以表彰對農業科技事業之突出貢獻。長媳張金榮，哈爾濱醫科大學藥學系畢業，長期在哈爾濱醫科大學附屬第一醫院藥局工作，曾任藥劑師、主管藥師。現退休。次子澍賢，鍾夫人出。山東省立工學院電機工程系畢業。曾任教於北京水利學校（後改為北京水利水電學院）。後調水利電力部新疆水利水電勘測設計院任電氣組長並兼任新疆電機工程學會第二居理事會理事及烏魯木齊市僑聯第一居代表。歷任技術員、工程師、高級工程師。現退休。次媳孫玉芝，即墨縣中畢業，在新疆水利水電設計院醫務室藥房工作，現已退休。三子達賢，李夫人出。國立臺灣大學電機工程系畢業，美國哥倫比亞大學物理學博士，米歇根大學電機學碩士。曾任美各大學講師、教授。民七十三年八月二十九日在美病逝，葬於米歇根州那不爾市米歇根大學校區公墓。三媳李珠莉，湖北省人，臺灣大學英文系畢業，美國紐約市文學院英文碩士，米歇根大學中國文學系碩士，歷任美國中部及西部大學圖書館中文部職員。么子李志賢，李夫人出。隨母姓。即墨縣立小學畢業。居大陸，因家庭出身成份關係，小學畢業後未能繼續求學。現任即墨市政協委員及僑聯代表，從事鄉村榨油小工業。媳陳素雲，即墨縣小學畢業。

長女，李友梅，李夫人出。隨母姓。即墨縣立小學畢業。亦因家庭出身成份，未能繼續求學，現務農。夫婿黃正陽，即墨縣小學畢業。現務農並從事榨油小工業。

孫：魏斐，立賢生。哈爾濱市中學畢業。讀中小學時，適逢文化大革命，所學不多。中學畢業後又逢號召知識青年上山下鄉到農村勞動鍛鍊，下鄉五年後返哈爾濱未能繼續讀書。現在交通銀行哈爾濱分行工作。孫媳韓杰，哈爾濱人，哈爾濱銀行學校畢業，現在農業銀行哈爾濱分行工作。魏林，立賢生。哈爾濱醫科大學醫療系畢業。現任職哈爾濱市第一醫院心血管內科副教授，副主任醫師。曾公派赴日學習。孫媳楊華，哈爾濱人，哈爾濱科技大學計算機系畢業，現任職於中國工商銀行哈爾濱市分行工作。傳經，達賢生。美國加利福尼亞大學柏克萊分校電機博士，現任職於美國因特爾電腦公司。孫媳張若梅，山東高唐縣人。美國加利福尼亞大學柏克萊分校公共政策系碩士，現任職於加利福尼亞大學校長辦公室。

孫女：傳馨，達賢生，美國米歇根大學化學系畢業，杜克大學醫學博士和免疫學博士，現任職於美國加州大學舊金山醫學院。婿吳大興，浙江省人，美國米歇根大學化學系畢業。傳芬，達賢生，美國米歇根大學數學博士。婿浦法奧，德國人，美國米歇根大學數學博士。曾共同赴臺中研究院和法國進行學術研究，現任職於美國新罕布什爾州新罕布什爾大學。筱斐，澍賢生。新疆烏魯木齊市英語專修學校畢業，現任職於新疆水利水電勘測設計院水電所。婿張再濟，河北省人，河北水產學校畢業。筱雯，澍賢生。新疆烏魯木齊市俄語專修學校畢業，現任職於新疆水電勘察設計院利達公司。婿蔡勇，新疆大學大專班畢業。李明華，志賢生。天津城建學院環保工程系畢業。李愛華，志賢生。即墨市第二中學肄業中。

曾孫女：魏家欣，魏斐生，現讀初中。

外孫：黃濤宏，友梅生，上海科技大學化學系畢業，現任教母校。黃濤偉，友梅生，山東大學生物系肄業中。

嗚呼！泰山頹矣，梁木傾矣！哲人萎矣！一代國老耆宿，竟於睡眠中倏爾捐館，大星遽殞，天人同悲；然芝蘭玉樹，繁英成群，榴花照眼，玉樹生輝，迨亦天之厚施於善人者歟！

月溪法師「大乘絕對論」與「禪宗修法」序

當代禪宗大師月溪法師，是中國佛教史上一位振奇人物，清光緒五年己卯（一八七九）農曆八月十五日出生於雲南昆明，俗姓吳，諱心圓，祖籍浙江錢塘，先世宦遊雲南，遂定居昆明。法師生而敏慧，好讀書，年十二，讀〈蘭亭序〉，至「死生亦大矣，豈不痛哉」，慨然有所悟。由是求師參佛法，研讀《金剛經》。後肆業滬瀆，遍讀六經，且通曉數國文字。佛學之外，兼攻諸子及濂洛關閩之學，尤精老莊及西方哲學思想。年十九，卒業震旦大學，遍參江浙名山梵剎，叩問諸大德，於是決志出家。禮靜安老和尚剃染受具足戒，勇猛精進，於佛前燃無名指及小指，並剪胸肉炷四十八燈供佛。自是發願弘法度生，無間寒暑。年二十二，說法講經，聽者如堵。復蒙金陵牛首山獻花巖鐵巖大師開示「力參見性」之法，乃全心全意向打破無始無明境界努力。一夕，聞窗外風吹梧桐葉聲，豁然大悟。時法師年二十四歲，乃遨遊國內各大名山，數十年無休歇，講經二百五十餘會，皈依弟子五十餘萬眾，其中悟道弟子八人。著有《心經講錄》、《佛教人生觀》、《佛法問答錄》、《大乘八宗條法》、《月溪語錄》、《念佛修法》、《大乘絕對論》、《禪宗修法》及各種經疏等書九十八種，凡千餘萬言，其功德之偉，修學之誠，足為當代禪宗典範。

法師節操高逸，往來名山梵境，必攜琴自隨。時與海內宿儒相往還，所有講論，均能引申中外哲學，以明佛旨，更能本禪宗大乘法門，批判各方自命精通佛學之言論，往往大聲疾呼，不假辭色。此類理念，在《大乘絕對論》一書中，數見不鮮。於此，不僅見法師學問之深，涉獵之廣；而在民國初年，青年比丘即能貫通中西哲學與大乘佛法，謂之無人能及，殆不為過。

法師於抗日戰爭前後，駐錫昆明。早在民國二十八年己卯，曾擇妥昆明南門外杜家營村後跑馬山之陽、昆明湖之濱為高臥處，弟子智圓等曾有碑記誌其事。嗣以大陸易色，法師經廣州駐錫香港，復擇沙田萬佛山修建萬佛寺，一九五一年辛卯興工，歷時七載，至一九五七年丁酉完成。寺成時，法師曾豎一指向眾說法云：「來本不來，菩提非樹，明鏡非臺。去本不去，上無片瓦，下無寸地。在今諸佛，皆在老僧指頭上放光現瑞轉大法輪。」非有大乘心力，曷能有此殊勝氣象。

法師於一九六五年乙巳農曆三月二十三日圓寂於沙田萬佛寺，趺坐入龕。嘗語其左右及弟子眾，其法體封龕入土，八個月後便可將肉身請出，加漆鋪金，供奉寺內。同年農曆十一月十七日，弟子等撥土移墓，開龕視察，即見五官俱全，鬚髮仍留，整體無缺，呈黃金色，燦然可觀。其生平苦修行持，戒律精嚴，於此可見。翌年，一九六六年丙午，農曆四月初八日，法師法身裝金，於萬佛寺普陀殿陞座供奉，港九諸山長老，各界善信，四眾弟子咸來朝聖觀禮，為港九開埠後第一盛會，創下永恆聖蹟。法師世壽八十七歲，僧臘六十八載。

法師畢生著作等身，流傳北方者未能入港；流傳南方者，有《大乘絕對論》、《金剛經疏》、《維摩經疏》、《心經疏》、《禪宗修法》及《佛教人生觀》數種，由香港信眾印行，傳入臺員；唯以校對不精，以致魯魚亥豕，不堪卒讀，其中尤以《大乘絕對論》一書為最。

遼寧石掌珠居士，在臺發願重印月溪法師著作，供國人學禪者誦讀。已印《心經講錄》、《金剛經疏》及《佛教人生觀》數種，法苑珠林，人皆稱之。今歲居士又出法師所講《大乘絕對論》及《禪宗修法》二書，託余檢校後重印。蓋因《大乘絕對論》為法師畢生研修重點，師囑必須與《禪宗修法》合參，始能早證菩提。當經檢閱至再，以錯訛之處甚多，非大下功夫，無法重印。於是乃竟半年之力，先就《大乘絕對論》必須與

《禪宗修法》合刊、校正文字後必須重行排印兩原則商得居士同意。乃更全力檢校刷剔，將原書所引經籍參差錯漏處，盡力予以修正，更將手民誤植各項文字，查明原出處，加以釐正。譬如書中所引《易經》中之「象辭」及「彖辭」，因手民未解此二詞意義，竟將法師所引「彖辭」之處，一律誤作「象辭」，非翻檢《易經》全文，無法詳加訂正。其餘所引《老子》、《莊子》各經之文，尤其法師駁斥宋儒或當代哲學家誤解大乘禪宗意旨之文字，如有錯漏，即不可成誦，而法師著作之真義盡失，至為可惜；乃復慎重查對各書，予以釐正，務求錯誤減至最低限度。

修訂工作，悉依法師大乘「絕對」本旨，就序者本身對佛法之淺薄知識，潛心冥索，斟酌之處，務求符合「絕對」理念。因此，凡遇原著之錯簡，不僅訂正文字之誤失，更於足以影響法師大乘絕對本旨部份，儘量查明癥結之所在，予以釐正，為原書找回本來面目。

更有進者，此兩部宏論，內容豐富，如不先作綜合簡述，讀來頗感艱困。故須先略述二書要旨，然後將整理校正重點，略加說明，以利讀者研讀。

《大乘絕對論》之內容，可做以下概括說明：

綜觀全書，法師用千言萬語，指出佛法之發展，分為四階段，其情形如下：

小乘	我執階段	主觀唯物論	相對	一念無明
中乘	法執階段	主觀唯心論	相對	一念無明
大乘	空執階段	心物合一	相對	無始無明
最上乘	實用階段	非心非物	絕對	真如佛性

所謂「無明」，佛經謂之「痴」。有二解；一謂痴暗之心，體無慧明，故曰「無明」。一謂無真正之慧明，

故亦曰：「無明」。月溪法師為禪宗大師，以其所悟慧因及所讀中外哲學家論著，將大乘佛教八大宗及古今上下數千年老、孔、墨、莊、諸子思想和蘊藏無窮哲理奧旨的《易經》，都依上述四階段，作比較研究分析。他認為「一念無明」乃是一切思維與理念之化身，全是相對的，屬於佛法小乘的「我執階段」，乃是「主觀的唯物論」。如升高一階段，也不過進入中乘的「法執階段」，是為「主觀的唯心論」，仍然屬於相對範圍，仍然是「一念無明」。到了大乘境界，是謂「空執階段」，雖然意識上進入「心物合一」和「無始無明」，但仍是相對範圍。所謂「無始無明」，乃是突破一念無明之後，意識上空空洞洞，到了無理可窮、無知可致的境界。這種境界才到達「菩薩」境界。必需再加突破，跳出此一黑暗洞穴，才能達到最上乘的絕對「真如佛性」。

因此，法師批評西方哲學家、思想家，都始終未能突破相對論的範圍。

法師解釋「相對」與「絕對」說：「言語文字所能發表者，皆現象界之事；實在者，決不可得而寫象」。又說：「凡空有、是非、中邊、真妄、善惡、皆非實在之真相，皆屬於相對而非絕對。但是，如果能證入絕對，則一切皆是絕對，上述空有、是非、……等等，皆變為絕對」。此一理念，讀者不易接受，於是，法師又說：「相對論憑其思維感覺，執我執法，遂成相對者。絕對界則自性如實自知，故無非絕對，無非真實」。這就是「佛性」。

佛性的絕對論，遍滿十方，圓裹三世，無壞無雜、無證無取，不受薰染，本來具足，故名「絕對」。其餘宇宙實象，皆屬成、住、壞、空，虛幻非實，故名「相對」。絕對論用哲學名辭而言，屬於「本體論」，而非「方法論」。

法師對印度佛教及大乘八宗，分別加以研析批判，於禪宗、淨土宗、密宗、唯識宗能破無始無明之潛力，具力肯定論斷；其他各宗他認為仍不易突破無始無明及相對境界。他認為釋迦牟尼所說之法，皆在各宗經典之中，惟視各宗之研究方法及突破之力量而已。法師為「頓悟」成佛者，故此書頗欲指引佛教弟子走入「頓悟」道路，如果無悟力，則不如研究淨土。法師一再囑告讀者，《大乘絕對論》全為理念，學者如參禪，必須與他另一部大著《禪宗修法》同讀。禪宗修法則詳述禪法起源、禪宗興起、六祖與《壇經》、禪宗五家之宗風、參禪法門以及參禪錯用功易犯的毛病作各項重點說明，應該容易為一般讀者所接受。讀此方法論，才容易修習大乘絕對佛法。

法師此二書，看行文跡象，大半是講話紀錄；因此，各部分繁簡不一，且重複之處甚多。另有若干部分，或因法師原想寫成著作，所以開始時用章節分段式，但未到第二章，便又成為講話紀錄。本人此次整理，原擬斟酌改寫，使其「著作化」，分段加上適當之大小標題，以資醒目；但經過一再研究，感覺不妥，因為如此整理，勢必改動甚多，則成為另一新作品，而非月溪法師原作了，於是只好予以放棄。

最後，本人慎重擬定整理方式，商得發願人石掌珠居士同意後，作如下之整理：

第一、訂正《大乘絕對論》排印時誤植或錯落之處。此一部分頗費時間，因法師讀書太淵博，批判相對論及小中乘理論，以及古今中外哲學家相對論的哲學思想，遍及中國之十三經諸子百家和當代哲學家著作，以及世界各國著名哲學家書籍，外文書並多引用民國初年之中譯本，雖都引出頁碼，但臺北卻查不到這些書。因此，對於看得到的錯誤，只好參證能夠查到的書籍，或依據往日熟知部分校正。對於引用中國古籍或引用佛經的文字錯誤，都儘可能查證原文予以校正。

第二、訂正《大乘絕對論》中有關中國諸子學說之誤引處，或引用當代哲學家書籍中未當者。例如，法師論孔子思想，認為他是一位注重實際的、主張人文主義的人，他不大馳騁幻想，凡事想腳踏實地去做。如此判定孔子思想是相對的而非絕對的，乃非常正確的評判。但法師除自己多次表達此項理論外，後來又引述郭沫若的「孔墨的批判」一文，再加證實，實為多餘。因就學術家而論，郭氏與絕對論者無涉；他不過是一個堅持相對論、唯物論的政治人物，他批判孔墨，有其政治意義，他的思想決不能對佛法《大乘絕對論》思維有所裨益。因此，法師所引郭氏的言論，整理時只留下若干簡單論點，以備參考。

第三、訂正有關法師誤引者，茲舉一例：法師在《大乘絕對論》「莊子與儒家之接近」一節中，解說莊子與儒家思想在「誠」字上之接近，引述《莊子》「徐无鬼」篇文字四節，「庚桑楚」篇文字一節，均無問題。唯另引「列禦寇」篇中文字一節有誤，其所引文字為：「內誠不解，形誠成光」八字，令人不解其義，於是查出莊子「列禦寇」篇原文，才發現法師引述的文字第二個「誠」字錯了，原文乃是「內誠不解，形『諜』成光」，這恐不是手民之錯，而是法師誤引，將兩句都用了「誠」字，誤以此二句的兩個「誠」字，是描寫心理學上的誠意之「誠」，說明莊子濫用「誠」來解釋人的理性。然而「列禦寇」篇之本旨，是以內解為主，以「葆光不外炫」為實，以「去明而養神」為要，與儒家言「誠」之理無涉。孫詒讓解「內誠不解，形諜成光」二語為：「心積而不化，形即泄之而成光儀」。王船山解為：「內實無所見，形習為威儀而成光耀」。兩人均將「誠」字當副詞即「實在」用，與儒家之「誠」，含義完全不同。法師引《莊子》論「誠」文字，旨在說明莊子雖與儒家思想接近，但莊子落入虛無。然而「列禦寇」篇此二語誤用了，因此予以刪除，以免為後人誤解。

第四、《大乘絕對論》一書中「絕對論」一章，文字雖不多，但極重要。此章中前後都是法師論說文字，突然其中多出一段：「印宗復問曰……」共六行約二百餘字，均為《六祖壇經》中問答語句，前後體例未合，顯然為無意間插入，故予刪去，以免讀者迷惘。

除以上各點之外，各書對大師之生年、世壽、僧臘均無明確記載，乃大憾事。《大乘絕對論》卷末，載有

「中華民國第一甲子、己卯年仲春既望日」撰刊之「月溪大師高臥處碑文」一篇，一文用兩年度，經查明第一甲子為民國十三年，己卯為民國二十八年，知當時大師在昆明。但尚未解一文兩年號之含意。大師所講之《佛教人生觀》卷末附刊之「沙田萬佛寺月溪上人肉身法體鋪金圓滿陞座緣起」一文，僅記明法師圓寂於乙巳年三月二十三日及開龕、金身陞座年月。經一再詳查，終於在《佛教人生觀》一書影印之前監察院副院長雲南耆老張維翰先生祝月溪法師八秩晋一壽詩模糊之影印文字中，看出大師八十晋一大壽之期為「庚子中秋」，因此循線上溯至清光緒五年己卯為法師生年，下數至乙巳即民國五十四年大師圓寂，因知法師世壽虛歲八十七歲，僧臘六十八載。此一結果，令人欣喜異常，遂在本序文中，首先直書法師之生卒年月與世壽、僧臘年歲。更領悟到法師高臥處碑文所以用「第一甲子」及「己卯」年號之原因，所謂「第一甲子」乃民國第一個六十年，己卯則為法師花甲壽誕之歲，亦立碑之年也。算是對法師一大奉獻。

序文寫得如此之長，未免予人以厭倦之感。然如此喋喋不休者，實恐讀者開卷之後，被大師之博覽群書、放論世界哲學思想之氣勢所嚇阻，因此，希能借此稍長之序文，作讀者之一助。不求有功，但求盡己之心，如尚有外錯，唯希各界法師、大德、居士、同修，多多諒察，為幸。最後要對香港崇正總會理事長黃石華先生受筆者拜託兩度親往沙田萬佛寺參觀、攝影之勞，至為感謝。黃先生不但在香港買到殷宗器著萬佛寺發行的《月溪法師傳》(一九九四年一版)，以及臺北天華出版社印行的《禪源流與修持法》(即月溪法師所講述的《禪宗修法》)此即本由天華出版社稍作章節上之整理，並加小標題。由於看到此印本時，本書已校輯完成了，因此專函徵得天華發行人李雲鵬先生的同意，合刊本中的《禪宗修法》便使用天華印行的本子。好在石居士印月溪法師的經論，全為弘法，絕未牟利，謝謝天華的同意，以免得將來兩種版本錯雜而令人不解。並向李先生致謝。

中華民國八十四年（一九九五）歲次乙亥中秋節，月溪法師世壽一百一十七歲誕辰，三寶弟子慧扶居士倪摶九序於臺北環秀山莊，時年八十。

陸軍一級上將劉安祺八秩壽序

昔黃石公論「將禮」謂：「與士卒同安危，蓄恩不倦，而後能以一取萬」。夫此治道之極致也，豈唯兵略，亦洽政理，而懋遷尤是賴焉，今乃於陸軍一級上將劉理事主席壽公見之。上將高陽帝胄，蘭陵世家；虎變文炳，具大人之威儀；豹飾羔裘，為上邦之碩彥。壯歲服膺主義，南趨嶺表，獻身黃埔，為校長　蔣公門下士；自是雲龍契合，效命前驅，革命戰役，無不于焉。東征則棉湖喋血，拔惠州之堅壘；北伐則松口奇襲，奏龍潭之豐功；討逆則五次圍剿，殲黎川之渠魁；抗戰則淞滬揮戈，開反日之決勝；戡亂則四平耀師，挫二矛之重英。其間拔清江，平閩變，戰棗宜，守風陵，凡所攻略，靡不受命艱危，鋒鏑罔避，斬將搴旗，戰無不克，負傷者再，而　統帥譽之曰勇。積功洊升軍團司令，實至而名歸矣。俄爾赤燄再張，大陸凌夷，上將以十一綏區司令官鎮青島；時滬杭撤守，全局震撼，海隅一區，戰場孤懸；上將奮偉略，發韜鈐，撫定人心，整收戰備，躬率十萬軍民，全師南歸，用是臺海敵我強弱勢易，復興基地於焉始奠；此上將熟計孫子「藏動進退」之道，成「惟民是保而利於主」之功也，國人美之。於是聲威丕振，廟算輒中；防衛金門而蛇虺不敢越雷池，經略海疆而磐石益趨於安堵；勳業炳煥，遂膺陸軍總司令之重任。四載經校，我武維揚，今日國防之固若金湯者，上將之力多焉。乃承　元首酬庸，錫陸軍一級上將之爵；層峰借重，授中央信託局理事主席之秩。上將遂綜覈名實，勵士氣而事興革；環遊世界，藉他山而謀攻錯。又七載而同仁愛之，士民戴之，商賈德之，遠人來之；斯又上將蓄恩不倦以一取萬之新效，非潛學盛德，曷以臻乎至善也哉！今歲六月十六日，上將杖於朝而與黃埔母校同壽；同仁等久承風教，益佩箴規；謹以寸楮丹忱之獻，敬表抃舞踊躍之情。願他日收京，再於勝棋樓頭，共晉期頤之斝。詩云：「吉甫燕喜，既多受祉」，上將覽之，豈亦浮白一笑也歟！

趙自齊夫人鄭昌慰女士行誼

夫人，姓鄭氏，閨諱昌慰，字麗錚，現任總統府資政、前立法院立法委員、中國國民黨中央政策委員會秘書長、世界自由民主聯盟總會會長趙自齊先生之夫人也。夫人畢生相夫教子，樂善好施，主中饋，佐夫婿，助自齊先生成不世之勳。不幸於中華民國八十九年二月十八日病逝於臺北。此一歷經六十年之艱險，為國家民族民主自由而奮鬥之時代女性，一朝怛化，親友鄉黨，咸痛惜之。

夫人祖籍湖北江陵，父子兆公，畢業於保定軍官學校第六期，東渡日本，就讀日本士官學校。追隨黃克強先生參加革命，嗣入同盟會，辛亥歲返國，參與武昌首義，與清軍奮戰多日，歷經鋒鏑，卒佐諸革命元勳，推翻帝制，建立民國。其後北伐、剿匪、敉平西安事變，無役不予。洊升軍參謀長。抗戰軍興，任陸軍軍官學校人事處長，其後追隨軍令部部長徐永昌將軍任人事處長。大陸易色，政府遷臺，任聯勤總部撫卹處長。退役後，轉任臺灣糖業公司顧問，考試院職位分類委員會委員，病逝於臺北。母氏陳，為湖南長沙望族，育子女各一人，夫人居長，弟昌懋，均秉庭訓，以詩禮傳家焉。

夫人於民國十一年五月十五日出生於長沙，卒業於長高附小（即男一中附小）及明德中學，畢業後考取中央政治學校、重慶大學及中央技藝專科學校，因興趣所向，乃入中央技藝專科學校食品營養科就讀，遂養成其治家興業之長材。故夫人祖籍隸湖北，而人每以為係湘人，蓋夫人剛柔相濟、溫厚毅勇之德性，兼具湘鄂氏族之長也。

民國三十一年，夫人與熱河趙自齊先生結婚於四川宜賓，時值大戰方殷，自齊先生於熱、察、綏一帶，效力革命救國志業，出生入死，與日本軍閥暴力作殊死鬥，曾為日軍逮捕繫獄，飽受刑楚之苦，而復興中華之意志絕不動搖。南下大後方，至宜賓後，任職中央軍校第八分校政治部主任。翌年，長子宜民生。某日，先生奉陳立夫先生召，命遄返熱河，籌備成立熱河地區黨務地下組織，以謀擴展敵後抗日據點。先生奉指示後，義無反顧，整裝待發，知此事者之至親友好，曾以家事勸阻者甚多。然夫人則持之以忠義，堅勸先生不須回顧，即速成行。於是自齊先生遂託親友，設法送夫人赴渝，以便與中央聯絡，乃偕同志北越風陵渡，由陝北赴北平轉故里，成立熱河省黨部，大有助於華北敵後抗日戰力之成長，此夫人凜然大義，輔成先生之事功者一也。

抗戰勝利時，自齊先生已由敵後備歷劫難，返回重慶。時值三民主義青年團業務發展，先生供職中央團部，以返都在即，復奉命籌備熱河分團部之成立。先生偕孫效友、陳浩二同志先往，然必須共同搭機始克同行。時先生及夫人等僅有機票三張，如攜眷歸，則孫、陳二君，必須等候船隻，延誤工作時機。正為難間，夫人力陳國事重要，讓出機票二張，自願攜子候船，以免貽誤公務。先生勉從夫人意，偕孫、陳二君搭機先行，夫人則數月後乃乘江輪輾轉北上，與先生團聚於北平。夫人之高概卓識，至今同志親友，咸表敬佩，自齊先生更難一日或忘。此夫人懿德高風，輔成先生之事功者二也。

夫人於自齊先生接長世界自由民主聯盟後，每逢聯盟大會期間，無論國際局勢如何惡劣、行程如何艱苦，必伴隨先生與會，舉凡起居飲食之照料，大小任務之贊襄，無不從旁善為籌謀。當世盟運動擴大及於昔日共黨國際，如俄羅斯等北歐國家時，夫人更小心翼翼，倍加憂慮，蓋恐先生任務之不易達成也。自齊先生常憶及一九九一年，聯盟集會於比利時布魯捨爾，世界反共聯盟擬更名為世界自由民主聯盟而提出修改聯盟憲章案時，韓國代表頗有異議。自齊先生為求通過此一修正案，力謀與各國代表疏通，倉促間，頭部兩度受傷，一次撞及門鎖，一次為屏風傾倒撞擊，以致腦部出血，而修正案終獲通過。先生仍依既定計劃，扶病訪問德、法、瑞、匈、奧五國，行程勞頓，體力漸感不支，乃至以輪椅代步。經夫人與三子新民偕隨行同人轉至美國就醫，緊急腦部開刀，取出血塊三百 cc，幸而挽回先生性命；雖云天相吉人，亦夫人鎮定有方，得道多助，於先生病厄中輔成其事功者三也。

夫人之懿德景行，殊非墨楮所難宣，上述諸端，僅係其犖犖大者。詩云：「委委佗佗，如山如河」，象夫人之雍容也。又云：「終溫且惠，淑謹其身」，美夫人之女德也。自齊先生與夫人，自結褵以來，冒險犯難，會少離多，雖為國赴難，而無後顧憂，端賴夫人之鴻案相莊，此先生雖以耄年而永念賢勞不能或忘者也。

夫人體素健，躬親操持家務而弗倦。三年前，忽患腸腫瘤，經臺大醫院切除後，已近全愈；詎料去歲夏，腫瘤有轉移至肺部及骨骼現象，經施以化學治療，本已逐漸改善；不幸於八十九年初復感不適，復入臺大醫院診治，而群醫束手，終以呼吸衰竭，於二月十八日棄養，享壽八十歲，一代女宗，遽爾奄化，傷哉！

夫人育子三人，女二人，長子趙宜民，美國明尼蘇達州聖大國際企管研究所碩士，現任臺灣中小企業銀行董事兼副總經理，並執教於淡江、醒吾專校，著有有關企管經營諸書十餘種，有名於時。長媳吳照，國立藝專畢業，任職教育界。次子慶民，德國慕尼黑大學數學研究院畢業，現任行政院新聞局參事，中國國民黨中央黨務顧問。曾應選第二屆國民大會代表，並任教於中興大學。次媳黃美仁，德國慕尼黑大學醫學博士，現任臺北市立忠孝醫院、萬芳醫院醫師。三子新民，美國佛州諾瓦大學電腦碩士、博士，現任年盛科技公司總經理。三媳馮紀薇，美國佛州諾瓦大學企管碩士，現任美國佛州衛生署財務長。長女趙潔民，銘傳管理學院會統系畢業，現任交通銀行業務部外匯科襄理。適劉明魁，美國威斯康辛大學工業工程博士，現任捷元公司資訊管理部協理。次女幼民，輔仁大學中文研究所畢業，曾任東吳大學講師，目前定居美國。適張永明，美國德州農工大學電腦碩士，目前經營全能地產投資管理公司。而內外孫曾男女均如玉樹臨風，芝蘭並茂，於國家為棟樑，於社會作楷模，皆夫人之提攜顧復、撫養教育義方之所陶成，以夫人之賢，使趙氏世胄日繁，奕世之枝葉益茂，豈亦天之施於時代之奇女子歟。謹誌其行誼，以供後世治女史者採焉。

何上將應欽百齡嵩壽徵文啟

蓋聞歲寒松柏，凌霜雪而益勁；天降士師，為邦家以百年。惟我陸軍一級上將興義何應欽敬之先生，夙嫻韜略，契雲龍於風虎；胸有甲兵，繼北伐於東征。揮戈返日，受降書於白下；護憲組閣，阻和議於羊城。巍巍豐功，不亞於渭水；皇皇盛績，尤過於汾陽。八十杖朝，猶主五權憲法民主政治之大計；九秩行健，益張三民主義統一中國之宏規。國有元良，卜中興之勝算；世聞人瑞，存革命之典型。茲以

中華民國七十七年四月二日，為

上將期頤嵩壽之吉辰，同仁等誼屬至友，或列帡幪，緬懷

盛德，曷勝距躍。爰發起徵文及詩詞書畫，為

上將祝嘏。敬希

飛毫染翰，共彰伏波之偉烈；摛辭振藻，同祝大樹之長青。

發起人：（依姓氏筆劃序）

丁懋時	于建民	于豪章	王又曾	王世憲
王多年	王為慶	王永樹	王叔銘	王亞權
王章清	王愓吾	孔德成	方　天	方志懋
毛高文	朱士烈	朱匯森	李　煥	李　璜
李國鼎	李達海	李登輝	李鍾桂	谷正綱

谷鳳翔　沈昌煥　何　傳　何志浩　何宜武
宋心濂　宋長志　宋楚瑜　余紀忠　余傳韜
余夢燕　言百謙　阮大年　汪成偉　汪道瀾
汪敬煦　吳三連　吳大猷　吳化鵬　吳伯雄
吳金贊　吳香蘭　吳舜文　吳雲鵬　阿不都拉
邱創煥　金克和　周仲南　周宏濤　周聯華
林永樑　林金生　林洋港　林基源　杭立武
易勁秋　俞國華　星　雲　柯文福　施啟陽
馬安瀾　馬空群　馬紀壯　馬英九　馬樹禮
高玉樹　高育仁　高銘輝　高魁元　秦孝儀
秦榕發　倪文亞　倪搏九　徐　亨　徐培根
郝柏村　袁守謙　孫　震　孫治平　孫連仲
夏漢民　貢穀紳　陳立夫　陳水錨　陳守山
陳治世　陳奇祿　陳重光　陳桂華　陳啟川
陳啟清　陳燊齡　張　群　張法乾　張宗棟
張祖詒　張昭然　張建邦　張國英　張彝鼎
張豐緒　張寶樹　連　戰　許水德　許金德
許曉初　許歷農　梁尚勇　梁肅戎　陶百川

陶希聖　郭　驥　郭汝霖　郭南宏　郭為藩
郭寄嶠　曹思齊　曹聖芬　梅可望　湯元普
彭孟緝　馮啟聰　華仲麐　堯道宏　黃　杰
黃少谷　黃光平　黃昆輝　黃幸強　黃尊秋
曾虛白　曾廣順　溫哈熊　葉時修　楚崧秋
楊其銑　楊亮功　楊毓滋　楊繼曾　趙自齊
趙守博　趙靖黎　趙耀東　滕　傑　黎玉璽
潘振球　蔣仲苓　蔣彥士　蔣復璁　蔣緯國
鄭心雄　鄭彥棻　鄭為元　劉安祺　劉兆玄
劉和謙　劉廣凱　劉闊才　錢　純　錢劍秋
薛　岳　謝東閔　鍾時益　翟韶華　蕭天讚
蕭昌樂　戴瑞明　韓文源　顏世錫　羅　光
羅本立　嚴家淦　蘇南成　顧正漢

何上將敬之先生百齡嵩壽徵文說明

一、本次徵文，敬公本意婉謝。經同仁等說明，決不流於矜誇，勉為接納。敬請各界友好，共體斯意。

二、本次徵文，敬公意旨請儘可能惠賜鴻文，其內容以補述國民革命史蹟闕漏者為宜，以使紀念集具有史料價值。

三、凡惠書畫或頌詞者，於輯印時擇精影印，以節篇幅。其餘一併訂冊珍存，留作永久紀念，敬請各界友好鑒諒。

四、惠文友好敬希於民國七十六年十一月三十日以前，掛號寄交臺北市民族東路十五號三民主義統一中國大同盟倪副秘書長摶九收，以便彙編付印。

記謝鴻軒先生珍藏書法

聯語之興，始於漢魏，降及南朝，乃入於詩。其後五代後蜀主孟昶桃符之叶，謳歌春陽，乃開楹聯之濫觴。蓋楹聯辭雖簡而能涵融義理，文雖約而可導引性情。且廣羅四體書法，陶鑄詩歌神韻。於是海宇風行，明清而後，益見宏廣。懸聯於殿堂廟宇，益增其肅穆莊嚴；題句於樓臺亭榭，愈增其雅趣幽忱。尤以近代者賢，或為英雄烈士，或為革命先知，或為閨閣名媛，或為方外高人，其所為聯，莫不妙諦入神，寄託深遠，而為士林所愛重。

繁昌謝鴻軒先生，飽學碩望，胸羅珠玉，專研詩文，尤擅駢儷。曩參議席，讜論匡時，敷教上庠，夙滋化育。宏道之餘，著作殷富，文質並重，而迴文織詩，益擅勝場。六十年來，已轉印駢文衡論逾五十萬言，《鴻軒文存美意延年》六集，並於自藏聯帖中選出一千二百聯，加注作者傳略，成《近代名賢墨蹟》六集，方便學人，垂裕及昆，曾獲嘉新文化獎，時論美之。

先生以書畫辭翰，富蘊天機，涵融物理，於是歷江海之墨翰，採文苑之珠璣，來臺之後，遍訪名家墨肆，收羅珍異，淡一生之積蓄，付七棟之華閣，至今書畫零縑及名賢墨蹟，計藏五千餘件，聯帖已逾二千餘件。昔名所居為「千聯齋」，嗣因山左倪摶九氏建議，用皕宋樓故實，希先生易其居為「仟聯齋」，先生笑而從之。所撰文為時賢共賞。吳興陳立夫先生謂：「觀其文，深感其忠厚宅心，正己無求，而忠藎之節，溢於其表。誠如船山所謂養天下之和平，存千秋之大義，立誠修辭，感之者雖在俄頃，固可以昭告萬世而無慚。」以先生之宏辭，多歌誦革命先賢、大節大典之文翰及勵世匡時之作也。平江李元簇先生更序其書曰：「先生治駢儷之學垂五十年，魯殿靈光，巍然獨存，桃李門墻，已樹百年材木；松筠軒冕，尤著一代清輝。」復贈以聯云：「鴻辭藻翰千聯集，軒冕松筠一齋融。」亦紀實也。

先生之典藏日廣，有時分贈海內外及故鄉各圖書、博物館，更以與臨安高逸鴻先生合作之《蘇東坡前後赤壁賦句集聯》，印行分送親友，受者珍若拱璧。而堂前學子千百，亦皆莘莘有成，子女亦承家學，蔚為梁棟，先生作育之願足矣。

在臺數十年，先生之藏珍，雖曾多次展出，然均為藏品之較少部份。藝文界每歎如管中窺豹，未能見其崖略。本館有幸，得先生提供其所藏之最佳精品，清乾、嘉間翁、劉、成、鐵四大家，暨光緒甲辰殿試末科鼎甲傳臚劉春霖、朱汝珍、商衍鎏、張啟後四家合屏等，一併假本館中山國家畫廊展出，並編印專集以誌其盛。集兩世紀中國書法珍品，展百餘家墨翰精華，播玉潤、振金聲，俾藝文界共賞前賢墨彩。敬祈藝文先進光臨指教。

國立國父紀念館中山講堂題記

竊惟「泰誓」逸文，夙有「民意天從」之章；「禮運」大同，續傳「天下為公」之義。盧梭著論，人權天授之說乃行；中山革命，三民主義之道以廣。我中華民國民主政治之宏規，固有其學術思想之淵源；然能突破橫流終獲成功者，實乃　國父困學力行所創之曠世勳華者也。本館自中華民國六十一年開館迄今，已歷二十有八載，其功能不僅止於紀念及闡揚　國父孫中山先生之思想及史蹟，更兼具開展文化藝術教育，提供民眾旅遊休閒及舉辦文教活動。近年以來，社會結構急遽轉變，個人自由日趨開放；每憶　國父畢生以自由、民主、博愛之精神，為開創自由、民主、均富之新中國而奮鬥，其建立民國之豐功偉業，震古鑠今，永垂不朽。本館為弘揚其事蹟及學說，並配合國民終身教育，自民國八十九年元月起，增闢演講廳一所，命名為「中山講堂」，作為推行孫學研究及各類教育學術之場地。中山講堂位於本館主體建築之西北，就原有部分建築重新規劃修繕，交通方便，氣勢開闊，面積約二百五十平方公尺，內置階梯式座位一百席，擁有最先進之音響、燈光、空調及投影設備。俾以多元化、生活化及現代化方式，提供各機關、學校及民間學術團體，與本館共同舉辦美化人生及促進學習成長效果之研習活動。先儒有言：「學而不思則罔，思而不學則殆」。故白鹿洞談經，已綻學術論戰之奇葩；黃花岡取義，復鑄革命力行之型典；而當前新科學、新思潮百花爭放，大世界、大宇宙萬象紛呈；孫學精蘊，已成革命建國不世之奇勳；中山思想，更為激濁揚清永存之巨浪。願我海內外學者專家，青年學子及各界人士對中山講堂共圖利之。

中華民國八十九年五月穀旦

儒家哲學中文質彬彬之美

——代徐亨先生撰輔仁大學贈授榮譽文學博士學位演講

單樞機、狄總主教、輔仁大學李校長、文學院陳院長、監察院錢院長、考試院許院長、各位貴賓、各位教授、各位同學、各位女士、各位先生：

今天，是本人感到極為光榮的日子，因為自幼即受洗成為基督教徒，一九三〇年代我在黃埔海軍學校和國立暨南大學畢業以後，更立志以奉行基督的道，服務人群為畢生職志。一九四〇年代在篤信耶穌基督為我主之全心奉獻之中，抵禦外侮，屏障海疆的艱難時節，能不計生死。一九八〇年代獲選立法委員為國家建言；擔任《香港時報》和《臺灣日報》董事長，致力促進社會之革新，又在國際奧林匹克委員會，為爭取我國國際體育活動權利。一九九〇年代更為中華民國紅十字總會救人救世的事業而奮鬥。以中華文化為背景之本人，可謂庸言庸行，並無卓越成就。卻承蒙輔仁大學文學院陳院長福濱先生熱誠推薦，又蒙學校參議會議諸先生錯愛支持，現更蒙李校長寧遠親臨主持，隆重贈授本人榮譽文學博士學位，並承各位長官、前輩、教授、同學及好友於百忙中惠臨觀禮，更增加無上的光寵。對一個九十歲的退役老兵來說，深感這愛心與關懷，視此為對本人的啟迪和鼓勵。本人在此敬致誠摯的感謝。

本人深知輔仁大學建校至今七十餘年來，一直是國內最孚聲譽的大學之一。遠自民國十四年，天主教羅馬教廷諭令美國本篤會指派賓州聖文森院長來華創校伊始，正值我國文化革新轉捩的關鍵時期。輔仁大學於此時在北平開辦，可以說是應運而生，真乃開國際宗教團體來華興學之先河。貴校以「輔仁」命名，正是基於中國儒家哲學「以文會友，以友輔仁」之涵義，為本人素所嚮往。

藉著這次榮譽文學博士贈授的時機，重溫我中華儒家文化之大之美。深感昔日孔子之教誨「博之以文、約之以禮」，正是我多年來待人接物的理念。儒家「誠、仁、中、行」的行為科學，更是我生平為國家、為上主、為社會服務的規範。而使我終生嚮往的思想，就是儒家之「文質並重」至大至美的風範。

孔子認為君子必須「寬裕溫柔以有容，發強剛毅以有執，齋莊中正以有敬，文理密察以有別」。又說：君子之道，必須「淡而不厭，簡而文，溫而有禮」。這些理論，都指點出要成為一個完美的君子，文與質必須並重。

孔子主張君子必須文質並重的道理，在《論語・雍也第六》章有明確的提示：「子曰：『質勝文則野，文勝質則史，文質彬彬，然後君子。』」

離世不久的陳立夫先生在他的《四書道貫》和《四書中的常理及故事》各書中，解釋此段文字說：「當你在行禮和言語的時候，如果質多於文，便顯得粗野；如果文多於質，便顯得虛偽；必須文質各半，然後才能顯出你的君子風度。」

細細思考，孔子所指示的「文質彬彬，然後君子」這種兼收並蓄、相輔相成的文采和風儀，是何等正大，而恆為社會大眾親近和崇敬！如此君子，不但具有「溫、良、恭、儉、讓」的美德，並且有「智、信、仁、勇、嚴」的氣質，這種偉大而美好的丰采，正說明了孔子一生崇文、守禮、幽默和勇於任事的風範，真是至大至美！

本人服務國家社會數彈指間，思想行為，始終不敢忘掉儒家此至大至美的啟示；與輔仁大學追求「真、善、美、聖」的教育宗旨，也深為契合。如今自我檢討，以為是愚者之一得，差堪自慰。我想在座的各位教授、女士、先生，關於儒家心法，必然也身體力行，本人要與諸位共同勉勵。

今天接受貴校贈授榮譽文學博士學位，更使我深感當前大家正共同擔負著一項時代責任。那就是在當前臺灣社會世風日下，文化品質未能與生活水準同步提升。反而在媒體上隨時可見到政治腐化、社會失序的事件；而且道德淪喪，暴戾相殘，文與質都迅速迷失，種種怪異現象，不僅令人慨嘆，更成為臺灣社會的隱憂。因此本人以為，當前我們應該攜手並肩、洗刷污染、淘汰頑劣，導正我們的民風，美化我們的國家，使文質彬彬之美好境界，重現於二十一世紀的中華社會。

本人雖已年逾九旬，但對於國家社會效力，為人類社會服務的熱忱，仍未敢稍減。期在有生之年，繼續追隨諸先進，盡一己之微勞。還望在座諸君不吝賜教，時加鞭策，以匡不逮。最後，敬祝各位平安喜樂，期天父憐憫賜福！謝謝。

陳立夫先生夫人孫祿卿女士傳

總統府資政陳立夫先生之夫人孫祿卿女士，於中華民國八十一年九月廿九日晨七時，以九十晉三之高齡不幸棄養，慈雲頓杳，風木含悲，時論惜之。

夫人系出浙江吳興望族，父蓉江公，具經濟才，壯歲從事金融業，經營邑之資生典，懋遷有無，蔚為一方物望。母氏吳太夫人，懿德垂庥，佐蓉江公主中饋，敦親睦族，博施濟眾，鄉里稱賢。育子松壽、女祿聰及夫人。松壽、祿聰均早逝，惟夫人獨存。及長，聰穎過人，父母鍾愛特甚，延師課讀，不以嬌養失繩墨，故夫人夙具義方，凜然有承先啟後之節，為族人及雙親所重。年十四，吳太夫人因病仙逝，夫人煢煢一身，勤家事，奉嚴親，弗稍怠。蓉江公憐之，乃續娶翁太夫人，主持家務。翁太夫人慈祥愷悌，視夫人如己出，嗣生祿增、祿賢、祿梁三女，姐妹手足情深，和睦共處，一堂雍熙，蓉江公乃無後顧憂，孫氏世德，遂光大於邑內，為梓里增輝焉。

民國三年夫人年十五，就讀於吳興女子師範學校，是時立夫先生亦在上海南洋路礦學校中學部就讀。蓉江公與勤士公本為通家，互聞子女才而慧，爰有蔦絲女蘿之議，略事款接，夫人及立夫先生遂承雙方父母命，於同年五月文定，時夫人與先生尚無一面之識也。

立夫先生為勤士公之第三子，革命者宿英士公之令姪，果夫先生之介弟也。早歲英發，服膺　國父三民主義，矢志獻身革命，思以工礦建設報效國家。於上海南洋路礦學校就讀時，以英士公之介，獲識先總統蔣公，知其志學篤行，獎譽有加，先生益堅工礦建設之志。南洋路礦卒業後，排除經濟之困難，考入天津國立北洋大學，專攻採礦學，半工半讀，期滿學成，獲頒採礦學學士學位，嗣經籌思，決定赴美深造。時夫人已畢業於吳興女子師範學校，任教邑之小學。先生於出國前，遄返故里，與夫人作首次面晤，其後魚雁往返，情感與瞭解與時俱增。夫人亦因先生之感召，考入上海美術專科學校，校長劉海粟先生以夫人才慧過人，特予獎掖，夫人亦於藝事力求精進，學術二科，莫不心領神會，不數年，乃奠定其中西畫藝之基礎，益為親友所稱許。

民國十四年，立夫先生學成歸國。其時國內政治情勢紛擾不已，國民革命陣營則因容共政策易其轍，馴致北伐大業障礙叢生，進展維艱。先是， 蔣公奉 國父命，創建軍官學校於黃埔，力謀澄清廣東內部，然後揮軍北上，而校務叢脞，幕府乏人，聞先生返國，數電召赴黃埔，委以軍校校長辦公廳機要秘書。民國十五年，夫人畢業於上海美專，翌年，北伐軍佔領漢口，立夫先生時任國民革命軍總司令部機要科科長，秘書處處長李仲公奉派赴黔，兼代處長職務。時武昌未下，因患痢疾，赴漢就醫，遂奉准給假回家，與夫人結婚於上海英租界。婚後十日，遄返前線工作，夫人則以一身獨負家計之重，而於學問藝事自修不輟，內外同心，各司其事，革命伉儷志業之從同也如是。

北伐成功，國家統一，立夫先生迴翔黨政要津，先後出任中國國民黨中央執行委員會秘書長、中央政治會議秘書長、中央組織部部長、國民政府委員、全國經濟委員會委員、全國土地調查委員會主任委員、中央執行委員會常務委員。責重事繁，無暇兼顧家事；夫人則獨力摒擋，仰事俯畜之任，井臼操作之勞，莫不躬與其役，以安先生之心。尤以內憂外患之來，兵連禍結之困，流離轉徙之苦，生聚教訓之勞，常人之所難者必克之，戰時之所急者必濟之。嗣於中共倡亂、日軍侵略期間，尤能盡其心智，竭其勒力，克服萬難，西遷重慶鄉居，力維全家老幼之生活及安定而弗餒。立夫先生所以能於剿共、靖難、抗戰、戡亂各時期，展其抱負，成其事者，夫人內助之力多焉。

當抗戰爆發之初期也，先生出長軍事委員會第六部，兼任戰時黨務與教育之責，政務繁重。二十七年出任教育部長，嗣復兼任中央社會部部長，對於戰時流亡學生之扶植及社會救死撫傷諸要務，計畫執行，無間晝夜；尤其對於教育制度方面之興革，出力尤多，由於抗戰建國，同時並重，嗣後經濟起飛教育普及，人才不缺，有先見焉。夫人則慰勵策勉，不遺餘力。凡所措施，悉守互助互信、相輔相成之規範，齊家治國之道，乃於夫人見之。

勝利還都，制憲行憲伊始，立夫先生先後膺選制憲國民大會代表、第一居立法院立法委員，並被推舉出任立法院副院長，議壇諤諤，為時所重。大陸鼎沸，先生復承孫哲生先生力邀，於國事蜩螗之際，出任行政院副院長。旋政府播遷臺灣，先生建議並協助　蔣公草擬本黨改造方案，乃能將所任一切公職，分別移交，於赴瑞士參加世界道德重整會議後，赴美定居，以經營農場作退思補過之計。猶憶先生答立法院院長張道藩先生及全體委員慰問農場回祿函中曾有：「弟雖非無家可歸，但已有國難投」之語，當年旅泊況味之淒其，可以窺其崖略，而《四書道貫》一書於焉編成。夫人則含辛茹苦，無怨無尤，雖處境維艱，然淡泊寧靜，雅度休休，雖七尺鬚眉無以過之。立夫先生終能奉　蔣公之召全節歸漢，重行致力於學術文化之研究，著書立說，成一家言；尤以八秩覽揆之辰，榮獲中國國民黨最高中山文化獎章，並獲行政院頒授第一居國家文化獎，碩學流徽，望重山斗，亦夫人匡襄之力成之。夫人在美時，雖負家累之重，而繪事不輟，藝力日進，曾參加紐約國際美術家展覽會，榮獲水彩畫第一獎，中外人士莫不讚譽。

夫人體素健，兼以法繪通玄，乃能延年益壽。居常與立夫先生於晨間作自力全身按摩，數十年從未間斷。憑「養身在動，養心在靜」之信念，而收健身之效；故雖壽近期頤而容光煥發，形神朗潤。唯以多年勞瘁，晚歲心肌稍弱，八十雙壽時，猶揮毫染翰，與先生合展書畫精品於臺北，人多服其毅力之堅為常人所難及。詎料民國八十一年九月二十八日，大成至聖先師孔子誕辰紀念大會典禮中，立夫先生發表重要演說後，是夜二時半，夫人忽然病發，竟以心臟衰竭，回天乏術，凌晨七時逝世於臺北榮民總醫院。一代女宗，千秋懿範，乃並藝苑耆宿倏焉俱逝，傷哉！

夫人生於清光緒庚子五月十五日，享壽九十又三歲，與先生齊眉同庚，鴻案相莊者六十五年。先生嘗推崇夫人，為下四字極平凡之考語曰「賢妻良母」；謂可以中國傳統文化概其生平行誼：事親盡孝，教子有方，待人誠信，馭下寬厚，自奉儉約，相夫和順。故舊門生莫不熟知夫人之景行而敬佩無已。尤以賢伉儷自結褵以來，輒以「愛其所同，敬其所異」八字互相勉勵，故從未有齟齬情事；而先生於家事則完全信託夫人，真正達到相敬相愛之至高境界，古道高風，可以垂之萬世而不朽。

夫人育子三：長澤安，國立臺灣大學畢業後，獲美國新罕姆息大學植物病理學博士，任新澤西州立大學教授已歷多年，出嗣長兄果夫先生。媳張智真，美國西頓荷大學教育碩士。仲澤寧，國立臺灣大學畢業後赴美，獲麻省理工學院機械工程學博士，現任波士頓熱力電子公司研究工作。媳陳掬英，加拿大奧托爾大學數學碩士。季澤寵，美國普渡大學航空工程學士、工業美術碩士、又工商管理碩士，現任臺灣寵勤公司董事長。媳林穎曾，西班牙馬德里大學文學碩士，現任職外交部禮賓司並曾在駐西班牙使館工作多年。孫男女九人皆有成。女一：澤容，美國喬瑾考特美術學院學士，現任職盤頓勞其圖書館，適俞潤身，美國潘尼塞爾斐亞大學化學博士，現任美國博登公司研究所主任。先生三子，各於本業均有創作及發明，並獲專利，為國際人士所重。尤以長孫紹虞在美國加州大學研究並任教病理學，年僅三十餘，已著論文若干篇，在英、美各國最高級科學雜誌中發表，對癌症之治療及愛滋病之防治，極具心得，於尖端病理學必將有所貢獻，先生及夫人對此傑出文孫，特具信心及熱望。外孫子女三人亦均學業有成。盈庭蘭桂，昭代馨香，是所謂明德之後，必有達人，夫人之淑世懿範，已邀天錫純祜；而仁德義行，亦將澤流後昆。夫人泉壤有知，蓋可以無憾矣！

績溪胡鍾吾先生七秩榮壽徵文啟

蓋聞文化流徽，振衰起敝，仁人成德，草偃風行。是以君子有善萬世之心，期國家臻於郅治者，行必自身始，言必為清議，典型固著於夙昔矣；而察之當世，則績溪胡氏，尤有進焉。

胡鍾吾先生，皖之振奇人也。先世出李唐冑裔，五代初，始祖昌翼公，以太子避朱梁難，主婺源胡相國白沙公家，潛心治理學，宋太祖重其高潔，賜姓胡，封明經公，數傳皆鴻儒，世有理學七賢之稱，實開新安學派之先河。九世祖起巖公，始遷績溪之石康；二十九傳至仁興公，再遷同邑之荊州，世家繁衍，科甲鼎盛，遂為江南望族。

先生為昌翼公四十代孫，父商巖公，諱學湯，好學深思，博窺經史，體先人樂善好施之志，終其身以濟世開物為務；慕南通張李直經世業，殫力於鄉里建設，三十年間百廢俱舉。尤嗜右軍法書，蒐羅善本極富，晚歲效唐沙門懷仁集王書，為〈禮運大同篇〉、《孝經》、及魏徵〈諫太宗十思疏〉，均未竟而逝，遺命先生續成之，並繼其積善康民之志焉。

先生幼承庭訓，風骨棱稜，慷慨有奇節。弱冠卒業省立第二師範，入上海大學讀，獲校長三原于先生之激賞，遂獻身革命，參與北伐行列。時中共黨徒，糾接外奸，陰謀破壞，暴亂四起。先生於民國十六年三月，與毛澤東爭辯於武昌雄楚樓，責其師法蘇俄，實施赤色恐怖，毛為之氣懾而不敢攖其鋒，時論壯之，先生乃嶄然露其頭角。

統一後，先生重返滬瀆，轉入上海群治大學，先後受業譚組菴、胡子承、廖仲愷諸先生，於實業計劃、戰時教育、戰時財政及國防史地無不窺，而民生主義經濟學造詣尤深。十七年卒業，每試輒列前茅，在校時曾任上海大學學生聯合會代表，領導青年工作，匡正學生運動，不遺餘力，組菴公深愛重之。

績溪之荊州鄉，西連黃嶽，東鄰昌化，有荊陽、滄浪二水，及大竺、小九華、將軍、筆架諸山之勝，為皖浙邊界縣區。清兵入關，休寧金正希先生守績溪，戰敗被執殉國，其部屬及義民退據荊州，奉大明正朔抗清，歷順、康、雍、乾四帝凡百餘年而不屈。閩浙總督譚文卿公（鍾麟）曾召先生大父良祥公於杭邸，詢正希先生史事甚詳，時組菴公侍側，深誌之。鼎革後，績、昌兩縣，互爭荊州界域益烈，纏訟經年，案懸未決。民國十八年，先生供職皖省建設廳，荊州父老不堪飛地插花，兩縣共管之苦，公推先生代表民意，分向中央府院暨浙皖兩省請願，新將荊州全鄉劃歸績溪管轄，先生毅然任之，自籌旅費，隨同中央及兩省有司，往返勘界；並赴都門，謁行政院長組菴公，得聆備述良祥、文卿二公應對往事，組菴公韙之，為頒省市縣勘界條例，組菴公逝世後，先生親謁主席兼行政院長　蔣公，慷慨陳辭，民國二十年五月，國民政府乃明令裁定荊州復歸皖轄。自明季以來，收百年之邊界糾紛，至是始告解決，皖主席陳調元頒以五河縣長任之，先生固辭不受，功成不居，而聲華益懋。

九一八事變後，先生應友人任勵吾之請，赴滬合辦文化事業，並以三萬二千銀元入股接收商務印書館西門分銷處，全部印刷廠機件正擬投入出版界，值日寇於一二八侵滬，敵機濫施轟炸而遭損失，先生後返籍於同年三月與寧波旅日僑商朱雷塘先生女公子佩玉女士結婚，旋任皖報副刊主編，二十二年任皖省府水利督導委員，督修東流、銅陵等縣江堤，工竣績優，兼銅陵縣建設科長。劉鎮華主席、民政廳長馬凌甫、建設廳長劉貽燕諸氏咸器重之。旋辭兼職，於二十三年秋，督導亳縣、太和、渦陽、阜陽四縣水利，並兼亳縣建教示範區主任暨該縣建教科長。先生承高巖公示，利用農閒及皖北充沛人力，治河、築堤、造林、修路，提倡生產教育，勤課農桑，以期實惠民生，四縣民眾，至今德之。

其時日寇侵我益亟，中共復逞其陰謀，交相呼應，馴至內憂外患，紛至沓來。二十六年，先生奉省府令，任歸德信陽國道暨蘇皖公路亳縣段工程師，施工期間，以妥護民墓，珍惜民力物力為務。旋復奉令考察豫陝冀晉四省水利工程。七七事變後，調任督造亳縣蔣莊羌機務場總工程師，以二十九天竟其功。先生於皖北主持國防經濟建設者凡三年，徵集四縣民力，都達一億八千餘工，沐雨櫛風，勞瘁弗辭，迭奉中央省府記功嘉獎並頒授獎章，而先生益自抑遜焉。

先生之宰邑政也，自民國二十七年五月出長宣城始。當時烽火遍江南，先生奉命於視察郎溪、廣德前線戰地政務後，出守宣城；時邑城已陷，先生蒞任未三月，編組地方紅槍會為抗日決死隊達十二萬之眾，協同國軍，屢挫頑寇，九月，克復縣城，為首都淪陷後，第三戰區初傳捷報，國民政府林主席以先生捍患殺敵，卓著勳勞，明令嘉獎。翌年元旦，宣布宣城田賦改徵實物，以抒民困，為全國首倡。十月，調署涇縣，時新四軍葉挺、項英、袁國平諸匪，據縣屬之要嶺，秘密訓練幹部，破壞抗戰國軍，先生與之週旋，無間晝夜，遂至積勞咯血，然猶力疾與國軍協力，於大青山、袁家店、琴溪諸戰役，擊潰日軍，入死出生，積功尤偉；書生治兵之勇之決，乃又於先生見之。

民國二十九年冬，先生以祖母唐太夫人之逝辭官奔喪。值績溪創設縣立中學，縣府及地方人士，以經費困難待籌，堅挽先生出任艱鉅，先生以祖妣制未滿力辭，經商巖公以桑梓義務為重責之始就。爰與父老合力，募集基金，並承嚴命捐祖妣喪所收奠儀，於是學校規模大備，旋復於荊州設立分部，商巖公更售廣德田產助之，父子義方，傳為地方興學佳話。

先生於三十年春，應蘇、皖、浙三省政府聘，兼三省府高級參議，於江南綏靖會議中，建議獨多，益孚各方眾望。勝利後，膺選績溪縣參議會議長；直言讜論，凡嘉惠鄉里者，莫不罄其所懷焉。三十六年，先生出席安徽省政檢討會議，承六十四縣市議長推舉為總發言人，評隙省政，力主革新，主席李品仙先生，接納諍言，一週內撤換縣市長二十八人，開民國政治史空前創舉。

行憲後，先生膺選國民大會代表。三十七年春，第一居國民大會集會於南京，先生於預備會議中，提案複決立法院制定之國民大會組織法第五條主席團主席名額二十五人之規定，並建議創制增加主席團主席名額為八十五人之立法原則，經大會表決通過，並請國民政府交立法院，於二十四小時內，修正國民大會組織法第五條，增加主席團主席名額為八十五人。三十九年五月五日，先生以副總統李宗仁違憲誤國，有負國人重託，領銜簽署代表七百零五人，依法聲請罷免。然因當時反共軍事情勢緊張，臨時會之召集，又恐未足法定人數，延至四十三年，始於國民大會第二次會議中，就監察院所提彈劾案，予以罷免；先生提案，經大會主席團慎重研議，以與監察院彈劾案目的相同，實屬重要文件，決定正式列入大會紀錄。先生生平以此二事自許；並感謝　國父在天之靈，與總統　蔣公實施憲政之弘毅，使第一居國民大會於第一、二兩次會議中，即已締造四權行使之偉績，彌足珍貴，先生深盼國人熟察之。

先生居臺卅餘載，以國民大會代表兼憲政研討委員會及光復大陸設計研究委員會委員，於各項重要會議中，每竭忠忱，發為讜論，更復致力於內政各項基本國策之獻替，支持琉球獨立運動，反對聯合國違憲排我之非法決議，阻止美匪關係正常化之進行，痛斥日匪建交。認為內政為外交盾牌，人才、時間、勞力為復興之資本；主張用人唯才，早謀技術自立，經濟自立；徹底實施平均地權，節制資本，加強文化復興，研究留學計畫，樹立新觀念，建立新政風，調整革命外交陣容，動員全民反共鬥志，迎接總體決戰，凡所藎籌，無不大聲疾呼，誠足以振聵發聾，聞之者鼓舞振奮，海內外莫不知先生之勁節焉。

先生夙承家學，雅擅右軍書，小楷尤精絕。自承商巖公遺命，以集王書為畢生志；除補成商巖公〈禮運〉、《孝經》、〈十思疏〉未竟各篇外，又成〈東西二銘〉、〈正氣歌〉、〈洛神賦〉等五十餘種。尤以民國〈丁酉集補續溪澄心堂洛神賦殘本〉，使成完璧；與乾隆丁酉，張氏在鍾吾獲此拓時，歷時三甲子，適為一百八十年，上溯晉永和十年，右軍書子建原文，相距一千六百零四年，先生嘆為奇緣。而〈東西二銘〉之作，十方遍視，章法緊嚴不亂，為古來集王書者所難能，而先生能之，誠千古藝林珍品也。

先生父子兩代集右軍書，海內外馳名，曾蒙先總統　蔣公親賞，評為中華文獻之光，獎勵備至。雙谿、三原二公及衡山趙夷午先生等諸法家均有詩跋美之。先生乃出資，合集影印行世。並於民國四十八年起，先後在臺北、曼谷、馬尼拉、大阪等處，舉行績溪胡氏父子集右軍書展覽會，深獲國際漢學家佳評。　國父恩師次子英國海軍上將小康德黎、日本前首相岸信介、琉球書道權威謝花雲石諸氏訪華，均訪先生合影留念。二十年來，先生以所作，精裱分贈八十餘國及海內外各界人士，多達三萬餘件，印贈未裱者，不下九萬餘件。五十三年，日本首相吉田茂來謁先總統　蔣公於臺北，先生以集王〈孝經跋〉而贈之，以倫理王道精神，勗其拔本塞源，以拒共產邪說，拯其邦免於來日大難；先生之心深矣。

今歲農曆十二月某日，為先生七秩壽。先生以國事蜩螗，堅謝稱觴。竊維先生議壇碩彥，藝苑宗師；白首傳經，上承濂洛之統緒；紅羊弭劫，尤賴徽績之駝牛。況有令子國光，克嗣家聲。土木揚輝，殊榮播乎異國；中英對譯，新器助我宗邦。不有鴻文藻句，何以耀三世之清芬？維無弧采霞觴，亦足增長庚之雅興。謹述先生行誼，籍為濡筆之助。爰奉壽箋，代求翰墨，集書畫以成帙，作岡陵之獻頌。是為啟。

開國人豪百祀新——何應欽上將陳英士先生百年誕辰獻詞

自 國父孫中山先生領導同志，建黨革命，與清廷及北洋軍閥相週旋，終於推翻帝制，建立民國；其間四十餘年的奮鬥歷程中，多少民族奇葩、忠貞烈士，為黨為國，犧牲奮鬥，雖拋頭顱、灑熱血而不稍頓挫者，史不絕書；但是，如陳英士先生者，以一介書生，手無寸鐵，竟能登高一呼，群界響應，雄據春申，與辛亥革命志士，遙相呼應，一舉而光復淞滬；更在二次革命中，不顧艱危，提一旅之師，而與袁世凱大軍相頡頏，幾瀕於危而志不可奪，終至為巨憝所忌，為黨國而犧牲。英士先生以四十歲英年，成功了轟轟烈烈的不朽功業，在中華民國革命史上，當為最傑出的開國豪俠，諒為國人所共同尊仰。應欽當年投效革命，蒙先生賞識，一度追隨左右，今當先生百年誕辰紀念，緬懷先生的勳業風範，恍如昨日，燈下草此短文，藉以表達對此一偉大的革命鬥士誠摯的敬意。

一位有決心的革命實行家

英士先生，浙江吳興人，早歲意氣風發，具有剛毅不屈的性格，和超越常人的觀念和境界。他是一位極有決心的人，凡事只認其當行與不當行，如認為當行者，一經決心實施，則絕不中途退縮與變更。這是我追隨先生時期中，所獲得最深刻的印象。

總統 蔣公，在其手著的「陳英士先生癸丑後之革命計劃及事略」一文中，曾引英士先生於二次革命後由日本返回上海，再圖大舉討袁的一段話稱：「時勢所造之英雄，非真英雄也；吾甚愧癸丑以來，凡國內有聲望者，嘗具假面目以投機於革命事業，不復能犧牲其性命，以致國弱黨隳，至於此極。吾已決心，吾願犧牲一己，以博吾黨代價，以挽革命之頹勢；吾願掃除中國惡魔，吾願建造中國之平等。」應欽每讀此文，深感蔣公與英士，誠所謂金石之交，肝膽相照，所以能洞徹其肺腑；足以證明應欽之所以瞭解先生者為不虛。

英士先生有決心，而且能將決心見諸於實際有力的行動。可於下列二事見之：

當年辛亥革命軍興，清兵大舉反攻武漢三鎮，漢口復陷敵手的關鍵時刻，先生聞悉革命軍失利的戰報，立即在上海起事，首先運動上海駐軍，然後於九月十三日（國曆十一月三日），揮兵進攻製造局。不料該局督辦張楚寶猛烈抵抗，革命軍死傷五十餘人而不能克，先生乃命停止進攻，隻身徒手前往製造局，向駐軍曉以大義，勸告他們反正。到了製造局，竟被張楚寶扣留，用鐵索將他綁在辦公廳長凳上，用冷水灌之；進攻的同志，認為他已經遇害，於是激勵悲憤，攻擊愈烈，第二天，終將製造局攻破，相繼佔領郵政總局和上海電報局，於是，上海光復；江蘇各地及南京，繼之一一光復，東南局勢大定，為武漢戰事增加了極大的聲勢，辛亥革命終能成功者，上海光復呼應之力至大；而上海之能光復者，又賴英士先生不畏難、不怕死的決心而成之。此其一。

民國四年，英士先生由日返滬主持討袁軍事，苦無餉項。適逢袁世凱匯款七十萬元，存交通銀行，遣人勸說先生出洋遊歷。先生便想將此款提出，作為黨的行動經費，來人云：「此款只可作先生出洋之用，如果你不要或者移作別用，便將此款對付你。」先生一聞此言，聲色俱厲的遣之去；然後密與同志吳君商議，擬利用袁之爪牙上海鎮守使鄭汝成奉命出大賞以謀生擒先生的計劃，派吳密報，領取賞金後供作黨的經費。既不畏死，更不懼縲絏毒害之險。吳君深以為險，先生告之曰：「我此次歸來，早抱定犧牲決心，不願再作亡命。若因此而死，正合素志。」但吳君竟不敢如命，先生為之拂然不悅者數日。後來，果然因籌餉之事，而為袁氏刺客喬裝商人，偽請先生介紹向日人以礦地抵押貸款，將貸款十分之四撥充革命經費，於簽約時乘機將先生刺殺。先生的決心，終至犧牲了他的生命。此其二。

春申開府掀起革命怒潮

英士先生之於革命事業的努力，誠所謂智勇雙全，有進無退。應欽於民國紀元前一年，在日本振武學校就讀時，聞知辛亥起義消息，即刻由日返國，為革命效力。因黃膺白先生之介，得在滬軍都督府先生麾下，任職訓練科為一等科員，每見先生英姿奮發，決大計，定大策，從容不迫，毅然為之而不計成敗，獲得教益與經驗不少。常聞先生云：「機會必須由創造而來，決不是由等待而來；我們若不創造機會，則永無成功之日。」又說：「事業失敗，不足畏，改過再圖，成功不過時間問題耳！」這幾句至理名言，到今日猶不能忘。

當先生在上海再度密謀倒袁時，上海鎮守使鄭汝成為袁氏悍將，擁兵淞滬，為革命一大障礙，先生必欲除之去。乃與總統　蔣公、吳忠信、邵元沖諸先生密謀刺鄭。幾經周折，才選拔了王明山、王曉峰二同志，趁鄭汝成乘車赴日本領事館，往賀日本天皇登基典禮時，埋伏外白渡橋下，俟鄭的汽車經過時，兩同志同時以炸彈襲擊，將鄭汝成置之死地，然後從容就縛而就義。這件震驚袁氏的一大事件，所以能如此順利完成，而又能表現革命志士精神重行振奮者，皆由於先生計劃周密以及其人格的感召。

鄭汝成死後的肇和軍艦起義一役，雖然失敗，但仍為先生一件驚天動地的壯舉。這項行動與部署，極端完備而周詳，舉凡襲擊佔領肇和，劫奪應瑞、通濟兩艦，城門舉火，分別攻擊製造局、警察總局、電話局、電燈廠、和工程總局，以及閘北一帶軍警的響應，都有詳密的安排，表現了英士先生的大將之才。不幸，由於孫祥夫先生所率的小汽船，因無執照，為租界巡捕干涉，未能及時佔領應瑞、通濟兩艦，以致功虧一簣。

其後又經屢次失敗，終因經費短絀，為袁氏爪牙所紿而被害。一代人豪，竟而為國捐軀，繼宋教仁先生而為革命獻身，雖垂英名於千秋萬世，但後死者追懷往蹟，不禁悽愴感慨係之！

正氣淩雲大憝為之氣懾

英士先生係於民國紀元前七年在東京加入同盟會，當時他對 國父革命主義及精神極為崇拜，但在二次革命時，卻時與 國父主張有所異議。英士先生與張靜江先生為小同鄉，但英士先生獲識靜江先生，卻為于右任先生所引見。接談之下，靜江先生曾向于先生坦率的批評英士先生浮躁而氣盛，並不以人才相期許。及至英士先生在革命逆流中，愈挫愈奮的勇往直前精神，靜江先生才深為瞭解，再見于先生時，謂英士確為革命真才，而欽佩不置。

當英士先生於上海光復之初，被推為滬軍都督後，臨時政府成立，先生以革命功成，三度向臨時大總統孫先生請辭。國父均未允所請。及至 國父讓位袁世凱，袁氏唆使北京兵變，違背協議而不南下就職；英士先生憤激特甚，於是已下倒袁的決心。袁氏亦因先生在上海，隱然為東南革命重心，視先生為眼中釘，千方百計，製造流言，逼先生辭去滬軍都督職務，先生也已洞察袁氏野心，乃一反其常態，堅決不辭。先生曾為此作書致袁，其中有云：「都督去留，應觀事實：事實當去，挽我不留；事實當留，推之不去。始之擔任，及後之告辭，全屬事實問題，或挽或推，均非我知。現在代表北上，警變又聞，趾企北方，尚多隔膜；且國都既未解決，項城尚未南來，全局統籌，勢未大定；不得不以其美之軀殼，再延滬都督之靈魂。非敢將順輿情，藉此見好。」袁氏為之氣懾。一直到了元年八月，先生始行辭去滬軍都督職務，應欽亦隨同辭去滬軍都督府職務，轉任江蘇陸軍第七師戢翼翹旅任連長，嗣升營長。不久，仍返日入士官學校繼續學業。因此，英士先生與袁世凱針鋒相對的鬥爭，為應欽所目睹，終身為先生的正義精神而感動。

風雲際會為國家開創光明前途

英士先生自二次革命迭遭挫折後，對於　國父主張，傾心折服，尤對三民主義的精神，奉行益力，在革命士氣極端消沈的時候，　國父依之如左右手。英士先生曾對同志們說：「我所以服從　中山先生的緣故，決不是盲從，是因為我現今已實在認清楚此刻中國有世界眼光，有建設計劃，有堅忍不拔的精神，除了　中山先生以外，再沒有第二人，所以我誠心的服從他。」英士先生又曾對我說：「　中山先生主張自由、平等、博愛的精神，除繼承中國傳統優良文化而外，更吸收了西方外來優良文化，實在是一位偉大的思想家和政治家。」於此可見英士先生不但是一位革命的實行家，而且是一位偉大的性情中人。他與　國父和　蔣公的協力奮鬥，誠所謂風雲際會，為中國的前途開創了光明的大道。

英士先生最善拔擢人才，他對於　蔣公期許之重與相知之深，生死患難與共，古今甚屬罕見。民國元年，同盟會改組為國民黨時，　蔣公為滬軍第五團團長，因恨光復軍司令陶成章，謀刺英士先生，破壞革命，蔣公怒殺之，　國父曾以臨時大總統身份電飭英士先生查報，並優卹陶之家屬，始寢其事。　蔣公遂辭滬軍第五團團長職而不惜。

英士先生同樣的也是義氣干雲，民前一年，「三二九」廣州之役，同志死難而獲得屍體者七十二人，尚有被困者，為清吏大舉搜索，英士先生乃由香港隻身赴廣州，設法一一營救脫險，為清吏偵悉，嚴行緝拿，同志等均以為先生已遇難，但他們仍能安然歸來，其義行與機智，實非常人所能及。

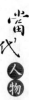

富有時代意義的百年誕辰紀念

以上所述英士先生事蹟，或為國史稿所載，或為個人所知，拉雜寫來，殊無頭緒；尤以肇和起義及其殉國經過，皆應大書特書者，但因史傳所述，益為詳盡，故不更加徵引。最後，略引蔣公祭英士先生文數語，以見英士先生之大，與兩位革命領袖志節之如一，可以留典型於來世。祭文中稱：

大難方殷，元兇未戮，繼死者之志，生者也；完死者之業，生者也。生者未死，而死者猶生，死者之志未終，而生者終之；死者之業未成，而生者成之。不終不成不已，而不死亦不已。

此種生死與共，為國家民族同盡其生命心力之情操，生者與死者實無分軒輊，同為可傳之事，與可傳之人。當前國家又值亂離之際，中興復國，更有賴前輩革命典型的指引，今日紀念英士先生百歲誕辰，適有其時代意義與價值，願我同志同胞共勉之！

華陽張岳軍先生九秩壽序

蓋聞「勞謙，君子有終，吉」，而大德必得其壽。夫輔世長民，君子之德也；有謀於國，君子之勞也；卑以自牧，君子之謙也。今之具三美，修天爵，臻上壽者，乃於華陽張岳軍先生見之。　先生天府世家，革命先驅，少習軍旅，遠赴東瀛與總統　蔣公雲龍契合，揆文奮武，而成不世之業，此《易》之所謂「君子豹變」者也，國人稱賢焉。　先生自鼎革後，服官五十載，其間或預戎機，或柔遠人，或主封疆，或長元衡，或佐樞府，凡所措施，莫不從容中道，擇善固執，而折衝樽俎，誠以成物，見危授命，義無反顧者，均於世變鼎沸之際，有大造於國家。是以聲名洋溢乎中國施及蠻貊，動而世為天下道，行而世為天下法，言而世為天下則，　先生有焉。方國民革命軍之誓師北伐也，　先生初參蔣公幕，說孫傳芳局外中立，奠中路軍鄂贛會戰之勝基；繼則於「五三慘案」後，往晤日相田中，完成繞道北伐之使命；及至開府春申，日軍搆釁，瀋陽事起，民氣沸騰，於是　先生乃益以對日外交為急務而身任之，雖膺疆寄，亦參密勿。於防止日軍侵略華北之陰謀，每有建白，輒多績效。用是承國民政府令，佐兼行政院院長　蔣公出長外交，忍辱負重，勞神焦思，與日使川樾八度會談，無不嚴守立場，審慎從事國家主權之維護，與夫戰爭準備時間之爭取，　先生之力多焉。抗戰軍興，先生由行政院副院長出長重慶行營，旋復以成都行轅主任兼理四川省政。以徒法不行，政以人舉，效武侯治蜀故事，以崇法務實、去偽存誠為旨；而用人惟公惟賢，絕不稍涉偏私，地方政風為之丕變。六年中，川省建設大進，輸財輸力，於抗戰建國之貢獻至偉。勝利後中共倡亂，戰火燎原，　先生承　蔣公命，奔走協調無寧日，而共酋譸張為幻，虛與委蛇，據地自雄，叛跡日彰。先生奉命出任三人會議政府代表，以謀國共衝突之停止，折衝再四，終以中共陽奉陰違、擴大叛亂而中止。先生從政數十年，除致力外交，尤對憲政之推行不遺餘力，國民參政會成立伊始，先生以眾望所歸，膺首任秘書長之選，擘劃周詳，廣洽眾議，使此一國民參政機構，乃克發揚光大，蔚為民主憲政之濫觴。比及制憲國民大會集會，先生復集中全力，盡紓嘉謨，弼成郅治；迨中華民國憲法公布後，於憲政實施準備期間，先生獲朝野人士及社會賢達一致擁戴，奉命出長行政院，於是三黨合作之政府乃告成立，先生居中領導，若水乳之交融，不期年憲政實施準備，於焉完成。先生於第一居國民大會第一次會議舉行後，功成身退，改任總統府資政，然其於憲政之實施，勳業昭垂，本會同仁，至今思之。民國三十八年，中原板蕩，先生時任西南軍政長官，開府陪都，擬以西南各省更作復國基地，詎料滇局未穩，元首勞思，先生臨危受命，隻身往說盧漢於昆明，乃為叛將所羈，終以人格感召，脫險歸來，其謀國之忠，任事之勇，雖古豪俠之士，無以加焉。先生自蒞臺員，尤殷國事，既輔大政於中樞，更膺外宣之重寄，且以亞洲之共同安全為念，用是僕僕風塵，時與日、韓各國朝野相接，雖至耄齡，其志不渝，是所謂素其位而行，不願乎其外者，國之人愛重欽慕之殷，良有以也。月之九日，為先生九秩覽揆之辰，同仁等固知章服華袞不足為先生壽也，乃以君子之勞、之謙、之德以美之。詩云：「嘉樂君子，憲憲令德，宜民宜人，受祿於天。」先生聞之，豈亦莞爾一粲乎。

中華民國六十七年五月九日第一居國民大會主席團主席谷正綱等共祝

祭內文（附英譯文）

維

中華民國八十九年七月二十二日，杖期夫倪摶九，謹具香花素果之儀，率子媳女婿及孫兒女等，致祭於先室倪周尚嫻女士之靈前，而告之以文曰：

嗚呼尚嫻，其竟捨余而去耶！竟捨汝佳兒孝媳愛女諸孫而一瞑不起耶！從此小樓幽居，笑語無聞，淒涼寂寞，將不知何以遣此餘年，傷哉！

回憶五十年前，神州板蕩，相偕流亡，賴卿之力，癒我肺疾於香江，全我性命於巴蜀，分袂重逢於瓊崖，助余迎母於西子。在臺均供職立法院，養全家老幼，賴六百元之廉俸；佐一日粗糲，僅數十顆之漬物。伉儷相依為命；哀樂瞬逾中年，而摶九因寫作過勞，竟攖神經衰弱重症，輾轉二載，葯石罔效，名醫束手，卿則公私兼顧，侍疾訪醫，既無財力，復乏人手，勞神焦思，飽受煎熬者二年，終賴義弟陳醫師萬選珍光助，起余沈疴，而卿已因之羸弱多病，談笑不如往昔矣。蒼蒼者天，是否吾妻早罹巴金森氏疾而不知，或已誤及早日診療也！痛哉！

吾妻河北省昌黎縣人，父周越堤公，母氏聶，遊宦於東北，遂家焉。尚嫻於中華民國六年農曆十月初六日生於黑龍江省慶城縣，受母氏教養，性恬淡，富愛心，處世接物，心存恭敬，自幼好學，惟因東北偽滿成立，隨親返鄉，而冀東自治之變起，又倉皇北上天津，卒業於天津聖功女中，三十七年，攜妹來南京，經姨父立法委員黃芸蘇公，介紹至立法院工作。芸蘇公者，廣東台山人，能詩歌，善榜書，為　國父至友，同盟會舊金山總支部支部長，《金山少年中國晨報》創辦人，開國前隨 國父奔走美國二十八州籌募革命經費。鼎革後，任大總統 孫公秘書，外放駐墨西哥公使，內調訓政時期立法院立法委員，行憲後，出任駐多明尼加公使，休致後出任美國羅省中華公學校長，以九十高齡，親自教育華僑子弟，於九十六歲逝世於美寓。尚嫻三十年來始終在立法院從事人事工作，洊升至專員，不幸身弱罹病，提前退休，長官同仁均為之惋惜。嗚呼！摶九負卿多矣。

近十餘年，子女均成立，事母均孝，尤以媳日夜辛勤侍奉湯藥，忍苦耐勞，鄰里稱賢，讚為已破「久病床前無孝子」之諺。余妻禮佛甚虔，子媳亦同，各界大德至親友好咸以為係尚嫻之福報！是耶非耶！嗚呼傷哉！

兩年來，余病骨，尚嫻更住院手術數次。去歲，余病癒，尚嫻亦於千禧年夕出院，闔家歡然。雖必賴輪椅代步，然有時尚可行走。不幸本年夏初染重感冒，入榮總呼吸加護病房，醫師盡心調治，切割氣管，以利抽痰；無奈肺炎不退，器官衰竭，慟於中華民國八十九年六月二十九日（農曆五月二十八日）夜十一時五十七分往生極樂，享壽八十有四歲。從此勞燕分飛，房幃淒涼，使余益淡於人生意趣矣！延雰女自美國來歸，未克見母一面，長跪悲啼，全家隕涕。於是告親友，頂佛禮，遺體移榮總助念室延密教蘇南嘉措仁波切誦經八小時，於七月二十二日在榮總懷遠廳含殮盡哀，受弔成禮，火化後卜居淡水市北海福座佳城，夫婦兩座互通，而人天異路，雖相逢之日無多，然國難家仇，竟無能遣卿懷，惟待摶九追陪於福座，始能一慰吾妻在天之靈，嗚呼痛哉！

嗚呼尚嫻，飾典張矣，靈輀駕矣，長官親友，素車白馬，來送君矣。日後余之喪，未必能享此榮典。前賢曰：「唯善人乃得人心」，老子曰：「夫惟不爭，故無尤」。尚嫻吾妻，一世善行，與人無爭，今日往生，哀且樂矣。摶九以此文代全家親友送卿，亦盼卿在天之靈，重重庇佑，降福於家人親友，同享福樂，太平之日，必攜靈骨，首丘歸土，嗚呼尚嫻，鑒我斯言。哀哉

尚饗！

附英譯文於下：

An Elegy to My Wife

On this day of July 22, 2000, I, your husband, Ni Tuan-chiu with our children and grandchildren prepare offerings of flowers and fruits to my wife, Ni Chou Shang-hsien. Standing in front of your shrine, I read this elegy to you:

Shang-hsien, have you really shut your eyes forever and left our son, daughter, grandchildren and me by a long deep sleep? From now on, our home will be lonely and empty, silent of your laughter. I do not know how to live the rest of my life without you. Oh, the pain of losing you!

Memories of the turmoil in Mainland China fifty years ago from which we escaped together rush into my mind. When we arrived in Hong Kong, I relied on your meticulous care to recover from pneumonia. While in Chungking, you nursed my injuries from a car accident. I remember the day when our separation, caused by the circumstances of the times, ended with a reunion at Hainan Island. By selling your jewelry, you raised money to bring my mother from Hangchow to Taiwan. We both worked at the Legislative Yuan, earning a total of NT$600 a month. Leaning on each other and with meager salaries, we raised a family, feeding our stomachs by mere rice, pickled vegetables, and salted eggs. We lived through half a life together, in both laughter and tears, until I collapsed from overwork. Two years of medication and frequent visit to doctors did not help me. You took upon your shoulders the burdens of supporting the whole family and nursing me back to health. After work, you would take me to the doctors. There was no one to assist you; there was no money. You worked tirelessly, day and night. At last, my foster brother, Dr. Wan-shuen Chen, healed me. You took such good care of me at the expense of your own health. I recovered only to find that you were no longer as lively or vibrant as before. Your laughter and jokes had ceased. Could it be that you were showing symptoms of Parkinson's disease, but our ignorance resulted in missing the opportunity for early diagnosis and cure? How regrettable!

Shang-hsien, came from Chang Li County（昌黎縣）of Hopei Province（河北省）. Her mother surname Nieh（聶）, followed her father, Chou Yue-ti（周越堤）, to build their home in Manchuria, where he worked as a government official. My wife was born on October 6, 1917 of the lunar calendar in Ching Cheng County（慶城縣）, Heilungkiang Province（黑龍江省）. Nurtured by her mother, she had a sweet disposition and developed into a compassionate person. Diligent and careful when performing tasks, she was a good student at school. However, because the Japanese installed its puppet regime, Manchukuo（滿州國）, in Manchuria, she left the province with her family and returned to their old home in Hopei. Regrettably, the independent event of twenty-two counties of eastern Hopei Province had broken out continuously. So her family quickly moved to Tientsin（天津）. She graduated from Tientsin Sheng Gung Girls School（天津聖功女子中學）. In 1948, my wife went with her sister to Nanking, where her uncle（姨父）, Legislator Huang Yuen-su（黃芸蘇）, introduced her to work at the Legislative Yuan.

Mr. Huang Yuen-su came from Tai Shan County（台山縣）, Koungtong Province（廣東省）. A poet and calligrapher, he was a good friend of Dr. Sun Yat-sen, the founding father of the Republic of China. Uncle Huang was the head of the San Francisco Chapter of the Revolutionary Alliance（同盟會）, and the publisher of *Ching Shan Youth China Morning Post*（《金山少年中國晨報》）.

Before the establishment of the republic, he traveled with Dr. Sun through 28 states of the U.S.A. raising funds for the revolution. After its success, he first worked as Dr. Sun's assistant and later became envoy to Mexico. During the period of political tutelage, he was a member of the Legislative Yuan. However, after adoption of the Constitution, he again went abroad as envoy to the Dominican Republic. Upon retirement from the government service, he became the principal of the Overseas Chinese School in Los Angeles（羅省中華公學）. Still teaching students at 90 years old, he passed away in the United States at the advanced age of 96.

For 30 years, Shang-hsien worked in the Personnel Office of the Legislative Yuan, and after many promotions reached the level of specialist. To the dismay of her superiors and colleagues, she retired early because of failing health. Alas, I owe you too much.

In the last decade of her life, our children grew up and established families of their own. They were filial to their mother, our daughter-in-law especially so. She took care of my wife, day and night, without rest, earning the praise of neighbors and friends alike. She shattered the old Chinese saying:"Those bedridden by a long illness have no dutiful children."Shang-hsien, son and daughter-in-law were devout Buddhists. Friends credited her devotion for her good fortune. Perhaps so.

In the last two years, I had severe back problems, while Shang-hsien entered the hospital for surgery several times. Last year, I finally recovered from my back problems, and she was discharged from the hospital on the eve of the new millennium. The whole family was overjoyed. Although she had to rely on a wheelchair, on better days she could take a few steps on her own. Early in the summer, Shang-hsien unfortunately contracted the flu. She was admitted into the intensive care unit, RTCU（呼吸加護病房）, at the Veterans General Hospital. The doctors did all possible, even performing a tracheotomy, but her pneumonia worsened and her organs failed. On June 29,2000, (lunar, May 26) she passed away at 11:57 in the evening. She was 84 years of age. From that moment, we were forever parted, like two birds flying in different directions. In our cold and empty home, I felt that life had lost some of its meaning.

Upon returning from the States, our daughter, Yen-fang, fell to her knees and sobbed inconsolably for not being able to see her mother one last time before she went. The whole family wept with her. Then we notified our friends and relatives. We prepared for a funeral with Buddhist rites and rituals. Sonan Gyatso rinpoche（蘇南嘉措仁波切）of Tibetan Buddhism chanted Buddhist scriptures for 8 hours immediately after her passing. On July 22, her funeral was held at Huai Yuan Hall（懷遠廳）, Veterans General Hospital. After cremation, she was buried at Pei Hai Cemetery in Tamsui（淡水北海福座）.

Graves are prepared for both you and I, side by side, yet life and death have put us on different paths. There may not be many days left before we meet again. Yet, our country is not unified, the problems are still unresolved. I know your spirit thus cannot find peace. Alas, my wife, you will have to wait until I can join you and comfort you.

Shang-hsien, your shrine has been prepared, the hearse is about to move. Many government officials and friends have come to say goodbye. When it is turn for my funeral, it may not be as impressive. Our Chinese ancestors have said, “Only the good can gain the love of others.”(唯善人乃得人心)According to Lao Tse(老子), “Only by having no quarrel with others, can one do no wrong.”(夫惟不爭，故無尤) My wife, you have done good deeds all your life, never quarreling with others. Although you are probably sad that you have departed, yet you must have found comfort from your life. I offer this elegy on behalf of all our family and friends to send you on your way. I hope that in your afterlife, you will protect and give your blessings to our family and friends, so that everyone will be happy and fortunate. Upon unification with the mainland, I will bring your ashes back to our village. Shang-hsien, I hope you will hear this eulogy and understand my pain.

鵬之徙於南冥也，
水擊三千里，
扶搖而上者九萬里，
去以六月息者也。

附錄

李肇東先生棲樓吟草序

詩歌之作，在我國文學領域內，佔有重要地位，既表達作者內心深處的情愫與胸懷，也顯示作者對外在事物的觀感和期望。因此，自古迄今，一個詩人成功的作品，不僅祇是具有高度的文學價值，而且每每可以移風易俗，有裨教化；即或不能達到這一境界，也可以發抒懷抱，砥礪氣節，為人生留展痕，供同好所吟賞。當前社會進步快速，現代文學百家爭鳴，中國傳統文藝，更有多加維護之必要，用使我國詩歌文學，能在式微中重振。

倪摶九先生早歲與余同讀於巴山，課餘每見其習作詩詞，樂此不疲。來臺後，余在政大校長任內時，摶九曾出示其在渝所填之詞《花溪偶唱》小集，讀之至為激賞，蓋此集為其在抗日戰爭期間之作品，對當時社會具有深刻之描繪，對青年學子抗日愛國之情操尤有生動之發抒。余曾欲由學校為之刊行，摶九以少年習作，不便示人，遂置此議。

近歲以來，摶九與余因職務關係，時相過從，獲觀其近作詩詞，清新可喜，囑其珍藏存稿，勿使遺落，適時集印，以供好同賞。八十四年冬，摶九就其存稿，略刪酬應之作，手錄其詩詞共十四卷成集，以為生活之鴻爪。將付梓，來乞余序。余以斯集之出，不僅為作者心血之所凝聚，尤其摶九以八十之年，躬自手錄詩詞千餘首，書法秀挺，實屬難得。摶九雖不願以詩人或書法家自居，而其流風餘韻，有足稱者，殊堪景佩。

尤有進者，當前電子資訊系統之發展，一日千里，中文電腦網路業已形成，未來中國文字之使用，多以指按或口語代替筆墨，書法遂不為社會大眾所注意。此種形勢之演變，頗為士林關切。此次摶九能以小楷寫印詩集，不僅有助傳統文藝之維護，更將導引中國青年對中國文字之葆愛，其用心深矣。故樂為之序。

中華民國八十五年十二月二十五

唐振楚先生棲樓吟草序

余與倪搏九兄相識數十年，知其長於文章，通達政事，初不知其工於詩也。今歲初夏某日，在電話中詢其近況，謂正利用公餘清理詩稿，已成十卷，尚有二卷及詩餘二卷未完成耳。余聞之，甚為驚異，乃知賢者之於所作，深自珍秘，今居耄齡，始發篋精選，編次成帙，冀他日藏之名山，傳之其人也。數月來朝夕勤劬，得竟業，中秋前數日，承以全集見示，余受而讀之。凡古近體詩千餘首，詞亦百闋以上。詩中顯示，平日公務紛繁，酬酢鮮暇，多在退食後挑燈搦管，常達深夜，或至黎明；有時晨光熹微，始得枕，其廢寢忘食，銳志於千秋事業者，非一朝一夕為然，可敬也已！

集中近體詩五七律絕各體，格律整嚴，學殖富厚，胎息古人甚深。詩酒登臨，撫時傷事，眷懷家國，感念身世，不一而足；雖有急就之章，仍非出語造次，錦心繡口，不能自掩其才華為可愛也。余尤重其古體詩，五言根柢深固，筆仗精實，非沈潛有素，曷克臻此！七言則意氣飛動，破空而遊，不受韻律之限制，不受字句之拘束，或二言三言，或十數字，乃至二十字以上而為一句，如海潮乍至，怒濤洶湧，如崩雲墜石，異象紛呈；如雨後長虹之橫披天宇，人莫知其出沒；氣之所至，筆之所至；欲行則行，欲止則止；少陵所謂「爠如羿射九日落，矯如群帝驂龍翔，來如雷霆收震怒，罷如江海凝清光。」詩境髣髴似之。取材甚廣，合古今中外一爐而治之，而能妙造自然，人皆通曉；用事不過求貼切，古人所謂以經對經，以史對史，用字必有來歷，押韻必有出處，凡此陳規陋習，皆一掃而空之，舉凡格式內容，皆不妨我行我素。由漸開新局，特不欲出之以驟耳。

我國詩學已面臨突破之境界，傳統詩早受爭議，律詩尤成為文學改良諸君鋒鋩之所指；新詩所涵意境及用句遣詞，多存哲理，須百千吟誦，反覆咀嚼，始能領略及真義之所在，遂成陽春白雪，難為大眾所接受，雖佳作如林，而傳布不易普及，欲如當年旗亭之爭唱，尚有待也。甚望豪傑之士，乘時而起，振臂一呼，群山四應，新句爭傳，風氣一新，則詩壇之盛事，摶九兄高掌遠蹠，已觸及之矣，尚希百尺竿頭，老而彌篤，但開風氣不為師，亦朋輩所樂聞也。

中華民國八十五年秋吉唐振楚敬序

維護傳統文藝的時代尖兵

——我對倪著「榛樓吟草」新書的評介

李元簇

倪摶九先生以小楷手寫的詩詞選集「榛樓吟草」，經過一年來的書寫籌印，終於出版問世。由於近幾年來，我不斷鼓勵摶九出版這本書，因此，說些感想和對本書的期許，實在義不容辭。

我和摶九相知五十五年，對他多方面的才華，所知甚深；尤其對於他在傳統文學詩詞方面成就，更為景慕。記得我們在重慶南岸小溫泉中央政治學校讀書時期，每逢暑假，他都到巴縣興隆場朝陽大學他的舅父黃桴庭先生處作客，結識了不少喜愛詩詞的教授同學們。每晚都在吟詩、填詞、度曲，享受唱和之樂。摶九有此良好研究環境，詩詞創作都有極大進步。這一時期，他的年齡不過二十幾歲，詩詞都已成集，後來歷經戰亂播遷，只帶出《花溪偶唱》一本詞集，也就是現在出版的《榛樓吟草》的最後一卷。我在政大擔任校長期間，曾經想由學校付印，供給愛好文學的同學們參閱，摶九因是少作，委婉的謝絕了。

近幾年來，摶九服務總統府，公暇之餘，依然手不停揮，時時有詩詞新作寫成。由於工作接近，二年前，我又勸他蒐集存稿。設法出版，不但對自己的寫作有一個交代，而且更可以為同道共同切磋研摩，非常具有意義。

摶九採納了我的意見，於是在公餘之暇，整理存稿，一面刪除若干酬應性的作品。一面分類分卷，親自以小楷書寫。將近一年的時間，寫就古體詩四卷、近體詩八卷、《榛樓詩餘》詞一卷、和在重慶時間所填的《花溪偶唱》詞一卷付印，由我和唐振楚學長作序，摶九的老師石上老人徐人眾先生題耑。全書為十六開本，精裝六百餘頁，計詩詞一千零二十三首，全書設計由國內名水彩畫家楊恩生先生和水彩油畫材料學家張靜先生，會同華新、生態兩個藝術中心的朋友們，合力協助設計，並由沈氏藝術印刷公司精印出版，正中書局總經銷，這一頗具創意的新書，使我們看到之後，非常的滿意。

綜合個人對這本新書的印象，覺得至少有以下幾個特色，值得大家肯定：

第一、當前社會多元發展，群眾面臨種種衝擊，社會風氣變化，病態現象叢生，暴力犯罪增加，治安問題日益嚴重，有心人士莫不認為必須加強倫理、家庭和社會教育，從根本上治療社會病態。而根治這種社會病，除了正規的教育途徑之外，誘導青少年研讀傳統詩詞，來淨化心靈，可能較灌輸嚴肅的經史典籍，功效更為快速而顯著。《棲樓吟草》一書，在當前時代問世，相信可以為「心靈改革工程」，略盡一份心力。

第二、電子資訊和軟硬體技術的加速進步，業經到了一個新文明發展的沸點。只就中文在電腦中的應用技術來說，不久之前，還是在各種漢字輸入法研究演進的時代；工作者使用電腦處理中國文字，還要鍵盤連接，滑鼠連撥，才可以完成排版印刷的程序。但是如今，這種技巧又將以語音輸入漢字所取代，只要工作者輕輕說話，便可變成文字輸入電腦。其方便的程度，固然可以減少使用者的智力或勞力的負擔；但最重大的副作用，乃是很可能在未來的時代，大家便不要親筆寫漢字，更將不必會寫漢字了。這種後遺症，是對中華傳統文化的重大挑戰。搏九的這本新著，恰好在這一時代印行，他看到了今後漢字存亡的大關鍵，決定不採電腦排版，改採以小楷手寫全部原稿，費時九個多月之久。其目的是要在中國文字遭遇巨大風暴的時際，留下一部用手寫成的漢字書籍，為維護中華傳統文化盡一番心力，使後世青年對中國文字產生愛護和尊重的理念。搏九這一傻幹的毅力，值得我們欽佩。

第三、搏九的詞，非常溫柔敦厚，作品所表現的是一片自然、灑脫、優美和溫馨。半世紀來，國家社會歷經各種情劫演變，他的作品，跳不出這些變局，但他寫的一字一句，表現喜怒哀樂，都在適當的規範之內。可以說是哀而不傷，樂而不淫，在自然中蘊涵著清新創造、豪放不羈的精神。可以使人慢慢品味，覺得如飲醇醪，值得回味，是一部具有傳統靈性、兼具新時代脈動的作品。

第四、搏九的書法，勁麗娟秀，小楷寫靈飛經頗有心得。本書最後一卷《花溪偶唱》，是他二十七歲在重慶小溫泉花灘溪中央政治學校就讀時，手寫的詞集，看來更加清秀。他的指書係徐人眾石上老人親授，非常活潑有緻，相信此書問世，必能為詩詞書法界帶來一股清流。

最後，元簇希望，搏九這部新書，出版後不一定要使它洛陽紙貴；但願它能在詩壇上留下一抹雲影，更能為這個新文化時代提供一些應有的貢獻。

此文刊登於中華民國八十六年五月二十三日星期五「中副」書評

談笑用筆——倪摶九先生其人其書

石永貴

戰爭是極其殘酷之事，用兵也是極其嚴肅之事，將軍面臨戰場，無不戒惕恐懼，但有一種將軍，能談笑用兵，進退自如。這樣將軍，古今中外，不可多求。同樣的，更為珍貴，更為難能的，是「談笑用筆」。

為朝野所共知的倪摶九先生，就能「談笑用筆」。曾文正公苦思用將之餘，常嚮往此一意境：「凡作文詩，有情極真摯，不得不傾吐之時。然必須平日積理既富，不假思索，左右逢源，其所言之理，足以達胸中至真至正之情。」

當倪先生的偉作《樓樓吟草》出版，中華民國八十六年五月十七日全國藝文各界發起在臺北市空軍官兵活動中心舉行發表會之時，濟濟多士，匯集一堂，「才女」郭岱君主持其事，頗同意我對倪先生的觀察。

倪先生數十年來，以一枝筆見重廟堂之上，也以一枝筆望重草野。其實，代表倪先生精神的，不只是一枝筆，而是他的博學多才與笑臉相迎的工作態度。我記得美國三大網之一的CBS新聞主播丹．拉瑟，繼克朗凱特之後，主持CBS晚間新聞。他的老闆柏理董事長觀察入微，一次與丹．拉瑟面對面談話，作如下的建議：你雙目有神，可惜臉上不帶笑臉，這是造成負面印象的因素。當時，拉瑟這樣回答他的老闆：自己不是一個習慣臉上時時發笑的人。

倪先生恰恰相反。他的臉上常帶笑臉，他的眼睛很小，但笑起來的時侯，一雙眼睛擠成一條線，笑得可愛又迷人。

像倪先生的「彌勒佛」面孔，臺北有幾位，成為典型，都是我敬佩的人物。如統一的高清愿先生活躍在企業界，如光復的林春輝先生得意在出版界，而倪先生則一枝筆相交滿天下，無人不知，無人不敬。

我大學畢業，以一紙文憑，初入新聞界即受命採訪國會新聞，不能說心驚肉跳，但誠惶誠恐，所幸經師長介紹：「到立法院新聞室去見倪主任好了，保證萬事OK。」

名不虛傳，果然如此。我到立法院新聞室報到，倪主任即以老學長身分笑臉相迎，聲音甜美悅耳，即命工作同仁為我辦出入證，並帶我至議場走走，熟悉環境，遇見委員如家珍般一一介紹，至為親切。此後，立法院新聞室以及他新店的家，即成為採訪立法院朋友們的歇腳處。來來往往，一團和氣之餘，在報上各有表現，跑累了到新聞室轉轉，順便拿點資料；寫累了到倪主任家裡吃吃玩玩。因為那個時候採訪朋友，非但是單身漢，有的根本就是孤家寡人一個，如今功成名就，祖父輩比比皆是，可說出自倪主任的春風化雨。

倪先生的詩詞，有他的興趣，有他的功夫與功力。此正如曾文正公當年手鈔古文之心境：「分氣勢、識度、情韻、趣味為四屬」，倪先生不只是集大成，且能廣為時人所用。

與倪先生相交相知五十五年的前副總統李元簇先生就回憶當年同窗種種：「記得我們在重慶南岸小溫泉中央政治學校讀書時期，每逢暑假，他都到巴縣興隆場朝陽大學他的舅父黃桴庭先生處作客，結識了不少喜歡詩詞的教授同學們，每晚都在吟詩、填詞、度曲、享受唱和之樂。」

五十五年的山河歲月，李先生不只是成為國家棟樑之才，而且以法律家之尊，為當局所倚重，成為國家副元首；倪先生則由行政院、蒙藏委員會、立法院、國家安全會議以至總統府，多操文字之責。李先生縱橫各方，倪先生則以詩詞奉侍左右，或成鏘鏘政論文章，或成交際應酬文字，朝野連成一氣，各有所專各就所能，合作無間，實在是至佳的「我們這一班」的伙伴。

數十年來，元簇先生念念不忘的是當年同班同學的《花溪偶唱》詞集，是倪先生二十七歲之青年時期，在重慶小溫泉完成的。李先生對倪先生的《花溪偶唱》，不只是欣賞它的詞章之美，尤其小楷「勁麗娟秀」，可謂心嚮往之，即時時鼓勵其出版。

倪先生不負「老同學」、「老長官」之期，不只是出版，而且以八十歲高齡，每日以小楷書寫，費時一年時間完成詩詞一千零二十三首。其中《棲樓吟草》十二卷、《棲樓詩錄》一卷、《花溪偶唱》一卷，書名為《棲樓吟草》，並由當代海內外名家題字封面、精心設計印刷，即連末頁之專屬版權，亦古色古香，正中書局承總經銷之責，與有榮焉，可謂集真善美之大成。不只是數百年後，即以今日觀之，亦是故宮博物院水準之精品。書成發表之日，賓客驚喜之餘，讚賞不絕，以倪先生之文人體質，而有如此之力，實在是唐宋之大家，當自嘆不如。

可見倪先生之功力與氣勢不凡。

倪先生事親至孝，去歲為太夫人百齡壽。少年為遵從慈命，發憤讀書，就學濟南三年，足不出戶，以其天生之雅興，竟失大明湖之風光美景，可見其非凡之毅力與決心。

《棲樓吟草》書成之日，元簇先生親寫專文賀其成，並蒞發表會現場致賀，祝「這部新書，出版後不一定要使它洛陽紙貴；但願它能在詩壇上留下一抹雲影，更能為這個新文化時代提供一些應有的貢獻。」

元簇先生與摶九先生，都是成長於抗戰時期的大後方，可謂飽經憂患。此時中國文字，正面臨兩項史無前例的挑戰：

一是繁體字與簡體字問題。不只困擾兩岸人民，也影響中國未來的發展。因為自從二千二百餘年前，秦廷焚書，幾燒盡天下詩書，但儘管語言錯綜複雜，但書同文，則一也。如今，吾人之聰明大智，尚不如「暴秦」，同樣是中國字，卻有繁簡之分，豈不是二十世中華子孫之罪過。

一是電腦科技時代，中華文字之美，將成為絕響。不久將來再看書寫的中國文字，要到博物館才能找到，實在是人類文明發展史中最大的諷刺，誠如元簇先生所感嘆的：「摶九的這本新著，恰好在這一時代印行，他看到了今漢字存亡的大關鍵，決定不採電腦排版，改採以小楷手寫全部原稿。」

但願倪先生這本書，是創時代之作，而不是絕世之作。

此文發表於中華民國八十六年七月三日星期四